Kohlhammer

Pädagogik im Autismus-Spektrum

Herausgegeben von Christian Lindmeier

Eine Übersicht aller lieferbaren und im Buchhandel angekündigten Bände der Reihe finden Sie unter:

 https://shop.kohlhammer.de/paedagogik-autismus-spektrum

Die Herausgebenden

Prof. Dr. Christian Lindmeier lehrt und forscht am Institut für Rehabilitationspädagogik an der Martin-Luther-Universität Halle-Wittenberg im Arbeitsbereich Pädagogik bei kognitiver Beeinträchtigung und Pädagogik im Autismus-Spektrum. Prof. Dr. Bettina Lindmeier leitet die Abteilung Allgemeine Behindertenpädagogik und -soziologie am Institut für Sonderpädagogik der Gottfried Wilhelm Leibniz Universität Hannover. Johanna Langenhoff ist dort wissenschaftliche Mitarbeiterin und promoviert zu Schüler*innenperspektiven auf Schulassistenz.

Christian Lindmeier, Bettina Lindmeier,
Johanna Langenhoff (Hrsg.)

Schulassistenz bei Autismus

Verlag W. Kohlhammer

Dieses Werk einschließlich aller seiner Teile ist urheberrechtlich geschützt. Jede Verwendung außerhalb der engen Grenzen des Urheberrechts ist ohne Zustimmung des Verlags unzulässig und strafbar. Das gilt insbesondere für Vervielfältigungen, Übersetzungen, Mikroverfilmungen und für die Einspeicherung und Verarbeitung in elektronischen Systemen.

Die Wiedergabe von Warenbezeichnungen, Handelsnamen und sonstigen Kennzeichen in diesem Buch berechtigt nicht zu der Annahme, dass diese von jedermann frei benutzt werden dürfen. Vielmehr kann es sich auch dann um eingetragene Warenzeichen oder sonstige geschützte Kennzeichen handeln, wenn sie nicht eigens als solche gekennzeichnet sind.

Es konnten nicht alle Rechtsinhaber von Abbildungen ermittelt werden. Sollte dem Verlag gegenüber der Nachweis der Rechtsinhaberschaft geführt werden, wird das branchenübliche Honorar nachträglich gezahlt.

Dieses Werk enthält Hinweise/Links zu externen Websites Dritter, auf deren Inhalt der Verlag keinen Einfluss hat und die der Haftung der jeweiligen Seitenanbieter oder -betreiber unterliegen. Zum Zeitpunkt der Verlinkung wurden die externen Websites auf mögliche Rechtsverstöße überprüft und dabei keine Rechtsverletzung festgestellt. Ohne konkrete Hinweise auf eine solche Rechtsverletzung ist eine permanente inhaltliche Kontrolle der verlinkten Seiten nicht zumutbar. Sollten jedoch Rechtsverletzungen bekannt werden, werden die betroffenen externen Links soweit möglich unverzüglich entfernt.

Umschlagsabbildung: GRAPHICS WORLD – stock.adobe.com

1. Auflage 2024

Alle Rechte vorbehalten
© W. Kohlhammer GmbH, Stuttgart
Gesamtherstellung: W. Kohlhammer GmbH, Stuttgart

Print:
ISBN 978-3-17-041274-3

E-Book-Formate:
pdf: ISBN 978-3-17-041275-0
epub: ISBN 978-3-17-041276-7

Inhaltsverzeichnis

Vorwort des Herausgebers der Buchreihe 9

Vorwort 11

I Grundlagen

Die Organisationslogik von Schule als Rahmen für den Einsatz von Schulassistenz – nicht nur für Schüler*innen im Autismus-Spektrum 15
Bettina Lindmeier

Rechtliche Grundlagen von Schulbegleitung als Maßnahme der Eingliederungshilfe für Schüler*innen im Autismus-Spektrum 29
Christian Frese

II Perspektiven professioneller Akteur*innen auf Aufgaben, Rolle und Qualifikation

Vom Andocken und Lossegeln – Über die Bedeutung der Beziehungsgestaltung in der Schulbegleitung mit Schüler*innen im Autismus-Spektrum 47
Brit Wilczek

Qualifikation und Aufgaben der Schulbegleitung für Kinder und Jugendliche im Autismus-Spektrum 60
Andrea Gier-Dufern & Anja Selter

Forschungsdatenbasierte Entwicklung eines Fortbildungscurriculums unter Berücksichtigung pädagogischer Bedürfnisse von Kindern im Autismus-Spektrum 73
Katharina Henn & Ruth Himmel

Koordination von Schulassistenz – die Perspektive eines Anbieters von Schulassistenz 88
Sophia Wald

Gemeinsames inklusives Lernen unterstützt durch Schulassistenz – Arbeit multiprofessioneller Teams aus Schulleitungsperspektive 103
Stephanie Ahl

Unterstützung von autistischen Schüler*innen durch Schulassistenz an einer Schule mit dem Förderschwerpunkt Geistige Entwicklung – Interview mit einer Lehrkraft 118
Johanna Langenhoff & Katja Domhof

Unterstützung von autistischen Schüler*innen durch Schulassistenz an einer Integrierten Gesamtschule – Interview mit einer (sonderpädagogischen) Lehrkraft 130
Johanna Langenhoff & Marian Laubner

III Perspektiven von Schüler*innen und Eltern

Peerbeziehungen und Agency autistischer Schüler*innen und ihrer Mitschüler*innen in inklusionsorientierten Lerngruppen mit Schulassistenz 145
Katrin Ehrenberg

»Eigentlich ein relativ guter Vorteil« – Schulassistenz aus der Perspektive adoleszenter Schüler*innen im Autismus-Spektrum 158
Johanna Langenhoff

»Das ist halt so ein zweischneidiges Schwert« – Schulerfahrungen mit und ohne Schulbegleitung aus der Sicht von Personen im Autismus-Spektrum 172
Mieke Sagrauske & Morris Kunze

Schulassistenz aus der Perspektive einer Mutter und ihres Sohnes – ein Interview 184
Johanna Langenhoff, Jutta Birck & Patrick Birck

Schulassistenz aus Elternperspektive – Interview mit einer Mutter .. 198
Johanna Langenhoff & Manal Mansour

IV Kooperation, Netzwerkarbeit und Organisationsentwicklung unter Einbezug von Schulassistenzkräften

Netzwerke von autistischen Schüler*innen und Netzwerkunterstützung unter Beteiligung von Schulassistenz 211
Bettina Lindmeier

»Also ich glaube, abseits von Hilfeplangesprächen haben die meisten miteinander überhaupt nicht gesprochen« – Kooperation und Netzwerkunterstützung aus der Perspektive junger autistischer Menschen 224
Carina Schipp

Kooperation im Präsenz- und Distanzunterricht: Perspektiven von Lehrkräften und Schulbegleitungen von Schüler*innen mit Autismusdiagnose 238
Isabelle Fröhlich, Karina Meyer & Ariane S. Willems

Schulbegleitung im Autismus-Spektrum – Einfluss auf die soziale Integration der Schüler:innen 252
Anna Zuleger

Gestaltung von schulischen Übergängen autistischer Schüler*innen unter Beteiligung von Schulassistenz 264
Mechthild Richter

V Verzeichnisse

Autor:innenverzeichnis 279

Vorwort des Herausgebers der Buchreihe

Die Buchreihe »Pädagogik im Autismus-Spektrum« soll dazu beitragen, im deutschsprachigen Raum eine erziehungswissenschaftliche Autismusforschung und eine Pädagogik im Autismus-Spektrum zu etablieren. Als Sozial- und Kulturwissenschaft und soziale und kulturelle Praxis sind Erziehungswissenschaft und Pädagogik in erster Linie an Rekonzeptualisierungen von Autismus interessiert, die von der medizinisch-psychiatrischen Konzeptualisierung von Autismus als neurologische Entwicklungsstörung (DSM-5, ICD-11) abrücken und ihr die Anerkennung einer Neurodiversitätsperspektive, operationalisiert in partizipativen Forschungsmodellen, gegenüberstellen (Happé & Frith 2020).

Nicht nur zur Vermeidung einer abwertenden, normorientierten Sprache wird in der Buchreihe daher bewusst auf den medizinisch-psychiatrischen Begriff »Autismus-Spektrum-Störung« (ASS) als personenbezogene Kategorie verzichtet. Stattdessen wird der auf Neurodiversität Bezug nehmende Begriff »Autismus-Spektrum« verwendet, und sporadisch auch die von Teilen der weltweiten »Autistic Community« geforderte »Identity-First-Language«, welche die Bezeichnungen »Autist*in« oder »autistische Person« bevorzugt.

Der Begriff der Neurodiversität wurde Anfang der 1990er Jahre von der australischen Soziologin und Autistin Judy Singer (Singer 2017) geprägt. Neurodiversität bedeutet, dass die Menschheit nicht nur ethnisch und in Bezug auf Geschlecht, sexuelle Orientierung und zahlreiche andere Eigenschaften, sondern auch *neurokognitiv vielfältig* ist. Die Ergänzung durch den Begriff der *Neurominorität* (neurominority) (Walker & Raymaker 2021) weist Autist*innen als eine neurominoritäre Gruppe aus. Während Neurodiversität die Bandbreite der Unterschiedlichkeit aller Menschen bezeichnet, bedeutet Neurodivergenz, von den vorherrschenden kulturellen Standards für neurokognitive Funktionen individuell abzuweichen. In diesem neueren Diskurs sind die Kulturalisierung von Norm und Abweichung sowie die Überwindung eines Pathologie- bzw. Störungskonzepts ein wichtiges Thema. Anders als das *Pathologie-Paradigma*, das Neurodivergenz (z. B. Autismus, ADHS) als negative Abweichung von der Normalität ansieht, geht das Neurodiversitäts-Paradigma von der Existenz neurokognitiver Minoritäten aus und erkennt sie als gleichberechtigt mit der Mehrheit in Bezug auf ihre Wahrnehmung, Kognition, Motorik und Kommunikation an.

Eine der zentralen Forderungen der Neurodiversitätsbewegung als Menschenrechtsbewegung, die in den 1990er Jahren als Antwort auf die Pathologisierung von »neurologischen Minderheiten« entstand (Kapp 2020), ist die Einbindung autistischer Menschen in die (erziehungs-)wissenschaftliche Autismusforschung (Fletcher-Watson & Happé 2019). In der Buchreihe werden daher als Beitragende aller Bände autistische Expert*innen beteiligt sein. Die bisherigen Planungen beziehen sich auf die ersten fünf Bände zu den Themen *Autismus und Neurodiversität* (Bd. 1), *Sprache und Kommunikation bei Autismus* (Bd. 2), *Schulassistenz bei Autismus* (Bd. 3), *Menschen im Autismus-Spektrum in Studium und Hochschule* (Bd. 4) und *Weibliche Adoleszenz und Autismus* (Bd. 5). Damit enthält die Reihe neue, innovative Themen ebenso wie seit langem als wichtig erkannte Themen wie Sprache bzw. Sprachbesonderheiten, die allerdings auch stärker als üblich aus der Perspektive des Neurodiversitätskonzepts betrachtet werden.

Literatur

Fletcher-Watson, S. & Happé, F. (2019). *Autism: A new introduction to psychological theory and current debate.* Routledge.

Happé, F. & Frith, U. (2020). Annual Research Review. Looking back to look forward – changes in the concept of autism and implications for future. *Journal of Child Psychology and Psychiatry, 61*(3), 218–232.

Kapp S. S. (Hrsg.) (2020). *Autistic Community and the Neurodiversity Movement Stories from the Frontline.* Palgrave Macmillan.

Walker, N. & Raymaker, D. M. (2021). Toward a Neuroqueer Future: An Interview with Nick Walker. *Autism in Adulthood, 3*, 5–10.

Vorwort

Der dritte Band der Buchreihe »Pädagogik im Autismus-Spektrum« beschäftigt sich mit dem Thema »Autismus und Schulassistenz«. Auch dieser Band orientiert sich an der Perspektive der Neurodiversitätsbewegung. Diese ist maßgeblich durch Expert*innen aus eigener Erfahrung geprägt und wird von Wissenschaftler*innen unterstützt, die zu Autismus forschen (vgl. Band 1 der Reihe sowie Vorwort des Reihenherausgebers). Wir benutzen den Begriff des »Autismus-Spektrums« und orientieren uns an der Sprach- und Identitätspolitik der autistischen Selbstvertretungs- bzw. Neurodiversitätsbewegung (C. Lindmeier 2023). Daher nutzen wir sowohl die von den meisten autistischen Menschen genutzte »Identity-first language«, indem wir beispielsweise von autistischen Schüler*innen[1] oder Autist*innen sprechen, als auch die von einigen bevorzugte »Person-first language«, nach der »Schüler*innen im Autismus-Spektrum« formuliert werden kann. Wir möchten ausdrücklich betonen, dass wir die Wünsche autistischer Menschen achten, in nicht verletzender Form angesprochen zu werden, und dass wir den Störungsbegriff daher nur ausnahmsweise im Rahmen von Zitaten, meist aus medizinischer oder klinisch psychologischer Literatur, nutzen. Die Verwendung der Begriffe Schulassistenz und Schulbegleitung haben wir den Autor*innen freigestellt.

Wieder wurde großer Wert auf die Perspektiven von Expert*innen aus eigener Erfahrung gelegt: Für die Erhellung der Perspektive von Schüler*innen wurden zum einen Autorinnen gewonnen, die diese im Rahmen von Forschungsprojekten bearbeiten (Ehrenberg; Langenhoff). Zum anderen wurden gezielt zu Aspekten, zu denen bisher keine ausreichenden Erkenntnisse vorliegen, von mehreren Autor*innen Expert*inneninterviews eigens für diesen Band geführt und in Form von Fachbeiträgen verarbeitet (Sagrauske & Kunze; Schipp). Ein Expert*inneninterview mit der Mutter eines Jugendlichen im Autismus-Spektrum sowie eines mit einer Mutter und ihrem autistischen, jugendlichen Sohn wurden nur unwesentlich gekürzt und systematisiert in den Band aufgenommen (Langenhoff & Mansour; Langenhoff, Birck & Birck).

Schulassistenz hat sich erst in den letzten zehn Jahren zu einem eigenständigen Forschungsfeld entwickelt (für einen Überblick Laubner et al. 2022). Obwohl nach einer nicht repräsentativen, bundesweiten Elternbefragung von über 600 Eltern bereits im Jahr 2016 mehr als die Hälfte der Schüler*innen im Autismus-Spektrum

---

[1] In den Beiträgen des Bandes finden sich unterschiedliche Variationen einer geschlechtergerechten Sprache. In dem Wissen um den politischen und dynamischen Charakter dieses Diskurses wurde den Autor*innen die Entscheidung überlassen, die von ihnen präferierte Form einer geschlechtergerechten Sprache zu wählen.

eine Schulassistenz hatten (Czerwenka 2017), liegt nur eine Studie vor, die sich dezidiert mit der »Bildungsteilhabe durch schulische Assistenz« bei autistischen Schüler*innen beschäftigt (Kron et al. 2018). Zugleich gilt die Schulassistenz bei Autismus in der Praxis als besonders anspruchsvolle und wichtige Aufgabe. Entsprechend sucht dieser Band erstmals autismusspezifische Perspektiven rund um Schulassistenz zu bündeln und dabei sowohl allgemeine Informationen zu Schulassistenz zu vermitteln als auch autismusspezifische Fragestellungen zu integrieren.

Zum Aufbau des Bandes

Der *erste* Teil des Bandes befasst sich mit grundlegenden Fragen der organisationalen und rechtlichen Gestaltung von Schulassistenz bei Autismus. Im *zweiten* Teil werden Aufgaben, Rolle und Qualifikation von Schulassistenzkräften in der Begleitung und Unterstützung autistischer Schüler*innen verhandelt. Dazu wurden bewusst auch Beiträge unterschiedlicher professioneller Akteur*innen aus der Praxis einbezogen, u. a. von der Koordinatorin eines Schulassistenzanbieters, einer Schulleitung, von Therapeutinnen und Lehrkräften, während der *dritte* Teil in aufbereiteter Form Perspektiven von Kindern, Jugendlichen und – retrospektiv – auch einer jungen Erwachsenen sowie die Interviews mit einer Mutter sowie einer Mutter und ihrem jugendlichen Sohn enthält. Der *vierte* Teil widmet sich den Themen Kooperation, Netzwerkarbeit und Organisationsentwicklung. Damit wird eine doppelte Perspektive eingenommen, die sowohl die individuellen, autismusspezifischen Bedarfe als auch die Notwendigkeit einer systemischen Schulentwicklung bedenkt.

Halle an der Saale, Hannover im Januar 2024
Christian Lindmeier, Bettina Lindmeier und Johanna Langenhoff

Literatur

Czerwenka, S. (2017). Umfrage von autismus Deutschland e. V. zur schulischen Situation von Kindern und Jugendlichen mit Autismus. *autismus*, 83, 42–48. https://www.autismus.de/fileadmin/RECHT_UND_GESELLSCHAFT/Heft_83_Artikel_Schulumfrage.pdf [09.09.2023]

Kron, M., Schmidt, L. D. H. & Fischle, A. (2018). *Bildungsteilhabe durch schulische Assistenz. Netzwerkbasierte Unterstützung für Schüler und Schülerinnen im autistischen Spektrum.* Schriftenreihe des Zentrum für Planung und Evaluation Sozialer Dienste. Universitätsverlag Siegen.

Laubner, M., Lindmeier, B. & Lübeck, A. (Hrsg.) (2022). *Schulbegleitung in der inklusiven Schule. Grundlagen und Praxis* (3. bearbeitete Aufl.). Beltz.

Lindmeier, C. (2023). Sprach- und Identitätspolitik der Neurodiversitätsbewegung autistischer Menschen – die Debatte über Person-First Language vs. Identity-First Language. In C. Lindmeier, S. Sallat & K. Ehrenberg (Hrsg.), *Sprache und Kommunikation bei Autismus* (S. 61–74). Kohlhammer.

I Grundlagen

Die Organisationslogik von Schule als Rahmen für den Einsatz von Schulassistenz – nicht nur für Schüler*innen im Autismus-Spektrum

Bettina Lindmeier

1 Einleitung – Schulassistenz als Teil inklusiver Schulen?

Schulassistenz gilt inzwischen als unverzichtbar nicht nur im Kontext inklusiver Schulen, sondern auch von Förderschulen. Dies ist umso erstaunlicher, weil nahezu alle Publikationen auf die Schwierigkeiten verweisen, die angesichts der unterschiedlichen organisationalen Logiken von Schule und von Leistungen entsprechend der Sozialgesetzbücher entstehen.

Entsprechend der unterschiedlichen Zielsetzung der beiden Sozialgesetzbücher (Sozialgesetzbuch VIII, § 35a, oder Sozialgesetzbuch IX, §112; Frese in diesem Band) werden unterschiedliche Bewilligungsgründe formuliert und unterschiedliche Qualifikationsprofile der Schulassistenzkräfte gefordert. Dennoch gibt es eine geteilte Logik innerhalb der Sozialgesetzbücher bezüglich der Form, wie Unterstützungsleistungen konzipiert sind und erbracht werden. Dazu zählen die grundsätzliche *Einzelfallorientierung* – trotz neuerer Möglichkeiten des Poolens –, die *Zielsetzung der Teilhabe* und das Verbot, die originär schulische Aufgabe der Bildung bzw. des Unterrichts zu übernehmen. Auch die Antragsteller*innenrolle der Eltern, aus der auch ihre Arbeitgeber*innenrolle im Fall der Erbringung der Leistung über ein persönliches Budget resultiert, ist charakteristisch für derartige Teilhabeleistungen. Im häufigeren Fall der Erbringung der Leistung durch einen Anbieter von Schulassistenzleistungen liegt die Arbeitgeberfunktion dort, aber ebenfalls nicht in der Schule. Der Schulassistenzanbieter, die Eltern und die Schule müssen für eine Erbringung der Leistung allerdings kooperieren (Schipp in diesem Band), und die Schulassistenzkraft selbst spielt dabei eine zentrale Rolle auf der Umsetzungsebene.

Die Schule dagegen erbringt ein *universalistisches*, d. h. für die gesamte Klasse konzipiertes und gültiges *Bildungsangebot in der Organisationsform einer (Groß-) Gruppe*, traditionell durch jeweils eine einzige (Klassen- oder Fach-)Lehrkraft.

Diese Konstellation wurde durch die bildungspolitische Forderung der Umsetzung einer inklusiven Schule in mehrfacher Hinsicht in Frage gestellt. Zum einen spielt *Teamarbeit* von Lehrkräften mit verschiedenen Kompetenzprofilen eine größere Rolle. Je nach Schulstufe – die Primarstufe mit einer Klassenlehrkraft mit hohem Stundenanteil unterscheidet sich hier stark von der Sekundarstufe – sind die Rahmenbedingungen für Kooperation zwar unterschiedlich, das Selbstbild von Lehrkräften und sogar von Lehramtsstudierenden (Viermann 2022) ist allerdings noch immer dasjenige früherer Zeiten: als allein verantwortliche, autonom in der

Klasse handelnde Lehrperson.[2] Kooperation wird zwar als wichtig, aber als zusätzliche, neue und schwierige Aufgabe außerhalb der eigenen Handlungsroutinen und Arbeitszeiten wahrgenommen. Diese Wahrnehmung wird gestützt durch das Fehlen von institutionalisierten Teamzeiten, Besprechungsräumen und diesbezüglichen Routinen auf der Ebene der Organisation, was den Klassenteams einen erhöhten Aufwand für die Realisierung von Kooperation abverlangt (zu einem alternativen Modell Ahl in diesem Band).

Zum anderen ist es notwendig, mit *heterogenen Gruppen* umzugehen, und zwar sowohl in der Erbringung eines hochwertigen Bildungsangebots für alle als auch der Überprüfung und Zertifizierung von Leistungen. Zwar gab und gibt es Heterogenität auch in der nicht inklusiven Jahrgangsklasse, da bereits bei Schuleintritt eine hohe (Leistungs-)Heterogenität gegeben ist. Leistungsheterogenität bleibt auch im gegliederten System der weiterführenden Schulen bestehen. Diese Heterogenität wurde aber bisher als konstitutives Merkmal von Schule kaum zur Kenntnis genommen, sondern als von außen in die Schule hineingetragen und herausfordernd angesehen (Budde 2012) und durch Klassenwiederholungen und Abschulungen als Mittel zur Homogenisierung – weitgehend erfolglos – bekämpft. Folglich gilt Inklusion als Gefährdung des Leistungsanspruchs von Regelschulen (Arndt et al. 2021), obwohl sie eher eine Gefährdung der Homogenitätsannahmen bzw. -fiktionen der Bildungspolitik darstellt.

Die derzeitigen Bedingungen des Einsatzes von Schulassistenzkräften scheinen es zu ermöglichen, das Selbstverständnis der Schule möglichst wenig zu verändern, was an manchen Schulen die folgende Entwicklung befördert: Für den Großteil der Schüler*innen und der Lehrkräfte bleibt die inklusive Schule so, wie die nicht inklusive Schule war. Der Unterricht ist gekennzeichnet durch klare und für fast die gesamte Lerngruppe gleiche Leistungsanforderungen und ein weitgehend gleichschrittiges Arbeiten der ganzen Klasse mit Ausnahme der Schüler*innen mit Schulassistenz. Rund um die Schüler*innen mit Schulassistenz etabliert sich eine »Mini-Förderschule«, die gekennzeichnet ist durch eine hohe Individualisierung, flexibleren Umgang mit Zeit, Raum, Verhaltensanforderungen und Schulleistungen, und die unterschiedlich weitgehend abgekoppelt ist von den Arbeitsformen, Leistungs- und Verhaltensstandards der Klasse. Für Schulen, die sich nicht systematisch in Richtung inklusiver Schulen verändern wollen, scheint die Schulassistenz eine relativ niedrigschwellige Entlastung von der Sorge um Schüler*innen zu bieten, die nicht ins System passen. Der Bruch zwischen den Organisationslogiken wird gelöst, indem die beiden Logiken nebeneinander existieren und sich möglichst wenig »ins Gehege kommen«. Eine vorrangig leistungsorientierte Regelschule kann so weiter existieren, setzt aber für einige ihrer Mitglieder die sonst gültigen Regeln, sprich die Verhaltens- und Leistungsstandards (Ehrenberg & Lindmeier 2020), außer Kraft, zieht sich aber zugleich aus der pädagogischen Verantwortung. Dworschak konstatiert,

---

2 Diese Logik wird auch noch immer durch die Ausbildungsstruktur im Vorbereitungsdienst aufrechterhalten, in der die benoteten Prüfungsstunden immer allein vorbereitete und verantwortete Stunden sind.

»dass Schüler/innen mit dem FsgE die allgemeine Schule im Modell der Einzelintegration dann besuchen können, wenn sie eine Schulbegleitung mitbringen, die ihre Defizite so weit ausgleicht, dass sie in das bestehende Konzept der allgemeinen Schule ohne größere Anstrengung zu integrieren sind« (2022, 51).

Für andere Schulen, die einen Schulentwicklungsprozess zu inklusiven Schulen anstreben, standen in den letzten Jahren die Themen der Kooperation von Lehrkräften mit verschiedenen Kompetenzprofilen (exemplarisch Lütje-Klose & Urban 2014) sowie ein veränderter Umgang mit Leistung und die Konzeptionierung hochwertiger Bildungsangebote in heterogenen Gruppen und einzelnen Fächern im Vordergrund. Für diese Schulen gilt, dass die Organisationslogik von Schule und die Bedingungen des Einsatzes von Schulassistenz in inklusiven Primar- und Sekundarschulen und Förderschulen so wenig miteinander zu vereinbaren sind, dass daraus nicht auflösbare Spannungsfelder entstehen. Diese müssen von den handelnden Personen bearbeitet und ausgehalten werden, da sie nicht dauerhaft auflösbar sind. Zentrale Fragen betreffen dabei die Kooperation von Schulassistenzkräften und Lehrkräften sowie die Frage der »erlaubten« und möglichen Tätigkeitsfelder, Aufgaben und Rollen (Frese in diesem Band). Auf diese Themen konzentrieren sich die folgenden Ausführungen, um abschließend Lösungsansätze mit einem besonderen Fokus auf Schulassistenz für Schüler*innen im Autismus-Spektrum zu skizzieren. Zuvor soll kurz auf den Rahmen eingegangen werden, den die Schule aus ihrer Organisationslogik heraus für Schulassistenz setzt.

2 Was kann, darf, soll Schulassistenz?

Die konkreten Aufgaben und Tätigkeiten von Schulassistenzkräften sind Thema mehrerer Beiträge dieses Bandes (Frese; Gier-Dufern & Selter in diesem Band). Die formale Aufgabenbestimmung erfolgt vorrangig über Abgrenzungen dahingehend, was Schulassistenzkräfte nicht sind und nicht tun sollen. Diese Abgrenzungen folgen der bisherigen schulischen Logik – pädagogische Aufgaben dürfen nur Lehrkräften übertragen werden – und sind angesichts der vielfältigen Überschneidungen der Aufgaben von Lehrkräften und Schulbegleitungen völlig impraktikabel. Das Festhalten an dem Ausschlusskriterium, keine im engeren Sinne pädagogischen Aufgaben übernehmen zu dürfen, erscheint eher wie ein Mantra als wie eine Kennzeichnung schulischer Praxis: »Schulbegleiter sind keine Zweitlehrkräfte, Nachhilfelehrkräfte, Hausaufgabenbetreuer oder Assistenten der Lehrkräfte bei der Vermittlung der Unterrichtsinhalte« (Bayerisches Staatsministerium für Bildung, Kultur, Wissenschaft und Kunst 2013, 6), heißt es bspw. in einer Empfehlung des Bayerischen Staatsministeriums für Bildung, Kultus, Wissenschaft und Kunst, die stellvertretend für viele andere Stellungnahmen oder Empfehlungen sowohl von Landesministerien als auch von Trägern der freien Wohlfahrtspflege stehen kann. Diese Aussagen sind wenig hilfreich für die handelnden Personen, sondern zielen auf makrostrukturelle, politische Zusammenhänge:

Standes- bzw. berufspolitisch wird hier die Sorge deutlich, dass ungelernte Kräfte oder nicht universitär ausgebildete pädagogische Kräfte mittelfristig die Aufgaben von Lehrkräften übernehmen könnten. *Bildungspolitisch* spiegelt sich die Sorge, dass ein weniger hochwertiges Bildungsangebot für Schüler*innen mit Beeinträchtigung etabliert werden könnte. *Finanzpolitisch* ist von Relevanz, dass Schulbegleitung nur als nicht unterrichtliche Teilhabeleistung über das Sozialleistungssystem finanziert wird, wodurch die inklusive Schule eine Quersubventionierung in Anspruch nehmen kann, die das Instrument der Schulassistenz für die Schulpolitik attraktiv macht.

Es ist bekannt, dass die Abgrenzung in der pädagogischen Praxis nicht durchzuhalten ist. Nahezu alle Aufgaben, die Schulassistenzkräfte explizit übernehmen dürfen, können immer auch eine pädagogische Komponente aufweisen und sind damit von den pädagogischen, nicht unterrichtsfachbezogenen Aufgaben von Lehrkräften kaum abgrenzbar. In der Unterstützung von Lernvorhaben übernehmen Schulassistenzkräfte mitunter sogar vermittlungsbezogene Aufgaben, wobei sie dies in der Regel unter Anleitung der Lehrkraft tun sollten. Verschiedene Studien zeigen sogar, dass Lehrkräfte zum Teil nahezu alle Aufgaben »rund um« den*die Schüler*in mit Schulassistenz an diese delegieren (exemplarisch Kron et al. 2018; Ehrenberg & Lindmeier 2020); für Autismus stellt Frese (in diesem Band) typische Aufgaben dar, die ebenfalls zum weit überwiegenden Teil situationsabhängig auch pädagogische Relevanz aufweisen können. Es ist daher aus wissenschaftlicher und pädagogischer Perspektive zu fordern, dass Schulassistenz so weiterentwickelt wird, dass auch pädagogische Aufgaben übernommen werden dürfen. Um die befürchtete Deprofessionalisierung zu verhindern, sollten die Anleitung von Schulassistenzkräften und das Monitoring des Lernverlaufs der von ihnen begleitenden Schüler*innen als Aufgabe der Lehrkräfte fest installiert werden, zusammen mit Teamzeiten und Zeiten für Schulentwicklungsprozesse (Langenhoff & Laubner; Ahl in diesem Band). Im Folgenden wird daher der Schwerpunkt auf die Kooperation in der Klasse gelegt und gefragt, wie sie unter den skizzierten Bedingungen dennoch möglich werden kann.

3 Kooperation im Unterricht – nicht nur unter Beteiligung von Schulassistenz

3.1 Formen der Kooperation zwischen Lehrkräften und ihre Übertragungsmöglichkeiten auf die Kooperation mit Schulassistenzkräften

Der überwiegende Teil der Literatur zu Kooperation in inklusiven schulischen Settings bezieht sich auf die Kooperation zwischen sonder- und regelpädagogischen Lehrkräften, die von Lütje-Klose und Urban als »intraprofessionelle Kooperation«

(2014, 113) bezeichnet wird. Sie gehen davon aus, dass es sich nicht um die Kooperation zweier Professionsgruppen handelt, sondern von Angehörigen der gleichen Profession mit unterschiedlichen fachlichen Schwerpunkten. Für eine solche Kooperation zwischen Lehrkräften im Unterricht unterschieden Villa, Thousand und Nevin bereits 2007 vier Formen des Co-Teachings, die seither in der deutschsprachigen Literatur vielfach aufgegriffen und rezipiert wurden.

Beim *Lehren im Team* sind die Aufgaben der Planung und Durchführung des Unterrichts einschließlich der Anpassung an besondere Bedürfnisse zwischen beiden Partner*innen gleich verteilt. Es handelt sich damit um die anspruchsvollste und zeitaufwändigste Form der Zusammenarbeit. *Paralleles Lehren* meint eine gleichzeitige Arbeit beider im selben Klassenraum mit verschiedenen Gruppen, die nicht notwendig unterschiedliche Niveaugruppen sein müssen. Auch die Durchführung eines Experiments in zwei Teilgruppen, die parallele Unterstützung von mehr als zwei Kleingruppen und der Wechsel der Lehrkräfte zwischen den Gruppen sind Formen parallelen Lehrens.

Lehren im Team und *Paralleles Lehren* sind in der beschriebenen Form ausschließlich zwischen Lehrkräften möglich, nicht in einer Kooperation von Schulassistenzkraft und Lehrkraft. Sie setzen profundes unterrichtsfachliches, didaktisches und methodisches Wissen und Können voraus, das von einer ungelernten Schulassistenzkraft nicht erwartet werden kann und auch von der Rechtsgrundlage der Schulassistenz her nicht erlaubt ist (Frese in diesem Band). Zudem erfordert ihre Umsetzung eine umfängliche gemeinsame Vorbereitung, die auch eine Verständigung über Erwartungen an die Teamarbeit, Rollen, Leitung und den Prozess der Zusammenarbeit, zudem über Unterrichtsziele, Vermittlungsformen, Leistungs- und Verhaltenserwartungen sowie den Umgang mit (Disziplin-)Konflikten und mit Meinungsverschiedenheiten zu diesen Themen umfasst.

Komplementäres Lehren findet statt, wenn der durch eine Lehrkraft vermittelte Stoff durch die andere Lehrkraft aufbereitet wird. Diese Methode bietet sich an, wenn eine Lehrkraft nicht über so gute unterrichtsfachliche Kenntnisse verfügt, weil sie das entsprechende Fach nicht studiert hat, und die andere Lehrkraft die Anpassung, bspw. durch die Aufbereitung in leichter Sprache, weniger gut beherrscht. Sie wird zudem häufig genutzt, wenn Lehrkräfte nur einen Teil der Zeit gemeinsam in der Klasse sind, wobei sie dann häufig zu einer Art Nachhilfe- oder Förderunterricht in den Kernfächern abgewandelt wird. Komplementäres Lehren ist unter bestimmten Voraussetzungen auch durch Schulassistenzkräfte möglich, wenngleich es nicht den Vorgaben des Sozialgesetzbuches entspricht – diese Form komplementären Lehrens ist in der Praxis weit verbreitet. Dabei muss die jeweilige Lehrkraft allerdings unbedingt selbst prüfen, welche Teilaufgaben in den Bereich einer Lehrkraft fallen müssen und welche Aufgaben auch an eine Schulassistenzkraft delegierbar sind, und dies besprechen und anleiten. In den Kompetenzbereich der Lehrkraft fallen auch hier unterrichtsfachliche, didaktische und methodische Aufgaben.

Komplementäres Lehren weist aber zugleich Überschneidungen zu einer ganzen Reihe von Teilhabeleistungen auf – bspw. die Unterstützung beim selbstständigen Aufschreiben bei einem motorisch eingeschränkten Schüler bzw. einer blinden Schülerin oder die situative Anpassung einer autismussensiblen Arbeitsstruktur einschließlich einer flexiblen Raum- und Zeitverwendung bei einem autistischen Schüler »nach Tagesform«. Diese sind an eine Schulassistenzkraft delegierbar, ebenso die Umsetzung angepasster Aufgaben, wobei ein Monitoring durch die (sonderpädagogische) Lehrkraft unverzichtbar ist. Dworschak und Lindmeier (2022) argumentieren für den Bildungsgang geistige Entwicklung, nach dem auch ein Teil der Schüler*innen im Autismus-Spektrum unterrichtet wird:

> »So lässt sich nicht nur mit Blick auf Schüler/innen mit schwerer (geistiger) Behinderung die reine Stoff- und Wissensvermittlung nicht trennscharf von lebensweltbezogenen und lebenspraktischen Aspekten trennen. Dies begründet sich durch den lebenspraktischen Bildungsauftrag des Förderschwerpunktes geistige Entwicklung, der z. B. auch Pflege oder basale Förderangebote als bildungsrelevant identifiziert« (Dworschak & Lindmeier 2022, 155).

Auch für Schüler*innen im Autismus-Spektrum, für die fast immer angemessene Kommunikation und das Zurechtkommen im Klassenverband oder in Gruppenarbeiten zu den nicht unterrichtlichen Aufgaben gehören, die in Wechselwirkung zu den eigentlich unterrichtsfachlichen Anforderungen stehen, ist eine Trennung nur bedingt möglich. Insofern ist auch hier ein umfänglich angelegter Kooperationsprozess wesentlich für eine langfristig funktionale Kooperation. Die verbreitete Praxis, die gesamte Entscheidungsmacht und Umsetzungsverantwortung bezüglich der Lerninhalte sowie ihrer Aufbereitung, von Pausen und Lernzeitsanktionen und »Rausgehen« der Schulassistenzkraft zu übertragen, also ein weitreichendes, nicht einmal im Team gemeinsam besprochenes komplementäres Lehren zu realisieren, ist als Deprofessionalisierung anzusehen, weil selbst Schulassistenzkräfte mit pädagogischer Ausbildung keine Lehrkräfte sind. Ihnen fehlt das nötige unterrichtsfachliche, didaktische und (unterrichts- und fachbezogene) methodische Wissen und Können, wenngleich ausgebildete Schulassistenzkräfte mit einer Spezialisierung auf Autismus mitunter über Kenntnisse von Methoden wie TEACCH oder Social Stories verfügen, die (Regelschul-)Lehrkräften fehlen. Schüler*innen wird durch eine solche Deprofessionalisierung ein hochwertiges Bildungsangebot verweigert, das curricular verankert und durchgehend am Bildungsgang[3] orientiert ist und das hinsichtlich der erreichten Ziele ein durchgehendes Monitoring durch eine Lehrkraft erfährt.

Das *Unterstützende Lehren* ist durch eine führende Rolle einer Lehrkraft im Unterricht gekennzeichnet, während die andere Lehrkraft einzelnen Schüler*innen gleichzeitig zusätzliche Unterstützung gibt. Diese Form ist derzeit die häufigste; vor allem im Sekundarbereich wird sie angesichts des Fachunterrichts oft bevorzugt, da sie ohne intensive Abstimmung möglich ist. Auch die Rolle der Schulassistenzkraft

---

3 Unter Bildungsgang wird eine curricular organisierte schulische, hochschulische oder berufliche (Aus-)Bildung verstanden, die in der Regel zu einem festgelegten, zertifizierten Abschluss führt. In der Bundesrepublik Deutschland führen die anerkannten schulischen Abschlüsse zu Abitur, mittlerer Reife und Hauptschulabschluss. Zwei weitere Bildungsgänge mit eigenen Curricula sind der Bildungsgang Lernen, dessen Abschaffung zwar vielfach diskutiert wird, und der Bildungsgang geistige Entwicklung. Beide führen nicht zu anerkannten Abschlüssen, sondern münden in der Regel in Sondersysteme der beruflichen Ausbildung oder Beschäftigung; der Bildungsgang Lernen ermöglicht u. U. den anschließenden Erwerb des Hauptschulabschlusses.

in einer Klasse ähnelt in Teilen dieser Form des Co-Teachings (Villa et al. 2007). Sie ist noch weitergehend auch durch Schulassistenzkräfte zu übernehmen.

In der Literatur wie der Schulpraxis findet sich häufig eine unterschwellig normative Bewertung dieser Kooperationsformen, die das *Lehren im Team* als die beste oder einzig wirklich inklusive Form betrachtet. Es ist allerdings fraglich, ob sich diese Einschätzung empirisch halten ließe, und falls ja, gemessen an welchen Erfolgskriterien. Möglicherweise sind für unterschiedliche Lehr-Lern-Situationen, Schüler*innenbedarfe, Qualifikationsprofile und Zeitbudgets unterschiedliche Formen geeignet.

3.2 Schlüsselelemente der Kooperation

Eine häufige Annahme lautet, dass »die Chemie stimmen« muss, damit Kooperation funktioniert. Damit wird Kooperation aber als etwas beschrieben, dessen Realisierung außerhalb der eigenen Handlungsmöglichkeiten liegt. Die folgenden Schlüsselelemente von Kooperation können dagegen dazu beitragen, eine gute Kooperation zu erarbeiten. Für alle Formen der unter 3.1 beschriebenen Kooperation ist es nach Villa, Thousand und Nevin (2007) notwendig, diese fünf Schlüsselelemente zu beachten, deren Bedeutung sich auch in unseren Untersuchungen (exemplarisch Sun et al. 2022) zur Kooperation zwischen Studierenden verschiedener Lehrämter bestätigte:

1. »Zielsetzung: es gibt ein zentrales Ziel der gemeinsamen Arbeit, dem die Beteiligten zugestimmt haben;
2. Wertesystem: die Erkenntnis, dass jeder der beteiligten Ko-Lehrer(*innen) notwendige und einzigartige Kompetenzen und Kenntnisse besitzt, ist Teil des gemeinsamen Wertesystems;
3. die Beteiligten nehmen gleichwertige, verschiedenartige Rollen ein, sie erkennen gegenseitig ihren Expertenstatus an und erleben so Gleichwertigkeit;
4. Kooperative Leitung: Die Leitungsfunktion, die im traditionellen Unterricht die allein anwesende Lehrkraft innehat, wird als geteilte bzw. wechselnd übernommene Leitung und Verantwortung organisiert;
5. Kooperativer Prozess: die Zusammenarbeit geschieht in einem kooperativen Prozess, der direkte Interaktionen umfasst, auf einem positiven Verständnis von Interdependenz und persönlicher Verantwortung beruht (vgl. Villa/Thousand/Nevin 2007, 420)« (Lindmeier & Lindmeier 2012, 264).

In Bezug auf die multiprofessionelle Kooperation, verstanden als »Kooperationshandlung von zwei oder mehr pädagogischen Fachkräften aus verschiedenen Professionsgruppen« (Böhm-Kasper et al. 2017, 118) ist eine Umsetzung der vierten Forderung nur bedingt möglich. Dies gilt unabhängig vom Qualifikationsniveau nicht nur für die Kooperation von Lehrkräften und Schulassistenzkräften, sondern auch für die Kooperation zwischen Lehrkräften und Schulsozialarbeiter*innen oder Schulpsycholog*innen. Die Anwesenheit Letzterer ist oft nur punktuell, und eine Leitung des Unterrichts ist für sie ebenso wenig vorgesehen wie für Schulassistenzkräfte. Alle anderen Forderungen lassen sich ebenso aufstellen; sie lassen sich angesichts der herrschenden Organisationslogiken aber z. T. nur auf freiwilliger Basis und entgegen der Logik des eigenen Arbeitsplatzes umsetzen.

So steht für die Teambuilding-Prozesse, in denen gemeinsame *Ziele* definiert werden und eine Verständigung über zentrale *Werte* der gemeinsamen Arbeit stattfinden kann, bereits in Schulkollegien zu wenig Zeit zur Verfügung; schulinterne Fortbildungen können aber ebenso durchgeführt werden, wie regelmäßige Teamzeiten etabliert werden können. Schulassistenzkräfte bekommen aber je nach Träger teilweise nur die Zeit in der direkten Arbeit mit dem Kind finanziert und sind kein Teil der Organisation Schule. Hier ist ein Umdenken sowohl bei Leistungsträgern als auch Anbietern von Schulassistenz dringend notwendig, um eine gelingende Zusammenarbeit und auch den von Villa, Thousand und Nevin geforderten *kooperativen Prozess* zu unterstützen (Ahl in diesem Band). Die Rollen der Beteiligten, insbesondere der Schulassistenzkräfte, sollen im nächsten Punkt näher analysiert werden. Anders als die Rollen von sonder- und regelpädagogischen Lehrkräften, die zumindest grundsätzlich als gleichwertige, wenngleich verschiedenartige Rollen angesehen werden können, selbst wenn in der derzeitigen Praxis auch häufig eine Ungleichwertigkeit erkennbar ist, sind Schulassistenzkräfte durch ihre Zuständigkeit ausschließlich für eine*n oder mehrere einzelne Schüler*innen, ihre Qualifikation und ihre eingeschränkten Rechte, die aus ihrer Nichtzugehörigkeit zum schulischen Kollegium folgen, in einer untergeordneten, aber zugleich nicht weisungsabhängigen Rolle gegenüber den Lehrkräften.

Dennoch lassen sich die benannten Schlüsselelemente umsetzen; wie das geschehen kann, soll im Folgenden skizziert werden.

Ziele: Obwohl die Bedeutung des Beginns einer Zusammenarbeit für die Klärung von Zielen und für eindeutige Abstimmungen offensichtlich ist, zeigen u. a. das Interview mit einer Mutter (Langenhoff & Mansour in diesem Band) als auch Beiträge zur Perspektive von Schüler*innen (Ehrenberg; Langenhoff; Schipp in diesem Band), dass aus der Perspektive von Eltern und Schüler*innen häufig Unklarheit besteht. Aber nicht nur für sie ist eine Zielklärung zu Beginn der Zusammenarbeit wichtig: Die »Bausteine zur Kooperation mit Schulbegleitungen in der inklusiven Schule« widmen fünf von elf Bausteinen dem Beginn der Zusammenarbeit; der fünfte Baustein beschäftigt sich explizit mit der Kooperation, in Form eines »Startgespräch(s) im pädagogischen Team« (Billerbeck et al. 2022, 178 ff.), dessen Ziel die Entwicklung einer »Assistenzvereinbarung« (ebd., 179) ist. Der neunte Baustein beschäftigt sich mit der Reflexion der getroffenen Vereinbarungen und ihrer Fortschreibung (ebd., 190).

Werte: Eine Klärung von Zielen lässt sich auf der Arbeitsebene kaum durchführen, ohne auch die Ebene der Werte einzubeziehen, wenngleich für eine nicht umgehend zu konkreten Zielen führende Diskussion über Werte meist keine Zeit zu sein scheint. Es bietet sich dennoch an, zu Beginn und danach in regelmäßigen Abständen von der organisationsbezogenen, konkrete Abstimmungen betreffenden Gesprächsebene auf eine metakommunikative Ebene zu wechseln und sich über Grundwerte der eigenen Arbeit zu verständigen. Dies kann bspw. als Einstieg über kreative Methoden wie Bildkarten oder pointierte Aussagen zu Teamarbeit oder »zentralen Werten der eigenen Arbeit« (Philipp 1996) geschehen und dient nicht vorrangig dazu, sich zu einigen, sondern die Wertorientierungen der anderen Teammitglieder überhaupt zur Kenntnis zu nehmen sowie die jeweils eigenen Orientierungen sichtbar zu machen. Sehr häufig ergeben sich Unterschiede, die im schulischen Feld als Antinomien, als unlösbare Widersprüche vorhanden sind: bspw. hohe Leistungen und gute Abschlüsse, Wohlbefinden und angstfreies Lernen für Schüler*innen zu ermöglichen; Räume für Autonomie und Schutz vor Überforderung. Im Austausch gelingt es meist, die Bedeutung verschiedener Positionen und Wertehierarchien zu realisieren, mitunter sogar zu erkennen, dass die berufliche Position bestimmte Priorisierungen erfordert: So ist die Position der Fachlehrkraft meist stärker an Abschlüssen, die von Schulassistenzkräften stärker am Wohlbefinden der begleiteten Schüler*innen orientiert. Wichtig ist außerdem, dass Schulassistenzkräfte trotz ihrer meist nicht akademischen Ausbildung von Lehrkräften mit Respekt und Wertschätzung behandelt werden (Langenhoff & Laubner in diesem Band).

Rollen: Die Erkenntnis, dass Rollen gleichwertig, aber dabei verschieden, also nicht gleichartig sein können, ist für die Zusammenarbeit von hoher Bedeutung. Mitunter herrscht in Kollegien oder Klassenteams eine unterschwellige Konkurrenz: Wer ist die bessere Lehrkraft? Wer wird von den Schüler*innen gemocht? Die unklare Rolle von Schulassistenzkräften kann eine solche, den Handelnden mitunter nicht einmal bewusste Konkurrenz und damit verbundene Abgrenzungsbemühungen verstärken. Schulassistenzkräfte wissen, dass ihre Expertise nicht die einer Lehrkraft ist, und sie wünschen keine Verantwortung für die gesamte Klasse im Sinne des Unterrichts, der Organisation von Aufgaben, Aufrechterhaltung der Ordnung, Durchführung von Klassenarbeiten und Benotung. Sie möchten aber in ihrer Expertise für die betreuten Schüler*innen, für Autismus, für Alltagsbegleitung etc. anerkannt werden – und sie können so eine wichtige Ressource für Lehrkräfte darstellen, wie das Interview mit Marian Laubner zeigt (ebd.).

Kooperative Leitung: Wie bereits ausgeführt ist eine kooperative Leitung nur für ein Team mit einer ähnlichen Expertise möglich, bspw. in Form einer gemeinsamen Klassenleitung oder der gemeinsam verantworteten Unterrichtsvorbereitung durch zwei Lehrkräfte. Schulassistenzkräfte agieren zwar in der Klasse, es ist ihnen aber weder ein unabhängiges noch ein gleichberechtigtes Agieren möglich, denn die Lehrkraft leitet den Unterricht. Zugleich gibt es aber auch kein klares Hierarchieverhältnis im Sinne einer Weisungsbefugnis der Lehrkraft, da nicht Lehrkräfte oder Schulleitung, sondern die Leitung oder Koordinationskraft des Schulassistenzanbieters die formal vorgesetzte Person ist.

Kooperativer Prozess: Dennoch ist es möglich anzuerkennen, dass alle beteiligten Erwachsenen (und Schüler*innen) innerhalb eines Klassenraums aufeinander angewiesen sind, um guten Unterricht und gute Lernergebnisse in einem angenehmen Lehr-Lern-Klima zu erreichen. Diese Interdependenz als gegeben anzusehen und persönliche Verantwortung dafür zu übernehmen, die Zusammenarbeit zu gestalten, kann als kooperativer Prozess angesehen werden. Er umfasst – trotz des in pädagogischen Feldern immer gegebenen Zeitdrucks – direkte Interaktionen in der Klasse sowie Gespräche auf Teamebene und unter Beteiligung der anderen Akteur*innen wie Leistungsträger, Eltern und mit zunehmendem Alter immer mehr die Schüler*innen mit Schulassistenz selbst.

4 Schulassistenz bei Autismus – eine besondere Situation?

Jeder Assistenzbedarf ist individuell, nicht nur im Kontext von Autismus. Dennoch lassen sich Bereiche benennen, die bei der Bedarfsfeststellung und der Begleitung im Alltag bei Autismus besonders berücksichtigt werden sollten. Die folgenden Punkte geben bewusst nicht die gängigen Aufzählungen wieder, sondern benennen vier zentrale Punkte, die nicht vorrangig die Kooperation mit den Lehrkräften, Eltern und anderen wichtigen Akteur*innen betreffen (Schipp; Lindmeier zu Netzwerken in diesem Band), sondern die Situation der Schüler*innen selbst.

4.1 Massive Überforderung, Overloads, Meltdowns oder Shutdowns vermeiden

Bezüglich Überforderung ist das Erleben neurountypischer Menschen nicht grundsätzlich, sondern nur graduell anders als dasjenige neurotypischer Menschen: Alle Kinder müssen erst lernen, mit psychischer Überlastung zurechtzukommen – junge Kinder, auch noch Schulkinder im Primarbereich, reagieren sehr häufig mit einem Zusammenbruch ihrer psychischen Struktur: Weinen, Schreien, sich auf den Boden werfen, Auto- oder Fremdaggression kommen häufig vor. Auch später im Leben kann es solche Zusammenbrüche geben. Sich dies zu vergegenwärtigen hilft, die Situation autistischer Menschen jeden Alters ernstzunehmen und sie weder zu bagatellisieren noch als Störung zu verstehen: Es ist eine Schutzreaktion eines Menschen, der nicht die Gelegenheit hatte, eine zu stark belastende Situation zu verlassen oder so umzugestalten, dass sie erträglich war. Dies belegen unzählige Berichte von Selbstvertreter*innen, Aussagen in Blogs autistischer Menschen und Fachliteratur (exemplarisch Preißmann 2020; Seng 2020; Vero 2020). Sie belegen auch, dass diese Zusammenbrüche extrem schmerzhaft und anstrengend sind und dass manche autistischen Menschen Tage benötigen, um sich zu erholen. Andere schaffen es, den Arbeits- oder Schultag zu überstehen, aber um den Preis einer hohen Überforderung, die sie im Anschluss sehr erholungsbedürftig und erschöpft zurücklässt.

Viele autistische Menschen nutzen »Stimming« (Vero 2020), das sind individuell beruhigende Handlungen, die das innere Gleichgewicht zu halten helfen. Aufgrund ihrer Gleichförmigkeit werden sie noch oft als »Stereotypien« bezeichnet und als störendes Verhalten unterbunden. Neben dem Stimming gibt es häufig andere beobachtbare Zeichen dafür, dass es einem*einer Schüler*in im Autismus-Spektrum nicht gut geht. M. E. besteht die wichtigste Aufgabe von Schulassistenz bei Schüler*innen im Autismus-Spektrum darin, diese Anzeichen von Überforderung zu erkennen und darauf in verschiedener Weise zu reagieren:

- In einer akut überfordernden Situation muss ein Zusammenbruch verhindert oder, wenn er bereits begonnen hat, eine Situation geschaffen werden, in der sich

der*die Schüler*in wieder beruhigen kann. Werden in einer Krise andere Kommunikationsformen genutzt – bspw. Kommunikationstafeln statt verbaler Sprache –, kann auch dies von der Schulassistenzkraft unterstützt werden.
- Für das Stimming müssen Formen gefunden werden, die den Unterricht möglichst wenig stören und nicht ihrerseits die Lehrkraft zur Verzweiflung treiben – also keine lauten Geräusche oder starke visuelle Ablenkung der Klasse verursachen, denn dies ist oft der Beginn einer Eskalationsspirale zwischen Lehrkräften und autistischen Schüler*innen. Auffälligere Formen des Stimmings können möglicherweise in der Pause oder zeitlich befristet in einem angrenzenden Raum genutzt werden, falls ein solcher vorhanden ist.
- Schulassistenzkräfte verbringen viel Zeit in direkter Interaktion mit betreuten Schüler*innen: Dadurch können sie u. U. auslösende Ereignisse deutlich besser erkennen als die Lehrkräfte. Ebenso können sie sich andeutende Überforderung möglicherweise früh genug erkennen. Diese Expertise sollte nachgefragt werden, auch um eine grundsätzlich besser zu bewältigende (autismussensible) Umgebung zu schaffen.
- Die Frage, wie weit spezifische Programme und Konzepte geeignet sind, Überforderung zu vermeiden, und ob die Schulassistenzkraft mit ihnen vertraut ist oder sich fortbilden sollte, kann hier aus Gründen des Umfangs dieses Beitrags lediglich angedeutet werden: TEACCH ist bspw. zur Strukturierung der Situation und der Reduktion von Unsicherheit geeignet (Häußler 2022). Auch Social Stories – bspw. zum Thema »Schulwechsel«, »Schwimmunterricht« oder anderen individuell bedrohlichen Situationen – können dazu beitragen, sie zu entschärfen (Castañeda 2023).

In der Planung der Unterstützung, der Gestaltung einer autismussensiblen Umgebung, von individuellen Pausen etc. ist bei Schulassistenzkräften eine hohe Expertise vorhanden, die noch nicht immer ausreichend nachgefragt und genutzt wird.

4.2 Peerbeziehungen und Freundschaften unterstützen

Schüler*innen mit Beeinträchtigungen oder Förderbedarf haben durchschnittlich weniger gute Peerbeziehungen als ihre Mitschüler*innen (Zuleger in diesem Band), was aber nicht bedeutet, dass es keine Freundschaften oder guten Peerbeziehungen gibt. Auch Schulassistenz gilt nicht ausschließlich als förderlich für die Gestaltung von Peerbeziehungen (Ehrenberg; Langenhoff in diesem Band), denn das bloße Dabeisein von Erwachsenen verändert den Umgang von Kindern untereinander – mehr noch von Jugendlichen. Eine Schulassistenzkraft kann aber auch viel dazu beitragen, Peerbeziehungen zu unterstützen:

- Sie kann als Rollenvorbild für den Umgang mit dem*der Schüler*in im Autismus-Spektrum dienen. Das gilt insbesondere für nicht verbal sprechende Kinder und den Umgang mit Verhalten, das von Mitschüler*innen als seltsam oder störend angesehen wird. Entsprechend wichtig ist, wie die Schulassistenzkraft mit

begleiteten Schüler*innen umgeht (Langenhoff; Sagrauske & Kunze in diesem Band).
- Sie kann Mitschüler*innen Sachinformationen zum Thema Autismus geben – je nach Alter und kognitiver Fähigkeit auch gemeinsam mit dem*der Schüler*in, den*die sie begleitet.
- Sie kann durch die Beteiligung oder Umgestaltung von Spielen das gemeinsame Spiel erleichtern oder ermöglichen.
- Sie kann sich situativ zurücknehmen, wenn sie nicht benötigt wird, um Autonomie zu unterstützen und Freundschaften zu ermöglichen, innerhalb derer mitunter auch gegenseitige Unterstützung geleistet wird.
- Sie kann Ärgern, Piesacken und Bullying verhindern, das Schüler*innen im Autismus-Spektrum häufig erleben (Sagrauske & Kunze in diesem Band).

Obwohl die Unterstützung von Peerbeziehungen bisher fast nie Thema der Hilfeplanung ist, ist sie eine Aufgabe, die für die Schüler*innen sehr wichtig ist und bewusst gestaltet werden sollte (Schipp in diesem Band).

4.3 Lernerfolge und akademische Leistungen unterstützen

Da direkt unterrichtliche Aufgaben nicht übernommen werden können, sollte es in diesem Bereich großenteils um unterstützende Aufgaben gehen: die Organisation des Arbeitsplatzes, den Umgang mit Störungen (auch solchen, die neurotypische Lehrkräfte und Mitschüler*innen möglicherweise gar nicht wahrnehmen) und die Anpassung belastender Sozialformen des Unterrichts. Mitunter ist die bloße Anwesenheit einer verlässlichen Person oder deren gelegentliche Ermutigung wichtig (Langenhoff & Mansour in diesem Band), um die schulische Arbeitsfähigkeit aufrechtzuerhalten. Auch jugendliche autistische Schüler*innen mit guten schulischen Leistungen, die im Alltag selbstständig wirken, haben oft Probleme bei der Organisation ihres Schulalltags, bspw. bei der Gestaltung von Prozessabläufen wie dem Zusammenpacken der Schulsachen und dem anschließenden Wechsel in einen anderen Klassenraum.

4.4 Störendes Verhalten reduzieren und Kommunikationsmöglichkeiten ausbauen

Häufig sind auch Autismus(therapie-)zentren und -ambulanzen in die schulische Unterstützung von autistischen Schüler*innen eingebunden, und mitunter werden die dort vermittelten Therapieansätze und Konzepte im Unterricht weiter angewandt. Neben dem bereits erwähnten TEACCH und Social Stories sind verhaltensmodifikatorische Therapien der ABA-Gruppe (Applied Behavior Analysis) relativ verbreitet, außerdem bei nicht oder minimal sprachlichen Kindern unterstützte Kommunikation (Ehrenberg & Lindmeier 2023). Diese Tätigkeiten erfordern eine pädagogische Ausbildung und eine Anleitung oder Supervidierung durch therapeutische Fachkräfte und sie sind nicht immer gut in den Schulkontext integrierbar, da es sich um eigenständige Interventionen handelt, die keine Verbindung zu den unterrichtlichen (Bildungs-)Zielen haben, sondern zusätzlich zu ihnen realisiert werden sollen. Für die Schulassistenzkraft handelt es sich einerseits um Aufgaben, die ihrer diffusen Tätigkeit mehr Klarheit und Zielgerichtetheit geben können, sie können aber auch Konfliktpotenzial bergen, weil sie sich schlecht umsetzen lassen und Druck auf die Schulassistenzkraft entsteht, wenn vereinbarte Ziele nicht erreicht werden können. Bezüglich der Frage, ob eine Intervention sinnvoll ist, ist m. E. von Bedeutung, ob sie zu einer besseren Teilhabe an Bildung und am Klassenleben beiträgt.

5 Fazit

Schulassistenz ist eine Form der einzelfallbezogenen zusätzlichen Unterstützung, die sich aus dem Schulalltag vieler Schüler*innen im Autismus-Spektrum und ihrer Lehrkräfte kaum wegdenken lässt. In der derzeitigen Ausgestaltung sind aber strukturelle Schwierigkeiten angelegt, die allen beteiligten Akteur*innen ein hohes Maß an Kooperationsbereitschaft, Reflexivität und Engagement abverlangen. Es bleibt abzuwarten, ob die derzeit erprobten Poollösungen (Dworschak & Lindmeier 2022), wenn sie mit Schulkonzepten zum Einsatz der Schulassistenzkräfte einhergehen, eine bessere Integration der Schulassistenzkräfte in die Klassenteams ermöglichen werden. Häufig erhalten gerade autistische Schüler*innen auch in Poolkonzepten eine individuelle, nur ihnen zugewiesene Schulassistenz. Viele Fragen, die zu Rechtsunsicherheit, Verwaltungsaufwand und organisatorischen Problemen in der Praxis führen, konnten in diesem Beitrag aus Gründen des Umfangs nicht angesprochen werden, sind aber Thema anderer Beiträge des Bandes. Abschließend soll darauf verwiesen werden, dass es auch die grundsätzliche Möglichkeit gibt, an inklusiven Schulen pädagogische Mitarbeitende zu beschäftigen, die fester Teil des Klassenteams sein und mit unbefristeten Verträgen ausgestattet werden können. Sie würden einzelfallbezogene Schulassistenzkräfte voraussichtlich ebenso wenig vollständig ersetzen können wie Poollösungen, könnten aber – analog zu den »Paraprofessionals« vieler europäischer Länder – eher Teil einer inklusiven Schule sein.

Literatur

Arndt, A.-K., Becker, J., Löser, J., Urban, M. & Werning, R. (2021). Leistung und Inklusion. Eine Einladung zur Reflexionspause. *DiMawe – Die Materialwerkstatt. Zeitschrift für Konzepte und Arbeitsmaterialien für Lehrer*innenbildung und Unterricht* 3(2), 1–16. https://doi.org/10.11576/dimawe-4124

Bayerisches Staatsministerium für Bildung, Kultur, Wissenschaft und Kunst (2013). *Einsatz von Schulbegleitern an allgemeinen Schulen und Förderschulen bei der Beschulung von Schülerinnen und Schülern mit (drohender) seelischer Behinderung i. S. d. § 35a SGB VIII.* München. https://www.km.bayern.de/download/7437_gem_empfehlungen_ schulbegleiter_sgb_viii_final_dez_2013.2.pdf [12.09.2023]

Billerbeck, E.-V., Laubner, M., Polleschner, S. & Wanke, M. (2022). Bausteine zur Kooperation mit Schulbegleitungen in der inklusiven Schule. In M. Laubner, B. Lindmeier & A. Lübeck (Hrsg.), *Schulbegleitung in der inklusiven Schule. Grundlagen und Praxis* (3. bearbeitete Aufl., S. 164–197). Beltz.

Böhm-Kasper, O., Demmer, C. & Gausling, P. (2017). Multiprofessionelle Kooperation im offenen versus gebundenen Ganztag. In B. Lütje-Klose, S. Miller, S. Schwab & B. Streese (Hrsg.), *Inklusion: Profile für die Schul- und Unterrichtsentwicklung in Deutschland, Österreich und der Schweiz. Theoretische Grundlagen – Empirische Befunde – Praxisbeispiele* (S. 117–128). Waxmann.

Budde, J. (2012). Die Rede von der Heterogenität in der Schulpädagogik. Diskursanalytische Perspektiven [63 Absätze]. *Forum Qualitative Sozialforschung/Forum: Qualitative Social Research, 13*(2), Art. 16. https://doi.org/10.17169/fqs-13.2.1761

Castañeda, C. (2023). Miteinander reden. Gelingende Kommunikation zwischen Menschen mit und ohne Autismus ermöglichen – durch Unterstützte Kommunikation (UK). In C. Lindmeier, S. Sallat & K. Ehrenberg (Hrsg.), *Sprache und Kommunikation bei Autismus* (S. 243–259). Kohlhammer.

Dworschak, W. & Lindmeier, B. (2022). Zur Notwendigkeit einer konzeptionellen Weiterentwicklung der Maßnahme Schulbegleitung. In M. Laubner, B. Lindmeier, & A. Lübeck (Hrsg.), *Schulbegleitung in der inklusiven Schule: Grundlagen und Praxishilfen* (3. Aufl., S. 153-163). Beltz.

Ehrenberg, K. & Lindmeier, B. (2020). Differenzpraktiken und Otheringprozesse in inklusiven Unterrichtssettings mit Schulassistenz. In H. Leontiy & M. Schulz (Hrsg.), *Ethnographie und Diversität. Wissensproduktion an den Grenzen und die Grenzen der Wissensproduktion* (S. 139–158). Springer VS.

Ehrenberg, K. & Lindmeier, B. (2023). Teilhabe durch Unterstützte Kommunikation bei Autismus. In C. Lindmeier, S. Sallat & K. Ehrenberg (Hrsg.), *Sprache und Kommunikation bei Autismus* (S. 270–282). Kohlhammer.

Häußler, A. (2022). *Der TEACCH Ansatz zur Förderung von Menschen mit Autismus. Einführung in Theorie und Praxis.* Verlag modernes lernen.

Lindmeier, B. & Lindmeier, C. (2012). *Pädagogik bei Behinderung und Benachteiligung.* Kohlhammer.

Lütje-Klose, B. & Urban, M. (2014). Professionelle Kooperation als wesentliche Bedingung inklusiver Schul- und Unterrichtsentwicklung. Teil 2 – Forschungsergebnisse zu intra- und interprofessioneller Kooperation. *Vierteljahresschrift für Heilpädagogik und ihre Nachbargebiete, 83*(4), 283–294. https://doi.org/10.2378/vhn2014.art26d

Preißmann, C. (2020). *Mit Autismus leben. Eine Ermutigung.* Klett-Cotta.

Philipp, E. (1996). *Gute Schule verwirklichen: Ein Arbeitsbuch mit Methoden, Übungen und Beispielen der Organisationsentwicklung* (4. Aufl.). Beltz.

Seng, H. (2020). Zu den Schwierigkeiten, typische soziale Interaktionen zu verstehen und mit anderen Personen zu interagieren. In G. Theunissen (Hrsg.), *Autismus verstehen. Außen- und Innenansichten* (2. aktualisierte Aufl., S. 178–185). Kohlhammer.

Sun, X., Lindmeier, B., Lindmeier, C. & Seremet, V. (2022). Kooperation von Sonderpädagogik- und Regelschullehramtsstudierenden zur Entwicklung von Lernmaterialien für inklusiven naturwissenschaftlichen Unterricht der Sekundarstufe I – eine Fallanalyse. In S. Fränkel, M. Grünke, Th. Hennemann, D. C. Hövel, C. Melzer & K. Ziemen (Hrsg.), *Teilhabe in allen Lebensbereichen? Ein Blick zurück und nach vorn* (S. 117–121). Klinkhardt.

Vero, G. (2020). Wahrnehmungsbesonderheiten bei Autismus. In G. Theunissen (Hrsg.), *Autismus verstehen. Außen- und Innenansichten* (2. aktualisierte Aufl., S. 113–121). Kohlhammer.

Viermann, M. (2022). *Konjunktives Erfahrungswissen Lehramtsstudierender zu Inklusion.* Klinkhardt. https://doi.org/10.35468/5968

Villa, J. S., Thousand, A. I. & Nevin, R. A. (2007). Collaborative Teaching: Critique of Scientific Evidence. In L. Florian (Hrsg.), *The SAGE Handbook of Special Education* (S. 417–428). Sage Publishing.

Rechtliche Grundlagen von Schulbegleitung als Maßnahme der Eingliederungshilfe für Schüler*innen im Autismus-Spektrum

Christian Frese

1 Einleitung

Die Eingliederungshilfe fördert die volle, wirksame und gleichberechtigte Teilhabe an der Gesellschaft. Die vorrangige Aufgabe der Schule ist es, allen Kindern und Jugendlichen eine schulische Bildung zu vermitteln. Sofern die Ressourcen der Schule nicht ausreichen, ist der gegenüber der Schule nachrangige *Eingliederungshilfeträger* (umgangssprachlich: *Kostenträger*) verpflichtet, für Schüler*innen mit einer Behinderung die Kosten für erforderliche zusätzliche Maßnahmen zu übernehmen. In diesem Kontext ist es die besondere Aufgabe der Teilhabe an Bildung, dem*der Schüler*in im Autismus-Spektrum eine seinen*ihren Fähigkeiten entsprechende Schulbildung zu ermöglichen. Hierzu wird durch eine Einrichtung oder einen Dienst, umgangssprachlich als *Leistungserbringer* bezeichnet, eine Schulbegleitung durchgeführt. In diesem Beitrag werden die einzelnen rechtlichen Voraussetzungen von Schulbegleitung unter Verweis auf die pädagogischen Aspekte von Schulbegleitung erläutert. Dazu wird auch auf weiterführende Rechtsprechung zum Thema Schulbegleitung eingegangen.

2 Grundlegende rechtliche Bestimmungen

Die Diagnose einer »Autismus-Spektrum-Störung« hat regelmäßig die rechtliche Wirkung einer Teilhabebeeinträchtigung bzw. Behinderung nach § 2 Sozialgesetzbuch Neuntes Buch – Rehabilitation und Teilhabe von Menschen mit Behinderung (SGB IX) bzw. nach § 35a Abs. 1 Satz 1 Sozialgesetzbuch Achtes Buch – Kinder und Jugendhilfe (SGB VIII) (Frese 2023). Für Kinder und Jugendliche, die körperlich oder geistig bzw. mehrfachbehindert sind, sind die Träger der Eingliederungshilfe nach dem SGB IX zuständig. Sofern es sich um seelisch behinderte Kinder und Jugendliche handelt, die zugleich weder eine geistige noch eine körperliche Behinderung haben, ist der Jugendhilfeträger nach § 35a SGB VIII zuständig. Letzteres trifft zumeist auf Kinder zu, denen nach veralteter Diagnostik das Asperger-Syndrom diagnostiziert worden wäre und die mindestens durchschnittliche kognitive Fähigkeiten haben.

Sowohl der Träger der Eingliederungshilfe (SGB IX) als auch der Jugendhilfeträger (SGB VIII) erbringen die Leistungen der Schulbegleitung im Rahmen der rechtlichen Vorschriften der Eingliederungshilfe. Die rechtliche Grundlage für die Schulbegleitung sind die Leistungen zur Teilhabe an Bildung gemäß §§ 75, 112 SGB IX. Zu den Leistungen der Eingliederungshilfe zählen auch »Hilfen zu einer Schulbildung, insbesondere im Rahmen der allgemeinen Schulpflicht und zum Besuch weiterführender Schulen einschließlich der Vorbereitung hierzu« (§ 112 Abs. 1 Satz 1 Nr. 1 SGB IX). Es wird wie folgt konkretisiert:

> »Hilfen nach Satz 1 Nr. 1 umfassen auch heilpädagogische und sonstige Maßnahmen, wenn die Maßnahmen erforderlich und geeignet sind, der leistungsberechtigten Person den Schulbesuch zu ermöglichen oder zu erleichtern« (§ 112 Satz 3 SGB IX).

Schulbegleitung ist also eine Maßnahme, um dem*der Schüler*in mit einer Behinderung den Schulbesuch zu ermöglichen und zu erleichtern.

Nach § 35 Abs. 3 SGB VIII (Kinder- und Jugendhilferecht) richten sich Aufgaben und Ziele der Hilfe, die Bestimmung des Personenkreises sowie Art und Form der Leistungen nach den entsprechenden Kapiteln im SGB IX. Somit erhalten seelisch behinderte Kinder, Jugendliche und junge Volljährige im Autismus-Spektrum *dieselben* Leistungen der Eingliederungshilfe zur Teilhabe an Bildung, die im SGB IX vorgesehen sind. Trotz Rechtsprechung zur Zuständigkeit der beiden Leistungsträger in den letzten Jahren kommt es zu Schwierigkeiten in der Abgrenzung der Zuständigkeiten, die für behinderte Schüler*innen und ihre Familien die Konsequenz haben können,

> »dass sie nicht nur mit belastenden und die Leistungssicherstellung ggf. verzögernden Abgrenzungsstreitigkeiten im Verhältnis zur Schule, sondern auch zwischen den unterschiedlichen Rehabilitationsträgern konfrontiert sind« (Schönecker et al. 2021, 33).

3 Geplante gesetzliche Neuregelung zur »inklusiven Lösung«

Die beschriebene getrennte Zuständigkeit für die Eingliederungshilfe von Kindern und Jugendlichen mit Behinderung soll im Jahr 2028 aufgehoben werden, indem ein Übergang zur Gesamtzuständigkeit der Kinder- und Jugendhilfe für die Eingliederungshilfe stattfindet. Diese inklusive und durch § 10 Abs. 4 SGB VIII festgelegte Lösung sieht vor, dass Eingliederungshilfeleistungen nach SGB VIII auch für junge Menschen mit (drohender) körperlicher oder geistiger Behinderung vorrangig vom Träger der öffentlichen Jugendhilfe gewährt werden.

Somit würden alle Kinder und Jugendliche mit der medizinischen Diagnose einer »Autismus-Spektrum-Störung« einheitlich Eingliederungshilfe nach dem Kinder- und Jugendhilferecht (SGB VIII) erhalten. Das Inkrafttreten von § 10 Abs. 4 SGB VIII ist allerdings daran gebunden, dass spätestens bis zum 01.01.2027 ein entsprechendes Bundesgesetz verabschiedet worden ist, welches die konkreten Regelungen für die Gesamtzuständigkeit der Kinder- und Jugendhilfe enthält. Es ist noch in der Diskussion, ob die bisherigen §§ 27 ff. SGB VIII »Hilfen zur Erziehung« und der § 35a SGB VIII »Eingliederungshilfe« zu einem Gesamttatbestand zusammengeführt werden sollen, eventuell als »Hilfen zur Entwicklung und Teilhabe«, oder zwei getrennte Tatbestände bleiben.

4 Abgrenzung der Aufgaben der Schulbegleitung im Rahmen der Eingliederungshilfe von den Aufgaben der Schule

Die konkreten Aufgaben der Schulbegleitung bestimmen sich nach den jeweiligen persönlichen Erfordernissen des*der autistischen Schülers*Schülerin. In vielen Fällen kann die Schulbegleitung Verhaltensweisen von Schüler*innen positiv beeinflussen und insbesondere die Teilnahme am Unterricht überhaupt erst ermöglichen (Gesetzesbegründung: Deutscher Bundestag 2016, 283 f.).

Die Schulbegleitung darf im Unterricht keine Aufgaben der didaktisch verantwortlichen Lehrperson wahrnehmen, die zum sogenannten »Kernbereich« der pädagogischen Arbeit gehören, insbesondere

- die Anpassung und Modifizierung des Unterrichtsstoffes,
- die Wiederholung und Vertiefung des Unterrichtsstoffes,
- die Organisation des Unterrichtsgeschehens für alle Schüler*innen.

Hierzu sprach das Bundesverwaltungsgericht folgende Grundsatzurteile: Der Kernbereich der pädagogischen Arbeit ist nicht betroffen, wenn die als Leistung der Eingliederungshilfe begehrte Maßnahme lediglich dazu dienen soll, die eigentliche Arbeit der Lehrkräfte abzusichern und damit die Rahmenbedingungen dafür zu schaffen, den erfolgreichen Schulbesuch zu ermöglichen. Alle integrierenden, beaufsichtigenden und fördernden Assistenzdienste, die flankierend zum Unterricht erforderlich sind, damit das behinderte Kind das pädagogische Angebot überhaupt wahrnehmen kann, berühren den Kernbereich der pädagogischen Tätigkeit nicht (BVerwG, Urteil vom 18.10.2012; BSG, Urteil vom 09.12.2016).

Rein »pflegerische« Tätigkeiten, wie Hilfen beim An- und Ausziehen, beim An- und Ablegen von Hilfsmitteln, beim Raumwechsel, beim Toilettengang, bei der Hygiene, beim Essen/bei der Ernährung, bei der Orientierung im Schulgebäude/auf dem Schulgelände, zur Verhinderung von Eigen- und Fremdgefährdung, berühren ebenfalls nicht den Kernbereich der pädagogischen Arbeit und sind von den Hilfen zur Teilhabe an Bildung umfasst.

Im Einzelnen ordnet die Rechtsprechung folgende Tätigkeiten als typische Aufgaben der Schulbegleitung ein:

- Organisation des Schüler*innen-Arbeitsplatzes
- Ordnungsgemäßes Bereithalten der Unterrichtsmaterialien
- Aufpassen, Informationen von der Tafel abschreiben
- Unterstützung beim Aufgabenverständnis und bei der Konzentration
- Wiederholung der Arbeitsanweisung
- Ermutigen, Arbeitshaltung unterstützen
- Hilfe bei feinmotorischen Arbeiten, Unterstützung bei der Anwendung technischer/mechanischer Hilfsmittel
- Strukturierung von freien Unterrichtssituationen
- Kleinschrittige Strukturierung bei offenen Lernangeboten
- Hilfestellung bei der Zusammenarbeit mit Mitschüler*innen
- Unterstützung bei Partner- und Gruppenarbeiten
- Rückkopplung mit der Lehrkraft
- Hilfe im Sport- und Schwimmunterricht
- Kontrolle und Einflussnahme auf das Verhalten
- Auffangen von Verweigerungshaltung und produktive Umleitung
- Erkennen und Vermeiden von Überforderungssituationen
- Emotionale Stabilisierung
- Beaufsichtigung zur Vermeidung von Selbst- und Fremdgefährdung
- Ruhephasen ermöglichen und beaufsichtigen
- Beruhigung

4.1 Aufgaben der Schulbegleitung bei Beschulung an Regelschulen

Grundsätzlich hat jedes Kind mit einer Behinderung einen Anspruch auf eine inklusive Beschulung. Allein deshalb kann der Leistungsträger der Eingliederungshilfe bei seinen Überlegungen zur Kostenübernahme für eine Schulbegleitung nicht auf die Möglichkeit verweisen, dass der*die autistische Schüler*in theoretisch eine Förderschule besuchen könne.

Im Bereich der Regelschulen lassen sich die Aufgaben der Schulbegleitung in folgende Bereiche einteilen:

- Lebenspraktische Hilfestellungen
- Hilfen zur Mobilität
- Unterstützung im sozialen und emotionalen Bereich
- Krisen: Vorbeugung und Hilfestellung
- Unterstützung bei der Kommunikation mit Lehrkräften und Mitschüler*innen

Aufgabe der Schulbegleitung ist es, dem*der Schüler*in die Teilnahme am Unterricht zu ermöglichen in

- motorischer Hinsicht (z. B. Aufgabenblatt vorlegen),
- kommunikativer Hinsicht (z. B. akustisch oder wegen verzögerter Auffassung nicht verstandene Aufgabenstellung wiederholen),
- emotionaler Hinsicht (z. B. motivieren, beruhigen, Abdecken eines Teils der Aufgabe zur Strukturierung nach Vorgabe der Lehrkraft).

Während sich die Unterstützung in motorischer Hinsicht noch relativ klar von den Aufgaben der Lehrkraft abgrenzen lässt, ergeben sich in den beiden anderen Bereichen meist zwangsläufig Überschneidungen: Auch Schüler*innen ohne Behinderung brauchen regelmäßig Erklärungen, bevor eine Aufgabe bearbeitet werden kann. Der Bedarf im Einzelfall ist im Rahmen des Gesamtplanverfahrens abhängig von z. B. bestehender Beeinträchtigung, Klassensituation und -größe, sonderpädagogischer Qualifikation der Lehrkraft und auch Sachausstattung zu ermitteln.

4.2 Aufgaben der Schulbegleitung bei Beschulung an Förderschulen

Ein Anspruch auf Finanzierung einer Schulbegleitung beim Besuch einer Förderschule besteht dann, wenn eine zusätzliche Betreuung des*der Schülers*Schülerin im Autismus-Spektrum erforderlich ist, die die Förderschule selbst nicht leisten kann. Das ist in einigen Fällen trotz eines an Förderschulen günstigeren Personalschlüssels, besser angepasster räumlicher Ressourcen (Funktionsräume, kleine Räume für Kleingruppen- und Einzelarbeit) und kleinerer Klassenstärken der Fall. Es besteht in diesen Fällen ein Bedarf an Eingliederungshilfe, der autistischen Kindern und Jugendlichen die Teilnahme an diesem für sie vorgesehenen Bildungsangebot erst ermöglichen soll (Frese 2017).

4.3 Teilhabe unterstützende strukturelle Maßnahmen der Schule

Teilhabe von Kindern und Jugendlichen im Autismus-Spektrum im Bildungsbereich kann auch durch strukturelle Maßnahmen erreicht werden. Maßnahmen mit Wirkung für alle Schüler*innen mit oder ohne Behinderung können dazu führen, dass ggf. zusätzlich benötigte, individuelle Hilfen entbehrlich werden oder nur noch in reduziertem Umfang in Anspruch genommen werden müssen. Die Änderung von organisatorischen Abläufen kann auch zu diesem Ergebnis führen (z. B. Zuweisung eines anderen Klassenzimmers an die Klasse). Zur Umsetzung von Artikel 24 der UN-Behindertenrechtskonvention gilt es, Lernende mit Behinderung durch Anpassungen innerhalb des Schulsystems in ihrer Teilhabe an Bildung zu unterstützen, und Teil dessen kann der Einsatz von entsprechendem (schulinternem) Personal sein (VN, Ausschuss für die Rechte von Menschen mit Behinderungen 2016). Der Einsatz von u. a. sonderpädagogischen Kräften und Assistenzkräften soll den Bedarf an Schulbegleitung reduzieren oder ggf. decken. Im Rahmen des sozialrechtlichen Gesamtplanverfahrens sind diese Möglichkeiten zu prüfen.

Jedoch kann nur dann, wenn die Schule einen bestehenden Bedarf eines*einer Schülers*Schülerin im Autismus-Spektrum tatsächlich abdeckt, die Eingliederungshilfe dahinter zurücktreten; ein Verweis auf eine theoretische Möglichkeit der Bedarfsdeckung in der und durch die Schule reicht nicht.

5 Bedarfsfeststellung, Hilfeplanung sowie Wunsch- und Wahlrecht

Im Diskurs um Schulbegleitung wird auf die steigenden Kosten für die Ressource verwiesen, auf die Leistungsträger womöglich durch eine Einschränkung der Bewilligung von Leistungen reagieren (Lübeck 2019). Zur Praxis der Bewilligung und Entscheidung über den gewährten Umfang und die Dauer von Schulbegleitung durch die Sachbearbeitenden der Eingliederungshilfe- und Jugendhilfeträger liegen jedoch kaum empirische Daten vor (Dworschak 2022). Bei beiden Leistungsträgern ist für einen Leistungsanspruch das Vorliegen einer (drohenden) Behinderung grundlegend, meistens beginnt die »Amtsermittlung« daher mit einer ärztlichen oder psychiatrischen Diagnostik. Grundsätzlich ist die Bedarfsermittlung als dynamischer Prozess entsprechend dem langfristigen Charakter von Behinderung unter Berücksichtigung der Kontextfaktoren des Autismus-Spektrums zu betrachten, wobei auch »die Möglichkeiten des Bildungsortes die Notwendigkeit einer Schulbegleitung mitbegründen« (ebd., 40) können. Ziel ist es, den individuellen Teilhabebedarf des*der einzelnen Schülers*Schüler*in unter Berücksichtigung autismusspezifischer Besonderheiten zu unterstützen.

5.1 Bedarfsfeststellung und Gesamtplanverfahren (Eingliederungshilfe)

Die Bedarfsfeststellung für Schulbegleitung im Rahmen der Eingliederungshilfe nach §§ 117 ff. SGB IX hat gezielt unter Berücksichtigung bzw. auf Basis des Autismus zu erfolgen. Dies ist wichtig, weil auch andere Teilhabebeeinträchtigungen zur Bewilligung einer Schulbegleitung führen können. Die Gesamtplanung, d. h. die Festlegung des Umfangs, der Dauer und des qualitativen Inhaltes der Schulbegleitung, ist nach § 117 SGB IX

- individuell,
- lebensweltbezogen,
- interdisziplinär,
- trägerübergreifend und
- konsensorientiert durchzuführen.

Die Eltern oder die Personensorgeberechtigten als gesetzliche Vertreter*innen des Kindes sind in allen Verfahrensschritten, beginnend mit der Beratung, zu beteiligen. Die Abstimmung der Leistungen nach Inhalt, Umfang und Dauer erfolgt in einer Gesamtplankonferenz unter Beteiligung betroffener Leistungsträger.

Die Bedarfsermittlung in der Eingliederungshilfe nach § 118 SGB IX orientiert sich am bio-psycho-sozialen Modell der ICF: Die »Internationale Klassifikation der Funktionsfähigkeit, Behinderung und Gesundheit« definiert Behinderung aus der Wechselwirkung zwischen dem Menschen mit seiner Beeinträchtigung und den einstellungs- und umweltbedingten Barrieren in verschiedenen Lebensbereichen, insgesamt neun Bereichen:

- Lernen und Wissensanwendung
- Allgemeine Aufgaben und Anforderungen (z. B. die tägliche Routine durchführen)
- Kommunikation
- Mobilität
- Selbstversorgung
- Häusliches Leben
- Interpersonelle Interaktionen und Beziehungen
- Bedeutende Lebensbereiche (z. B. Erziehung/Bildung)
- Gemeinschafts-, soziales und staatsbürgerliches Leben

5.2 Bedarfsfeststellung und Hilfeplanung im Kinder- und Jugendhilferecht

Im Kinder- und Jugendhilferecht erfolgt die Hilfeplanung nach einem vergleichbaren kooperativen Hilfeplanverfahren (§ 36 SGB VIII: Mitwirkung, Hilfeplan). Die wesentlichen Maßgaben umfassen, dass der*die Personensorgeberechtigte und das Kind oder der*die Jugendliche einen Anspruch darauf haben, über die Inanspruchnahme einer Hilfe und vor einer notwendigen Änderung von Art und Umfang der Hilfe beraten und aufgeklärt zu werden. Der Jugendhilfeträger entscheidet über die geeignete Hilfeart mithilfe mehrerer Fachkräfte und es soll ein Hilfeplan als Grundlage zur Gestaltung der Hilfe mit den Personensorgeberechtigten und dem Kind oder dem*der Jugendlichen erstellt werden, der regelmäßig auf seine Eignung und fortbestehende Notwendigkeit überprüft wird. Hierbei gilt es, involvierte Personen, Dienste oder Einrichtungen, etwa die Schule, zu beteiligen.

Mit Inkrafttreten des Gesetzes zur Stärkung von Kindern und Jugendlichen (KJSG) wurde auch im Kinder- und Jugendhilferecht ein Behinderungsverständnis aufgegriffen, welches auf dem bio-psycho-sozialen Modell der ICF basiert (§ 7 Abs. 2 SGB VIII). Dennoch wird in § 35a SGB VIII ein Behinderungsbegriff festgeschrieben, der personenbezogene Faktoren fokussiert, statt die Interaktion von Gesundheitsproblem und Kontextfaktoren zu betonen (Hopmann 2023).

5.3 Wunsch- und Wahlrecht

Das Wunsch- und Wahlrecht der Eltern, bezogen auf die Gestaltung der Schulbegleitung und die Entscheidung für einen bestimmten Anbieter, folgt aus § 104 SGB IX bzw. im Kinder- und Jugendhilferecht aus § 5 SGB VIII. Der Wahl und den Wünschen soll entsprochen werden, sofern dies nicht mit unverhältnismäßigen Mehrkosten verbunden ist, wobei keine gesetzliche Definition von Mehrkosten besteht. Es ist davon auszugehen, dass, je passgenauer die gewünschte Leistung ist, umso höhere Mehrkosten als noch verhältnismäßig angesehen werden können. Wenn z. B. eine gewünschte Maßnahme in hohem Maße passgenau für den Bedarf ist, können Mehrkosten im Bereich von 30 % noch verhältnismäßig sein.

6 Antragsstellung und Umgang mit Ablehnung

Antragsberechtigt sind ausschließlich Eltern bzw. Sorgeberechtigte des Kindes, die sich aber bspw. durch Autismuszentren oder mitunter auch Schulen beraten lassen können. Damit zum Schuljahresbeginn eine Begleitung zur Verfügung steht, ist es sinnvoll, wenn Eltern den Antrag frühzeitig vor der Einschulung bzw. vor Beginn des Schuljahres stellen. Im Antragsschreiben müssen der besondere Hilfebedarf und die von der Schulbegleitung konkret zu übernehmenden Aufgaben dargelegt werden. Zur Begründung der Erforderlichkeit der Schulbegleitung sollten vorab unbedingt entsprechende Bestätigungen der Schule und ärztliche Atteste zur Vorlage beim Leistungsträger eingeholt werden. Über die Kostenübernahme entscheidet der Leistungsträger durch einen Bescheid, welcher förmlich erteilt werden und eine Rechtsbehelfsbelehrung enthalten muss. Ankündigungen per E-Mail und telefonische Aussagen sind keine förmlichen Bescheide.

Gegen einen ablehnenden Bescheid gibt es verschiedene Rechtsschutzmöglichkeiten, insbesondere Widerspruch, Klage bzw. eine einstweilige Anordnung in Verbindung mit einer Klage. Wegen der in aller Regel bestehenden Eilbedürftigkeit der Kostenübernahme spätestens zum Schuljahres- bzw. Einschulungsbeginn empfiehlt es sich im Falle der Ablehnung, unverzüglich einen entsprechenden Antrag auf Erlass einer einstweiligen Anordnung beim Sozialgericht (Eingliederungshilfe nach dem SGB IX) bzw. Verwaltungsgericht (Eingliederungshilfe nach § 35a SGB VIII) zu stellen. Eine einstweilige Anordnung kann sehr schnell erfolgen und dadurch kann bis zu der Entscheidung über den Widerspruch oder die Klage die Schulassistenz gesichert werden.

Mitunter erfolgt die Bewilligung einer Schulbegleitung zu anderen, qualitativ und quantitativ schlechteren Bedingungen als von den Eltern beantragt. Für Eltern ist es schwer zu entscheiden, ob sie dagegen Rechtsmittel einlegen sollen. Häufig haben sie Angst vor einem langen Rechtsstreit und können die Erfolgsaussichten nicht beurteilen. Die folgenden Ausführungen stellen daher verschiedene Probleme dar, die in der Praxis vorkommen. Soweit vorhanden, werden auch Gerichtsurteile benannt, auf die Eltern sich berufen können.

6.1 Qualifikation

Teilweise wird eine Schulbegleitung pauschal ohne Begründung nur für eine Schulbegleitung ohne qualifizierte Ausbildung oder nur für einzelne Stunden während des Unterrichts bewilligt. Dieses Vorgehen erscheint regelmäßig rechtswidrig. Es kommt immer auf den konkreten, individuellen Hilfebedarf des*der einzelnen Schülers*Schülerin an, da hier der Grundsatz der individuellen Bedarfsdeckung gilt (§ 104 SGB IX bzw. § 36 SGB VIII). Gegen einen rechtswidrigen Bescheid können die oben genannten Rechtsschutzmöglichkeiten erfolgreich genutzt werden.

In der Praxis bestehen für Eltern von autistischen Kindern Schwierigkeiten, eine geeignete und ausreichend qualifizierte Schulbegleitung zu finden. Die besondere Situation von Schüler*innen im Autismus-Spektrum, welche in vielen Fällen von Interaktions- und Kommunikationsstörungen bzw. von herausfordernden Verhaltensweisen geprägt ist, erfordert in fast allen Fällen eine Schulbegleitung in Person einer qualifizierten Fachkraft. Nach dem Grundsatz der individuellen Bedarfsdeckung (siehe oben) ist diese zu gewähren. Das Verwaltungsgericht Würzburg entschied mit Urteil vom 28.07.2011, dass der Anspruch auf Schulbegleitung notwendigerweise auch die Gewährung einer angemessenen Höhe der Vergütung einschließt.

6.2 Schulbegleitung an einer offenen Ganztagsschule

Seit dem 01.01.2020 ist gesetzlich klargestellt: Nach § 112 Abs. 1 Satz 2 SGB IX umfasst eine erforderliche Schulbegleitung auch die Unterstützung schulischer Ganztagsangebote in der offenen Form:

> »Die Hilfen nach Satz 1 Nummer 1 schließen Leistungen zur Unterstützung schulischer Ganztagsangebote in der offenen Form ein, die im Einklang mit dem Bildungs- und Erziehungsauftrag der Schule stehen und unter deren Aufsicht und Verantwortung ausgeführt werden, an den stundenplanmäßigen Unterricht anknüpfen und in der Regel in den Räumlichkeiten der Schule oder in deren Umfeld durchgeführt werden.« (§ 112 Abs. 1 Satz 2 SGB IX)

Diese Regelung hat Auswirkungen auf eine mögliche Kostenheranziehung im Rahmen der Eingliederungshilfe nach dem SGB IX: Bei Leistungen zur Teilhabe an Bildung haben die Eltern eines minderjährigen Kindes mit Behinderung keinen Kostenbeitrag zu leisten (§ 138 Abs. 1 Nr. 4 SGB IX). Das bedeutet konkret: Wenn die Schulbegleitung für die gesamte Dauer des Ganztagsangebotes im Sinne des § 112 Abs. 1 Satz 2 SGB IX erforderlich ist, handelt es sich um eine einheitliche Maßnahme zur Teilhabe an Bildung, für die Eltern keinen Kostenbeitrag zu leisten haben. Im Kinder- und Jugendhilferecht ist für ambulante Maßnahmen kein Kostenbeitrag zu leisten (§§ 91ff. SGB VIII). Darunter fällt die Maßnahme einer Schulbegleitung, sodass auch diese für Eltern kostenfrei ist.

6.3 Schulbegleitung während einer Klassenfahrt

Auch die Refinanzierung von Schulausflügen und Klassenfahrten ist mitunter problematisch. Das Oberverwaltungsgericht Schleswig-Holstein entschied mit Urteil vom 14. 08. 2014, dass Eingliederungshilfe auch schulische Veranstaltungen außerhalb des Unterrichts beinhaltet. Die Schulpflicht umfasst grundsätzlich auch die Teilnahme an Wandertagen und Klassenfahrten. Voraussetzung für die Gewährung von Eingliederungshilfe ist, dass der*die Schüler*in aufgrund seiner*ihrer Behinderung eine über die ansonsten altersgemäß notwendige Beaufsichtigung hinausgehende Betreuung benötigt (bspw. hinsichtlich der Integration in das soziale Gefüge der Klasse). Das ist häufig bei autistischen Schüler*innen der Fall.

6.4 Abgrenzung zu Leistungen der Krankenkassen

Die Leistungen der Eingliederungshilfe sind innerhalb der Rehabilitationsträger nachrangig. Im Rahmen der medizinischen Rehabilitation kommen auch Leistungen der gesetzlichen Krankenversicherung in Betracht. Ein sonst »geeigneter Ort« im Sinne der häuslichen Krankenpflege nach § 37 SGB V Abs. 1 Satz 1 ist auch die Schule. Die häusliche Krankenpflege umfasst Grundpflege, Behandlungspflege und hauswirtschaftliche Versorgung. Für die Schulbegleitung ist die Behandlungspflege von Bedeutung. Im Rahmen der medizinischen Behandlungspflege werden Pflegemaßnahmen durchgeführt, die durch eine bestimmte Erkrankung verursacht wurden und zur Sicherung des Ziels der ärztlichen Behandlung erforderlich sind. Voraussetzung ist eine entsprechende ärztliche Verordnung. Bei Schüler*innen im Autismus-Spektrum können in manchen Fällen zusätzliche körperliche Einschränkungen vorhanden sein, die eine Behandlungspflege erforderlich machen.

7 Organisation von Schulbegleitung

Für Eltern und Lehrkräfte ist oft unklar, dass es verschiedene Formen gibt, wie eine Schulbegleitung zum Einsatz kommen kann. Sie sollen daher kurz skizziert werden. Da die Leistungserbringung durch ein persönliches Budget besonders wenig bekannt ist, werden im Anschluss Gerichtsurteile zum persönlichen Budget, zu der durch das Bundesteilhabegesetz (BTHG) erleichterten Poolbildung sowie zum Homeschooling während der Corona-Pandemie dargestellt.

7.1 Mögliche Organisationsformen für eine Schulbegleitung

In der Regel sollen die Leistungsträger mit Anbietern und Diensten Vereinbarungen schließen, wie in §§ 123 ff. SGB IX bzw. §§ 78a ff. SGB VIII näher bestimmt wird. Dadurch soll die Qualität des jeweiligen Angebots sichergestellt werden, denn für die nötige Vereinbarung werden die Leistungen beschrieben, sodass dies nicht mehr für jede einzelne Schulbegleitungsmaßnahme geschehen muss. Im Folgenden werden drei Organisationsformen der Leistungserbringung näher beschrieben:

Leistungserbringung durch einen Dienst, der mit dem Träger der Eingliederungshilfe eine Vereinbarung nach §§ 123 ff. SGB IX bzw. § 78a ff SGB VIII geschlossen hat: In der Regel sollen die Leistungsträger mit Anbietern und Diensten Vereinbarungen schließen. Dadurch soll die Qualität des jeweiligen Angebots sichergestellt werden, denn für die nötige Vereinbarung werden die Leistungen beschrieben, sodass dies nicht mehr für jede einzelne Schulbegleitungsmaßnahme geschehen muss.

Leistungserbringung auf Grund eines selbstverpflichtenden Leistungsangebotes nach § 123 Abs. 5 SGB IX des Leistungserbringers: Leistungsträger vereinbaren hier, in einer Region oder einer bestimmten Schule ausschließlich einen bestimmten Anbieter zu beauftragen, und dürfen nur dann andere Anbieter und Dienste beauftragen, wenn es der Einzelfall erfordert und wenn ähnliche Absprachen wie bei der Variante (siehe oben) getroffen wurden. In beiden Fällen sind weder Eltern noch Schule an der Ausgestaltung dieser Rahmenvereinbarungen beteiligt.

Auch ein Schulträger kann eine solche Vereinbarung abschließen und dann als Anbieter von Schulbegleitung agieren. Wenn Schulträger sich dafür entscheiden, tun sie das deshalb, weil sie so einen direkten Einfluss auf die Ausgestaltung der Vereinbarung mit dem Leistungsträger, auf die Einstellung und Qualifizierung von Personal und die Zusammenarbeit mit den Eltern haben.

Arbeitgebermodell bei einem persönlichen Budget nach § 29 SGB IX (Anstellung der Schulbegleitung durch die gesetzlichen Vertreter des*der Leistungsberechtigten bzw. durch die*den Leistungsberechtigte*n selbst): Die Form der Erbringung von Leistungen durch Verträge zwischen Leistungsträgern und Anbietern und Diensten wird seit langem kritisiert, weil Leistungsempfänger*innen zu wenig Mitsprachemöglichkeiten erhalten. Aus diesem Grund können fast alle Leistungen zur Teilhabe neben der »Sachleistung«, die ein Anbieter bereitstellt, auch als persönliches Budget erbracht werden. Bei Kindern und Jugendlichen ist zu beachten, dass ihre Eltern oder Sorgeberechtigten in ihrem Namen das persönliche Budget beantragen und für die Umsetzung sorgen müssen.

7.2 Schulbegleitung in Form eines persönlichen Budgets

Unter den Voraussetzungen des § 35a Abs. 3 SGB VIII in Verbindung mit § 29 SGB IX besteht ein Rechtsanspruch des*der Leistungsberechtigten auf die Ausführung der Leistung in Form eines persönlichen Budgets (OVG Bremen 2020). Dem Jugendamt kommt insofern weder ein Ermessen noch ein Beurteilungsspielraum zu. Wenn die Voraussetzungen für einen Anspruch auf ein persönliches Budget vorliegen, ist der Leistungsträger zum Abschluss einer Zielvereinbarung nach § 29 Abs. 4 SGB IX verpflichtet.

Diese Entscheidung wurde im Rechtsdienst der Lebenshilfe (2020, 176 f.) besprochen:

> »Die weitere wichtige Erkenntnis dieser Entscheidung ist, dass das OVG keinerlei Zweifel daran lässt, dass der Rechtsanspruch auf ein Persönliches Budget uneingeschränkt auch für Kinder und Jugendliche gilt.«

Eltern sollten also nach einer Ablehnung unbedingt Rechtsmittel einlegen. Nach einer Bewilligung sind sie diejenigen, die eine oder mehrere Schulassistenzkräfte suchen, einstellen und einarbeiten müssen. Dies setzt voraus, dass die Eltern dazu über die nötigen Ressourcen verfügen, nämlich Zeit, Selbstvertrauen und die Kompetenzen, sowohl die fachlichen als auch die arbeitgeberbezogenen Aufgaben zu meistern. Genutzt wird das persönliche Budget vorrangig von Eltern, die – oft aufgrund hoher und spezifischer Bedarfe oder von Unzufriedenheit mit den vorhandenen Anbietern vor Ort – die fachliche Anleitung selbst übernehmen möchten oder müssen.

7.3 Gemeinsame Inanspruchnahme von Schulbegleitung (Poolbildung)

An der personenbezogenen Zuordnung einer Schulbegleitung gibt es fachliche Kritik. Ebenso ist es möglich, dass aufgrund von Personalmangel keine Zuordnung von Schulbegleitungen zu jedem einzelnen Kind ermöglicht werden kann. Bei Erhalt des individuellen Rechtsanspruchs auf Schulbegleitung ist es möglich, mehrere Schüler*innen mit einem solchen Anspruch zusammenfassen zu können.

Nach § 112 Abs. 4 SGB IX können die in der Schule wegen der Behinderung erforderliche Anleitung und Begleitung an mehrere Leistungsberechtigte gemeinsam erbracht werden, soweit dies nach § 104 für die Leistungsberechtigten zumutbar ist und mit Leistungserbringern entsprechende Vereinbarungen bestehen. Erfordert der Hilfebedarf eine individuelle Assistenz nur für das eine Kind, was bei Kindern und Jugendlichen im Autismus-Spektrum häufig der Fall ist, ist Pooling ausgeschlossen.

Die Leistungen nach Satz 1 sind auf Wunsch der Leistungsberechtigten gemeinsam zu erbringen. Es sind beim sog. Pooling von Schulbegleitung zwei Formen denkbar: eine Schulbegleitung für zwei oder mehr konkrete Schüler*innen oder eine systemische Ressource, die den Hilfebedarf des*der jeweiligen Schülers*Schülerin deckt, ohne eine individuelle Assistenzleistung.

*Pooling als Schulbegleitung für zwei oder mehr konkrete Schüler*innen:* Erforderlich für das Pooling sind ein Bewilligungsbescheid des Leistungsträgers, eine Vereinbarung mit dem Leistungserbringer nach §§ 123 ff. SGB IX und eine privatrechtliche Vereinbarung zwischen dem*der Leistungsberechtigten bzw. der (gesetzlichen) Vertretung und dem Leistungserbringer. Ein Pool kann somit nur zustande kommen, wenn zwischen allen Beteiligten ein Konsens erzielt werden kann. Der Träger der Eingliederungshilfe muss sich mit geeigneten Leistungserbringern darauf verständigen, welcher Leistungserbringer an einer Schule tätig ist. Leistungsberechtigte bzw. deren Vertretende müssen bereit sein, diesen Leistungserbringer zu wählen. Es muss sichergestellt und durch den Leistungserbringer nachgewiesen sein, dass die in den Bewilligungsbescheiden festgestellten Bedarfe im Rahmen des Pools gedeckt werden.

Pooling als Systemische Ressource: Das Modell einer Poollösung in Form eines »infrastrukturellen« Angebots bewegt sich außerhalb des individuellen Sozialleistungsrechts. Ein solches Modell wurde bspw. im Landkreis Soest erprobt, indem Schulen pauschal Schulassistenzkräfte für die gesamte Klasse zur Verfügung gestellt werden (»systemische Schulassistenz«) (Grüter et al. 2022); weitere Landkreise und einzelne Bundesländer experimentieren mit ähnlichen Formen. Die Erbringung erfolgt auf dem Wege einer öffentlich finanzierten Leistung, die möglichst die Bedarfe der Schüler*innen mit Behinderungen deckt. Die Einbeziehung der Schulen bei der Konzeption ist unerlässlich; Träger der Jugendhilfe können bei diesem Modell einbezogen werden. Finanziert wird ein Infrastrukturangebot, das der Einzelfallhilfe gewissermaßen »vorgeschaltet« wird. Ist der Bedarf durch diese infrastrukturellen Maßnahmen ausreichend und in zumutbarer Weise gedeckt, besteht für den*die Schüler*in kein weitergehender Anspruch auf Eingliederungshilfe.

Soweit ein individueller Bedarf durch das Poolmodell im Einzelfall nicht gedeckt wird, besteht weiterhin ein ergänzender Anspruch des*der Schülers*Schülerin mit Behinderung auf Eingliederungshilfe, wie durch die Rechtsprechung des Oberverwaltungsgerichts des Saarlandes (2020) hervorgeht:

> »Spricht nach Lage der Dinge im einstweiligen Anordnungsverfahren alles dafür, dass der nach § 35a SGB VIII bestehende Anspruch auf individuelle Teilhabe durch Rückgriff auf das an der derzeit besuchten Schule vorhandene Förder- und Inklusionsteam nicht gedeckt wird, und sich daher die Hilfegewährung in Form des Einsatzes eines Integrationshelfers als einzig geeignete und erforderliche Maßnahme erweist, ist das Auswahlermessen des Jugendamtes auf Null reduziert.«

7.4 Anspruch auf Schulbegleitung im corona-bedingten Homeschooling

Auch nach Beendigung der Corona-Pandemie sind Entscheidungen zu Schulbegleitung im Homeschooling möglicherweise wichtig, weil insbesondere autistische Schüler*innen häufig beurlaubt oder (befristet) suspendiert werden oder verkürzte Schultage absolvieren; sogar ein Ruhenlassen der Schulpflicht kommt vor (Grummt et al. 2022; Schipp in diesem Band). Das Sächsische Landessozialgericht (2021) fasste zum corona-bedingten Homeschooling einen Beschluss mit der Kernaussage, dass Hilfen zur Schulbildung in Form der Schulbegleitung grundsätzlich auch im Homeschooling möglich sind. § 112 SGB IX setzt nicht voraus, dass die Leistung in der Schule erbracht wird. Im Homeschooling besteht ein Spannungsfeld zwischen der Aufsichtspflicht der Eltern und den Aufgaben einer Schulbegleitung. Dass auch Eltern eines nicht behinderten Kindes während des Homeschoolings grundsätzlich einer Aufsichtspflicht unterliegen, schließt Hilfen zur Schulbildung im Homeschooling oder bei flexibler Beschulung für Kinder mit Behinderung jedoch nicht aus.

8 Fazit

Schulbegleitung ist eine effektive Maßnahme, um die Teilhabe an Bildung von Schüler*innen im Autismus-Spektrum in vielfältigen Zusammenhängen zu gewährleisten, soweit und solange Schulen dies nicht ohne zusätzliche Unterstützung leisten. Es handelt sich um einen individuell durchsetzbaren Rechtsanspruch. Im Bereich der Bedarfsfeststellung und der Ausübung des Wunsch- und Wahlrechtes sind Rechtsfragen mit einer pädagogischen Dimension verbunden, die es zu beachten gilt. Da für Eltern die Anforderungen an die Antragstellung nicht immer gut zu verstehen und umzusetzen sind, gibt es neben Beratungsmöglichkeiten durch Schulen und Schulassistenzträger auch Beratungsmöglichkeiten durch Unabhängige Teilhabeberatungsstellen, Verbände wie autismus Deutschland e. V. und durch Vereine, die sich regional oder überregional für Inklusion einsetzen.

Literatur

BVerwG (Bundesverwaltungsgericht). Urteil vom 18.10.2012, Az. 5 C 21.11. https://www.bverwg.de/181012U5C21.11.0 [15.09.2023]

BSG (Bundessozialgericht). Urteil vom 09.12.2016, Az. B 8 SO 8/15 R. https://www.sozialgerichtsbarkeit.de/legacy/191207 [15.09.2023]

Deutscher Bundestag (2016). *Gesetzentwurf der Bundesregierung. Entwurf eines Gesetzes zur Stärkung der Teilhabe und Selbstbestimmung von Menschen mit Behinderungen (Bundesteilhabegesetz – BTHG).* Drucksache 18/9522. http://dipbt.bundestag.de/dip21/btd/18/095/1809522.pdf [15.09.2023]

Dworschak, W. (2022). Zur Gewährung von Schulbegleitung – Wer erhält in welchem Umfang eine Schulbegleitung? In M. Laubner, B. Lindmeier & A. Lübeck (Hrsg.), *Schulbegleitung in der inklusiven Schule. Grundlagen und Praxis* (3. bearbeitete Aufl., S. 40–52). Beltz.

Frese, C. (2017). *Ratgeber zu den Rechtsansprüchen von Menschen mit Autismus und ihrer Angehörigen* (2. Aufl.). autismus Deutschland e. V. https://www.autismus.de/fileadmin/RECHT_UND_GESELLSCHAFT/Broschuere_Rechte_von_Menschen_mit_Autismus_Stand_13Nov.pdf [09.08.2023]

Frese, C. (2023). *Recht und Gesellschaft.* Hamburg: autismus Deutschland e. V. https://www.autismus.de/recht-und-gesellschaft.html [04.08.2023]

Grüter S., Guth, T. & Goldan, J. (2022). Von der Schulbegleitung zur Systemischen Schulassistenz im Kreis Soest – Aufgabenbereiche und multiprofessionelle Kooperation im Fokus. In B. Serke & B. Streese (Hrsg.), *Wege der Kooperation im Kontext inklusiver Bildung* (S. 147–159). Klinkhardt.

Grummt, M., Lindmeier, C. & Semmler, R. (2022). Die Beschulungssituation autistischer Schüler:innen – Ergebnisse einer Elternumfrage. *Gemeinsam leben* 30(2), 95–105. https://doi.org/10.3262/GL2202095

Lübeck, A. (2019). *Schulbegleitung im Rollenprekariat. Zur Unmöglichkeit der »Rolle Schulbegleitung« in der inklusiven Schule.* Springer.

LSG (Sächsische Landessozialgericht). Beschluss vom 12.07.2021, Az. L 8 SO 29/21 B ER.

Hopmann, B. (2023). Teilhabe als Planungsgegenstand der Jugendhilfe im Lichte. In G. Graßhoff, F. Hinken, K. Sekler & B. Strahl (Hrsg.), *Kinder- und Jugendhilfeplanung inklusiv. Planung und Gestaltung von Angeboten der Kinder- und Jugendhilfe für und mit alle(n)* (S. 78–94). AFET – Bundesverband für Erziehungshilfe e. V.

OVG (Oberverwaltungsgericht) Bremen. Beschluss vom 25.05.2020, Az. 2 B 66/20.

OVG (Oberverwaltungsgericht) Saarland. Beschluss vom 23.01.2020, Az. 2 B 307/19.

OVG (Oberverwaltungsgericht) Schleswig-Holstein. Urteil vom 14.08.2014, Az. 3 LB 15/12.

Rechtsdienst der Lebenshilfe (2020). Pflicht zum Abschluss einer Zielvereinbarung für ein Persönliches Budget. *Rechtsdienst der Lebenshilfe*, 4, 176f.

Schönecker, L., Himmel, R., Henn, K., Fegert, J. M. & Ziegenhain, U. (2021). *Schulbegleitung als Beitrag zur Inklusion*. Baden-Württemberg Stiftung gGmbH.

VG (Verwaltungsgericht) Würzburg. Urteil vom 28.07.2011, Az. W 3 K 11.76.

VN (Vereinte Nationen, Ausschuss zum Schutz der Rechte von Menschen mit Behinderungen) (2016). Übereinkommen über die Rechte von Menschen mit Behinderungen. Allgemeine Bemerkung Nr. 4 (2016) zum Recht auf inklusive Bildung. CRPD/C/GC/4.

II Perspektiven professioneller Akteur*innen auf Aufgaben, Rolle und Qualifikation

Vom Andocken und Lossegeln – Über die Bedeutung der Beziehungsgestaltung in der Schulbegleitung mit Schüler*innen im Autismus-Spektrum

Brit Wilczek

Menschen im Autismus-Spektrum stehen im Verdacht, »beziehungslos« zu sein, ja keinerlei Bedürfnis nach Kontakt und sozialen Beziehungen zu kennen. Kontaktfreude galt so über lange Zeit geradezu als ein Ausschlusskriterium für eine Autismusdiagnose und der Begriff »autistisch« wurde im Alltagsdenken mehr und mehr ein Synonym für »beziehungslos«, »selbstbezogen« oder gar »egozentrisch«.

Bei genauerem Hinsehen – und einer Bereitschaft, dies mit Offenheit zu tun – wird jedoch bald erkennbar, dass Kinder, Jugendliche wie auch Erwachsene im Autismus-Spektrum durchaus ein natürliches und tiefes Bedürfnis nach Kontakt, vor allem aber nach vertrauensvollen, ehrlichen und verlässlichen und damit *sicheren sozialen Beziehungen* haben. In gewisser Weise ist dieses Bedürfnis sogar besonders stark ausgeprägt – und sei es nur, weil es für Betroffene so viel schwieriger ist, aus eigener Initiative heraus Kontakte zu knüpfen, Beziehungen aufzubauen bzw. aufrechtzuerhalten und im Kontakt mit anderen Menschen Sicherheit zu finden.

Aus neuropsychologischer und entwicklungspsychologischer Perspektive könnte man sogar sagen, dass die massive Schwierigkeit, vom ersten Augenblick des Lebens an in der Anwesenheit einer Bezugsperson, vor allem jedoch in der Interaktion mit ihr, sicher zu »ankern«, sich nach und nach neue Kontakte zu erschließen und dann auch die Zugehörigkeit zu einer Gemeinschaft zu erfahren, eine der Hauptursachen für viele so definierte autistische Beeinträchtigungen darstellt – sowohl in den Bereichen der psychischen und der sozio-emotionalen Entwicklung als auch im Bereich des Lernens.

Umso wesentlicher ist es für die gesamte Entwicklung eines Kindes im Autismus-Spektrum und damit auch für seine Möglichkeiten zum kognitiven und sozialen Lernen, eine sichere Verbindung mit einer Person zu erleben, die es im sozialen System und Lernfeld Schule begleitet.

1 Die Bezugsperson als Ankerpunkt zum »Andocken«

In der aktuellen Forschung und Praxis wird immer deutlicher herausgearbeitet, wie entscheidend das Erleben einer sicheren Bindung (Ainsworth et al. 1978) für jedes menschliche Individuum ist und wie sehr dies auch eine Vorbedingung für Lernen,

Motivation und Entwicklung darstellt (Porges 2021; Porges 2022; Levine 2010; Schmid & Müller 2022; Hüther & Endres 2014; Hüther 2006).

Um diesen Zusammenhang nachzuvollziehen, stellen wir uns zunächst vor, was ein Neugeborenes erlebt, das aus der Schutzhülle des Mutterleibes hervor in die Welt kommt: Auf allen Sinneskanälen strömt eine ungeordnete Flut mannigfaltiger, neuer Eindrücke auf das Kind ein. Wäre es allein, fände es sich dieser Fülle von Reizen und seinen eigenen unmittelbaren Reaktionen darauf ausgeliefert, ohne die Möglichkeit, das eine oder das andere zu regulieren. Erscheint jedoch ein Gesicht im Blickfeld, hört und spürt es die Gegenwart einer Person, wird das Kind ruhig werden und sich dieser zuwenden. Es wird in seinem Gegenüber gewissermaßen »ankern« und vom ersten Augenblick an in ein Wechselspiel eintreten, welches, so es gelingt, von grundlegender Bedeutung für seine gesamte weitere Entwicklung sein wird. Die Bezogenheit auf ein Gegenüber, welches selbst präsent ist und welches das Kind achtsam wahrnimmt, sowie das Wechselspiel zwischen beiden, helfen dem Kind, seine Reaktionen und Empfindungen zu regulieren. Zugleich wirken seine Reaktionen auch auf die Bezugsperson zurück: Sie regulieren sich gegenseitig, eine Co-Regulation findet statt (Porges 2022; Porges 2021; Levine 2010). Auf diese Weise entsteht schon von Beginn an eine Verbindung, worin das Kind »andocken« und Sicherheit finden kann.

Aus dieser gut geankerten Position heraus erfährt es von nun an die Welt. Es begegnet nach und nach unterschiedlichsten Personen, schaut sie an und beobachtet sie, tritt in soziale Wechselspiele ein und dann auch in Verbindungen mit ihnen. Dabei gewinnt es von sicherer Warte aus immer neue Eindrücke sozialen Ausdrucks und Verhaltens und sammelt zugleich unwillkürlich Erfahrungen seiner Selbstwirksamkeit (Bandura 1997): Wie reagiert mein Gegenüber auf mich, meinen spontanen Selbstausdruck? Was ruft bei wem welche kleinen oder großen Reaktionen hervor? Aus diesen vielfältigen Eindrücken und Erfahrungen entwickelt das Kind von Beginn an einen immer feiner sich ausdifferenzierenden »sozialen Autopiloten« (Wilczek 2023), der zunehmend vollautomatisch die Wahrnehmung, Sortierung und Deutung des Ausdrucksverhaltens der Mitmenschen übernimmt – und auf dieser Basis auch die unwillkürliche Steuerung des eigenen Ausdrucks und Sozialverhaltens.

2 Eine sichere Verbindung – auch und gerade für Kinder im Autismus-Spektrum

Um zu verstehen, warum auch und gerade autistische Kinder einer sicheren Bindung bedürfen, sollten wir versuchen, uns in ihre spezifische Ausgangssituation hineinzuversetzen. Diese ist primär durch Besonderheiten bei der Filterung und neuronalen Verarbeitung von Sinnesreizen gekennzeichnet: Umweltreize werden weniger gefiltert. Es strömt ein Vielfaches an Informationen auf das Kind ein – bis zu zehnmal mehr pro Augenblick als bei einem neurotypischen Menschen. Diese überwältigende Fülle bedeutet für das Kind erheblichen Stress – der es wiederum noch reizempfindlicher macht und eine geordnete Verarbeitung erschwert. Im Chaos der Eindrücke wird das Kind kein Gesicht ausmachen können – es weiß buchstäblich nicht, wohin es sich wenden soll. Erkennt es schließlich einzelne Objekte im großen Durcheinander, wird es sein Gegenüber als zusätzliche Reizquelle wahrnehmen, die sich ständig verändert, Laute von sich gibt, Gerüche verströmt, das Kind berührt, seine Lage verändert und ihm zu trinken geben möchte – kurz: als eine Reizquelle, die es zusätzlich (über-)fordert, vor der es sich also schützen und von der es sich abwenden muss. Auf diese Weise bietet sich dem Neugeborenen keine Möglichkeit, zu »ankern« und von Beginn an im Kontakt zu einer Bezugsperson Sicherheit und Geborgenheit zu finden.

Darüber hinaus wird es die Möglichkeit verpassen, in das so wesentliche soziale Wechselspiel einzutreten, in welchem es grundlegende Eindrücke und Erfahrungen sammeln könnte. Es bleibt gewissermaßen allein driftend in einem unüberschaubaren Meer an Sinnesreizen und muss sich in jedem Augenblick neu seinen eigenen Weg durch diese überfordernde, chaotische Welt suchen, wofür es jeweils individuelle, autismusspezifische Bewältigungsstrategien entwickelt.

All dies bedeutet jedoch nicht, dass ein autistisches Kind nicht ebenso wie andere Kinder ein tiefes Bedürfnis danach hätte, mit seiner Umwelt in Beziehung zu treten und dort einen Anker und Sicherheit zu finden – jedoch findet es beides zunächst eher in unbelebten Strukturen und Objekten: Diese sind gleichbleibend, damit einprägsamer und auch leichter wiedererkennbar im vielfältigen Strom der Eindrücke als ein sich ständig bewegender, sich wandelnder und veränderliche Reize generierender Mensch. Gegenstände, klare Strukturen sowie Muster oder später auch Zahlen können dagegen als verlässlicher und damit letztlich mehr Sicherheit bietend erlebt werden als Personen. Sie sind eindeutig, während Menschen sich sehr bald als vielschichtig und widersprüchlich herausstellen – und damit als unberechenbar und verunsichernd. Vor diesem Hintergrund wird klar, dass die sozioemotionale Entwicklung bei autistischen Kindern anders verläuft als bei ihren neurotypischen Altersgenossen.

Erfahrungen gelingender, d. h. reziproker sozialer Interaktion und Kommunikation, ein daraus sich ergebendes Erleben von Sicherheit in Verbundenheit mit einem Mitmenschen und damit die Möglichkeit zur Co-Regulation sind, wenn sie überhaupt gelingen, sehr rar. Sie mögen nach und nach mit einer, vielleicht auch zwei Bezugspersonen aus dem vertrauter werdenden Umfeld möglich werden. Darüber hinaus jedoch ist die Begegnung mit Menschen meist von gegenseitigem Befremden, Irritationen, Missverständnissen und Fehleinschätzungen geprägt (Boxberger 2020). Mangels eines sozialen Autopiloten, der bei den Altersgenossen bereits Beziehungsaufbau und -gestaltung unwillkürlich steuert und sich im Zuge vielfältiger Interaktion – über Spiel, Versuch und Irrtum – schnell weiterentwickelt, schlagen Kontaktversuche eines autistischen Kindes oft fehl oder führen zu Konflikten. Sehr häufig stoßen Betroffene mit ihrem Verhalten auf mehr oder weniger offene Ablehnung, Aggression oder Mobbing – ohne dass sie sich dies erklären könnten. Solche Erfahrungen wirken nicht selten traumatisch und können in vielerlei Hinsicht die autistische Symptomatik verstärken. Viele Betroffene resignieren früher oder später, einige gehen verängstigt in den Rückzug, andere passen sich bedingungslos an oder suchen den Weg der Selbstbehauptung in der Opposition.

Dennoch besteht auch für ein autistisches Kind ein Grundbedürfnis nach ehrlichem, Sicherheit bietendem sozialem Kontakt. Bietet sich ihm eine Chance dazu, erkennt auch ein autistisches Kind diese und ergreift sie. Und erweist sich eine Verbindung einmal als sicher und verlässlich, ermöglicht ihm dies nicht nur, Schutz und Co-Regulation zu erleben, was ihm auch Lernen in Sicherheit ermöglicht. Es wird auf dieser Basis und zur Erhaltung dieser Verbindung auch zu neuen (Lern-)Erfahrungen bereit sein.

3 Eins-zu-eins-Kontakt ohne Erwartungen – der Schlüssel zu einer Verbindung in Sicherheit

Am ehesten gelingt eine solchermaßen als sicher erlebte Begegnung in einem vertrauensvollen Eins-zu-eins-Kontakt ohne Erwartungen. Das bedeutet: »Ich bin da und präsent, Du bist da und präsent – und damit ist alles gut.« Dies klingt einerseits einfach, andererseits insbesondere im Schulkontext fast unmöglich, weshalb dieses Konzept und seine Bedeutung für die Schulbegleitung hier kurz erläutert werden soll.

Kinder, gerade auch autistische Kinder, haben aller Erfahrung nach ein seismographisches und untrügliches Gespür dafür, erstens ob ein Mensch wirklich *präsent* ist – oder hinter einer sozialen Fassade verborgen – und zweitens, ob er *Erwartungen* hegt.

Ihr fein ausgeprägtes Gespür für Spannung und Entspannung nimmt Erwartungen als eine Spannung wahr, die jedoch nicht eingeordnet und gedeutet werden kann. Das Kind spürt: »Diese Person erwartet etwas.« Aber *was* erwartet wird, d. h. *was* das erwünschte oder geforderte Verhalten sein mag und in welchem Kontext die Erwartung steht, kann – mangels eines sozialen Autopiloten – nicht unwillkürlich erfasst werden und erschließt sich dem Kind meist auch bei intensiver bewusster Analyse und Reflexion nicht. Zu unklar, zu widersprüchlich, zu unlogisch, zu wechselhaft erleben sie ihre neurotypischen Mitmenschen in ihrem Verhalten, in ihrer Kommunikation, in ihrem Ausdruck.

So bekommt das Kind allerdings auch nicht ohne weiteres mit, wenn es eine Erwartung erfüllt, wenn es etwas »richtig gemacht« hat. Es bleibt stets im Unklaren darüber, welche seiner Verhaltensweisen erwünscht sind bzw. positiv bewertet werden. Dies führt zu großer Verunsicherung im sozialen Kontakt. Es kommt zum Rückzug oder zu Unruhe bis hin zu massivem Stress mit deutlichen vegetativen Reaktionen sowie Tendenzen zu Flucht oder (Auto-)Aggression – was meist wiederum zu Stress bei allen Beteiligten führt und von außen gern als »herausforderndes Verhalten« betrachtet und bezeichnet wird. Ist weder Flucht noch Angriff möglich oder werden diese Impulse unterdrückt, treten Phänomene der Erstarrung auf –

Verstummen, Untätigkeit, Lethargie –, welche wiederum schnell als Desinteresse, Trotz oder Faulheit missverstanden werden.

Hört man Berichten erwachsener Betroffener zu, lässt sich bald feststellen, dass gerade diese Missverständnisse sie oft zeitlebens quälen. Sie wissen: Wird ihr Verhalten erst einmal in solcher Weise interpretiert, haben sie kaum mehr eine Chance, mit ihren wirklichen Bedürfnissen, Motiven und auch Fähigkeiten gesehen zu werden. Sie versuchen dann verzweifelt, jeden Fehler zu vermeiden und stets alles genau richtig zu machen – ein Bestreben, das jedoch nicht umsetzbar ist und zu einer anhaltenden, wiederum von außen kaum nachvollziehbaren Quelle der Anspannung oder Resignation wird.

Gar nicht wenige Betroffene übernehmen letztlich sogar die negativ geprägten Bilder, mit denen sie in der Fremdwahrnehmung von klein auf konfrontiert sind, was sich in gravierend negativer Weise auf ihren Selbstwert auswirkt und das Risiko auf psychische Erkrankungen zusätzlich stark erhöht.

In dem Moment jedoch, da eine *erwartungsfreie* Begegnung und darin vielleicht sogar eine gemeinsame Aktion gelingen, wird das betroffene Kind Vertrauen fassen. Es kann »andocken« und im Kontakt mit der Bezugsperson Sicherheit erleben, wodurch auch Co-Regulation möglich wird. Erlebt es die Bezugsperson zudem als weitgehend *klar* und *eindeutig in Verhalten und Kommunikation sowie authentisch und verlässlich*, kann es, wie jedes andere Kind, in dieser Verbundenheit gewissermaßen *angedockt*, die Welt entdecken – und sich auch auf neue, unbekannte Situationen einlassen. Selbst unerwartete Veränderungen, die sonst oft stark destabilisierend wirken und hoch stressbelastet sind, können schließlich in der sicheren Bindung und mit Hilfe der Co-Regulation ausgehalten werden.

Gelingt eine solch vertrauensvolle Beziehung mit einer Person, ist dies ein sehr einprägsames Erlebnis. Erwachsene mit hochfunktionalem Autismus und entsprechender verbaler Ausdrucksfähigkeit berichten noch Jahrzehnte später von Erinnerungen an die eine Kindergartenerzieherin, das eine Nachbarskind oder die eine Lehrkraft – kurz: die eine Bezugsperson –, bei der sie sich gesehen, angenommen und damit sicher gefühlt haben. Sie erinnern den Namen der Person, manchmal das Gesicht, manchmal die Stimme oder das Gangbild oder irgendein Detail, das sich eingeprägt hat, weil es im Kontext stand mit einer Begegnung, die Sicherheit in Verbundenheit bedeutet hat. Aber auch autistische Menschen, die keine oder kaum verbale Ausdrucksfähigkeit entwickelt haben, zeigen auf ihre Weise, dass sie sich noch viele Jahre später an Personen erinnern, mit denen einmal ein vertrauensvoller Kontakt gelungen war.

Beispiel 1[4]: P., ein Mann mit Asperger-Syndrom, berichtet, dass es in seinem Kindergarten einen Jungen gegeben habe, mit dem er von Beginn an in Kontakt war. »Mit ihm zusammen konnte ich spielen, auch in der Gruppe mit anderen zusammen. War er allerdings mal einen Tag nicht da, war ich völlig verloren und es ging gar nichts. Ohne ihn konnte ich weder alleine noch mit anderen spielen. War er da, ging alles ganz normal.«

---

4 Die beschriebenen Beispiele stammen aus dem Arbeitsalltag der Autorin in ihrer Praxis für Psychotherapie für Erwachsene im Autismus-Spektrum.

Beispiel 2: L.: »An meine Kindheit habe ich fast keine Erinnerungen. Aber es gab da eine Erzieherin in der KiTa. Die hat mich gesehen und einfach so genommen, wie ich war. An sie erinnere ich mich. Sonst aber an nichts und niemanden.«

4 Einladung zum Andocken: Kontaktanbahnung und Beziehungsaufbau mit einem*einer Schüler*in im Autismus-Spektrum

Erfreulicherweise lässt sich also sagen, dass die allermeisten autistischen Menschen trotz aller verunsichernden, frustrierenden oder gar traumatischen Erlebnisse mit anderen Menschen zeitlebens offen bleiben für die Erfahrung einer neuen, gelingenden Begegnung. So lohnt es sich in jeder Entwicklungsphase, ein entsprechendes Angebot zu machen. Je früher eine solche ermutigende Kontakterfahrung gemacht wird – und je mehr traumatischen Erfahrungen damit vorgebeugt werden kann –, desto besser ist es. Eine Schulbegleitung bietet hierfür eine höchst wertvolle Chance.

Es hat sich bewährt, den Kontakt zur Schulbegleitung möglichst bereits vor dem Beginn des gemeinsamen Schulalltags anzubahnen. Dies kann entweder im Rahmen eines bereits vertrauten Kontextes wie der Häuslichkeit, dem Kindergarten oder der bisher besuchten Schule stattfinden. Es hat den Vorteil, dass dem Kind die Umgebung bereits vertraut ist und es nicht, von der Fülle neuer Eindrücke überwältigt, in einen Zustand der Unsicherheit und empfundenen Bedrohung versetzt wird, der eine neue Beziehungserfahrung erschweren oder verunmöglichen kann. Die beste Voraussetzung dafür, dass bei einer ersten Begegnung eine Kontaktanbahnung gelingt, ist die eigene (Selbst-)Sicherheit seitens der zukünftigen Begleitperson, die unabhängig von Erfolg oder »Misserfolg« besteht, sich also nicht so leicht durch Verhalten oder Kommentare anderer irritieren lässt.

Zum anderen ist eine offene Herangehensweise gegenüber dem*der Schüler*in unerlässlich. Je erwartungsfreier die Schulbegleitung in die Situation hineingeht, desto besser stehen die Chancen, dass der*die Schüler*in sich von ihr gesehen fühlt und sie selbst als entspannter Pol wahrgenommen wird, von dem dann Ruhe und Sicherheit ausgehen (Schmid & Müller 2022).

Zugleich bietet eine solche erste Begegnung die Möglichkeit für die Begleitperson, Eindrücke vom Kind, seinem Umfeld und seinen Interessen zu sammeln. Hier können auch die Angehörigen wichtige Informationen zu Vorlieben, Aversionen und Ängsten liefern. Auf diese Weise wird es leichter, dem Kind konkrete Angebote zu machen, die ihm vertraut sind, leicht sein Interesse wecken und gemeinsame Betrachtung oder Aktion möglich machen. Zugleich hat die Begleitperson so die Chance, künftig mögliche Stressoren rechtzeitig zu erkennen, das Kind davor zu schützen oder entsprechend Sicherheit bietend und damit co-regulierend zu agieren.

Nun ist eine Begegnung im Vorhinein nicht immer möglich. Unabhängig davon jedoch, ob eine Begegnung vorab, d.h. ein Kennenlernen in Ruhe ermöglicht werden kann oder ob Schüler*in und Schulbegleitung am ersten gemeinsamen Schultag zusammen gleichsam ins kalte Wasser springen müssen – das Entscheidende wird das Beziehungsangebot der Begleitperson sein, ihre Selbst-Sicherheit und ihre Haltung gegenüber dem*der Schüler*in und der Situation.

Ein »Einklinken« der Begleitperson in Aktivitäten des Kindes – seien es Stereotypien, gemeinsame Betrachtungen oder Spiele – vermittelt dem Kind, dass es wahrgenommen wird, wie es ist – ohne Erwartungen und ohne Fehlinterpretationen. So kann eine Schnittmenge der Gemeinsamkeit (Wilczek 2023) entstehen, in der eine erwartungsfreie Begegnung möglich ist. Macht das Kind während der ersten Begegnungen wiederholt die Erfahrung, dass dieses Beziehungsangebot verlässlich bestehen bleibt, kann sich schon sehr bald eine tragfähige Beziehung zwischen Schüler*in und Schulbegleitung entwickeln.

5 Die situationsspezifische Beziehung der Schulbegleitung

Die Beziehung, die regelmäßig in einer bestimmten Situation erlebt wird und darin wächst, wird bald mit ebendieser Situation – hier der Schule – assoziiert und ist damit situativ gebunden. Sie ist definiert als Schul-Begleitung und ist dadurch sowohl zeitlich wie räumlich begrenzt. Interessanterweise lässt sich immer wieder beobachten, dass gerade Kinder im Autismus-Spektrum genau unterscheiden und zuordnen, welche Objekte in welche Situation »gehören«. Dies gilt auch und insbesondere für Personen, die bestimmten Lebensbereichen zugeordnet werden – und oft aus Sicht des Kindes in einem anderen Bereich nichts zu suchen haben.

Eingedenk dessen ist eine verallgemeinerte und am Ende womöglich schwer zu lösende Abhängigkeit des*der Schülers*Schülerin von seiner*ihrer Schulbegleitung viel weniger zu befürchten, als es immer wieder als Sorge formuliert wird. Es hat sich jedoch als sinnvoll herausgestellt, dies auch für die ausführende Person entsprechend zu definieren, sodass sie die Begrenztheit und Endlichkeit ihrer Rolle gegenüber dem*der Schüler*in stets im Bewusstsein trägt. Dies schützt sie vor einem Übermaß an Verantwortlichkeit und den*die Schüler*in vor grenzüberschreitenden emotionalen Erwartungen.

Für die Zeiten aber, die der*die Schüler*in im Kontext Schule verbringt, sollte die Beziehung tragfähig und verlässlich sein. Sie lässt sich dann auch in neuen, unbekannten Situationen aufrechterhalten. Wie bedeutsam dies ist, wird im Folgenden betrachtet.

5.1 Gemeinsam durch Wind und Wetter

Bei der eingehenden Beschäftigung mit menschlichen Motivationen (Maslow 1943) kann festgestellt werden, dass neben dem Bedürfnis nach Sicherheit auch das Bestreben zu lernen und damit, laut Hüther und Endres (2014), »über sich selbst hinauszuwachsen«, zu den Grundmotivationen jedes Menschen gehört. Dies gilt ganz besonders für junge Menschen – seien sie nun neurotypisch oder im Autismus-Spektrum.

5.2 Lernen in Sicherheit

Das Gehirn braucht allerdings bestimmte Bedingungen, um neue Eindrücke sammeln und neue Informationen gut verknüpfen und speichern zu können. Unter Stress gelingt weder die bewusste Lenkung der Aufmerksamkeit noch die Konzentration auf eine bestimmte Informationsquelle gut – beides Fähigkeiten, die gerade für das schulische Lernen unerlässlich sind. Viele Menschen kennen diese Problematik insbesondere aus Prüfungssituationen oder anderen Zeiten, in denen sie unter starkem Stress stehen. Sie berichten vom »Black-out« an der Tafel oder in der Prüfung: Sie verstehen dann Inhalte oder Fragen nicht oder haben selbst auf das gespeicherte Wissen in so einem Zustand keinen Zugriff.

Zwar prägen sich unter Stress bestimmte Eindrücke stark ein – diese haben jedoch in der Regel eher mit dem Umfeld und als bedrohlich erlebten Eindrücken zu tun als mit differenzierten, kognitiven bzw. schulischen Inhalten. Steht ein*e Schüler*in unter hohem Leistungsdruck, hat er*sie Angst vor Mitschüler*innen oder Lehrkräften oder hat seine*ihre aktuelle Lebenssituation ihn*sie seiner*ihrer Sicherheit beraubt (z. B. Trennung der Eltern, Verlusterfahrungen, Umzug oder Flucht), kann er*sie die noch so gut aufbereiteten Lerninhalte nicht oder nur schwer aufnehmen. Das Gehirn registriert vornehmlich Bedrohung und reagiert darauf mit entsprechenden Notfallfunktionen. Dazu gehört, dass die Aktivität der Großhirnrinde herunterfährt und stattdessen die unwillkürlichen Funktionen des Autonomen Nervensystems die Steuerung übernehmen. Dies wirkt sich auch auf die Reizverarbeitung aus: Registriert werden Eindrücke, die für die schnelle, unwillkürliche Einschätzung von Gefahr oder Sicherheit relevant sind. Alles andere wird weitgehend ausgeblendet.

Umgekehrt prägen sich auch Erfahrungen, die mit Gefühlen von Geborgenheit, Verbundenheit und Sicherheit einhergehen, tief ein. Sie können eine Basis bilden, auf die sowohl konkret in der Situation als auch später zurückgegriffen werden kann, um sich auch in Momenten erlebter Bedrohung und Unsicherheit nach und nach selbst regulieren zu können (Porges 2021; Porges 2022). Gehirn und Organismus beruhigen sich. Aufmerksamkeit, Informationsverarbeitung und Selbststeuerung funktionieren wieder.

Wie oben beschrieben, hat ein Kind idealerweise von Geburt an die Möglichkeit, Geborgenheit in einer sicheren Verbindung zu erleben. Wird es unruhig, erlebt es in dieser Phase eine Regulation durch seine Bezugspersonen. Ist eine solche sichere Basis gegeben, wird es ihm zunehmend möglich, auch selbst Einfluss auf sein Befinden und seine Emotionen zu nehmen, sich selbst zu beruhigen, seine Aufmerksamkeit eigenständiger auszurichten und damit unabhängiger von der Unterstützung seiner Bezugspersonen zu werden. Es entwickelt also die Fähigkeit zur *Selbstregulation* (ebd.). Dies ermöglicht dem Kind in zunehmendem Maße, eigene

Erfahrungen mit der Umwelt zu machen, vielfältige Eindrücke und Erkenntnisse zu sammeln und zu speichern sowie immer neue Fähigkeiten zu entwickeln. Es erlangt mehr und mehr Unabhängigkeit und erlebt Autonomie.

Dennoch bleibt natürlicherweise bei jedem Menschen zeitlebens ein Bedürfnis nach Verbundenheit bestehen. Ein solches Erleben wirkt in jeder Lebensphase beruhigend und stabilisierend. Es ermöglicht letztlich die Öffnung für neue Erkenntnisse und die stetige Entwicklung der Persönlichkeit.

So lässt sich feststellen, dass das *Erleben von Sicherheit in Verbundenheit* eine Grundvoraussetzung für die Aufnahme und Speicherung vielfältiger neuer Informationen – einschließlich Lerninhalten – sowie die Entwicklung neuer Fähigkeiten darstellt.

6 Hineinwachsen in die Crew – soziales Lernen

Selbiges gilt in besonderer Weise auch für das soziale Lernen. Fühlt sich ein Mensch befremdet und getrennt von seinen Mitmenschen, so löst dies zumindest Unbehagen und Unsicherheit, oft sogar ein Gefühl der Bedrohung aus. Kommen explizit bedrohliche Erfahrungen in sozialen Kontexten hinzu, kann in der Folge bereits die Anwesenheit anderer Personen so erheblichen Stress auslösen, dass das Gehirn auf seine Notfunktionen zurückschaltet: Es geht dann nur noch ums Überleben, die Aufmerksamkeit ist auf Erkennung möglicher Gefahren fokussiert. Eine Verarbeitung neuer Informationen und auch konstruktives soziales Lernen sind so nicht möglich.

Bedenken wir vor diesem Hintergrund das Erleben von Menschen im Autismus-Spektrum, wird schnell deutlich, wie stark sie belastet und gerade auch im Bereich des sozialen Lernens beeinträchtigt sind. Zudem ist das Risiko, tatsächlich traumatische Erfahrungen von Ablehnung, Mobbing oder offener Aggression zu machen, stark erhöht (Sterzing et al. 2012).

In dem Moment jedoch, da sich ein Gefühl von Sicherheit und Geborgenheit einstellt, wird der Stress reduziert oder er steigt angesichts einer neuen Situation gar nicht erst so weit an, dass es zu folgenschweren Stressreaktionen kommt. Geht also in unserem Falle ein autistisches Kind sicher »angedockt« an eine vertraute Bezugsperson in eine neue soziale Situation hinein, wird es – vielleicht erstmals – die Möglichkeit haben, die Lernsituationen wahrzunehmen, die sich ihm hier bieten. Es bewegt sich in der Gruppe, die es sonst in ihrer Unübersichtlichkeit und Unberechenbarkeit als sehr bedrohlich erlebt hätte, mit einem Gefühl der Verbundenheit in Sicherheit. Auf dieser Basis kann es sodann *bewusst* vielfältige Beobachtungen machen, Zusammenhänge erkennen oder durch die Bezugsperson erklären lassen.

So können dann auch mit mehr Zuversicht und reduzierter Angst neue Handlungsansätze aktiv erprobt werden. Es kann ja »nichts passieren« – denn im Zweifelsfall ist da eine Person, der das Kind vertraut, die es beschützt und die zwischen ihm und der Umwelt verlässlich vermittelt, sodass es zu keinen gravierenden Missverständnissen und Konflikten kommt. Und auch das an sich schon bedrohliche Erleben des Befremdens ist stark reduziert, sofern zumindest *eine* Person anwesend ist, von der man sich *gesehen* fühlt und zu der eine verlässliche Verbindung besteht.

Auf diese Weise wird dem Risiko traumatischer Erfahrungen entgegengewirkt – und damit auch vielfältigen Traumafolgestörungen vorgebeugt, die zeitlebens die psychische und physische Gesundheit sowie die Teilhabe von autistischen Menschen stark beeinträchtigen können.

7   Vom Dock zum Leuchtturm – die Schulbegleitung als Bezugspunkt aus der Distanz

Ist erst einmal eine verlässliche Beziehung zwischen dem*der zu begleitenden Schüler*in im Autismus-Spektrum und der Begleitperson entstanden, werden mit hoher Wahrscheinlichkeit seine*ihre Flexibilität und die Motivation zur Eigenständigkeit zunehmen. Diese interessante Beobachtung wird sowohl von Personen in der Schulbegleitung als auch von Lehrkräften und Angehörigen sowie von Betroffenen selbst berichtet. Mögen zu Beginn der Maßnahme noch der Wunsch und die Notwendigkeit bestanden haben, dass die Begleitung möglichst stets in unmittelbarer Nähe beim Kind sein sollte, so wird es nach und nach möglich und auch erwünscht, dass sie präsent, jedoch aus räumlichem Abstand begleitet. Im Unterricht braucht sie dann nicht mehr ständig, sondern nur noch hin und wieder neben dem*der Schüler*in sitzen, wenn die Situation dies erfordert. Und war sie zu Beginn noch mit dem Kind in der Pause im Eins-zu-eins-Kontakt, so kann es sich nach und nach in größer werdendem Radius von ihr entfernen. Es wird sie bei einem Bedürfnis nach Schutz und Sicherheit aufsuchen oder auch zur Klärung von Fragen bzw. zur Konfliktlösung heranziehen. Umgekehrt wird die Begleitperson die Interaktionen des Kindes im Blick behalten und bei Bedarf eingreifen. Auf diese Weise bleibt es weiterhin in verlässlicher Verbindung zur Schulbegleitung und somit emotional sicher »angedockt«, kann gerade durch diese emotionale Verbundenheit, die Verlässlichkeit und den dadurch empfundenen Rückhalt auch zunehmend seinen natürlichen Bestrebungen nach eigenständigem Lernen und Autonomie nachgehen. Es vollzieht gewissermaßen seine eigenen Segelübungen, jedoch stets mit dem Sicherheit und Orientierung gebenden »Leuchtturm« im Blick.

Beispiel 3: Eine Schulbegleitung berichtet aus ihrer Arbeit mit einem Jungen im Autismus-Spektrum in der ersten Grundschulklasse, mit dem schon nach kurzer Zeit eine gute, sichere Verbindung gelungen ist. Sie haben vereinbart, dass sie nicht direkt neben ihm sitzt – er wünscht sich weitgehende Normalität –, sondern dass sie sich in Sichtweite an der Seite des Klassenzimmers platziert. So hat sie den Unterricht, die Klasse und ihn im Blick. Ihm genügt es, dies zu wissen und sich bei Bedarf an ihr orientieren oder sich an sie wenden zu können. Außerhalb des Unterrichts – in den Pausen und nach der Schule – besprechen sie im Eins-zu-eins-Kontakt, an welchen Themen er arbeiten könnte, um einerseits gut lernen zu können (Ordnung und Übersicht am Arbeitsplatz), jedoch auch mit seinen Fähigkeiten wahrgenommen zu werden (sich melden, wenn er etwas weiß) und sich in die Klassengemeinschaft integrieren zu können (unerwünschtes Verhalten unterlassen, wie z. B. an der Zunge herumspielen). Gemeinsam entwickeln sie unauffällige Zeichen, mit denen sie ihn an ein gewünschtes Verhalten erinnern kann (Aufzeigen, um sich zu melden) oder auch daran, ein unerwünschtes Verhalten zu unterlassen. Da er selbst hoch motiviert ist, sich zu integrieren und zu zeigen, was in ihm steckt, nimmt er diese Angebote als adäquate Hilfen an, die ihn in seinen eigenen Bestrebungen anerkennen. Die Präsenz der Begleitperson in der Situation, das Gefühl *gesehen* zu werden, ihre konkreten, klaren, in der Haltung stets wertschätzenden Rückmeldungen und Vorschläge erlebt er als ebenso unterstützend wie ihre verlässliche Präsenz und die Möglichkeit zur Orientierung.

8 Ablegen und Lossegeln – gestärkt in die Eigenständigkeit

Solchermaßen gestärkt können entscheidende neue Erfahrungen gemacht und damit auch Entwicklungsschritte vollzogen werden. So werden auch autistische Schüler*innen befähigt und ermutigt, sich Lerninhalte zu erschließen, vor allem jedoch auch auf ganz eigene Weise gelingende Kontakte und Zugehörigkeit zu erleben. Der*die Schüler*in wird zunehmend unabhängig von der Unterstützung der Schulbegleitung. Dies ist das erklärte Ziel der Maßnahme: Schüler*innen im Autismus-Spektrum individuell in ihrem Selbstwert, ihrer Selbstsicherheit und in ihrer Fähigkeit zur Selbstregulation so zu stärken, dass sie so weit wie individuell möglich eigenständig lernen und ihren Weg in die Gemeinschaft finden können. Erfahrungen von Sicherheit in Verbundenheit zu einer Begleitperson wirken gerade auch bei jungen Menschen im Autismus-Spektrum grundlegend stabilisierend wie förderlich und tragen entscheidend zur Erreichung von Teilhabe an Bildung und zur Inklusion bei.

Beispiel 4: Ein autistischer Junge hat die Grundschulzeit in einer kleinen Klasse einer Dorfschule gut gemeistert, zumal seine Klassenlehrerin ihn zu nehmen, direkt anzusprechen und sicher zu leiten weiß. Er zeigt sehr gute schulische Leistungen, ist jedoch durch vielfältige Ängste sehr stark belastet. Bereits auf kleinste unvorhergesehene Situationen oder Regelabweichungen sowie eigene Fehler reagiert er mit starker Erregung und durchdringendem Schreien. Nach einigen Unstimmigkeiten, wie seine weitere Schullaufbahn aussehen könnte, nimmt ihn die Realschule am Ort auf, mit großer Bereitschaft, ihm den Übergang und die Teilhabe am Unterricht so gut es geht zu erleichtern. Schnell zeigt sich jedoch, dass ihm eine Teilnahme am Unterricht ohne gezielte Unterstützung nicht möglich ist. Eine Schulbegleitung wird gesucht und gefunden. Der jungen Frau gelingt es, eine sichere Verbindung zu dem Jungen herzustellen. Ihre Anwesenheit ermöglicht es ihm zunächst, in einem separaten Raum (Kartenraum der Schule) eine eigene Arbeitsecke einzurichten, die er sowohl zum Lernen als auch zur Selbstregulation nutzen kann. Von dieser sicheren Basis aus nimmt er in Begleitung nach und nach an bestimmten Zeiten des Unterrichts, dann an ganzen Einheiten, schließlich am gesamten Unterrichtspensum teil. Die Begleitperson vermittelt bei Bedarf zwischen ihm und den Klassenkamerad*innen, bahnt Einzelkontakte an, die durch ihr Coaching allmählich tragfähiger werden. Bei wachsender Sicherheit und Selbstsicherheit des Jungen im Kontext Schule und zunehmender Integration in die Klasse wird die Anwesenheit der Begleitperson nicht mehr zu allen Zeiten benötigt, sodass sie sich allmählich herausnehmen kann. Sie übernimmt schließlich die Begleitung anderer Schüler*innen an derselben und auch an benachbarten Schulen. Dies teilt sie dem – mittlerweile jugendlichen – Schüler dann jeweils verlässlich mit, sodass er stets weiß, wann sie im Haus ist, wann nicht und wann sie wiederkommt. Das Wissen um ihre Person, die verlässliche Verbindung zu ihr und die Erfahrung, dass diese auch in Abwesenheit bestehen bleibt, ermöglicht ihm eine wachsende Unabhängigkeit und Eigenständigkeit. Seinen Realschulabschluss macht er als Schüler mit guten Leistungen.

9 Zusammenfassung und Schlussfolgerungen

Sicherheit in Verbundenheit ist ein menschliches Grundbedürfnis und zugleich eine Voraussetzung für eine gesunde psychische, kognitive und soziale Entwicklung. Dies gilt für Kinder im Autismus-Spektrum ebenso wie für neurotypische Menschen. Eine Schulbegleitung, die eine entsprechende, sichere Verbindung anbieten kann, stellt gerade für autistische Schüler*innen eine wertvolle Chance dar, auf sicherer Basis zu lernen, die eigenen Potenziale zu entfalten sowie Autonomie und Teilhabe zu erlangen.

Voraussetzungen für ein solches Angebot liegen zum einen in der Person der Schulbegleitung selbst: Selbstsicherheit, Offenheit für die individuelle Persönlichkeit des*der zu begleitenden Schülers*Schülerin und bedingungslose Wertschätzung stellen wesentliche Bedingungen für das Gelingen des Beziehungsaufbaus dar. Klarheit und Eindeutigkeit im Verhalten und in der Kommunikation sowie Authentizität und Verlässlichkeit sind für Orientierung und Sicherheit ebenfalls unerlässlich.

Jedoch auch äußere Bedingungen haben einen entscheidenden Einfluss auf das Gelingen: Je klarer und sicherer Auftrag und Arbeitsbedingungen der Schulbegleitung sind, desto stabiler ist die Basis, von der aus sie ihr Angebot machen kann (autismus Deutschland e. V. 2021). Ein Dock ist nur so sicher wie sein Fundament. Umso wesentlicher wird es sein, die Rahmenbedingungen von Schulbegleitung im System Schule durch Professionalisierung so klar wie möglich zu strukturieren und damit eine sichere Basis für Begleitpersonen und Schüler*innen zu schaffen.

Literatur

Ainsworth, M. D. S., Blehar, M. C., Waters, E. & Wall, S. N. (1978). *Patterns of attachment: A psychological study of the strange situation.* Erlbaum.

Bandura, A. (1997). *Self efficacy: The exercise of control.* Freeman.

Boxberger, J. (2020). Mit autistischen Merkmalen, Fähigkeiten und Stärken umgehen – ein zusammenfassendes Resümee au der Innensicht. In G. Theunissen (Hrsg.), *Autismus verstehen. Außen- und Innensichten* (2. aktualisierte Aufl., S. 193–234). Kohlhammer.

Hüther, G. (2006). *Brainwash: Einführung in die Neurobiologie für Pädagogen, Therapeuten u. Lehrer.* DVD. Auditorium Netzwerk.

Hüther, G. & Endres, P. M. (2014). *Lernlust. Worauf es im Leben wirklich ankommt.* Murmann.

Levine, P. (2010). *Sprache ohne Worte. Wie unser Körper Trauma verarbeitet und uns in die innere Balance zurückführt* (8. Aufl.). Kösel.

Maslow, A. H. (1943). A theory of human motivation. *Psychological Review, 50*(4), 370–396. https://doi.org/10.1037/h0054346

Porges, S. (2021). *Die Polyvagal-Theorie und die Suche nach Sicherheit.* G.P. Probst Verlag.

Porges, S. (2022). Brain-body connection may ease autistic people's social problems. *Autism Research News.* https://www.spectrumnews.org/opinion/viewpoint/brain-body-connection-may-ease-autistic-peoples-social-problems/ [12.09.22]

Schmid, S. & Müller, E. (2022). *Die Gelbe Schule.* Carl-Auer-Verlag.

Sterzing, P. R., Shattuck, P. T., Narendorf, S. C., Wagner, M. & Cooper, B. P. (2012). Bullying involvement and autism spectrum disorders. Prevalence and correlates of bullying involvement among adolescents with an autism spectrum disorder. *Archives of Pediatrics and Adolescent Medicine, 166*(11), 1058–1064. https://doi.org/10.1001/archpediatrics.2012.790

Wilczek, B. (2023). *Wer ist hier eigentlich autistisch? – Ein Perspektivwechsel* (2. Aufl.). Kohlhammer.

autismus Deutschland e. V. (Hrsg.) (2021). *Schulbegleitung für Schüler:innen mit Autismus* (2. überarbeitete Aufl.). Selbstverlag.

Qualifikation und Aufgaben der Schulbegleitung für Kinder und Jugendliche im Autismus-Spektrum

Andrea Gier-Dufern & Anja Selter

1 Einleitung

Im heterogenen Feld beruflicher Qualifizierungen für Schulbegleiter*innen stellen sich die Fragen, was eine gelingende Schulbegleitung ausmacht und welche Leitlinien definiert werden müssen, um einheitliche Standards gewährleisten zu können. Zur Beantwortung werden zunächst die Begriffe »Schulbegleitung« und »Qualifizierte Schulbegleitung mit Schwerpunkt Autismus« als Voraussetzung für Professionalität definiert. Als nächstes werden exemplarische Bausteine für Qualifizierungsangebote beschrieben. Abschließend wird auf das Aufgabenprofil und Rollenverständnis einer qualifizierten Schulbegleitung eingegangen.

2 Begriffsklärung »Schulbegleitung«

»Schulbegleitung« – »Schulassistenz« – »Integrationsfachkraft« – »Fachkraft zur Unterstützung in der Teilhabe an Bildung« – »Individualbetreuer*in« – »Schulhelfer*in« – »Lernbegleiter*in« – die Vielzahl von Begriffen spiegelt die Heterogenität eines Arbeitsfeldes wider, das sich in den letzten beiden Jahrzehnten etabliert hat und sich stetig weiterentwickelt. Im Rahmen von Prozessen inklusiver Schulentwicklung werden nicht nur Lerngruppen heterogener, sondern auch das an der Schule tätige Personal differenziert sich aus: Im Unterricht arbeiten zunehmend allgemein- und sonderpädagogische Lehrkräfte, aber auch Schulbegleitungen zusammen (Demmer & Lübeck 2019).

Das individuelle Arbeitsfeld von Schulbegleitungen wird abhängig von der gesamten schulischen Situation des*der Schülers*Schülerin im Autismus-Spektrum, den behinderungsbedingten Bedarfen zur Teilhabe an Bildung, der Art der Behinderung und dem zuständigen Kostenträger ausgestaltet und angepasst.

Deutschlandweit gibt es bislang keine einheitlichen Standards der erforderlichen beruflichen Qualifikation, Konzepte, Methoden und Rahmenbedingungen für dieses komplexe Tätigkeitsfeld. Häufig wird daher diskutiert, wie die Arbeit einer Schulbegleitung konkret aussieht, ob sich eine fachlich qualifizierte Schulbegleitung von einer Assistenzleistung in der Schule unterscheidet und ob autistische

Kinder eine differenziertere Begleitung in der Schule benötigen als Kinder mit anderen Diagnosen oder Teilhabebeeinträchtigungen.

Einigkeit herrscht bzgl. der Haltung, dass die schulischen Unterstützungsmöglichkeiten immer vorrangig auszuschöpfen sind. Externe Hilfe durch Schulbegleiter*innen wird den Schüler*innen erst dann in angemessenem Maße zur Verfügung gestellt, wenn sie – trotz Ausschöpfung schuleigener Unterstützungsangebote – das Bildungsangebot nur unzureichend nutzen können und daher in ihrer Teilhabe am Schulalltag beeinträchtigt sind. Die pädagogisch-didaktische Vermittlung von Wissen obliegt grundsätzlich der Schule und ihren Lehrkräften (Frese; Lindmeier zu Organisationslogik in diesem Band).

Bereits 2010 definierte Wolfgang Dworschak Schulbegleiter*innen als

»Personen, die Kinder und Jugendliche überwiegend im schulischen Alltag begleiten, die auf Grund besonderer Bedürfnisse im Kontext Lernen, Verhalten, Kommunikation, medizinischer Versorgung und/oder Alltagsbewältigung der besonderen und individuellen Unterstützung bei der Verrichtung unterrichtlicher und außerunterrichtlicher Tätigkeiten bedürfen« (Dworschak 2010, 133 f.).

Manche Kinder und Jugendliche im Autismus-Spektrum benötigen für eine gelingende Teilhabe an (inklusiver) Bildung eine individuelle Unterstützung, die weit über das hinausgeht, was Schulen derzeit leisten. Im Beschluss der Kultusministerkonferenz aus dem Jahr 2000 zur Beschulung autistischer Kinder und Jugendlicher wurde dies bereits folgendermaßen formuliert:

»Kinder und Jugendliche mit autistischem Verhalten benötigen Menschen, die ihre individuellen Ausdrucksformen verstehen und die durch die Vermittlung von geeigneten Kommunikationsformen und durch angemessenen Umgang vertrauensvolle Beziehungen zu ihnen aufnehmen können. Die Bezugspersonen zeigen den Kindern und Jugendlichen den Weg in die Umwelt und zu Menschen und Dingen auf und begleiten sie dabei. Von den Bezugspersonen ist daher auch bei scheinbarer Unnahbarkeit und aggressivem Verhalten, bei Distanzlosigkeit und gesteigertem Bewegungsdrang immer die Bereitschaft zur Zuwendung gefordert. Sensibilität für spezifische Ausdrucksformen, Vertrauen und Respektieren des Andersseins ermöglichen es dem Kind oder dem Jugendlichen, sich der Umwelt zu öffnen und mit ihr in Kontakt zu treten« (Kultusministerkonferenz 2000, 7).

Gemäß der Bundesarbeitsgemeinschaft »Schulbegleitung«, die sich im Jahr 2016 auf Initiative von autismus Deutschland und der Nordlicht gGmbH Hamburg gründete, ermöglicht Schulbegleitung Teilhabe am schulischen Bildungsangebot in allen Schulformen im Kontext des gesamten Autismus-Spektrums sowie verschiedener Teilhabebeeinträchtigungen. Die Arbeitsgemeinschaft definiert die Maßnahme als externe, fachliche und schulunabhängige Hilfe zur Partizipation an angebotenen Formen von schulischer Bildung (Bundes-AG Schulbegleitung 2019).

Bewusst wird in diesem Text aus der Vielzahl der Begrifflichkeiten, die dieses Arbeitsfeld beschreiben, der Begriff der Schulbegleitung gewählt. Dessen Definition impliziert, dass es sich bei Schulbegleitung um eine fachlich qualifizierte Hilfe mit hohen Qualitätsanforderungen handelt, deren Tätigkeit in Abhängigkeit von den begleiteten jungen Menschen, ihrem Auftraggeber und dem Ort (Bundesland, Landkreis, Schulform etc.) ihrer Durchführung ausgestaltet wird und weit über eine reine Assistenzleistung hinausgeht.

3 Überlegungen zu einer »qualifizierten Schulbegleitung mit Schwerpunkt Autismus«

Je nach verantwortlichem Träger – bei geistiger, körperlicher oder mehrfacher Behinderung nach Sozialgesetzbuch (SGB) IX der Träger der Eingliederungshilfe und bei seelischer Behinderung nach SGB VIII der Kinder- und Jugendhilfeträger – unterscheiden sich die Bestimmungen hinsichtlich der vorausgesetzten pädagogischen Qualifikation einer Schulbegleitung. Während im Bereich des SGB IX kein vergleichbares Fachkräftegebot verankert ist, werden die gesetzlichen Rahmenbedingungen bezüglich der Qualifikation von Schulbegleitung im Bereich der Kinder- und Jugendhilfe durch folgenden Absatz thematisiert:

> »Die Träger der öffentlichen Jugendhilfe sollen bei den Jugendämtern und Landesjugendämtern hauptberuflich nur Personen beschäftigen, die sich für die jeweilige Aufgabe nach ihrer Persönlichkeit eignen und eine dieser Aufgabe entsprechende Ausbildung erhalten haben (Fachkräfte) oder auf Grund besonderer Erfahrungen in der sozialen Arbeit in der Lage sind, die Aufgabe zu erfüllen. Soweit die jeweilige Aufgabe dies erfordert, sind mit ihrer Wahrnehmung nur Fachkräfte oder Fachkräfte mit entsprechender Zusatzausbildung zu betrauen. Fachkräfte verschiedener Fachrichtungen sollen zusammenwirken, soweit die jeweilige Aufgabe dies erfordert. Mitarbeitende der freien Jugendhilfe unterliegen dem Fachkräftegebot in Analogie zu den Trägern der öffentlichen Jugendhilfe« (§72 Abs. 1 SGB VIII).

Der Gesetzestext lässt einen Interpretationsspielraum zu: Zum einen erscheint interessant, dass der Gesetzgeber zunächst die persönliche Eignung hervorhebt, bevor die entsprechende Ausbildung für diese Arbeit sowie Erfahrung in diesem Tätigkeitsfeld und fachspezifische Zusatzqualifizierungen angeführt werden. Zum anderen ist der Begriff der Fachkräfte mit entsprechender Zusatzausbildung nicht näher definiert, sodass sich schwerlich Standards für die Qualifikation einer Schulbegleitung ableiten lassen.

Nach dem Verständnis der Bundesarbeitsgemeinschaft einer qualifizierten Schulbegleitung mit Schwerpunkt Autismus sollte eine Fachkraft gemäß den gesetzlichen Vorgaben in der Regel eine grundständige pädagogische Ausbildung mitbringen und sich darauf aufbauend im Bereich Autismus weiterqualifizieren. Daneben sollte die Schulbegleitung diskret und selbstbewusst, einfühlsam und vermittelnd, kommunikativ und humorvoll sein. Die Bereitschaft, dem Gegenüber mit Offenheit und Neugier zu begegnen, erleichtert das Verstehen der Reaktionen und Verhaltensweisen von autistischen Kindern und Jugendlichen (Wilczek in diesem Band). Überdies ist es wichtig, dass Schulbegleiter*innen in ihrem Denken und Handeln flexibel sind und sich schnell auf sich verändernde Situationen einstellen können. Dabei gilt es, sich sowohl im Klassensystem einzufügen als auch bestimmt für die Bedarfe und Rechte der Klient*innen einstehen zu können. Zusammenfassend bedeutet dies, dass auch eine fundierte theoretische Ausbildung der Schulbegleitung keine gelingende Arbeitsbeziehung zum*zur Schüler*in garantiert, wenn die genannten persönlichen Eigenschaften nicht vorhanden sind. Ist andererseits das pädagogische Fundament nicht gegeben, reicht ein intuitives menschliches Geschick für ein (pädagogisch) begründetes Handeln ebenso wenig aus. Berufsgruppen wie z. B. Erzieher*innen, Heilerziehungspfleger*innen oder mit einem sonstigen pädagogischen Beruf erfüllen ebenso die grundlegenden Voraussetzungen für die Tätigkeit als Schulbegleiter*in wie Absolvent*innen (heil- oder sozial-)pädagogischer, psychologischer oder erziehungswissenschaftlicher Studiengänge. Aufbauend auf diese Basisqualifikation sind selbst bei Berufserfahrung in pädagogischen Tätigkeitsfeldern fundierte Kenntnisse im Bereich Autismus für die Arbeit der Schulbegleitung unerlässlich, um das Paradigma der Hilfe zur Selbsthilfe umsetzen zu können. Auf persönliche Erfahrungen zurückzugreifen, kann die Beziehungsgestaltung und den Umgang mit Menschen im Autismus-Spektrum deutlich vereinfachen.

Insbesondere in ländlichen Regionen ist es schwer, Fachkräfte zu finden, weswegen auch Bundesfreiwilligendienstleistende, Personen mit Abschlüssen aus den pädagogischen Helfer*innenberufen und im Zweifel interessierte fachfremde Assistenzkräfte, die als sozial erfahren gelten, eingesetzt werden (Wald in diesem Band). Dieser Personenkreis sollte im Vorfeld der Tätigkeit als Schulbegleiter*in sowohl in pädagogischen Grundkompetenzen als auch autismusspezifischem Fachwissen sowie konkreten Strategien zum Umgang mit besonderen Verhaltensweisen geschult werden. Dies ermöglicht, den komplexen Anforderungen des Arbeitsfeldes sowie der Teilhabebefähigung an Bildung begegnen zu können.

Vor dem Hintergrund des ständig steigenden Bedarfs an geschulten Begleitpersonen werden aktuell in vielen Bundesländern verschiedene Zusatzqualifizierungen zum*zur »Schulbegleiter*in« und »Fachkraft Autismus« angeboten. So lassen sich exemplarisch autismusspezifische Kurz- und Onlinefortbildungen für pädagogische Fachkräfte und Interessierte, auf Schulbegleiter*innen zugeschnittene Fortbildungen von Autismus-Selbsthilfeverbänden sowie staatlich zertifizierte Qualifizierungskurse öffentlicher Weiterbildungsträger nennen, in denen Autismus neben weiteren Diagnosen und sonderpädagogischen Förderschwerpunkten thematisiert wird. Dies trägt einerseits zur breiteren Aufklärung über das Tätigkeitsfeld von Schulbegleitungen für autistische Schüler*innen bei. Andererseits geht mit der Vielzahl und Unübersichtlichkeit der Angebote die Schwierigkeit einher, ihre jeweilige Qualität einzuschätzen.

Um für das Arbeitsfeld der Schulbegleitung für eine*n Schüler*in im Autismus-Spektrum entsprechend qualifiziert zu sein, sollten die Curricula der Qualifizierungsangebote bestimmte Standards erfüllen. Im Kontext Autismus ist etwa Hintergrundwissen zur autistischen Wahrnehmungsverarbeitung relevant. Des Weiteren sind Kenntnisse in Methoden wie Sozialgeschichten, Comic Strip Conversation (Gray 2019), Strukturierungshilfen nach dem TEACCH-Ansatz sowie von Verfahren der strukturierten Verhaltensanalyse für die Arbeit als Schulbegleitung hilfreich. Schulbegleitungen sollten zusätzlich ein Systembewusstsein entwickeln und regelmäßig darin geschult werden, sich ihrer Rollen, Aufgaben und den expliziten und impliziten Erwartungen, die an sie gestellt werden, bewusst zu sein. Überdies benötigen sie eine sehr gute Dokumentationskompetenz, um Berichte und Verlaufsdokumentationen gemäß den Standards nach der Internationalen Klassifikation der Funktionsfähigkeit, Behinderung und Gesundheit (ICF) erstellen zu können. Nicht zuletzt sollte in einem Curriculum die Vermittlung von rechtlichem Hintergrundwissen zur Formulierung von Nachteilsausgleichen sowie zur Klärung der Aufgaben einer Schulbegleitung an der Schnittstelle zwischen den Kernbereichen der Schule und der Eingliederungshilfe verankert sein (Frese; Lindmeier zu Organisationslogik in diesem Band).

Exemplarisch sollen im Folgenden einige Bereiche beleuchtet und mit konkreten Beispielen veranschaulicht werden.

4 Hintergrundwissen zur autistischen Wahrnehmungsverarbeitung für die Tätigkeit als Schulbegleitung

Im Unterrichtskontext fällt vorrangig auffälliges oder herausforderndes Verhalten auf, d. h. die Mitschüler*innen und auch die Lehrkräfte sehen das Ergebnis einer Reaktion bzw. eine Reaktion auf ein Stresserleben, können dies aber meist nicht einordnen.

Die Aufgabe einer Schulbegleitung besteht darin, nach den Ursachen des augenscheinlichen Verhaltens zu forschen. Hierbei ist wichtig, dass sie über Kenntnisse zu neuropsychologischen Ansätzen verfügt, die Beschreibungen und Erklärungen bereitstellen, um autistische Menschen bzw. deren Verhalten besser verstehen und das Verhalten einordnen zu können (Dziobek & Bölte 2011).

4.1 Theory of Mind

Eines dieser neuropsychologischen Erklärungsmodelle beschreibt die Schwäche im Bereich der Theory of Mind. Darunter versteht man die Mentalisierungsfähigkeit, sich und anderen Menschen sich unterscheidende Gefühlszustände, Gedanken, Meinungen und Haltungen zuzuschreiben und das Gegenüber als eigenständige Person abweichend von der eigenen Persönlichkeit verstehen zu können (Happé & Frith 1995).

Beispiel: Ein autistischer Jugendlicher freut sich darüber, in einer Klassenarbeit besser abgeschnitten zu haben als sein Sitznachbar. Er hebt ihm gegenüber deutlich hervor, dass er besser sei und sein Nachbar schlecht abgeschnitten habe. Formal gesehen sind seine Aussagen zutreffend, doch wird vermutlich der Sitznachbar eine emotionale Reaktion erleben, wie etwa beschämt, peinlich berührt, verärgert o. ä. sein. Womöglich wird dieser nach einem emotionalen Ausgleich suchen, bspw. in Form körperlicher Aggressionen in der nächsten Pause. Der autistische Schüler wird jedoch nicht unbedingt in der Lage sein, darin eine direkte Konsequenz zu seinem Handeln zu sehen.

4.2 Zentrale Kohärenz

Neurotypische Menschen verfügen über die Fähigkeit, einzelne Wahrnehmungselemente zu einem geordneten Ganzen zusammenzufügen, und sind gleichermaßen in der Lage, daraus auch einzelne Elemente zu erkennen. Diese Fähigkeit erleichtert das Erkennen von Zusammenhängen zwischen Sinnesreizen und Umgebungsinformationen. Ein klassisches Beispiel bei einer Schwäche in der zentralen Kohärenz ist, dass man »vor lauter Bäumen den Wald nicht mehr sieht«.

Menschen im Autismus-Spektrum fällt es schwer, Kontexte, inhärente Wertesysteme wie unausgesprochene Normen und Regeln bzw. relevante soziale Hinweisreize zur Bewertung einer sozialen Situation zu lesen. Fehlen diese Informationen, entstehen große Handlungsunsicherheiten und die Einschätzung einer Situation schlägt fehl, sodass ein angemessenes Verhalten deutlich erschwert ist. Daraus resultiert eine Fokussierung auf Details, da der Überblick über die Gesamtsituation fehlt.

Dies bringt auch eine große Genauigkeit in der Wahrnehmung mit sich sowie eine sehr gute Beobachtungsgabe insbesondere für Veränderungen und Abweichungen. Das Gedächtnis für Einzelheiten und Details ist häufig sehr gut ausgeprägt (Happé & Frith 2006). Das fehlende Bewusstsein für übliche Normen kann auch freier im Denken und Handeln machen, da hemmende Denkstrukturen wie »das macht man doch so nicht« ausbleiben und neue Wege des Denkens möglich sind. Bewertende Denkmuster, etwa aus den Bereichen Gender, Rassismus oder Religion, sind für Menschen aus dem Autismus-Spektrum häufig fremd, was sie zu toleranten Mitmenschen machen kann.

Beispiel: In der Schule wird ein komplexes Tafelbild entwickelt und die Schüler*innen werden aufgefordert, dieses in ihr Schulheft zu übertragen. Oft gelingt dies autistischen Schüler*innen nicht, da sie beim wiederholten Aufschauen den visuellen Anknüpfungspunkt vor lauter Buchstaben nicht mehr wiederfinden. Fehlt hingegen ein Punkt am Ende eines Satzes, kann dies sehr wohl als störend bemerkt werden.

4.3 Handeln, Planen, Erfassen

Ein weiteres Erklärungsmodell bezieht sich auf Schwächen in den exekutiven Funktionen (Dziobek & Bölte 2011). Darunter wird die Fähigkeit verstanden, Einzelheiten einer Handlung zielführend zu planen und umzusetzen, etwa Alltagshandlungen, die aus aufeinander aufbauenden Handlungsketten bestehen.

Fordert man eine Gruppe neurotypischer Erwachsener auf, die einzelnen Schritte vom Händewaschen zu benennen, werden fünf bis 14 Einzelschritte benannt. Dieser Tätigkeit, die jeder Mensch mehrmals täglich ausübt, liegen ganz unterschiedliche innere Konzepte zu Grunde und doch wissen alle, was zu tun ist. Verfügt jemand aufgrund einer Schwäche in der Handlungsplanung nicht über diese innere Vorstellung, wird selbst so eine Alltagshandlung zur Herausforderung. Wir sehen im Schulalltag dann Kinder, die vor dem Waschbecken stehen und nur mit dem Wasser spielen, weil die zusätzliche Aufforderung fehlt, sich die Zähne zu putzen, das Gesicht zu waschen oder sich fertig anzuziehen.

Beispiel: Bei Nichtbeachtung dieser Schwäche in der Handlungsplanung können Aufforderungen wie »räumt euren Platz auf und macht euch für die Pause fertig« zu Erstarren oder Eskalationen führen, da mit beiden Teilen der Aufforderung verschiedenste Handlungsfolgen implizit erwartet werden. Zum einen kann die ungenaue verbale Aufforderung das Problem sein oder aber die Unsicherheit, in welcher Reihenfolge was zu tun ist. Womöglich stopft das Kind alles unter die Bank oder in die Schultasche und wird den anderen Kindern im Zweifel ohne Jacke und in Hausschuhen auf den Hof folgen.

4.4 Hypo- oder Hyperreaktivität auf sensorische Reize

Menschen im Autismus-Spektrum können eine Hypo- oder Hyperreaktivität auf sensorische Reize zeigen, was in der elften Version der internationalen statistischen Klassifikation der Krankheiten und verwandter Gesundheitsprobleme (ICD-11) als diagnostisches Kernmerkmal aufgenommen wurde. Eine Filterschwäche für Sinneswahrnehmungen führt zu einer Dauerbelastung in der Reizverarbeitung. In der Folge entsteht Stress und die Unterscheidung zwischen wesentlichen und nicht wesentlichen Aspekten fällt deutlich schwerer (Dziobek & Bölte 2011).

Kinder und Jugendliche im Autismus-Spektrum gehen von der Annahme aus, dass Mitschüler*innen die sehr anstrengende Situation im Klassenzimmer scheinbar mühelos ertragen. Aufklärung über die individuelle Besonderheit ermöglicht meist erst die Bereitschaft, von außen erkennbare Hilfestellungen anzunehmen.

Beispiel: Der Schulalltag ist häufig unübersichtlich und mit verschiedensten Geräuschquellen versehen, sodass das Fokussieren auf die Stimme der Lehrperson oder das Unterrichtsgespräch extrem schwerfällt, zumal gleichzeitig das störende Sonnenlicht, das Gebläse des Beamers, das Kratzen der Stifte der Mitschüler*innen auf dem Papier aktiv ausgeblendet werden müssen. Das Wissen um diese Hürden ist hilfreich, um pragmatische Hilfestellungen anzubieten, wie z. B. einen Gehörschutz, eine Sonnenbrille, Stillarbeit in einem reizarmen Raum oder Visualisierung von Arbeitsaufträgen.

4.5 Lernen

Autistische Kinder und Jugendliche erfahren vom ersten Lebenstag an ihre Umwelt anders als neurotypische Kinder. Diese anderen Erfahrungen basieren auf ihrer autistischen Wahrnehmungsverarbeitung, in deren Folge ihre Reaktionen, ihr Verhalten und ihre Lernwege zu verstehen sind. Lernen erfolgt auf der Basis der Wahrnehmung einer Situation, der Bewertung des Kontextes, in den die wahrgenommene Situation eingebettet ist, der Verknüpfung des Wahrgenommenen mit Bekanntem und des Erkennens und Ableitens von Regelmäßigkeiten. Wesentliche Voraussetzung dafür ist die Fähigkeit, die Wahrnehmung zielgerichtet auf eine Information fokussieren zu können (Schirmer 2016).

Beispiel: Ein häufig zu beobachtendes Phänomen im Schulalltag autistischer Schüler*innen ist, dass sie an einem Tag Gelerntes problemlos abrufen können und an anderen Tagen keinen Zugriff darauf zu haben scheinen. Hilfreich kann dann sein, die Kontextfaktoren exakt so zu gestalten, wie es in der Inputphase war. Kontextfaktoren können u. U. Randfaktoren wie Sitzplatz, Sitznachbar*in, Gruppenarbeit, anderes Aufgabenformat etc. sein, die es dem*der autistischen Schüler*in erleichtern, auf das Gelernte zuzugreifen.

5 Exemplarische Methoden und Handlungsstrategien für Schulbegleitungen autistischer Schüler*innen

Auch wenn Kinder und Jugendliche im Autismus-Spektrum vielfältige Ressourcen mitbringen, die es ihnen möglich machen, sich in der Schule zurecht zu finden, reicht das mitunter nicht, um sich als selbstwirksam erleben zu können. Daher sind sie auf Vorhersehbarkeit, Stabilität und Sicherheit angewiesen (Sautter et al. 2012). Auf dieser Annahme bauen die folgenden methodischen Vorschläge für Schulbegleitungen auf.

5.1 Strukturierungshilfen nach TEACCH

Strukturierung von Raum, Zeit und Inhalt kann helfen, einen Überblick über eine Situation oder Anforderung zu bekommen. Hier setzt der TEACCH-Ansatz an. TEACCH gilt als eine pädagogische Strategie und Methode, aber auch Grundhaltung, autistischen Menschen zu begegnen (Häussler 2022). Der Fokus liegt auf den Stärken und Ressourcen der Schüler*innen. Gemäß der Maxime, nur so viel Strukturierung zu geben, wie es gerade notwendig ist, um in dieser Situation oder Anforderung das Erleben von Selbstwirksamkeit zu ermöglichen, wird das Umfeld gestaltet. Es müssen der emotionale Entwicklungsstand des Kindes sowie seine kognitiven Fähigkeiten berücksichtigt werden. Bei der Erstellung von Ablauf- oder Handlungsplänen zur Strukturierung von Raum, Zeit, Ort und Inhalt ist zu beachten, dass jeder Plan immer einen klar definierten Anfang und ein Ende beinhaltet.

Beispiel: Im Schulalltag stehen häufig die Dinge im Fokus, die autistischen Schüler*innen schwerfallen, da sie hier meist an ihre Kompensationsgrenzen kommen. In der Folge kann es zu herausfordernden oder sozial wenig verträglichen Verhaltensweisen kommen, die nicht selten zu Unterbrechungen im Unterrichtsfluss führen. Hier kann Strukturierung Abhilfe schaffen. Die Strukturierung kann bspw. in Form eines Ablaufplans, einer Checkliste, einer Sanduhr, eines Timers oder aber von farbigen Sitzkissen erfolgen, die einen festen Platz markieren.

5.2 Umgang mit Krisen

In Situationen, die autistische Schüler*innen als krisenhaft erleben, sollte eine Schulbegleitung individuelle Stressregulierungsmethoden kennen und sie an die konkrete Situation anpassen können. Eine Krise kann sich anbahnen, wenn der*die Schüler*in an die Grenzen dessen kommt, was er*sie verarbeiten oder mit eigenen Bewältigungsstrategien kompensieren kann. In dieser Phase der Krise geht es um das Erkennen auslösender Faktoren und um das Anbieten von Hilfestellungen, um die Krise zu antizipieren. Mit Feingefühl sollte die Schulbegleitung potenziell belastende Situationen, Anzeichen von Überforderung oder Reizüberflutung beobachten und Maßnahmen definieren, die für den*die Schüler*in entlastend wirken können.

Wilczek (2021) merkt in Bezug auf die Erscheinung krisenhafter Situationen an, dass einige kaum, lediglich anhand somatischer Merkmale wie Erröten, für Außenstehende wahrnehmbar seien. Manche Krisen äußerten sich hingegen offensichtlicher, bspw. in

> »verbalen Ausbrüchen, Schreinen (sic!) oder Weinen, Aggression und Autoaggression bis hin zum totalen Kontrollverlust ... Letztere Zustände sollten, ungeachtet ihrer oft stark aggressiven Ausprägung, immer als Ausdruck von Verzweiflung, akuter Not und *Haltlosigkeit* verstanden werden. Auch ein Wutanfall wird als ein »Anfall« erlebt, d.h. der Betroffene fühlt sich von der Situation und der eigenen Reaktion überwältigt, die Selbststeuerung ist so weit herabgesetzt, dass er seine Handlungen nicht mehr kontrollieren kann. Damit geht ein akutes Erleben von Kontrollverlust einher, das eine nicht zu unterschätzende zusätzliche Belastung darstellt und zur Eskalation beiträgt« (ebd., 35).

In der akuten Krise braucht der*die Schüler*in Halt und Sicherheit (Wilczek in diesem Band). Die Begleitperson sollte sich nicht aus der Ruhe bringen lassen, um dem*der Schüler*in verlässlich zur Seite stehen zu können. Es empfiehlt sich, an einer sichtbaren Stelle einen Notfallplan aufzuhängen, an den sich alle Beteiligten gleichermaßen halten können. Dieser beinhaltet klare und konkrete Handlungsschritte, Zuständigkeiten und verlässliche Ausweichräumlichkeiten für die akute Krise. Im Notfallplan ist geregelt, was deeskalierend wirkt, wo der mögliche Rückzugsraum ist, welche Personen ggf. unterstützend hinzugezogen werden können und wer sich in der Zeit um die anderen Schüler*innen im Klassenzimmer kümmert.

Häufig sind die Schüler*innen selbst nach der akuten Krise sehr erschöpft und nicht sofort in der Lage, das Durchlebte zu reflektieren. Deshalb ist es empfehlenswert, bereits im Vorfeld zu klären, wie die Zeit nach der Krise gestaltet werden soll, wann wieder ins Klassenzimmer zurückgekehrt oder wie das Erlebte im Klassengefüge kommuniziert werden kann. Diese Phase des Abklingens ist häufig mit großen Ängsten verbunden und wird von den Betroffenen ganz unterschiedlich erlebt. Hier gilt es, die Ängste ernst zu nehmen und einen konstruktiven Umgang damit zu finden.

5.3 Unterstützung in sozialen Situationen durch Sozialgeschichten

Um gegenseitiges Verständnis, Toleranz und Akzeptanz aufzubauen, besteht eine Kernaufgabe der Schulbegleitung darin, die Bedürfnisse aller im Schulgefüge Beteiligten wechselseitig zu vermitteln. Ein tiefgehendes Verständnis der Schulbegleitung für die Denk- und Wahrnehmungswelt der autistischen Menschen hilft dem*der Schüler*in, sich in dem ihm*ihr gebotenen Schulkontext zurecht zu finden. Häufig wird das Verhalten eines*einer autistischen Schülers*Schülerin als renitent oder oppositionell missverstanden, wenn diese*r bspw. nicht mit einer Aufgabe beginnt, seine*ihre Beweggründe jedoch nicht zu kommunizieren vermag. Auch hier ist ein Verständnis für Schwierigkeiten in der Handlungsplanung essenziell. Die Motivation von jungen autistischen Menschen, Aufgaben zu erledigen, die ihnen aus subjektiver Perspektive inhaltsleer erscheinen, fehlt häufig und es ist Aufgabe der Schulbegleitung, entsprechende Konzepte zur Hand zu haben, um dieser Haltung zu begegnen und lösungsorientiert an die Situation heranzugehen.

Im Bereich Kommunikation und Sprache ist es einerseits hilfreich, wenn das Klassensystem über Schwierigkeiten des*der autistischen Schülers*Schülerin aufgeklärt wird (Langenhoff, Birck & Birck in diesem Band). Mögliche Schwächen in der Theory of Mind sollte die Begleitperson erkennen und kompensieren können. Erklärungen zur Theory of Mind sind hilfreich, wenn es darum geht, Irritationen oder Missverständnisse zu erläutern, in sozialen Situationen zu vermitteln und um die (fehlenden) Absichten hinter Handlungen deutlich zu machen. Das Verständnis sozialer Strukturen und Prozesse ist Grundlage, um diese den Beteiligten erklären bzw. zielführende Lösungsstrategien anbahnen zu können.

Andererseits kann auch der junge Mensch im Autismus-Spektrum dabei unterstützt werden, die sozialen Erwartungen und Kommunikationsregeln der neurotypischen Mitschüler*innen zu erlernen. Dieser Idee ist das Konzept der sogenannten Social Stories (Gray 2014) gewidmet, das bspw. durch Eckert (2023) erläutert wird.

5.4 Stärkenprofil

Kennzeichen einer qualifizierten Schulbegleitung mit Schwerpunkt Autismus ist ein ressourcenorientierter pädagogischer Blick. Stärken werden eingesetzt, um mögliche Schwächen auszugleichen. Das Erstellen eines Stärkenprofils sowie einer systematischen Verhaltensanalyse dient einer passgenauen Unterstützungsstruktur (Lipinski 2020). Hierbei werden auslösende oder aufrechterhaltende Faktoren für nicht gewünschte Verhaltensweisen identifiziert. Erwünschtes Verhalten kann darüber hinaus mit Hilfe verhaltenstherapeutischer Verstärkersysteme positiv gefördert und nachhaltig aufgebaut werden (dazu kritisch Lindmeier zu Organisationslogik in diesem Band).

6 Aufgabenprofil und Rollenverständnis einer qualifizierten Schulbegleitung

Wie die exemplarisch ausgewählten Beispiele implizieren, gehört zum Aufgabenprofil von Schulbegleiter*innen insbesondere, Fähigkeiten von jungen Menschen zu entdecken, Kinder und Jugendliche zu stärken und in ihren individuellen Möglichkeiten zu fördern. Schulbegleiter*innen unterstützen leistungsberechtigte Schüler*innen in ihrer Teilhabe an Bildung, indem sie soziale Situationen verstehbar machen, Strukturierung anbieten, wenn der Überblick nicht gelingt, Verständnis für Verhalten schaffen und nicht zuletzt für herausfordernde komplexe Situationen im Schulalltag Übersetzungshilfen leisten. Im Mittelpunkt stehen die Schüler*innen mit ihren Stärken, Möglichkeiten und Grenzen in einer ganzheitlichen Betrachtungsweise. Hierfür ist entscheidend, dass sich die Begleitperson im Hintergrund des Schulsettings bewegt, ohne das spontane Miteinander unter den Schüler*innen und Lehrkräften zu beeinträchtigen. So wird den jungen Menschen ermöglicht, sich weiterzuentwickeln und eigenverantwortlich am Schulalltag teilzuhaben. Die Schüler*innen werden in individuellem Tempo auf dem jeweils eigenen Weg von personengebundener Unterstützung hin zu unabhängiger und eigenständiger Bewältigung ihres Schulalltags begleitet und erleben dann, dass sie selbstverständlich dazugehören. All dies wird möglich auf der Basis einer vertrauensvollen, verlässlichen und professionellen Beziehung (Wilczek in diesem Band).

Die Schulbegleitung schlüpft bei der Umsetzung dieser zahlreichen Aufgaben permanent in unterschiedliche Rollen. Als *Netzwerker*innen* sitzen Schulbegleitungen an der Schnittstelle zwischen Kind, Schule, Elternhaus, Kostenträger, Leistungserbringer und transportieren wesentliche Informationen an den*die jeweilige*n Empfänger*in. In dieser Rolle haben Schulbegleiter*innen eine sehr machtvolle Funktion und machen sich gleichzeitig auch angreifbar. Schulbegleiter*innen begegnen den Lehrkräften auf Augenhöhe, ohne selbst Lehrkraft oder Hilfskraft der Schule zu sein. Die Umsetzung einer sozialrechtlichen Maßnahme auf dem Territorium der Schule stellt per se ein besonderes Konstrukt dar, bei dem die Schulbegleitung der Weisungsbefugnis des externen Arbeitgebers unterliegt (Lindmeier zu Netzwerken in diesem Band). In der Netzwerker*innen-Rolle erfordert dieser Rollenspagat ein systemisches Bewusstsein und eine Sicherheit im Agieren, um die Anliegen autistischer Schüler*innen bestmöglich vertreten zu können. Erfahrungsgemäß hilft Supervision bei der Klärung der eigenen Rolle im Schulgefüge, dem Verstehen, Erkennen und Umgang mit ausgesprochenen und unausgesprochenen Aufträgen sowie bei der Lösungsfindung für komplexe Fragestellungen rund um das Verhalten eines autistischen Kindes oder Jugendlichen.

*Vermittler*innen, Dolmetscher*innen* sowie *Vertrauenspersonen* haben ein tiefes Verständnis für die andere Wahrnehmungswelt und übersetzen wechselseitig die jeweiligen Verhaltensweisen, Perspektiven und Reaktionen für das Gegenüber. Sie bieten konkrete Übersetzungshilfe in sozialen Situationen, vertreten die Interessen ihrer Klient*innen und vermitteln lösungsorientiert als Konfliktschlichter*innen. Als *Strukturgeber*in* erkennt ein*e Schulbegleiter*in die Bedarfe in Bezug auf räumliche, zeitliche und inhaltliche Orientierung und bietet einen entsprechenden Plan an, damit selbstbestimmtes Handeln ermöglicht wird. Strukturgeber*innen schaffen Überblick, erleichtern den Ablauf, reduzieren auf das Wesentliche, geben Halt und Sicherheit, bauen Brücken und ermöglichen den Schüler*innen dadurch, sich selbstwirksam zu erleben (Selter & Gier-Dufern 2021).

Auch das Wissen um verlässliche Rahmenbedingungen und einen gesicherten Arbeitsplatz kann Einfluss haben auf das Gelingen einer Schulbegleitung, denn ein prekäres Arbeitsverhältnis kann professionelles Arbeiten nachhaltig beeinträchtigen. Wird Schulbegleitung durch einen externen Träger geleistet, der als Arbeitgeber auftritt, bringt dies viele Vorteile für das Arbeitsfeld mit sich. Träger können meist einen gesicherten Arbeitsplatz und klare Verantwortungsbereiche bieten, ebenso fachliche Qualifizierungen und Möglichkeiten zur Fortbildung. Auch der regelmäßige Austausch mit anderen Schulbegleiter*innen in Form von kollegialer Beratung, Supervision oder pädagogischer Anleitung sind hier gegeben und führen in den meisten Fällen zu einem guten Gelingen der Begleitung für alle Beteiligten (ebd.).

7 Fazit

Die Tätigkeit der Schulbegleitung insbesondere von jungen Menschen im Autismus-Spektrum ist komplex und vielschichtig. Begleitpersonen benötigen neben den persönlichen sozialen und kommunikativen Fähigkeiten, dem eigenen Rollenbewusstsein und einem vertieften Fachwissen über Autismus die Kenntnis entsprechender autismusspezifischer pädagogischer Strategien, die greifen, wenn die neurotypische Pädagogik an ihre Grenzen kommt.

Die Umsetzung der Teilhabe an Bildung unter dem Leitbild der Hilfe zur Selbsthilfe ist ein wesentlicher Beitrag dazu, dass junge autistische Menschen mit einer Teilhabebeeinträchtigung einen ihren Fähigkeiten entsprechenden Bildungsabschluss erreichen können. Das so erworbene Selbstvertrauen, das Bewusstsein für eigene Grenzen und Möglichkeiten sowie erlernte Lösungsstrategien für die autismusbedingten Beeinträchtigungen erleichtern den Zugang für ihren beruflichen Weg und prägen das weitere Leben.

Damit diese vom Gesetzgeber verankerte Hilfe auch tatsächlich erfolgreich umgesetzt werden kann, ist der Einsatz qualifizierter Fachkräfte unerlässlich. Vielerorts entstehen zahlreiche Fort- und Weiterbildungsangebote, die eine vertiefende Spezialisierung für dieses spezifische Arbeitsfeld zum Ziel haben. Gleichwohl darf die Souveränität im Tun keine existenziellen Schwierigkeiten für die Begleitperson mit sich bringen. Strukturelle Rahmenbedingungen wie Arbeitsplatzsicherheit und eine auskömmliche Vergütung tragen ebenso wesentlich zum Gelingen einer Begleitung bei.

Literatur

Bundesarbeitsgemeinschaft Schulbegleitung (2019). *Positionspapier zum Berufsbild Schulbegleitung.* https://www.fachverband-schulbegleitung.de [09.08.2022]

Demmer, C. & Lübeck, A. (2019). Zur (Neu-)Verhandlung pädagogisch-professioneller Rollen. Das Verbundprojekt »Professionalisierung durch Fallarbeit für die inklusive Schule« (Pro-FiS). *Soziale Passagen, 11*(1), 199–204. https://doi.org/10.1007/s12592-019-00306-4

Dworschak, W. (2010). *Schulbegleitung/Schulassistenz.* http://www.inklusion-lexikon.de/Schulbegleitung_Dworschak.ph [09.08.2022]

Dziobek, I. & Bölte, S. (2011). Neuropsychologische Modelle von Autismus-Spektrum-Störungen: Behaviorale Evidenz und neuro-funktionale Korrelate. *Zeitschrift für Kinder- und Jugendpsychiatrie und Psychotherapie, 39,* 79–90. https://doi.org/10.1024/1422-4917/a000094

Eckert, A. (2023). Förderung pragmatisch-kommunikativer Fähigkeiten bei verbal kommunizierenden Kindern und Jugendlichen im Autismus-Spektrum. In C. Lindmeier, S. Sallat & K. Ehrenberg (Hrsg.), *Sprache und Kommunikation bei Autismus* (S. 225–242). Kohlhammer.

Gier-Dufern, A. & Selter, A. (2021). Arbeitsfeld der Begleitperson. In autismus Deutschland e. V. (Hrsg.), *Schulbegleitung für Schüler:innen mit Autismus* (2. überarbeitete Aufl., S. 25–34). Selbstverlag.

Gray, C. (2014). *Das neue Social Story Buch.* Autismusverlag.

Gray, C. (2019). *Comic Strip Gespräche.* Libellus Autismusverlag.

Happé, F. & Frith, U. (1995). Theory of Mind in Autism. In E. Schopler. & G. Mesibov (Hrsg.), *Learning and Cognition in Autism* (S. 177–197). Plenum Press.

Happé, F. & Frith, U. (2006). The weak coherence account of autism: Detail-focussed cognitive style in autism spectrum disorders. *Journal of Autism and Developmental Disorders, 36,* 5–26. https://doi.org/10.1007/s10803-005-0039-0

Häussler, A. (2022). *Der TEACCH Ansatz zur Förderung von Menschen mit Autismus. Einführung in Theorie und Praxis* (6., aktualisierte Auflage). Modernes Lernen.

Kultusministerkonferenz (2000). *Empfehlungen zu Erziehung und Unterricht von Kindern und Jugendlichen mit autistischem Verhalten.* Beschluss vom 16.06.2000. Selbstverlag. https://www.kmk.org/fileadmin/Dateien/pdf/PresseUndAktuelles/2000/autis.pdf [13.10.2023]

Lipinski, S. (2020). *Autismus: Das Selbsthilfebuch.* Balance Ratgeber Buch und Medienverlag.

Sautter, H., Schwarz, K. & Trost, R. (2012). *Kinder und Jugendliche mit Autismus-Spektrum-Störung. Neue Wege durch die Schule.* Kohlhammer.

Schirmer, B. (2016). *Schulratgeber Autismus-Spektrum-Störungen: Ein Leitfaden für LehrerInnen* (4. aktualisierte Aufl.). Ernst Reinhardt.

Selter, A. & Gier-Dufern, A. (2021). Gelingensfaktoren für Schulbegleitung in unterschiedlichsten Settings. In autismus Deutschland e. V. (Hrsg.), *Schulbegleitung für Schüler:innen mit Autismus* (2., überarbeitete Aufl., S. 39–43). Selbstverlag.

Sozialgesetzbuch – Achtes Buch (SGB VIII) *Kinder- und Jugendhilfe* in der zuletzt geänderten Fassung vom 28.10.2015, Bundesgesetzblatt I S. 1802.

Sozialgesetzbuch – Neuntes Buch (SGB IX) *Rehabilitation und Teilhabe behinderter Menschen* in der zuletzt geänderten Fassung vom 7.01.2015, Bundesgesetzblatt II, S. 15.

Wilczek, B. (2021). Krisenintervention. In autismus Deutschland e. V. (Hrsg.), *Schulbegleitung für Schüler:innen mit Autismus* (2. überarbeitete Aufl., S. 35–38). Selbstverlag.

Forschungsdatenbasierte Entwicklung eines Fortbildungscurriculums unter Berücksichtigung pädagogischer Bedürfnisse von Kindern im Autismus-Spektrum

Katharina Henn & Ruth Himmel

Im Jahr 2013 startete das von der Baden-Württemberg Stiftung finanzierte Projekt »Schulbegleiter« an der Klinik für Kinder- und Jugendpsychiatrie/Psychotherapie in Ulm mit dem Ziel, ein Fortbildungscurriculum für Schulbegleiter*innen zu entwickeln und zu verstetigen. 2017 wurde das Curriculum veröffentlicht und die darauf aufbauende Fortbildung steht seitdem Schulbegleiter*innen in Baden-Württemberg als Basisqualifizierung zur Verfügung. Die Fortbildung wird durch eigens dafür fortgebildete Multiplikator*innen landesweit selbstständig angeboten und durchgeführt.

Der Entwicklungsprozess des Curriculums erfolgte in enger Verzahnung mit der Praxis. Zahlreiche Interwies wurden mit Schulbegleiter*innen und Kindern geführt, die durch eine Schulbegleitung unterstützt wurden, ebenso mit weiteren Akteur*innen im Feld der Schulbegleitung wie Lehrer*innen, Schulleitungen und Leistungsgebern bzw. Leistungsträgern von Schulbegleitungen. Neben diesen Interviewauswertungen lieferte auch die zu Beginn des Projekts durchgeführte Bestandserhebung wichtige Hinweise (Henn et al. 2014). Sie zeigte für Baden-Württemberg u. a. erstmalig auf, wie viele Schulbegleiter*innen an welchen Schularten im Einsatz sind und welche Aufgaben sie im Rahmen ihrer Tätigkeit übernehmen. Die Forschungsdaten verdeutlichen ein äußerst komplexes und heterogenes Bild von Schulbegleitung. Sie zeigen aber auch deren Bedeutung bei der Verwirklichung von Teilhabe von Schüler*innen mit Beeinträchtigungen auf – gerade auch dort, wo Schulen noch zu wenig auf inklusive Anforderungen ausgerichtet sind.

Die Entwicklung des Curriculums war ein herausfordernder Prozess, vor allem auch im Hinblick auf unseren Anspruch, die Vielfalt der Inklusion abzubilden bzw. im Curriculum zu berücksichtigen. Dabei stand im Mittelpunkt, die vielfältigen Anforderungen an Schulbegleitungen vor dem Hintergrund der individuellen Beeinträchtigungen der Schüler*innen sowie der unterschiedlichen Gestaltungsprozesse aufzugreifen. Darüber hinaus sollten übergreifende Aspekte herausgefiltert werden, die für alle Schulbegleiter*innen, unabhängig vom begleiteten Kind, relevant sind.

Die Möglichkeit für Schulbegleiter*innen, sich für ihre Tätigkeit qualifizieren zu können, ist nicht nur vor dem Hintergrund nach wie vor steigender Zahlen von gewährten Schulbegleitungen notwendig, sondern auch, weil der Bedarf an Schulbegleiter*innen nicht nur durch pädagogische Fachkräfte abgedeckt werden kann. Daneben führen auch unterschiedliche Budgetvorgaben dazu, dass neben Fachkräften auch viele Quereinsteiger*innen als Schulbegleitungen tätig sind. Diese sind häufig nicht adäquat auf ihren Einsatz vorbereitet worden und können nicht auf ein professionell pädagogisches Vorwissen zurückgreifen. In diesem Kontext schilderte eine Teilnehmerin einer Schulbegleiterfortbildung sehr eindrücklich ihre ersten Wochen als Schulbegleiterin. Sie war nach einer längeren Familienphase nicht in ihren eigentlichen Beruf – im kaufmännischen Bereich – zurückgekehrt, sondern hatte nach den Sommerferien als Schulbegleiterin begonnen:

Die Schulbegleiterin schildert, ihr sei beim Bewerbungsgespräch erklärt worden, sie würde Assistenzaufgaben für ein Kind mit einer körperlichen Beeinträchtigung übernehmen. Kurz vor ihrem Arbeitsbeginn sei ihr dann aber mitgeteilt worden, dass sie nun bei einem Kind im Autismus-Spektrum gebraucht werde. Sie erhielt kaum Einarbeitung und fühlte sich mit den für sie bis dato unbekannten Bedürfnissen überfordert. Ihr Auftrag war für sie unerwartet stark pädagogisch ausgeweitet worden. Die Erwartungen seitens der Schule an ihre Tätigkeit waren hoch; die Schulbegleiterin hatte das Gefühl, sie müsse nun gewährleisten, dass der Schüler weiterhin diese Schule besuchen könne.

Das skizzierte Praxisbeispiel zeigt mehrere Dilemmata im Bereich Schulbegleitung auf, die im folgenden Kapitel aufgegriffen werden:

1. Niedrige Fallpauschalen sowie ein Mangel an (Fach-)Kräften führen dazu, dass Träger der Jugend- oder Eingliederungshilfe auch Personen verpflichten, die aufgrund ihrer Ausbildung oder Erfahrung als wenig geeignet erscheinen.
2. Die Einarbeitung von Schulbegleiter*innen und ihre fachliche Begleitung verläuft sehr unterschiedlich, teilweise erfolgt gar keine Einarbeitung, obwohl diese eine wichtige Grundlage darstellt, z. B. für die Beziehungsgestaltung mit dem*der Schüler*in, für die Arbeitszufriedenheit, für die interdisziplinäre Zusammenarbeit etc.
3. Schulen haben hohe Erwartungen an Schulbegleitungen, denen diese häufig gar nicht gerecht werden können.

Neben diesen Aspekten der Schulbegleitung gehen wir im Folgenden auf die Ergebnisse unserer Forschung zu Schulbegleitung ein und skizzieren, welche Aufgaben Schulbegleiter*innen im Schulalltag von Schüler*innen (im Autismus-Spektrum) übernehmen. Anschließend erläutern wir den Entstehungsprozess und die Inhalte des Schulbegleitungscurriculums und zeigen auf Grundlage zweier Onlinebefragungen aus dem ersten Lockdown 2020 auf, welche Schwierigkeiten sich für Schulbegleitung während der Pandemie ergaben.

1 Rasanter Anstieg an Schulbegleitungen – fehlende inklusive Strukturen

Schulbegleiter*innen sind zweifellos zu wichtigen Stützen schulischer Inklusion geworden. Sie werden dort eingesetzt, wo schulische Ressourcen derzeit nicht ausreichen, die individuellen Bedürfnisse von Kindern und Jugendlichen (mit einer Behinderung) zu erfüllen und damit ihre schulische Teilhabe zu gewährleisten. Beispielsweise wenn Kinder und Jugendliche aufgrund einer seelischen oder geistigen Beeinträchtigung mehr persönliche Anleitung oder pädagogische Unterstützung z. B. zur Klärung von Konflikten, zur Fokussierung auf das Unterrichtsgeschehen oder eine Reizreduzierung benötigen oder wenn bedingt durch eine körperliche Beeinträchtigung oder Sinnesbehinderung Barrieren bewältigt werden müssen, leisten Schulbegleiter*innen häufig einen wichtigen Beitrag, Teilhabe umzusetzen. Deutschlandweit steigen seit Jahren die Zahlen von Schulbegleitungen (Tabel 2020). Baden-Württemberg verzeichnete zwischen 2014 und 2019 einen Anstieg um 89,22 % und der Aufwärtstrend ist noch nicht gebrochen (Kommunalverband Jugend und Soziales, KVJS 2020). Dieser lässt darauf schließen, dass Schulbegleitungen durchaus kein Übergangsphänomen darstellen und für die Umsetzung von Inklusion an Schulen benötigt werden; dies insbesondere aufgrund eines schulsystemischen Nachholbedarfs bei der Gestaltung von Rahmenbedingungen eines inklusionsorientierten Schulwesens (Autor:innengruppe Bildungsberichterstattung 2022). Auch die begleiteten Kinder und Jugendlichen sind keine einheitliche Gruppe, sondern sehr heterogen in ihrem Altersspektrum, in ihren unterschiedlichen Bedürfnissen und den bereits gesammelten schulischen Erfahrungen. Insbesondere bei Schüler*innen im Autismus-Spektrum leisten Schulbegleiter*innen häufig »Übersetzungsarbeit« von Aufträgen oder Emotionen, sie versuchen, Reizüberflutungen zu vermeiden, und tragen dazu bei, dass die Schüler*innen den Schulalltag bewältigen können. Eine Klärung, bei welchen Aufgaben keine Primärverantwortung der Schule vorliegt, sondern auch eine (Mit-)Zuständigkeit der Träger der Jugend- und Eingliederungshilfe, ist regelmäßig Gegenstand von sozial- und verwaltungsgerichtlichen Verfahren (Schönecker 2021; Frese in diesem Band).

2 Schulbegleitung gestalten: ein Potpourri auf Bundes- und Länderebene

2.1 Heterogene Ausgangslage von Schulbegleitung

Sowohl pädagogisch qualifizierte und spezialisierte Fachkräfte als auch Quereinsteiger*innen oder Freiwillige (Freiwillig Soziales Jahr, FSJ; Bundesfreiwilligendienst, BFD) werden als Schulbegleiter*innen eingesetzt (Deger et al. 2015; Dworschak 2012; Henn et al. 2014; Kißgen et al. 2016). Im Diskurs um Schulbegleitung wird der Begriff der »Para-Professionellen« genutzt (Herz et al. 2018; Lübeck 2019), womit ihr Sonderstatus als Nicht-Professionelle (also nicht Lehrkräfte) ausgedrückt wird, die dennoch häufig Aufgaben übernehmen, die eigentlich professionellen Akteur*innen vorbehalten sind.

Im Rahmen der eingangs erwähnten Bestandserhebung (Henn et al. 2014) wurden 526 Schulbegleiter*innen in Baden-Württemberg postalisch befragt. Hier zeigten sich die heterogene Ausgangslage sowie das breit gefächerte Aufgabenfeld der Schulbegleitungen deutlich:

- Die Schulbegleiter*innen waren in allen Schulformen und Jahrgangsstufen eingesetzt, wobei sie vor allem in den Grundschulklassen stark in Anspruch genommen wurden.
- Die befragten Schulbegleitungen waren zum Großteil weiblichen Geschlechtes (85,8%), fast die Hälfte verfügte über einen pädagogischen Ausbildungs- oder Studienberuf und etwa 10% absolvierten einen Freiwilligendienst (FSJ/BFD), die restlichen Personen hatten einen anderen beruflichen Hintergrund, der zwar nicht pädagogisch, aber fachlich nahe an den Tätigkeiten einer Schulbegleitung war (z.B. Ergotherapie) oder sie waren Quereinsteiger*innen aus einem ganz anderen Bereich (Einzelhandel, Handwerk etc.).
- Die Schulbegleiter*innen waren für Schüler*innen mit unterschiedlichen Beeinträchtigungen zuständig und hatten unterschiedliche Aufgabenbereiche.

Die im Rahmen der Bestandserhebung befragten Schulbegleiter*innen gaben an, unterschiedliche Unterstützungsangebote im Schulalltag zu geben, wie Hilfestellungen bei Mobilitätseinschränkungen oder bei der Emotionsregulation (Henn et al. 2014). Allerdings gaben 14,25% der Befragten an, »häufig« und 37,0% »manchmal« Lehrkräfte beim Unterrichten zu unterstützen – ein Bereich, der eindeutig in den Kernbereich der Schule fällt und von daher nicht zum Aufgabenspektrum der Schulbegleitung zählen darf.

Das Aufgabenspektrum sowie die Rollen von Schulbegleitungen variieren stark und unterscheiden sich je nach Ausprägung der inklusiven Strukturen, die sie vorfinden und in die ihr Handeln eingebettet ist (Sommer et al. 2017). Bei stärker inklusiven Rahmenbedingungen waren die Schulbegleitungen weniger im Einzelbezug und stattdessen für eine kleine Schüler*innengruppe oder die ganze Klasse mit zuständig (ebd.).

Die Vorbereitung, Einarbeitung, fachliche Begleitung und Qualifizierung verläuft sehr heterogen und kann oftmals als gering bewertet werden (Henn et al. 2014; Herz et al. 2018). Fast ein Drittel (28%) der Befragten gab an, weder durch eine Fortbildung noch durch Gespräche oder Hospitationen auf ihre Tätigkeit vorbereitet worden zu sein, was sich mit dem eingangs skizzierten Erfahrungsbericht deckt (Henn et al. 2014).

Die Rolle der Schulbegleitung: einzelkämpfende Allrounder?

Fehlende Standards auf Länderebene führen dazu, dass die Stadt- und Landkreise Schulbegleitung nach wie vor sehr unterschiedlich gestalten. Diese Pluralität zeigte sich deutlich in den 53 Interviews, die im Rahmen des Projekts »Schulbegleiter« mit Akteur*innen der Schulbegleitung geführt wurden – neben Schüler*innen, Schulbegleitungen und Lehrkräften auch mit Eltern und Mitarbeiter*innen von Trägern oder Behörden. Im Fokus standen dabei die Rollen und Aufgaben von Schulbegleitungen und wie Schulbegleitung konkret umgesetzt wurde (Henn et al. 2019; Henn et al. 2022).

Als Schulbegleiter*in die eigene Rolle zu finden und auszufüllen, ist gerade in der Anfangszeit sehr herausfordernd, da unterschiedliche, teils konträre Erwartungen an die eigene Person gestellt werden (Heinrich & Lübeck 2013). Die Interviewpartner*innen äußerten neben sehr allgemeinen Kenntnissen – bspw. »Lebenserfahrung« und ein »gutes Wahrnehmungsgefühl« – auch (fach-)spezifische Kenntnisse – z. B. »Kenntnisse in Mathematik« –, um insbesondere bei Oberstufenschüler*innen Mitschriebe anfertigen oder sie bei Arbeitsaufträgen unterstützten zu können (ebd.). Die Kenntnisse ließen sich in fallübergreifende und fallspezifische Kompetenzen einteilen. Darüber hinaus sind auch die an den Auftrag geknüpften Erwartungen sehr unterschiedlich: Lehrkräfte wünschen sich von der Schulbegleitung, dass sie zu einem reibungslosen Unterrichtsablauf beiträgt, während Schüler*innen sich wünschen, möglichst wenig Sonderstatus zu erhalten, wohingegen die Eltern eine spezielle Betreuung ihres Kindes einfordern. Die Unerfüllbarkeit der Aufträge fasst ein Interviewpartner so zusammen:

> »Die schweben so zwei Meter über dem Schüler und greifen dann ein, wenn er Hilfe braucht [--] Schulbegleitung nicht sichtbar und immer, wenn jemand etwas braucht, dann kommt eine unsichtbare Hand und hilft.« (Henn et al. 2017, 43).

Schüler*innen im Autismus-Spektrum und Schulbegleitung

Die Forschung zum Thema Schulbegleitung ist bisher recht überschaubar und zudem zumeist auf einzelne Regionen oder Bundesländer beschränkt; es gibt keine deutschlandweiten Daten zu Schüler*innen mit Schulbegleitung. Daher ist auch das Wissen darüber, wer und mit welcher Begründung eine Schulbegleitung erhält, sehr gering. In zwei baden-württembergischen Erhebungen hatte die Mehrzahl der Schüler*innen mit Schulbegleitung eine seelische Behinderung (Deger et al. 2015; Henn et al. 2014), die hauptsächlich im Autismus-Spektrum lag (Henn et al. 2014). Eine bayerische Studie (Zauner & Zwosta 2014) zeigte ebenfalls, dass begleitete Schüler*innen im Kontext einer seelischen Behinderung am häufigsten aus dem Autismus-Spektrum kamen. Kron et al. (2018) verweisen auf die Schwierigkeit verlässlicher Zahlen zu Schüler*innen im Autismus-Spektrum, sehen aber durchgehend den Trend, dass diese verstärkt an allgemein bildenden Schulen unterrichtet werden.

Es ist bekannt, dass Autismus sehr individuell ausgeprägt ist und sich daraus unterschiedliche Unterstützungsbedarfe ergeben, z. B. bei:

- der Bewältigung des Schulalltags, insbesondere bei Abweichungen der Routine,
- der verbalen oder nonverbalen Kommunikation sowie der Beziehungsgestaltung mit Lehrkräften und Mitschüler*innen (z. B. »Übersetzung« von Emotionen Dritter),

- der Erledigung von Arbeitsaufträgen in Einzel-/Partner-/Gruppenarbeiten (z. B. Arbeitsaufträge notieren, Arbeitsschritte planen),
- der Unterstützung der Emotionsregulation (z. B. Auszeiten oder Anleitung von Strategien bei Überforderungen oder Reizüberflutungen),
- der Gestaltung des Schulalltags, z. B. durch Absprachen mit Dritten: Lehrkräften, Eltern, Therapeut*innen etc. (weitere Ausführungen siehe auch autismus Deutschland e. V. 2021; Kron et al. 2018).

Demgegenüber sind Schüler*innen im Autismus-Spektrum genauso wie alle anderen Kinder mit und ohne eine Einschränkung in erster Linie Kinder und Jugendliche. Sie haben ähnliche Bedürfnisse wie ihre Mitschüler*innen z. B. nach Peer-Kontakten oder nach Autonomie (möglicherweise in anderer Ausprägung oder zu einem anderen Zeitpunkt) und können es, wie andere Kinder und Jugendliche auch, »nervig« finden, eine erwachsene Person an ihrer Seite zu haben. Insbesondere wollen sie aber bei allem und wie jede*r andere in der Klasse einfach dazugehören. Es ist bisweilen ein schmaler Grat und bedarf einer hohen Sensibilität und eines entwicklungsspezifischen Wissens der Schulbegleiter*innen, zu erkennen, wo die begleiteten Schüler*innen zu unterstützen sind oder wo im Hinblick auf eine möglichst natürliche Entwicklung Zurückhaltung geboten ist.

2.2 Abgrenzungsaufgaben Assistenz- und pädagogische Aufgaben

Eine Schulbegleitung kann die oben genannten Aufgaben nur in pädagogisches Handeln eingebettet bewerkstelligen – egal, welche Beeinträchtigungen die Schüler*innen haben. Die Trennlinie in »pädagogische« und »nicht-pädagogische« Aufgaben ist im Alltag schwierig zu ziehen und wurde dennoch häufig gemeinsam mit der Frage der Qualifikation einer Schulbegleitung vor Gericht erörtert (z. B. Az. S 1 SO 4882/09, S 1 SO 4882/09; Frese; Lindmeier zu Organisationslogik in diesem Band). Die eingangs zitierte Schulbegleiterin hatte mit einer solchen gedanklichen Trennung ihre Arbeit begonnen und sah sich plötzlich, und für sie unerwartet, als pädagogisch arbeitende Schulbegleitung. Jede Aufgabe einer Schulbegleitung *kann* eine pädagogische Intervention sein und benötigt Reflexion, um abzuwägen, ob der Grundsatz von Maria Montessori (»hilf mir, es selbst zu tun«) beachtet wird. Deutlich wird dies auch am Beispiel eines interviewten Schülers, der darlegt, warum eine Assistenzaufgabe seiner Schulbegleitung (einen Tafelanschrieb für ihn abschreiben) manchmal auch eine pädagogisch abzuwägende Entscheidung benötigt, nämlich dann, wenn der Schüler die Aufgabe aus »Faulheit« nicht selbst machen möchte, was nach seinen Angaben meistens der Fall sei:

> »›Du, kannst du mir das kurz aufschreiben? Ich glaub', das wird mit meiner Schrift nichts.‹ Dann macht man das in zehn Prozent der Fälle, weil's mit der Schrift nichts werden wird, und in neunzig Prozent, weil man zu faul ist.« (Henn et al. 2022).

2.3 Schulbegleitung gelingend gestalten

Nach wie vor gibt es nur wenig konkrete – und keine übergreifenden – Aufgabenbeschreibungen für Schulbegleiter*innen. Daher bleibt die Ausgestaltung der Hilfe den Akteur*innen vor Ort überlassen. Hierzu zählen oftmals Lehrkräfte, Eltern des Kindes, Vorgesetzte (sofern bei einem Träger angestellt), die Schulleitungen und Mitarbeiter*innen des Jugend- oder Eingliederungshilfeträgers. Je nach Fallkonstellation können Sonderpädagog*innen, Mitarbeitende der Schulsozialarbeit oder von therapeutischen Angeboten sowie weitere Personen und Institutionen involviert sein (▸ Abb. 1). Im Vordergrund des Geflechts aus unterschiedlichen Akteur*innen und ihren Erwartungen steht die Triade aus Schüler*in, Schulbegleitung und Lehrkraft.

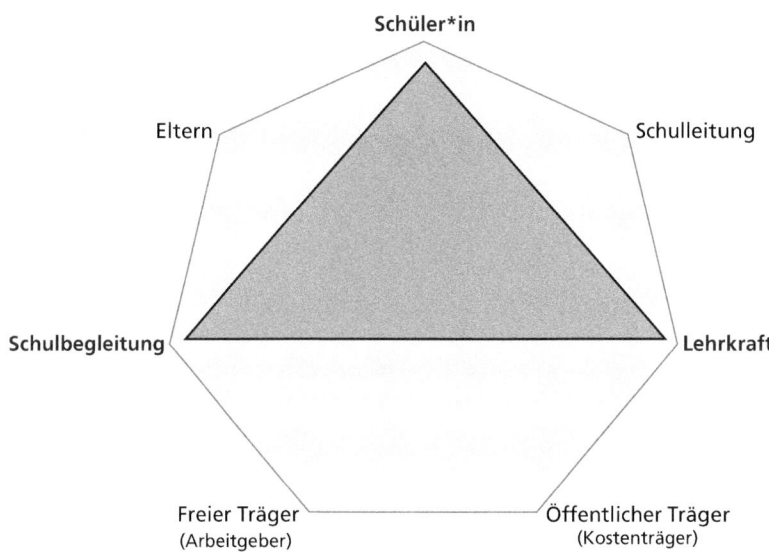

Abb. 1: Akteur*innen der Schulbegleitung (eigene Darstellung)

Am häufigsten (täglich oder fast täglich), so Meyer (2017), kooperieren Schulbegleitungen mit Lehrkräften, hauptsächlich mit den Klassenleitungen. Eine Kooperationsbeziehung kann eine emotionale Entlastung für Schulbegleiter*innen sein und sich positiv auf die wahrgenommene Wertschätzung der Lehrkraft auswirken, was sich wiederum auf die Beziehung zwischen Schulbegleiter*in und Schüler*in positiv auswirken kann (ebd.). Zum Gelingen von Schulbegleitung ist somit eine gute, d. h. auf regelmäßiger Kooperation beruhende, Beziehung wichtig, was längst noch nicht an allen Schulen zufriedenstellend umgesetzt wird (Kron et al. 2018; Czempiel & Kracke 2019; Henn et al. 2019; Meyer & Willems 2022). Nicht zuletzt deshalb wurden im Verbundprojekt »ProFis« (Lau et al. 2019) auf Grundlage empirischer Untersuchungen Konzepte für Fortbildungen von pädagogisch-professionellem Personal im Kontext Schule entwickelt, die diese anregen sollten, eigene

Rollen, Zuständigkeitsbereiche und Erwartungen innerhalb des Teams und der Gesamtorganisation (also auch im Hinblick auf Schulbegleitungen) zu reflektieren.

In der Auswertung der im Projekt »Schulbegleiter« geführten Interviews konnten zentrale Aspekte identifiziert werden, die dazu beitragen, Kooperationsbeziehungen gut zu gestalten (Henn et al. 2022). Dabei handelt es sich sowohl um personale Aspekte, die für den direkten Umgang mit dem begleiteten Kind oder Jugendlichen nötig sind, wie die persönliche Haltung, als auch um Aspekte im Hinblick auf ein möglichst förderliches Netzwerk, wie der Einbezug der Eltern oder die »Rückendeckung« der Schulleitung (Kron et al. 2018; Lindmeier zu Netzwerken in diesem Band). Auch strukturelle, inklusionsbegünstigende Strukturen wie genügend finanzielle und personelle Ressourcen sowie verbindliche Standards, z. B. zum gemeinsamen Austausch, tragen zum Gelingen von Schulbegleitung bei (Henn et al. 2022).

3 Entwicklung des »Curriculum Schulbegleiter«

Die Notwendigkeit, Schulbegleitungen einzusetzen, um Inklusion an Schulen umsetzen zu können, hat sich in diesem Ausmaß aus der Not heraus und meist ohne konzeptionelle Zusammenarbeit zwischen den Eingliederungshilfeträgern und den Schulen/Schulbehörden entwickelt. Zudem gab es – zumindest in der Anfangszeit des Projekts im Jahr 2013 – viele Schulbegleiter*innen, die sich selbst überlassen waren, ohne dass es Fortbildungs- oder Beratungsangebote für sie gegeben hätte. Die Baden-Württemberg Stiftung initiierte deshalb das Projekt »Schulbegleiter« mit dem Ziel, ein Fortbildungscurriculum für Schulbegleiter*innen an allgemeinbildenden Schulen zu entwickeln und zu implementieren, um letztlich die Situation von Kindern und Jugendlichen mit Beeinträchtigungen zu verbessern.

Bei Projektbeginn war Schulbegleitung (in Baden-Württemberg) weder quantitativ noch qualitativ beschrieben worden. Praxisberichte ließen aber durchaus auf Reibungsverluste in der Umsetzung schließen, u. a. durch bis heute fehlende Standards und damals noch ausstehende (schul-)gesetzliche Regelungen sowie wenig landesweite Erfahrungen mit schulischer Inklusion. In der Bestandserhebung, deren Ergebnisse teilweise oben beschrieben sind, wurden grundlegende Informationen zu Anzahl, Einsatzbereichen, Tätigkeiten und soziodemografischen Daten von Schulbegleiter*innen erhoben und daran anschließend qualitative Interviews geführt (Henn et al. 2014; Henn et al. 2019; Henn et al. 2022). Um darüber hinaus die Perspektive der »Praktiker*innen« zu erfassen bzw. die Frage zu klären, welches »Rüstzeug« die Schulbegleiter*innen für ihre Alltagspraxis benötigen, wurden zusätzlich sogenannte Fokusgruppen mit Schulbegleiter*innen geführt. Die (qualitative) Auswertung dieses umfangreichen Datenmaterials unterstützte insbesondere die Konzipierung der alltagspraktischen Inhalte des Curriculums (Henn et al. 2017; 2022). Die Fülle an Themen war so groß, dass es phasenweise unmöglich schien, die Inhalte auf wenige Tage zu reduzieren. Daher war es sehr hilfreich, erste Inhalte mit den Fokusgruppen rückkoppeln und so die zentralen Themen herausarbeiten zu können. Ebenso prozessbegleitend zur Curriculumsentwicklung fanden mehrere Sitzungen des Praxis- und Wissenschaftsbeirats statt. Die Expertise der interdisziplinären Beiratsmitglieder sicherte sowohl die wissenschaftliche als auch die praxisrelevante Fundierung der Inhalte des Curriculums ab.

Aber wie kann es unter Berücksichtigung der schwierigen Arbeitsbedingungen gelingen, die mit Schulbegleitung verknüpften Dilemmata aufzugreifen (Lübeck & Demmer 2022)? Wie kann eine Fortbildung gleichermaßen Fachkräfte wie auch Quereinsteiger*innen ansprechen und wie kann das Ganze flächendeckend implementiert werden? Antworten auf diese Fragen zu finden, war sehr schwierig und gelang größtenteils durch die gute Verzahnung mit der Praxis und das Aufgreifen von Ambiguitätstoleranz als wichtige Ressource von Schulbegleitungen, um unlösbare Konflikte und konträre Erwartungen im Setting Schule aushalten zu können. Ein Spannungsfeld, das auch für Lehrkräfte gilt und das mitunter nicht gänzlich aufzulösen ist, aber mit dem beidseitig Aushandlungs- und Professionalisierungsprozesse einhergehen (Blasse et al. 2019).

Die Herausforderung bei der Entwicklung des Curriculums bestand darin, der Vielfalt gerecht zu werden, gleichzeitig aber auch zeit- und ressourcenökonomisch zu bleiben. Im Curriculum werden einerseits übergreifende Aspekte, z. B. zum eigenen professionellen Handeln oder dem Umgang mit herausfordernden Verhaltensweisen und entwicklungspsychologisches und rechtliches Grundlagenwissen vermittelt. Andererseits werden spezifische Beeinträchtigungsformen eingeführt und auf konkrete Fallbeispiele bezogen. Darüber hinaus werden alltagspraktische Handlungskompetenzen eingeübt wie bspw. Gesprächsführung, Problemlösungsfähigkeit etc. Auch die mit Schulbegleitung verbundenen Ambivalenzen wurden aufgegriffen, ohne vermeintlich »einfache Lösungen« zu präsentieren. Stattdessen erhalten die Teilnehmenden unterschiedliche Methoden an die Hand, um in den Fortbildungen (aber auch später wieder) diese Themen zu reflektieren und individuelle Lösungen zu suchen. Dazu zählen z. B. das Sichtbarmachen der unterschiedlichen Erwartungen der beteiligten Akteur*innen, das Aufgreifen von Problemen in einer kollegialen Beratung oder die Auseinandersetzung mit eigenen Standpunkten in Fallberatungen oder Rollenspielen. Ein roter Faden ist dabei die Perspektive der Schüler*innen mit Schulbegleitung: der Blick auf ihre Bedürfnisse sowie darauf, wie sich das Handeln der Schulbegleitung für sie anfühlen mag.

Die didaktische Umsetzung des Curriculums erfolgt hauptsächlich anhand von Fallvignetten und Videosequenzen, die aus einer Verdichtung von Interviewpassagen konstruiert wurden. Diese stellen realitätsnah, wenn auch teilweise etwas überspitzt, Situationen aus dem Alltag von Schulbegleiter*innen dar und dienen als Grundlage für Gruppenarbeiten und Diskussionen.

Tab. 1: Die 12 Module des Schulbegleiter-Curriculums, Henn et al. (2017)

Tag 1	Tag 2	Tag 3
Modul 1 Einführen, Kennenlernen	Modul 5 Herausfordernde Situationen meistern	Modul 9 Rechtliche Grundlagen
Modul 2 Schulbegleitung gestalten	Modul 6 Intervision I	Modul 10 Intervision II
Modul 3 Fokus: individuelle Entwicklung – individuelle Begleitung	Modul 7 Beziehung und Kommunikation	Modul 11 Kooperation in der Schule
Modul 4 Peers – Teil-der-Klasse-sein	Modul 8 Psychohygiene/Selbstfürsorge	Modul 12 Abschluss, Feedback

In Modul 03 bspw. werden im ersten Teil zunächst entwicklungspsychologische Aspekte des Aufwachsens von Kindern und Jugendlichen erläutert (Stichworte: körperliche, kognitive und sozial-emotionale Entwicklungsprozesse). Dabei soll verdeutlicht werden, dass alle Kinder und Jugendlichen diese Prozesse durchlaufen, aber je nach Beeinträchtigung in ihrem eigenen Tempo und mit einer individuellen Ausprägung. Im zweiten Teil wird die Fallvignette »Thomas« eingeführt – ein Kind im Autismus-Spektrum an einer allgemeinen Schule. Die Frage, wie er in Gruppenarbeiten mitarbeiten soll, ist zwischen seiner Schulbegleiterin und seinem Lehrer ein Streitthema und in drei Interviewsequenzen werden die unterschiedlichen Sichtweisen – auch die von Thomas – gezeigt. In der folgenden Gruppenarbeit werden zunächst die unterschiedlichen Wahrnehmungen reflektiert und es wird versucht, bedürfnisgerecht Handlungsmöglichkeiten für die Zusammenarbeit zwischen den Lehrkräften und der Schulbegleitung zu entwickeln. Abschließend werden zusammenfassend Informationen zum Autismus-Spektrum vermittelt sowie handlungspraktische Tipps für die Begleitung eines autistischen Kindes oder Jugendlichen gegeben.

Die Abwechslung von theoretischem Input, dem Erarbeiten von Handlungsperspektiven und Lösungsschritten im Gruppenprozess sowie das Vermitteln von spezifischen Informationen zu unterschiedlichen Beeinträchtigungsformen ist, wie mit Modul 03 geschildert, die didaktische Vorgehensweise in allen Modulen. Ergänzend werden in einzelnen Modulen Themen wie rechtliche Grundlagen, Selbstfürsorge oder Kommunikationsregeln eingebracht. Darüber hinaus ist Raum für die Intervision spezifischer Problemstellungen aus der direkten Praxis der beteiligten Schulbegleiter*innen.

Das in den Modulen vermittelte Wissen wird durch eine umfangreiche Begleitbroschüre, die jede*r Teilnehmende erhält, ergänzt. So können einzelne Inhalte im Selbststudium vertieft oder bei Bedarf nachgeschlagen werden. Bei erfolgreicher Absolvierung der 12 Module erhalten die Teilnehmenden ein Zertifikat.

Aktuell steht durch die Finanzierung der Baden-Württemberg Stiftung das Curriculum bzw. die Fortbildung vorerst nur in Baden-Württemberg zur Verfügung. 65 eigens dafür fortgebildete Multiplikator*innen bieten die Fortbildung an, sodass sie gut in der Trägerlandschaft und in der Fläche Baden-Württembergs implementiert und verstetigt werden konnte.[5] Die seit 2017 fortlaufende Evaluation der Fortbildungen mittels anonymem Feedback-Fragebogen bestätigt Nutzen und Zufriedenheit mit den theoretischen und praktischen Anteilen der Fortbildung ebenso wie mit der didaktischen Konzeption. Die abschließend erfragte Weiterempfehlungsquote zeigt, dass rund 98 % der Teilnehmenden die Fortbildung anderen Schulbegleiter*innen empfehlen würden. Auch wenn die Fortbildung sich nicht ausschließlich an Schulbegleitungen von Schüler*innen im Autismus-Spektrum richtet, zeigen Rückmeldungen von Teilnehmenden, dass diese Personengruppe von der Fortbildung profitiert. Der Blick für entwicklungspsychologische Themen oder auch mögliche zusätzliche Diagnosen, wie ADHS, wurde ebenso als hilfreich beschrieben wie die intensive Auseinandersetzung mit rechtlichen Themen, etwa Handlungsweisen bei Verdacht einer Kindeswohlgefährdung, der Gestaltung eines Nachteilsausgleichs oder schulrechtlichen Handlungsmöglichkeiten. Ebenso berichten sowohl pädagogische Fachkräfte als auch Quereinsteiger*innen und Freiwillige, dass sie die Fortbildung als hilfreich erleben. Für manche war es bisher die einzige Möglichkeit, sich intensiv mit den eigenen Aufgabenbereichen oder den vorhandenen Erwartungen auseinanderzusetzen und in einer Gruppe von Kolleg*innen Themen zu diskutieren oder in einer Intervision Problemstellungen gemeinsam zu erörtern.

Mittlerweile (Stand Februar 2023) haben über 1.400 Personen an einer Fortbildung teilgenommen. Die Verstetigung wird noch bis 2024 von der Klinik für Kinder- und Jugendpsychiatrie/Psychotherapie Ulm unterstützt. Schwerpunkte sind dabei die Evaluation und die fachliche Begleitung der Multiplikator*innen, z. B. durch jährliche Austauschtreffen, Fachtagungen und Publikationen wie bspw. die vollständig überarbeitete »Rechtsexpertise Schulbegleitung« (Schönecker et al. 2021).

4 ...und dann kam die Pandemie

Die Relevanz von Schulbegleitung zeigte sich auch, als im Zuge der SARS-Cov-2 Pandemie im Frühjahr 2020 die Schulen geschlossen wurden. Es stellten sich neue Fragen, z. B. ob und, wenn ja, wie eine Begleitung im Homeschooling durch Schulbegleitungen möglich sei. Um diese »neuen« Themen zu sammeln und Einblicke zu bekommen, wie Schulbegleitung in der Pandemie umgesetzt wird, führte

---

5 https://www.uniklinik-ulm.de/kinder-und-jugendpsychiatriepsychotherapie/sektionen-und-arbeitsgruppen/sektion-paedagogik-jugendhilfe-bindungsforschung-und-entwicklungspsychopathologie/projekt-schulbegleiter.html

das Team des Projekts »Schulbegleiter« gemeinsam mit Lydia Schönecker von SOCLES im Frühsommer 2020 zwei Onlinebefragungen durch, eine für Schulbegleitungen und eine für Träger (Henn et al. 2020). Dabei zeigte sich, dass Schulbegleiter*innen sehr zuverlässig Kontakt zu »ihren« Kindern und Jugendlichen hielten, häufig auch dann, wenn ihnen die Zeit nicht vergütet wurde. Aufgrund der strikten Kontaktbeschränkungen während des ersten Lockdowns 2020 hielten manche Schulbegleitungen telefonisch, per Messenger oder Videotelefonie Kontakt zu ihren Schüler*innen. Die besonderen Umstände führten zu einer Ausweitung des Auftrags der Schulbegleiter*innen – teilweise auf Eigeninitiative, teilweise mit Auftrag. So beschrieben Schulbegleiter*innen, dass sie Familien zu pädagogischen Themen berieten, einige begleiteten die Schüler*innen im Homeschooling oder in der Notbetreuung und übernahmen im Zuge dessen teilweise die Wissensvermittlung, obwohl diese zum Kernbereich des Bildungsauftrags der Schulen zählt.

Laut Freitextaussagen zeigten sich in dieser Zeit die Lücken im Schulsystem deutlich, die spezifische Situation von Kindern und Jugendlichen mit einer Behinderung wurde zu wenig berücksichtigt. In anderen Freitextfeldern wurde berichtet, dass den Kindern und Jugendlichen die Reduzierung der Reize und sozialen Kontakte gutgetan hätte; andere wiederum schilderten genau das Gegenteil. Durch den Verlust des Arbeitsplatzes oder durch Kurzarbeit zeigten sich abermals die häufig prekären Anstellungsverhältnisse der Schulbegleitungen. Eine Schulbegleitung resümierte im Freitext: »Inklusionsassistent zu sein, ist ein undankbarer Job, den ich trotzdem sehr gerne gemacht habe.« (Henn et al. 2021, 485).

5 Fazit: Reibungsverluste reduzieren – Schulbegleitung systematisieren

Die eingangs erwähnten Dilemmata – Herausforderungen, geeignete Personen zu finden, teilweise unzureichende Einarbeitung, Qualifizierung und Begleitung sowie die überhöhten Erwartungen an Schulbegleitungen – führen zu vielen Reibungsverlusten in der Praxis. Hinzu kommen länder- oder landkreisspezifische Vorgaben (z. B. Fachkräftegebot, Stundendeckelung), die zu sehr unterschiedlicher Umsetzungspraxis – zumindest in Baden-Württemberg – führen. Ebenso erschwerend scheint, dass der Zugang zu Schulbegleitung nicht selten vom Engagement oder dem sozioökonomischen Status der Eltern abhängt (Dworschak 2015), was einer gleichberechtigten Teilhabe aller Schüler*innen mit Unterstützungsbedarf widerspricht.

Auf struktureller Ebene könnten einheitliche Standards dazu beitragen, Rollen und Aufgabenfelder der Schulbegleitung klarer zu umfassen. Analog wären eine Festlegung von Eingangsqualifikationen und die fachliche Anleitung und Einarbeitung von Schulbegleiter*innen wichtige Kriterien, um die Schüler*innen möglichst fachlich, d. h. reflektiert und bedürfnisgerecht, unterstützen zu können. Im

Hinblick auf die Spannungsfelder, die sich aufgrund der unterschiedlichen Auftrags- und Ausgangslage der beteiligten Akteure Schulbegleitung und Lehrkräfte ergeben, könnten vermehrte und verbesserte Kooperationspraxen bis hin zu verbindlichen Kooperationsabsprachen zu einer Entspannung der Situation führen. Dazu beitragen kann der gemeinsame Blick auf den*die Schüler*in und die jeweiligen Bedürfnisse als Basis abgestimmten – sowohl gemeinsamen als auch individuellen – Handelns.

Der Fachkräftemangel im sozialen Bereich wird sich auch auf die zur Verfügung stehende Anzahl an Schulbegleiter*innen auswirken und die ohnehin schon schwierige »Passung« zwischen Schüler*in und Schulbegleiter*in nochmals erschweren. Hier gilt es, u. a. über angemessene Gehälter sowie gute und sichere Arbeitsbedingungen, das Berufsfeld langfristig attraktiver zu gestalten. Neben den strukturellen Arbeitsbedingungen können auch die Gestaltung der Kooperationsbeziehung zwischen Schulbegleiter*in und Lehrkraft und die daraus resultierende höhere Arbeitszufriedenheit dazu beitragen, Personen längerfristig für das Berufsfeld Schulbegleitung zu gewinnen. Andernfalls besteht aufgrund fehlender Passung oder häufiger Betreuungswechsel die Gefahr, dass die Beziehungsgestaltung mit dem*der Schüler*in beeinträchtigt bis unterbrochen wird – was gerade für Schüler*innen im Autismus-Spektrum eine deutliche Hürde bei ihrer schulischen Inklusion darstellen dürfte.

Die Fortbildung »Schulbegleiter« kann einen Beitrag dazu leisten, Schulbegleiter*innen im Sinne einer Basisqualifikation besser auf ihre Tätigkeit vorzubereiten und ihr Handeln zu reflektieren. Die Module müssen als das verstanden werden, was sie sind: eine Fortbildung, die nicht eine pädagogische Grundqualifikation ersetzen kann oder die Standards für Schulbegleitung schafft. Letzteres kann nur von der Politik oder in Aushandlungsprozessen zwischen den öffentlichen und freien Trägern erfolgen.

Literatur

Autor:innengruppe Bildungsberichterstattung (2022). *Bildung in Deutschland*. Ein indikatorengestützter Bericht mit einer Analyse zum Bildungspersonal. https://www.bildungsbericht.de/de/bildungsberichte-seit-2006/bildungsbericht-2022/pdf-dateien-2022/bildungsbericht-2022.pdf [25.09.2022]

Blasse, N., Budde, J., Demmer, C., Gasterstädt, J., Heinrich, M., Lübeck, A., Rißler, G., Rohrmann, A., Strecker, A., Urban, M. & Weinbach, H. (2019). Zwischen De/Kategorisierung und De/Professionalisierung – Komplexe Spannungen professionellen Handelns in der schulischen Inklusion. *QfI – Qualifizierung für Inklusion, 1*(1). https://doi.org/10.21248/qfi.15

autismus Deutschland e. V. (Hrsg.) (2021). *Schulbegleitung für Schüler:innen mit Autismus* (2. überarbeitete Aufl.). Selbstverlag.

Deger, P., Puhr, K. & Jerg, J. (2015). *Inklusion von Kindern und Jugendlichen mit einer Behinderung in allgemein Einrichtungen der Kindertagesbetreuung und Schulen*. KVJS. https://www.kvjs.de/fileadmin/dateien/Forschung/Praxis-Transfer-Phase/Inklusion_in_Kita_und_Schule/Abschlussbericht_Inklusion_Kita-Schule.pdf [25.09.2022]

Dworschak, W. (2012). *Schulbegleitung/Integrationshilfe. Ergebnisse einer Studie des Lebenshilfe-Landesverbandes Bayern*. https://doi.org/10.5282/ubm/epub.13105

Dworschak, W. (2015). Zur Bedeutung von Kontextfaktoren im Hinblick auf den Erhalt einer Schulbegleitung – Eine empirische Analyse im Förderschwerpunkt geistige Entwicklung an bayerischen Förderschulen. *Empirische Sonderpädagogik, 7*(1), 56–72. https://doi.org/10.25656/01:9250

Heinrich, M. & Lübeck, A. (2013). Hilflose häkelnde Helfer? Zur pädagogischen Rationalität von Integrationshelfer/inne/n im inklusiven Unterricht. *Bildungsforschung, 10*(1), 91–110. https://doi.org/10.25656/01:8539

Henn, K., Himmel, R., Ziegenhain, U. & Fegert, J. M. (2017). *Curriculum Schulbegleiter. Fortbildungskonzept für die Qualifizierung von Schulbegleiterinnen und Schulbegleiter.* Baden-Württemberg Stiftung.

Henn, K., Schönecker, L., Lange, S., Fegert, J. M. & Ziegenhain, U. (2020). Unterstützung durch Schulbegleiterinnen (m/w/d) trotz corona-bedingten Schulschließungen. Einblicke in die Praxis. *DAS JUGENDAMT, 10,* 482–488. https://dijuf.de/fileadmin/Redaktion/Hinweise/Einblicke_in_die_Praxis_Henn_ua_JAmt_10_2020.pdf [25.09.2022]

Henn, K., Thurn, L., Besier, T., Künster, A. K., Fegert, J. M. & Ziegenhain, U. (2014). Schulbegleiter als Unterstützung von Inklusion im Schulwesen: Erhebung zur gegenwärtigen Situation von Schulbegleitern in Baden-Württemberg. *Zeitschrift für Kinder- und Jugendpsychiatrie und Psychotherapie, 42*(6), 397–403. https://doi.org/10.1024/1422-4917/a000318

Henn, K., Thurn, L., Fegert, J. M. & Ziegenhain, U. (2019). »Man ist immer mehr oder weniger Alleinkämpfer« – Schulbegleitung als Herausforderung für die interdisziplinäre Kooperation. Eine qualitative Studie. *Vierteljahrsschrift für Heilpädagogik und ihre Nachbargebiete, 88*(2), 114–127. http://dx.doi.org/10.2378/vhn2019.art20d

Henn, K., Thurn, L., Himmel, R. Mörtl, K., Fegert, J. M. & Ziegenhain, U. (2022). Die Sicht von Schülerinnen und Schülern mit Schulbegleitung auf ihre soziale Situation: »Mit meiner Klasse ist es wie mit 'ner Ehe. Irgendwann funktioniert's«. Eine qualitative Studie. *Zeitschrift für Pädagogik, 68*(3), 408–428. https://doi.org/10.3262/ZP2203408

Herz, B., Meyer, M. & Liesebach, J. (2018). Integrationshelferinnen und Integrationshelfer in der schulischen Erziehungshilfe. *Vierteljahrsschrift für Heilpädagogik und ihre Nachbargebiete.* http://dx.doi.org/10.2378/vhn2018.art18d

Kißgen, R., Carlitscheck, J., Fehrmann, S. E., Limburg, D. & Franke, S. (2016). Schulbegleiterinnen und Schulbegleiter an Förderschulen Geistige Entwicklung in Nordrhein-Westfalen: Soziodemografie, Tätigkeitsspektrum und Qualifikation. *Zeitschrift für Heilpädagogik, 67*(6), 252–263.

Kommunalverband Jugend und Soziales (KVJS) (2020). *Leistungen der Eingliederungshilfe nach dem SGB XII und dem SGB IX Planungs- und Steuerungsunterstützung für die Stadt- und Landkreise in Baden-Württemberg.* https://www.kvjs.de/fileadmin/publikationen/soziales/2019-EGH-Bericht_barrierefrei.pdf [25.09.2022]

Kron, M., Schmidt, L. D. H. & Fischle, A. (2018). *Bildungsteilhabe durch schulische Assistenz. Netzwerkbasierte Unterstützung für Schüler und Schülerinnen im autistischen Spektrum.* Schriftenreihe des Zentrum für Planung und Evaluation Sozialer Dienste. Universitätsverlag Siegen.

Lau, R., Heinrich, M. & Lübeck, A. (2019). Professionalisierung in Spannungsfeldern von Inklusion durch Fortbildung. Transferaktivitäten zu einem Forschungsdesiderat. *WE_OS-Jahrbuch, 2,* 82–99. https://doi.org/10.4119/we_os-3188

Lübeck, A. (2019). *Schulbegleitung im Rollenprekariat. Zur Unmöglichkeit der »Rolle Schulbegleitung« in der inklusiven Schule.* Springer VS.

Lübeck, A. & Demmer, C. (2022). The ambiguous role of paraprofessionals in inclusive education in Germany. In R. Webster & A. A. de Boer (Hrsg.), *Teaching Assistants, Inclusion and Special Educational Needs* (S. 46–58). Routledge.

Meyer, K. (2017). *Multiprofessionalität in der inklusiven Schule: Eine empirische Studie zur Kooperation von Lehrkräften und Schulbegleiter/innen* (Göttinger Schulbegleitungsstudie GötS). https://doi.org/10.17875/gup2017-1029

Meyer, K. & Willems, A. S. (2022). Multiprofessionelle Kooperation als situierter Lerngegenstand–Konzept und Evaluation eines Seminars der inklusionsorientierten Lehramtsbildung. In A. Schröter, M. Kortmann, S. Schulze, K. Kempfer, S. Anderson, G. Sevdiren, J. Bartz &

C. Kreutchen (Hrsg.), *Inklusion in der Lehramtsausbildung. Lerngegenstände, Interaktionen und Prozesse* (S. 29–44). Waxmann.

Schönecker, L. (2021). Rechtsfragen in der Praxis der Schulbegleitung. In L. Schönecker, R. Himmel, K. Henn, J. M. Fegert & U. Ziegenhain (Hrsg.), *Schulbegleitung als Beitrag zur Inklusion. Rechtsexpertise* (2. vollständig überarbeitete Aufl.*)*. Baden-Württemberg Stiftung. https://www.bwstiftung.de/de/publikation/schulbegleitung-als-beitrag-zur-inklusion [25.09.2022]

Tabel, A. (2020). Der integrative Schulbereich – Personalwachstum in den Eingliederungshilfen. *Kommentierte Daten der Kinder- und Jugendhilfe, Informationsdienst der Arbeitsstelle Kinder- und Jugendhilfestatistik. AKJStat, 23*(1), 13–16. http://www.akjstat.tu-dortmund.de/filead min/user_upload/2020_Heft1_KomDat.pdf [25.09.2022]

Zauner M. & Zwosta M. (2014). *Effektstudie zu Schulbegleitungen.* https://www1.kjf-regensburg.de/documents/10502/146634/Effektestudie+Schulbegleitungsmaßnahmen.pdf/2ea54aae-4221-41a2-b1a0-83016f48e49a [20.02.2023]

Koordination von Schulassistenz – die Perspektive eines Anbieters von Schulassistenz

Sophia Wald

1 Einleitung

Trotz der noch recht jungen empirischen Forschung zu Schulassistenz gewinnt diese immer mehr an Relevanz. Die inhaltlichen Schwerpunktsetzungen, Fragestellungen, Erkenntnisse und Veränderungsvorschläge haben sich dementsprechend verbreitet. Untersuchungen widmen sich bspw. neben (rechtlichen) Grundlagen und Spannungsfeldern den Gelingensfaktoren multiprofessioneller Kooperation zwischen Schulassistenz und Lehrkräften im Unterrichtssetting mit dem Ziel, die konzeptionelle Weiterentwicklung der Schulassistenzmaßnahme voranzutreiben. Dabei werden vorrangig die in der Praxis des Schulalltags aktiv handelnden Akteur*innen (u. a. Schulassistenz, Schüler*innen und deren Eltern[6], Lehrkräfte) und deren Sichtweisen in den Blick genommen. Schulassistenz ist jedoch nicht ohne die für die Bewilligung und Finanzierung zuständigen Leistungsträger oder die den Maßnahmeneinsatz planenden und koordinierenden Leistungserbringer auf organisatorisch-administrativer Ebene zu denken. Letztere sind als externe Anbieter Arbeitgeber der Schulassistenzkräfte, befinden sich häufig in einer kommunikativen Schlüsselposition und sind so maßgeblich am Gelingen der schulischen Unterstützungsmaßnahme beteiligt. Im Gegensatz zum bereits zuvor genannten Personenkreis findet die Perspektive der Anbieter (Leistungserbringer) von Schulassistenz in der wissenschaftlichen Auseinandersetzung jedoch bisher wenig Beachtung. Die von Limburg, Frings und Kißgen (2020, 180 ff.) durchgeführte explorative Befragung von Leistungsanbietern aus fünf Bundesländern[7] zu Zugangsvoraussetzungen und Qualifikationsmerkmalen von Schulassistenzen soll hier exemplarisch genannt werden. Die Zielsetzung dieses Beitrags ist es daher, aus der Perspektive einer Koordinationskraft eines Schulassistenz-Anbieters einzelne Bausteine des Arbeitsfeldes, der Interaktion und Kooperation mit allen Akteur*innen darzulegen. Dabei werden erfahrungsbasiert sowohl bewährte Praktiken als auch Probleme erläutert und alternative (Handlungs-)Möglichkeiten fokussiert. Eine Spezifizierung der Darlegungen in Bezug auf Kinder und Jugendliche im Autismus-Spektrum aus Anbietersicht fließt dabei ein.

Die im Folgenden dargestellten Erkenntnisse und Erfahrungen basieren auf meiner Koordinationstätigkeit bei einem kleinen Schulassistenzanbieter in der Region Hannover, der circa 20 Schulassistenzkräfte beschäftigt. Anzumerken ist, dass

---

6 Der Begriff Eltern umfasst in diesem Beitrag auch weitere mögliche Erziehungsberechtigte.
7 Bayern, Niedersachsen, Nordrhein-Westfalen, Baden-Württemberg und Thüringen (ebd.).

der Bereich Schulassistenz des Anbieters eins von mehreren Angeboten innerhalb der stationären und ambulanten Kinder-, Jugend- und Behindertenhilfe ist, welcher 2019 begründet wurde. In diesem Zuge nahmen 2020 die ersten Schulassistenzen ihre Arbeit auf.

2 Die Rolle der Anbieter von Schulassistenz in den Beziehungsdreiecken

Um die Rolle der Anbieter im Kontext Schulassistenz näher zu betrachten, ist die Darstellung der an einer Schulassistenzmaßnahme beteiligten Akteur*innen vonnöten. Abbildung 2 zeigt die Beziehungsstrukturen der einzelnen Akteur*innen von Schulassistenz und die Stellung der Leistungserbringer innerhalb dieser.

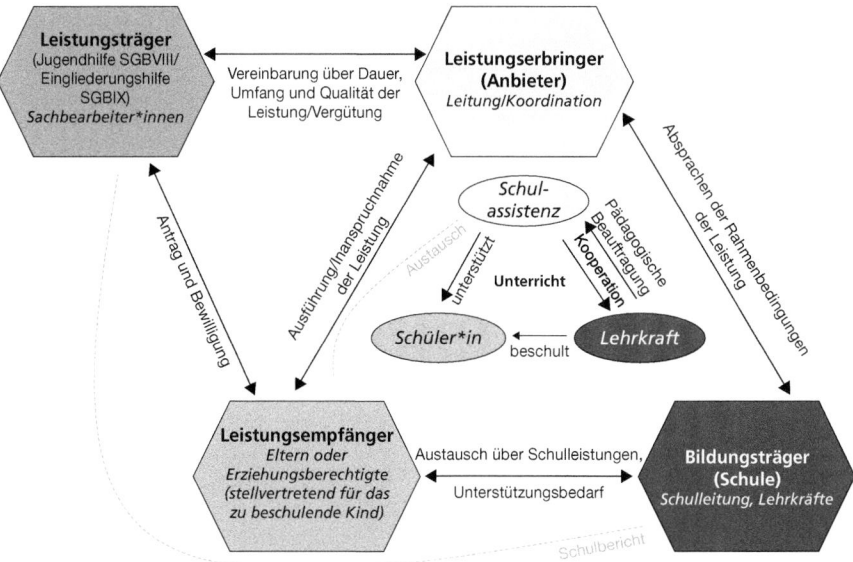

Abb. 2: Kooperationsbeziehungen im System Schulassistenz (eigene Darstellung)

Enthalten ist dabei das klassische Leistungsdreieck zwischen Leistungserbringer, -träger und -empfänger*in, wie es bspw. Sylvia Thiel (2022, 31) skizziert. Die Schulassistenzen, die Hilfe empfangenden Schüler*innen und Lehrkräfte arbeiten aktiv im Unterricht zusammen, während die Koordinationskräfte der Anbieter, die Eltern und Schulen Kooperationsbeziehungen auf übergeordneter organisatorisch-administrativer Ebene unterhalten. Durch Abbildung 2 wird die Vielzahl an Akteur*innen und daraus resultierende hohe Komplexität an Kooperationsprozessen ersichtlich, die für die Installation und Fortführung einer Schulassistenzmaßnahme notwendig sind.

3 Koordinationsprozesse des Anbieters bis zum Schulassistenzeinsatz

Bis eine geeignete Schulassistenz eine*n Schüler*in im Unterricht unterstützen kann, müssen verschiedene Prozesse durchlaufen werden (Lübeck 2019, 12). Die in Abbildung 3 skizzierten Koordinationsprozesse fokussieren die Rolle des Anbieters von Schulassistenz.

Abb. 3: Koordinationsprozesse des Anbieters bis zum Schulassistenzeinsatz (eigene Darstellung)

Die einzelnen Schritte werden in der praktischen Umsetzung jedoch nicht zwingend als linearer Prozess durchlaufen. In den folgenden Abschnitten wird auf ausgewählte Aspekte dieses Ablaufs detaillierter eingegangen, indem erfahrungsbasiert bewährte Praktiken dargestellt und Schwierigkeiten und deren Lösungsoptionen aufgezeigt werden. Der Fokus liegt dabei auf Schulassistenz im Eins-zu-Eins-Setting; Pooling- oder Infrastrukturmodelle werden nicht mit einbezogen.

3.1 Vereinbarungen zwischen Leistungsträger und Leistungserbringer

Innerhalb der Leistungs- und Vergütungsvereinbarungen, die die Leistungsträger mit den Leistungserbringern der Jugend- und/oder Behindertenhilfe im Kontext Schulassistenz treffen (Schritt 1, ▶ Abb. 3), werden die sozialrechtlichen Grundlagen (Personenkreis), der allgemeine Leistungskatalog (direkte, indirekte und mittelbare Leistungen), Prozesse zur Qualitätssicherung und -entwicklung (Nachweispflichten, Fortbildungspflicht) und Entgelte zur Leistungsabrechnung geregelt. Diese Vereinbarungen bilden den Rahmen für die Arbeit der Anbieter, in welchem sich die Koordinationskräfte z. B. in Bezug auf Prozesse der Personalgewinnung (s. 3.3) und der weiteren Maßnahmengestaltung (s. 3.7) bewegen.

Der Umfang, die Dauer und die Ziele einer Schulassistenz werden im weiteren Verlauf personenbezogen mit Sachbearbeiter*innen der Leistungsträger vereinbart (s. 3.5).

3.2 Beauftragung der Anbieter durch den*die Leistungsempfänger*in

Einer Beauftragung des Anbieters durch die Eltern geht immer das Antrags- und Bewilligungsverfahren der örtlichen Leistungsträger voraus. In diesem Rahmen werden zudem die Ziele des Hilfeplans festgelegt. Auch wenn Anbieter in diesen Prozess nicht involviert sind, wirkt sich dieser dennoch auf die praktische Arbeit von Schulassistenzen aus, wie der weitere Austausch mit Eltern und Schulpersonal zeigt. Trotz der Tatsache, dass Schulassistenzen in der Institution Schule eingesetzt werden und eine Steigerung der Teilhabe an Bildung von Schüler*innen im schulischen Kontext zur Aufgabe haben, sind Schulen bzw. die mit den Schüler*innen arbeitenden Lehrkräfte verhältnismäßig wenig in die zum Einsatz einer Schulassistenz führenden Bedarfsermittlungsverfahren und Bewilligungsprozesse involviert (▶ Abb. 3). Sie können den Bedarf an Unterstützung durch eine Schulassistenz anregen, letztendlich sind es aber die Eltern, die darüber entscheiden (müssen), einen Antrag beim zuständigen Leistungsträger zu stellen. Man sollte meinen, dass die Einschätzung der mit den Schüler*innen arbeitenden Lehrkräfte in Bezug auf die Notwendigkeit und die Qualität des Hilfebedarfs in der Schule von essenzieller Bedeutung beim Prüfungs- und Bewilligungsverfahren durch den Leistungsträger ist. So ist in der Regel der Antrag durch einen Bericht der Schule zu ergänzen (Thiel 2022). Die Erfahrung in der Arbeit mit Leistungsträgern und Schulen zeigt jedoch, dass dies nicht immer der Fall ist. Die Ursachen dafür können in begrenzten personellen oder zeitlichen Kapazitäten auf beiden Seiten vermutet werden. Das eigentlich gut begründete Vorgehen der Beurteilung des Unterstützungsbedarfs unter Hinzuziehung externer psychiatrischer Stellungnahmen, der Einschätzung der Eltern und weiterer ärztlicher Untersuchungen verfehlt jedoch ohne Berücksichtigung der Sicht und Expertise der Lehrkräfte das Ziel, ein umfassendes Bild des Entwicklungsstandes des Kindes und seines möglichen oder bedrohten schulischen Fortschritts abzubilden. In einzelnen aus meiner Tätigkeit bekannten Fällen führte dies dazu, dass der Unterstützungsbedarf des Kindes durch eine Schulassistenz von Seiten der Schule nicht gesehen, aber dennoch bewilligt und durchgesetzt wurde. Vor dem Hintergrund des Personalmangels im Schulassistenzbereich werden somit dringend gebrauchte Ressourcen nicht effizient eingesetzt. Es geht hier nicht darum, die Unterstützungsbedarfe einzelner Kinder und Jugendlicher miteinander zu vergleichen oder zu bewerten. Einem Kind sollte die notwendige Hilfe nicht verwehrt bleiben, nur weil andere Kinder einen höheren Bedarf haben. Vielmehr geht es darum, mit einem einheitlichen, fundierten Bedarfsermittlungsverfahren unter Einbezug der schulischen Perspektive zu einer Einschätzung zu kommen und so eine gute Basis zur Kooperation zwischen den Akteur*innen zu schaffen.

Bei erfolgreicher Bewilligung der Schulassistenz liegt es weiter in der Verantwortung der Eltern auf Grundlage des Wunsch- und Wahlrechts (Frese in diesem Band), einen Anbieter für Schulassistenz auszuwählen und diesen unter Austausch der notwendigen Informationen mit der Suche nach einer Schulassistenz zu beauftragen (Schritt 2, ▶ Abb. 3). Nicht wenige Eltern beauftragen parallel mehrere Leistungserbringer, um ihre Chancen auf die baldige Unterstützung durch eine Schulassistenz vor dem Hintergrund des steigenden Bedarfs und eines zumeist hohen Leidensdrucks zu erhöhen. Für die Anbieter bedeutet diese Praxis, immer wieder die Aktualität der Anfragen überprüfen und hochbelastete Familienangehörige bei wiederkehrenden Nachfragen vertrösten zu müssen.

3.3 Die Suche nach einer geeigneten Schulassistenz: Fachkräftegebot vs. Fachkräftemangel

Schüler*innen, die eine Schulassistenz bewilligt bekommen haben, und deren Familien müssen teils mehrere Monate, im Härtefall sogar mehrere Jahre warten, bis eine geeignete Kraft gefunden worden ist (Schritt 3, ▶ Abb. 3). Wie auch bundesweit im sozialen und im Gesundheitssektor zu beobachten ist, fehlt es an qualifiziertem Personal. In ländlichen Gebieten verringern zudem lange Fahrtzeiten oder auch schlechte Verkehrsanbindungen die Attraktivität des Berufes. Zudem sind nicht alle Regionen durch Angebote von Schulassistenzanbietern abgedeckt. Aber auch in städtischen Ballungsgebieten ist die Suche nach einer Schulassistenz trotz höherer Anbieterdichte mit einem hohen zeitlichen Aufwand verbunden. Die Anbieter von Schulassistenz konkurrieren dabei um die raren Fachkräfte. Dabei können sie im Rahmen der individuell mit den Leistungsträgern vereinbarten Modalitäten (z. B. Vergütung pro Fachleistungsstunde, abrechenbare Kooperationszeiten; ▶ Kap. 3.1) Bewerber*innen anwerben. Sie vollführen dabei den Balanceakt zwischen den Erwartungen von potenziellen Arbeitskräften, dem Versorgungsauftrag den vielen anfragenden Familien gegenüber, dem allgemeinen Qualitätsanspruch an die pädagogische Arbeit und der eigenen Wirtschaftlichkeit. Der hohe Qualifizierungsanspruch bei niedriger Entlohnung (Billerbeck 2022, 53) und unklaren Berufsstandards zeigen dabei das Dilemma der Anbieter.

Die raren Bewerber*innen kommen aus diversen Bereichen des Sozial- und Gesundheitswesens und werden häufig erst über den Berufseinstieg bedarfsgerecht weiterqualifiziert. Schulassistenz ist weder ein eigenständiger Ausbildungsberuf, noch besteht bis dato ein »spezifisches Tätigkeitsprofil« (ebd., 54; Henn & Himmel in diesem Band). Vereinzelt bieten Bildungszentren eigenständige Weiterbildungen zur Inklusionsfachkraft oder Schulbegleitung an, die in ihrem Umfang jedoch häufig nicht einer der Arbeit einer qualifizierten Schulassistenz befähigenden Ausbildung entsprechen. Einstiegsmaßnahmen und Fortbildungen werden von Seiten der Anbieter wegen fehlender Standards heterogen gestaltet (Lübeck & Demmer 2022). Entsprechend fordern Lindmeier und Polleschner »eine Entwicklung curricularer Qualifizierungsstandards und bedarfsgerechter Weiterqualifikation in Form von Bausteinen und Aufbaumodulen« (2014, 19). Aus den fehlenden allgemeingültigen Qualitätsstandards resultiert ein Mangel an Anerkennung und Attraktivität des Berufs.

Zum Einstellungsprozess einer qualifizierten Schulassistenz in der Region Hannover

In der Region Hannover wird bei der Beurteilung des Unterstützungsbedarfs von Schüler*innen im Rahmen des Bewilligungsprozesses durch den Leistungsträger in sogenannte *nichtqualifizierte* und *qualifizierte* Fachkräfte der Schulassistenz unterteilt. Qualifizierte Schulassistenzen leisten über eine lebenspraktische Unterstützung (z. B. Materialien anreichen) hinaus pädagogische Hilfestellungen im Unterrichtskontext und müssen dafür derzeit in der Region Hannover meist eine mindestens dreijährige pädagogische Ausbildung vorweisen. Die Erfahrung zeigt, dass sich zunehmend Familien an die Anbieter wenden, deren Kinder ein Recht auf die Unterstützung durch eine qualifizierte Assistenzkraft zugesprochen bekommen haben. Der vermehrte Einsatz von Assistenzkräften mit pädagogischen Fachkenntnissen erscheint logisch vor dem Hintergrund, dass es »keine Tätigkeit am Kind [gibt], die unter den spezifischen Paradigmen dieser Wissenschaft betrachtet nicht auch einen pädagogischen Gehalt hat« (Kremer 2012, 159).

Um trotz steigenden Bedarfs und Fachkräftemangels möglichst vielen Schüler*innen die Teilhabe an Bildung zu ermöglichen, wird den Anbietern teilweise über das Fachkräftegebot hinaus ein Entscheidungsspielraum bzgl. der zur Einstellung erforderlichen Qualifikation eingeräumt (Billerbeck 2022, 50f.). In der Region Hannover bedeutet dies, dass Personen mit einer kürzeren vergleichbaren Qualifikation und entsprechender Berufserfahrung in pädagogischen Kontexten vom jeweiligen Leistungsträger als eine ausreichend qualifizierte Fachkraft anerkannt werden können. Vor der Einstellung einer Person als (qualifizierte) Schulassistenz muss der Anbieter also zunächst prüfen, ob deren Qualifikationsprofil den Anforderungen der jeweiligen Leistungsträger (SGB VIII & SGB IX) entspricht, oder eine Anerkennung unter Prüfung der Bewerbungsunterlagen durch die Leistungsträger einleiten.

Prüfung auf Eignung im Vorstellungsgespräch

Die Beurteilung der Kompetenzen und Qualifikation allein auf Grundlage der Bewerbungsunterlagen durch den Leistungsträger ist für den Einsatz als Schulassistenz meiner Meinung nach nicht ausreichend. Neben der Qualifikation und den Basiskompetenzen sollte im Vorstellungsprozess besonders auf die persönliche Eignung geachtet werden (Billerbeck 2022, 52 f.). Es kommt nicht selten vor, dass eine auf dem Papier geeignete und auch vom Leistungsträger anerkannte Person aufgrund ihrer im Vorstellungsgespräch gezeigten persönlichen Einstellungen und Charakteristika nicht für den Beruf als Schulassistenz geeignet erscheint. Weiter gibt es Bewerber*innen, die aufgrund einer geringfügigeren Qualifikation nicht als qualifizierte Schulassistenz eingesetzt werden müssen, aber aufgrund ihrer individuellen Erfahrungen, ihres Einfühlungsvermögens, der Kooperationsbereitschaft und Haltung in der Arbeit in inklusiven Settings als geeignet anzusehen sind.

3.4 Kennenlernen von potenzieller Schulassistenz und der Familie/Schule

Auf den erfolgreichen Durchlauf des Bewerbungsverfahrens folgt für die potenzielle Schulassistenz ein Treffen mit dem Kind und dessen Familie sowie eine Hospitation in der Schulklasse (Schritt 4, ▶ Abb. 3). Der erste Termin zum Kennenlernen sollte nach Möglichkeit zu Hause bei der Familie stattfinden, sodass der gegenseitige erste Eindruck unabhängig von Anforderungen des Schulalltags gewonnen werden kann. Es geht um den Austausch von Erwartungen und Erfahrungen und darum herauszufinden, inwiefern die ersten Interaktionen eine langfristige Zusammenarbeit vorstellbar machen. Die Wichtigkeit der individuellen Passung wird während der Anbahnungsprozesse immer wieder von den Eltern, aber auch den Lehrkräften geäußert. Dies gilt erfahrungsgemäß auch für die Arbeit mit Kindern im Autismus-Spektrum. So heterogen, wie Kinder und Jugendliche im Autismus-Spektrum sind, so sind auch ihre Hilfebedarfe. Was müssen also potenzielle Schulassistenzen mitbringen, um mit diesen Kindern und Jugendlichen gut arbeiten zu können? Von Fachverbänden wie Autismus Hamburg e. V. wird immer wieder betont, dass für die Arbeit mit beeinträchtigten Schüler*innen vor allem Sensibilität und Einfühlungsvermögen sowie die individuelle menschliche Passung zwischen Schulassistenz und Kind stimmen muss (Autismus Hamburg e. V. 2013, nach Billerbeck 2022, 56). Besondere Kenntnisse können durch bedarfsspezifische Weiterbildungen erworben werden.

Erfahrungsgemäß gibt es von Seiten der Eltern während des Kennenlernprozesses nur sehr selten Vorbehalte gegen die potenzielle Schulassistenz. Durch hohen Leidensdruck und nach langen Wartezeiten sind sie oft froh über jedwede Unterstützung für ihr Kind. Die Lehrkräfte begegnen den potenziellen Schulassistenzen je nach ihrer Einstellung zu und Erfahrung mit Schulassistenz häufig differenzierter. Zur Schärfung der Wahrnehmung und Strukturierung der Eindrücke während des Hospitationstermins in der Schule ist bspw. die Beantwortung von Leitfragen aus den *Bausteinen zur Kooperation* von Billerbeck et al. (2022) hilfreich.

3.5 Einstellung und Kostenzusage

Können sich alle Beteiligten die Zusammenarbeit vorstellen, erfolgt die (meist jährlich befristete) Einstellung der Schulassistenz durch den Anbieter und die Abstimmung mit und Kostenzusage durch den Leistungsträger (Schritt 5, ▶ Abb. 3). Die von Dworschak (2022, 47) beschriebenen unterschiedlichen Bewilligungs- und Gestaltungspraktiken der regionalen Leistungsträger sowie die Kommunikation mit den vielen Ansprechpartner*innen auf Leistungsträgerseite bzgl. des Umfangs ist für Anbieter mit einem erheblichen Organisations- und Verwaltungsaufwand verbunden. Die regionale Variabilität an Regelungen (Lübeck & Demmer 2022, 11) zeigt sich bspw. an der Dauer und dem Umfang der Leistungen, die in auf den Leistungs- und Vergütungsvereinbarungen basierenden personenbezogenen Kostenanerkenntnissen festgelegt sind. Wenige Leistungsträger bewilligen die Schulassistenz bereits im Vorfeld für mehrere Jahre oder sogar bis zur Vollendung des 18. Lebensjahres der Schüler*innen. Dies vermindert die Menge der bürokratischen Prozesse und bietet den Anbietern Finanzierungssicherheit und entsprechend die Möglichkeit längerfristiger Personaleinstellungen. Kooperationszeiten innerhalb der Schule oder mit Dritten über den Stundenplan des Kindes hinaus sind selten refinanziert. Das bedeutet, dass auch Anbieter ihren Schulassistenzen diese Zeiten nicht oder nur selten vergüten können, da sie sie entsprechend aus eigenen Mitteln bezahlen müssten. Um den Angestellten ein gutes und konstruktives Arbeitsumfeld zu schaffen und den begleiteten Kindern und Jugendlichen die bestmögliche Unterstützung zukommen zu lassen, werden diese trotz finanzieller Verlustmöglichkeiten seitens der Anbieter dennoch mitunter gewährt. Außerdem setzen nicht alle Leistungsträger regelmäßige Hilfeplangespräche an und um; nur im Bereich des SGB VIII sind sie konzeptuell verankert, finden aufgrund von Personalmangel dennoch selten statt. Daher übernehmen häufig Anbieter die übergeordnete Koordination solcher Gespräche und im Verlauf eine Vermittlerrolle (s. 4), um die Wirksamkeit der Schulassistenzmaßnahme zu fördern und ihren Mitarbeitenden das bestmögliche Arbeitsumfeld zu bieten.

3.6 Notwendige Absprachen zu Maßnahmenbeginn

An Schulen arbeitet aufgrund »unzureichende[r] personelle[r] Ausstattung inklusiver Schulen, die eine Verschiebung zu Lasten anderer Hilfesysteme nach sich zieht« (Thiel 2022, 28), eine steigende Anzahl von Schulassistenzkräften, die nicht fester Teil des Schulkollegiums, sondern bei einem von vielen Anbietern der Kinder- und Jugendhilfe angestellt ist. Das Schulpersonal untersteht dagegen in der Regel dem Kultusministerium des jeweiligen Bundeslandes. Die (externen) Schulassistenzen und das schulinterne Lehrpersonal unterliegen also unterschiedlichen Vorgaben, Arbeitskulturen und Prozessen. Um dennoch eine gute Zusammenarbeit zu ermöglichen, sind Absprachen zu Maßnahmenbeginn zwingend erforderlich. Im Folgenden soll daher skizziert werden, welcher Vielzahl von Absprachen (Schritt 6, ▶ Abb. 3) es bedarf und wie diese exemplarisch zwischen Anbieter und Schule getroffen werden. Dazu werden zunächst die Ausgangslage und Rolle der Schule im Kontext Schulassistenz betrachtet.

Bildungsträger – Schulen als zentraler, aber externer Arbeitsort der Schulassistenzen

Im Sinne einer angemessenen Qualität der Bildung haben Schulen verschiedene Möglichkeiten, ihre Angebote an die individuellen Bedürfnisse der Schüler*innen anzupassen. Zu inklusionsfördernden schulischen Ressourcen zählen bspw. die entsprechende personelle Ausstattung durch Sonderpädagog*innen, Sozialpädagog*innen sowie auch die inhaltlichen Expertisen und Haltungen zu Inklusion (Wocken 2011, 92 ff.). Diese Faktoren beeinflussen die Einstellung, die Schulen und Lehrkräfte Schulassistenz gegenüber haben, und wie gut die potenzielle Zusammenarbeit gelingen kann. So sehen manche Lehrkräfte die Schulassistenzen als Bereicherung des multiprofessionellen Teams und beziehen sie selbstverständlich in die pädagogischen Überlegungen mit ein. Andere sind eher skeptisch, fühlen sich gar von ihnen bedroht und agieren in der Zusammenarbeit distanziert.

Wie Lübeck und Demmer im Rahmen einer Studie feststellten, dass mehr als zwei Drittel der Schulen in NRW 2013 angaben, kein »Konzept zu den Aufgaben von Schulbegleiter/innen an ihrer Schule zu haben« (2022, 21), so zeigt auch die Erfahrung in der Kommunikation mit Lehrkräften und Schulleitungen, dass es meist keine schulinternen Handreichungen und Materialien zu diesem Thema gibt, auf die Lehrkräfte zurückgreifen und an denen sie sich in der Praxis orientieren können. Das theoretische Wissen und die praktischen Erfahrungen zur Arbeitsweise und Zielsetzung von Schulassistenz sind in Schulen erfahrungsgemäß sehr heterogen ausgeprägt. Obwohl es Handreichungen wie die bereits erwähnten *Bausteine zur Kooperation mit Schulbegleitung* (Billerbeck et al. 2022) gibt, scheinen diese den Schulen in der Praxis nicht bekannt zu sein und die Ressourcen zur Umsetzung nicht auszureichen. Um unter den unbekannten Voraussetzungen für die Beteiligten eine gute Basis für die Zusammenarbeit sicherzustellen und Missverständnissen vorzubeugen, hat sich in meiner Arbeit als Koordinationskraft ein vom Anbieter initiiertes Startgespräch etabliert.

Das Startgespräch

Das Startgespräch dient dem organisatorisch-administrativen Informationsaustausch, der Rollen- und Aufgabenklärung und dem Treffen von Vereinbarungen:

Tab. 2: Bausteine zum Startgespräch Schulassistenz (eigene Darstellung)

Startgespräch zur Kooperation im Rahmen der Schulassistenzmaßnahme
Kennenlernen
Vorstellung aller Beteiligten (Schulassistenz, Klassenlehrkraft, ggf. Sonderpädagog*in, Koordinationskraft)
Organisatorische Aspekte im Zusammenhang mit dem Rahmen der Leistungsträger
• Wie sieht der genaue Stundenplan aus? • Inwiefern ist eine Unterstützung über die reguläre Unterrichtszeit hinaus oder in den Pausen nötig? • Wann sind im Schuljahr Klassenfahrten und Ausflüge angesetzt? • Gibt es regelmäßige Teamsitzungen, an denen die Schulassistenz teilnehmen kann?
Rollenklärung und Verantwortlichkeiten
• Rollen und Aufgabenklärung • Thematisierung der Vorstellungen und Erwartungen • Aufsichtspflicht und Weisungsbefugnis • Vertretungsregelungen • Kontaktgestaltung mit den Eltern
Pädagogische Ebene
• Zusammenführung der Eindrücke • Austausch zu den Zielen des Hilfeplans des Leistungsträgers • Erste Konkretisierung der Zielformulierungen (ggf. Priorisierung)
Weitere Vereinbarungen

Zunächst müssen den Umfang des Unterstützungsbedarfs betreffende Informationen ausgetauscht werden, da diese zur Abrechnung mit dem Leistungsträger erforderlich sind. Weiter bedarf es einer Klärung der Verantwortungsbereiche und Kommunikationsstrukturen, auch um eine Rollendiffusion zu vermeiden. Dies bezieht sich einerseits auf die konkrete Arbeit in der Schule, andererseits auf die Schnittstellen zwischen dem Anbieter als Arbeitgeber der Schulassistenzen und der Schule als Bildungsträger, rahmengebende Institution und als Arbeitsort. Während der Schule die Umsetzung des gesetzlichen Bildungs- und Erziehungsauftrags obliegt, ist die Schulassistenz eine Ergänzungs- und Unterstützungsleistung im Klassenkontext und dabei »Teil des sonderpädagogischen Verantwortungsbereichs« (Blasse et al. 2021, 195 f.). Somit können die (sonderpädagogischen) Lehrkräfte den Schulassistenzen auf Basis ihrer fachlichen Expertise und Erfahrung praktische pädagogische Aufträge an die Hand geben. Obwohl die Personalverantwortung und Weisungsbefugnis ausschließlich beim Anbieter als Arbeitgeber liegt (Thiel 2022, 33), ist der Aspekt der Kooperation innerhalb des pädagogischen Klassenteams von essenzieller Bedeutung für die Arbeit innerhalb der Klasse und ein gutes Gelingen der Teilhabeunterstützung. In diesem Zusammenhang sollte zudem für die Wichtigkeit regelmäßiger gemeinsamer Gespräche sensibilisiert werden.

Die Schulassistenz als Hauptbezugsperson kann mit dem*der Schüler*in (wenn notwendig) nach Absprache in Nebenräume oder auf den Schulhof gehen, die

Aufsichtspflicht verbleibt dennoch bei der anwesenden Lehrkraft. Aufgrund der Bewilligung im Eins-zu-Eins-Kontext zwischen Schüler*in und Schulassistenz liegt die generelle Zuständigkeit der Assistenzkraft auch ausschließlich bei dem einen Kind oder Jugendlichen. Es unterliegt jedoch der individuellen Absprache von Schulassistenz und Lehrkräften, wie sie die Kooperationsbeziehung gestalten und inwiefern die Schulassistenz auch mit den Mitschüler*innen im Unterricht interagiert. Wenn die Schulassistenz bereit ist, zeitweilig auch anderen Kindern oder Jugendlichen der Klasse zu helfen, ist dies von Vorteil für alle Beteiligten, fördert es dabei doch die Kooperationsdynamik und Klassenatmosphäre. Solange die Unterstützung des*der zugewiesenen Schülers*Schülerin bei entsprechend angezeigtem Bedarf Priorität hat, kann dies auch zur Entstigmatisierung des einzelfallbezogenen Hilfebedarfs des Kindes und Steigerung von dessen Selbstständigkeit und Selbstwirksamkeit beitragen.

Generell ist der langfristige Beziehungsaufbau zwischen Schulassistenz und Schüler*in als einer der wichtigsten Faktoren der Unterstützungsmaßnahme zu benennen. Erst durch den Aufbau einer ausreichend vertrauensvollen und tragfähigen Beziehung kann im Unterricht effektiv und zielführend zusammengearbeitet werden (Wilczek in diesem Band). Dann ist das Arbeitsbündnis belastbar genug, um auch Herausforderungen (miteinander) zu meistern und individuell hilfreiche Strategien zu erarbeiten. Daraus folgt, dass der Einsatz einer Vertretungskraft in der Schulassistenz für alle Kinder ungewohnt ist und potenziell eine Herausforderung darstellt. Manche Schüler*innen reagieren besonders sensibel auf spontane Veränderungen und einen Bezugspersonenwechsel. Gerade bei Kindern oder Jugendlichen im Autismus-Spektrum ist dies von Bedeutung. Im Rahmen der in der Vereinbarung mit dem Leistungsträger festgehaltenen Vertretungsregelung erscheint es daher sinnvoll, aufgrund der Einschätzungen der Lehrkräfte bzgl. der Selbstständigkeit des*der Schülers*Schülerin im Unterricht und den vermuteten Auswirkungen für diese*n und die gesamte Klasse bei Einsatz einer Vertretungskraft gemeinsam zu eruieren, ob eine kurzfristige Vertretung bei dem*der Schüler*in angezeigt ist. Gerade für kleine Anbieter mit geringen Springer- oder Vertretungskräften hat dies zur Folge, dass die personellen Kapazitäten unter der Berücksichtigung der individuellen Bedarfe und Absprachen mit den Schulen und auch den Eltern effektiver koordiniert werden können. Auf Grundlage der schulischen Einschätzung des größten Unterstützungsbedarfs des*der Schülers*Schülerin und unter Berücksichtigung des Hilfeplans können dann erste gemeinsame Zielformulierungen konkretisiert festgehalten werden.

3.7 Beginn und weiterer Verlauf der Maßnahme

Die Anbieter sind für die koordinierenden Prozesse um die Installation und Gestaltung (Schritt 7, ▶ Abb. 3) der Maßnahme zuständig. Weiter sind sie als einstellende und weisungsbefugte Arbeitgebende den Schulassistenzen gegenüber in der leitenden pädagogischen Verantwortung, bilden bedarfsgerecht weiter und sind Ansprechperson bei Schwierigkeiten.

Rolle des Anbieters als Arbeitgeber

Aus einer 2016 durchgeführten Befragung von Schulassistenzen im Rahmen der Göttinger Schulbegleitungsstudie ist abzuleiten, dass der Austausch mit dem jeweiligen Anbieter für zwei Drittel der Schulassistenzkräfte (sehr) wichtig ist, in der Realität allerdings häufig nur in geringem Umfang[8] stattfindet (Meyer et al. 2022, 81).

In der praktischen Arbeit in der Schule bringen Schulassistenzen als Teil des multiprofessionellen Klassenteams die wertvolle kindnahe Perspektive in das Unterrichtsgeschehen und die Kooperationsbeziehung ein und können sich zugleich die Unterstützung der Klassenlehrkräfte einholen. Aufgrund der divergenten Professionen und Aufgabenbereiche innerhalb des Klassenteams ist der Austausch mit anderen Schulassistenzen in der Schule dagegen nur selten möglich. Daher nimmt der Anbieter für die Schulassistenzen potenziell die zentrale, rahmengebende und vernetzende Rolle ein. Er ist dafür zuständig, dass Fortbildungen neben der Vermittlung von Grundlagen auf die individuellen Bedürfnisse der Schulassistenzkräfte in der Arbeit mit dem jeweiligen Kind abgestimmt sind. Durch regelmäßige Fallbesprechungen im Team werden ein professioneller Rahmen und Raum geboten, um die Ziele der Maßnahme und die eigene Rolle zu reflektieren. Zudem birgt der erfahrungsbasierte Austausch mit Menschen, die im gleichen spannungsvollen Arbeitsfeld tätig sind, die Chance, sich mental zu entlasten und verstanden zu fühlen. Die Zusammenführung der unterschiedlichen Perspektiven der Schulassistenzen vor dem Hintergrund heterogener Wissens- und Erfahrungsstände und die Rahmung durch die pädagogische Leitung im Sinne einer Supervision sind notwendig, um die eigenen Handlungsspielräume zu erweitern, Strategien zu entwickeln und somit auch (Handlungs-)Sicherheit zu gewinnen. Die Koordinationskraft ist für die Mitarbeitenden die erste Ansprechpartnerin bei Problemen, die über das im Klassenteam Lösbare hinausgehen. Pädagogische Fragen betreffend geht es meist darum, die Assistenzkräfte im gemeinsamen Gespräch dafür zu sensibilisieren, was hinter dem Verhalten des Kindes steckt, und eigene Lösungsideen zu entwickeln. Beispielsweise konnte so das Beißen eines autistischen Kindes als notwendige Spannungsabfuhr gesehen werden, sodass die Implementierung eines Beißringes und die gezielte Entzerrung der aufgeladenen Situationen im Schulkontext vorgenommen wurden. Die Vernetzung der Mitarbeitenden mit anderen Bereichen wie der hauseigenen Frühförderung oder sexualpädagogischen Beratungsstelle ist für den multiprofessionellen Austausch und als Teil der bedarfsgerechten Weiterbildung von großem Vorteil. Gerade in der Arbeit mit autistischen Kindern und Jugendlichen bedarf es eines intensiveren Austauschs der Schulassistenz mit den Eltern, dem Schulpersonal sowie externen Hilfen wie Expert*innen von Autismus-Ambulanzen, um bspw. Strategien zur Beruhigung oder Deeskalation zu entwickeln. Dazu sollten nach individuellem Bedarf mehr Stunden für Kooperation und Netzwerkarbeit durch den Leistungsträger bewilligt werden.

---

8 80% der Befragten sprechen von (seltener als) monatlichem Austausch.

Rolle des Anbieters als Organisator und Vermittler zwischen den Instanzen

Weiter stellt sich die Frage, welche Rolle die Koordination des Anbieters bei Konflikten zwischen Schule, Eltern und Schulassistenz einnimmt. Dem Anbieter kommt in diesem Kontext zuweilen eine rahmensetzende und vermittelnde Funktion zu, da dieser schon allein aufgrund der räumlichen Entfernung zum Arbeitsort Schule und dadurch, dass er nicht aktiv in die konkrete konflikthafte Dynamik verstrickt ist, Situationen mit einer gewissen Distanz erfassen kann. Gleichzeitig ist die Vermittlungskompetenz der jeweiligen Koordinationskraft begrenzt, da sie trotz des räumlichen Abstandes zu den Geschehnissen in der Schule oder zwischen den (pädagogisch) handelnden Akteur*innen in der Praxis dennoch als Arbeitgeber*in für die Schulassistenzen sowohl Fürsorgepflicht als auch Weisungsbefugnis den Mitarbeitenden gegenüber innehat (Lübeck 2022, 66 f.) und sich somit ebenfalls im Spannungsfeld bewegt. Da es im Verlauf einer Schulassistenzmaßnahme den größten Austauschbedarf und das größte Konfliktpotenzial zwischen den an der pädagogischen Praxis beteiligten Personen auf beiden Ebenen (▶ Abb. 2) gibt, sollten zusammenführende Kommunikationsanlässe z. B. vom Leistungsträger koordiniert werden, da dieser sich außerhalb des Kooperationsdreiecks Schulassistenz-Schüler*in-Lehrkraft befindet. Die verlässliche Durchführung und Ausweitung von Hilfeplangesprächen wäre hierfür ein einfaches und bindendes Mittel, um alle Beteiligten regelmäßig miteinander ins Gespräch kommen zu lassen.

4 Ausblick – Was braucht es?

Zusammenfassend lässt sich sagen, dass die angemessene Umsetzung von Schulassistenz als Teilhabeleistung durch die Vielzahl an beteiligten Personen und aufgrund unterschiedlicher oder unzureichender Rahmenbedingungen sehr komplex und derzeit mit Schwierigkeiten für alle Beteiligten verbunden ist. Es fehlt insgesamt an verbindlichen Leistungsstandards und Konzepten, an denen sie sich orientieren können. Die Leistungsträger gestalten die Rahmenbedingungen der Leistung vor den regional geltenden gesetzlichen Grundlagen sehr unterschiedlich, die Schulen sind in unterschiedlichem und meist unzureichendem Maße konzeptuell auf die Kooperation mit Schulassistenzen eingestellt. Es bedarf extrem vieler Absprachen auf allen Seiten des Modells: Die einzelnen Kommunikationsstränge laufen dabei nicht selten nebeneinander her, da es auf den übergeordneten Ebenen an Absprachen und Vorgaben mangelt (▶ Abb. 2). Unter diesen Voraussetzungen stehen die Anbieter von Schulassistenz vor der Aufgabe, die Unterstützungsleistung im Sinne der Schüler*innen bestmöglich zu gestalten, und sind dabei mit einem erheblichen Organisations- und Verwaltungsaufwand konfrontiert. Innerhalb der mit dem Leistungsträger festgehaltenen verpflichtenden Regelungen und mit dem Ziel, für Bewerber*innen attraktiv zu sein, gestalten sie die Schulassistenz-Maßnahme ebenso heterogen. Dahingehend braucht es einheitlichere Vorgehensweisen, die auch für die Schulen mehr Transparenz schaffen. Die Entwicklung klarer Berufs- und Qualifizierungsstandards sowie die Festlegung einer in ihrem Umfang angemesseneren attraktiveren Vergütung sind für eine Stärkung des Berufsbilds und zur Deckelung des Bedarfs vor dem Hintergrund des Fachkräftemangels notwendig. Für Kooperationsprozesse müssen entsprechende zeitliche und finanzielle Ressourcen bereitgestellt werden. Die Leistungsträger der Region Hannover haben viele der angesprochenen Problematiken erkannt und streben u. a. mit der zukünftigen Zusammenführung der für den Schulassistenzbereich verantwortlichen Stellen des SGB VIII und SGB IX eine Verschlankung und Vereinfachung des Systems an.

Um übergeordnete Absprachen zwischen Anbieter und Schule effektiv treffen zu können, bedarf es zum einen einer koordinierenden Stelle auf Schulebene, welche wiederum über Wissen zu den Aufgaben der Schulassistenzen und den jeweiligen Ansprechpartner*innen (Anbieter, Familien, ggf. Leistungsträger, intern: Klassenlehrkräfte) verfügt und somit eine zentrierte und verknüpfende Rolle einnehmen kann. Zum anderen ist eine konzeptuelle Verankerung von Maßnahmen zur Kooperation mit Schulassistenzen auf Seiten der Schulen notwendig (Meyer et al. 2022, 85). Denn es kann nicht (alleinige) Aufgabe der Anbieter sein, neben der Durchführung der Leistung über die Modalitäten aufzuklären und Strukturen einzufordern. Für eine vereinheitlichte Umsetzung müssten die übergeordneten Kultusministerien Konzepte erarbeiten und vorgeben sowie die notwendigen zeitlichen, personellen und finanziellen Ressourcen für die Schulen bereitstellen.

Auf der Grundlage dieser Veränderungen kann die bessere Einbindung der Schulassistenzen in schulische Strukturen erfolgen und somit »dazu beitragen, potenzielle Konflikte hinsichtlich der Abgrenzung von Aufgabenbereichen und Zuständigkeiten vorzubeugen« (Lübeck 2022, 68). Durch die Etablierung dieser verlässlichen Strukturen kann der Fokus in der multiprofessionellen Arbeit der Schule stärker auf die individuelle Förderung des Kindes oder Jugendlichen mit Hilfebedarf gesetzt werden. Denn wie können Kinder und Jugendliche im Unterricht von Schulassistenzen und Lehrkräften gemeinsam strukturierend unterstützt werden, wenn sich Unklarheit und Unsicherheit durch das ganze Hilfesystem ziehen?

Literatur

Billerbeck, E.-M. (2022). Qualifikation und Qualifizierung von Schulbegleiter/innen. In M. Laubner, B. Lindmeier & A. Lübeck (Hrsg.), *Schulbegleitung in der inklusiven Schule. Grundlagen und Praxis* (3. bearbeitete Aufl., S. 53–68). Beltz.

Billerbeck, E.-M., Laubner, M., Polleschner, S. & Wanke, M. (2022). Bausteine zur Kooperation mit Schulbegleitungen in der inklusiven Schule. In M. Laubner, B. Lindmeier & A. Lübeck (Hrsg.), *Schulbegleitung in der inklusiven Schule. Grundlagen und Praxis* (3. bearbeitete Aufl., S. 164–198). Beltz.

Blasse, N., Budde, J., Demmer, C., Gasterstädt, J. & Urban, M. (2021). Lehrpersonen und Schulbegleitungen als multiprofessionelle Teams in der ›inklusiven‹ Schule – Zwischen Transformation und Stabilisierung. In K. Kunze, D. Petersen, G. Bellenberg, M. Fabel-Lamla, J.-H. Hinzke, A. Moldenhauer, L. Peukert, C. Reintjes & K. Te Poel (Hrsg.), *Kooperation – Koordination – Kollegialität. Befunde und Diskurse zum Zusammenwirken pädagogischer Akteur*innen an Schule(n)* (S. 189–207). Klinkhardt.

Dworschak, W. (2022). Zur Gewährung von Schulbegleitung – Wer erhält in welchem Umfang eine Schulbegleitung. In M. Laubner, B. Lindmeier & A. Lübeck (Hrsg.), *Schulbegleitung in der inklusiven Schule. Grundlagen und Praxis* (3. bearbeitete Aufl., S. 40–52). Beltz.

Kremer, G. (2012). »Wer passt heute auf mich auf?« Chancen und Probleme des Einsatzes von Integrationshelfern in der Schule. *Systhema*, 2(26), 152–161.

Limburg, D., Frings, L. & Kißgen, R. (2020). Zugangsvoraussetzungen und Qualifikationsmerkmale von Schulbegleitungen. Eine explorative Befragung von Leistungsanbietern. *Gemeinsam leben, 3,* 180–188. https://doi.org/10.3262/GL2003180

Lindmeier, B. & Pollescher, S. (2014). *Welche Rolle und Funktion kann Schulassistenz in einer inklusiven Schule haben?* Unveröffentlichte Präsentation, 2014.

Lübeck, A. (2019). *Schulbegleitung Im Rollenprekariat. Zur Unmöglichkeit der Rolle Schulbegleitung in der Inklusiven Schule.* Springer. https://ebookcentral.proquest.com/lib/kxp/detail.action?docID=5660213 [25.05.2023].

Lübeck, A. (2022). Außen vor und doch dabei? Zur Einbindung der Schulbegleitung im schulischen Kollegium. In M. Laubner, B. Lindmeier & A. Lübeck (Hrsg.), *Schulbegleitung in der inklusiven Schule. Grundlagen und Praxis* (3. bearbeitete Aufl., S. 69–76). Beltz.

Lübeck, A. & Demmer, C. (2022). Unüberblickbares überblicken – Ausgewählte Forschungsergebnisse zu Schulbegleitung. In M. Laubner, B. Lindmeier & A. Lübeck (Hrsg.), *Schulbegleitung in der inklusiven Schule. Grundlagen und Praxis* (3. bearbeitete Aufl., S. 12–29). Beltz.

Meyer, K., Nonte, S. & Willems, A. (2022). Mittendrin und doch außen vor? Eine empirische Studie zu multiprofessioneller Kooperation aus Sicht der Schulbegleiter/innen. In M. Laubner, B. Lindmeier & A. Lübeck (Hrsg.), *Schulbegleitung in der inklusiven Schule. Grundlagen und Praxis* (3. bearbeitete Aufl., S. 77–92). Beltz.

Thiel, S. (2022). Die Beantragung und Bewilligung von Schulassistenz. In M. Laubner, B. Lindmeier & A. Lübeck (Hrsg.), *Schulbegleitung in der inklusiven Schule. Grundlagen und Praxis* (3. bearbeitete Aufl., S. 30–39). Beltz.

Wocken, H. (2011). *Das Haus der inklusiven Schule. Baustellen – Baupläne – Bausteine.* Feldhaus.

Gemeinsames inklusives Lernen unterstützt durch Schulassistenz – Arbeit multiprofessioneller Teams aus Schulleitungsperspektive

Stephanie Ahl

1 Einleitung

Seit sieben Jahren leite ich die Temple-Grandin-Schule. Sie ist eine von zwei Auftragsschulen für den sonderpädagogischen Förderschwerpunkt Autismus im Land Berlin. Der Status der Auftragsschule ist bislang im Schulgesetz und der Sonderpädagogikverordnung noch nicht näher beschrieben, wird jedoch im Paragrafen 14 der Sonderpädagogikverordnung Berlin hinterlegt und bezieht sich ausschließlich auf den Förderschwerpunkt Autismus. Er orientiert sich an den beiden bereits existierenden Berliner Auftragsschulen, die sonderpädagogische Förderzentren für den Förderschwerpunkt Lernen sind. Grundsätzlich kann ein sonderpädagogisches Förderzentrum oder jede andere Schulform in Berlin Auftragsschule werden. Für autistische Schüler*innen besteht in diesem Bundesland somit die Möglichkeit – je nach Alter und Ausprägung des Autismus-Spektrums[9] –, in inklusiven Grundschulklassen, in Kleinklassen in Anlehnung an den Rahmenlehrplan für die Grundschule oder den Rahmenlehrplan für die Integrierte Sekundarschule, in Ganztagskleinklassen in Anlehnung an den Rahmenlehrplan für den Förderschwerpunkt Geistige Entwicklung und/oder in einem Integrierten Berufsausbildungsvorbereitungskurs gebildet zu werden.

In der schulischen Praxis sind autistische Schüler*innen auf verschiedene Formen der Unterstützung angewiesen – eine Möglichkeit von begleitender Unterstützung ist die Schulassistenz. In diesem auf Berlin bezogenen Beitrag wird Schulassistenz anders als in den anderen Beiträgen dieses Bandes als übergreifender Begriff für zwei Berufsgruppen im Berliner Schulsystem genutzt: die Schulhelfer*innen und die Betreuer*innen. Mit diesem Beitrag möchte ich die Schulassistenz bei Autismus hinsichtlich der vorgegebenen Rahmenbedingungen in Berlin einordnen und im Anschluss anhand der Praxis den Einsatz an der Temple-Grandin-Schule näher beschreiben. Dabei findet insbesondere die Unterstützung von autistischen Schüler*innen durch Schulassistenz als Teil des multiprofessionellen Teams Berücksichtigung. Für die praktische Arbeit an der Schule sind die Fragen vorrangig, wie Schulassistenz sinnvoll für Schüler*innen im Autismus-Spektrum im Rahmen des

---

9 Wir haben uns in der Schule darauf geeinigt, möglichst vom Autismus-Spektrum zu sprechen, um die Verschiedenheit der Ausprägung des Autismus zu bezeichnen und uns auf die Stärken autistischer Menschen zu fokussieren, ohne die Aspekte, die der medizinische Fachbegriff Autismus-Spektrum-Störung in Form der Behinderung der Teilhabe beschribt, auszublenden.

ganzheitlichen Lernens eingesetzt werden kann und welche Möglichkeiten und Voraussetzungen von Seiten der Schulleitung geschaffen werden können, um Schulassistenz wirksam umzusetzen.

Die Temple-Grandin-Schule nennt sich inklusive Schwerpunktschule/sonderpädagogisches Förderzentrum – Auftragsschule Autismus. Das ist ein langer »Untertitel«, der ausdrückt, dass diese Schule verschiedene Schulformen in einer Schule eint. Diese ermöglichen es, autistischen Schüler*innen die Klasse bzw. Schulform zu bieten, in der sie gemäß ihrer Potenziale am besten lernen können. Zudem profitieren sie davon, im Sinne der Durchlässigkeit zwischen den Klassen und sogar Schulformen wechseln zu können, denn das Lernen autistischer Schüler*innen wird oft durch die Klassengröße bzw. Klassenfrequenz und das Lerntempo beeinflusst. Die Schule bietet inklusive Grundschulklassen und Kleinklassen im Primar- und Sekundarbereich ausschließlich für autistische Schüler*innen.

2 Inklusive Schulentwicklung in Berlin

2.1 Die inklusive Schwerpunktschule als Ausgangsbedingung für Schulassistenz

Die inklusive Schwerpunktschule ist ein Profil, das sich eine Berliner Schule unabhängig von der Schulform (Grundschule, Integrierte Sekundarschule, Gemeinschaftsschule und Gymnasium) geben kann. Mit dem Ziel, die UN-Behindertenrechtskonvention umzusetzen und die inklusiven Beschulungsmöglichkeiten in Berlin auszubauen und zu entwickeln, wurde die inklusive Schwerpunktschule eingeführt. Das Rahmenkonzept dafür wurde in einer Facharbeitsgruppe der Projektgruppe »Inklusion« unter Aufsicht und Beratung des Berliner Fachbeirats für Inklusion erstellt. Diese setzte sich aus Expert*innen für die verschiedenen Förderschwerpunkte Autismus, geistige Entwicklung, körperlich-motorische Entwicklung, Hören und Sehen zusammen. Diese Expert*innen, bestehend aus Mitarbeiter*innen der Senatsverwaltung für Bildung, Schulleiter*innen, Sonderpädagog*innen, Vertreter*innen von Fachverbänden, wissenschaftlichen Mitarbeiter*innen der Humboldt-Universität, Mitarbeiter*innen der Schulämter (Schulplaner*innen) und Schulaufsicht, Vertreter*innen des Landeseltern- und Landesschüler*innenausschusses, formulierten für jeden der Förderschwerpunkte auf sächliche, personelle und räumliche Anforderungen bezogene Gelingensbedingungen an den geplanten inklusiven Schwerpunktschulen.

Die Profilierung als inklusive Schwerpunktschule wurde erstmals im Rahmen eines Schulversuchs im Schuljahr 2016/2017 erprobt und 2019 als Möglichkeit und Form der inklusiven Beschulung in das Berliner Schulgesetz unter § 37a SchulG aufgenommen. Das Profil der inklusiven Schwerpunktschule ermöglicht eine inklusive Beschulung von Schüler*innen mit den o. g. Förderschwerpunkten in der

Grundschule, der Integrierten Sekundarschule, der Gemeinschaftsschule oder dem Gymnasium. Dabei kann das Profil auf einen oder mehrere, maximal drei verschiedene, Förderschwerpunkte bezogen sein. Die inklusiven Schwerpunktschulen sind mit einer besonderen räumlichen, personellen und sächlichen Ausstattung organisiert. Dazu haben die Schulen jeweils bestimmte Leitlinien entwickelt, denen sie entsprechen. Es ist intendiert, dass sich die inklusive Schwerpunktschule ein entsprechendes Profil gibt, und zwar in einem »das gesamte System der Einzelschule betreffenden, transparenten und demokratischen Prozess« (SenBJW 2018, 3). An diesem Prozess gilt es für alle in der Schule »am Bildungs- und Erziehungsprozess beteiligten Personen auf der Grundlage eines einheitlichen Werte- und Handlungsverständnisses zur Inklusion« (ebd.) zu arbeiten. Hierbei sind in Berlin für diese Schule die Orientierung am Handlungsrahmen für Schulqualität (SenBJW 2013a), ausgerichtet am Index für Inklusion (Booth & Ainscow 2019), bindend. Damit verbunden ist die Forderung nach einer entsprechenden Schul- und Unterrichtsentwicklung, die auch eine Qualifizierung »des gesamten Personals, sowie Kooperation und Einbeziehung aller Betroffenen« (SenBJW 2018, 3) vorsieht. Vor diesem Hintergrund werde ich im Folgenden unsere inklusive Schwerpunktschule für den Förderschwerpunkt Autismus im Hinblick auf Schulassistenz betrachten.

2.2 Die Temple-Grandin-Schule als inklusive Schwerpunktschule

Die Temple-Grandin-Schule ist seit dem Schuljahr 2017/18 inklusive Schwerpunktschule für den Förderschwerpunkt Autismus und weiterhin Förderzentrum/Auftragsschule für Autismus. Insofern vereint sie Klassen mit der Möglichkeit der inklusiven Beschulung und Kleinklassen ausschließlich für Schüler*innen mit dem Förderschwerpunkt Autismus. Entsprechend der Leitidee Temple Grandins, dass es alle Arten des Denkens braucht, wollen wir an der Schule der Vielfalt mit Offenheit begegnen. Vielfalt sehen wir als unsere Stärke. Darauf wird auch auf unserer Schulhomepage (Temple-Grandin-Schule, Erstellung 2019) verwiesen:

> »Wir sind der Überzeugung, dass die Vielfalt an unserer Schule unsere Stärke ist. Wir sind überzeugt, dass Kooperation unsere Gemeinschaft stärkt und uns allen Entwicklungsmöglichkeiten eröffnet. Hierbei legen wir Wert darauf, dass Eltern, Schülerinnen und Schüler sowie das pädagogische Personal offen und wertschätzend miteinander sprechen, umgehen und zusammenarbeiten. Eine perfekte Schule ist für uns eine Schule, die alle Kinder und Jugendliche mit und ohne Förderstatus und das pädagogische Personal gerne besuchen. Wenn hierbei auch alle Kinder und Jugendlichen aus dem Autismus-Spektrum Freude haben und sich wohlfühlen, dann ist der Idealzustand erreicht. Danach streben wir! ›The world needs all kinds of minds.‹ Temple Grandin«

Das bedeutet, jeden Menschen so anzunehmen, wie er ist. Hinsichtlich der Zusammenstellung multiprofessioneller Teams, in welche auch Schulassistenzkräfte integriert werden, ist damit eine interessante Herausforderung umrissen, wie pädagogisches Personal Schüler*innen im Autismus-Spektrum angemessen unterstützen, fördern und fordern kann (vgl. 4.1).

Die Schulkonferenz der Temple-Grandin-Schule als Gremium aller an der Schule Beteiligten (Kollegium, Schüler*innen und Elternschaft) wählte im Jahr 2015 unter Leitung der Schulleitung die Profilierung zur inklusiven Schwerpunktschule und entschied sich mehrheitlich für ein Profil mit dem Förderschwerpunkt Autismus. Die Bezeichnung inklusive Schwerpunktschule wurde der Temple-Grandin-Schule anschließend zuerkannt, weil die personellen, sächlichen und räumlichen Rahmenbedingungen besonders geeignete Angebote für Schüler*innen mit dem sonderpädagogischem Förderbedarf Autismus zuließen bzw. solche entsprechend eingerichtet wurden und werden (SchulG § 37a).

In der personellen Ausstattung wird auch die Schulassistenz berücksichtigt, welche verwaltungstechnisch dem weiteren pädagogischen Personal[10] zugerechnet wird. In der Temple-Grandin-Schule gibt es Betreuer*innen zur Unterstützung für die autistischen Schüler*innen. Neben den autistischen Schüler*innen gehören auch Kinder und Jugendliche mit anderen Förderschwerpunkten wie körperliche und motorische Entwicklung, Sehen, Hören oder geistige Entwicklung den Klassen an – ohne, dass für diese Förderschwerpunkte ein besonderes Profil entwickelt wurde. Für diese Kinder und Jugendlichen werden Schulhelfer*innenstunden beantragt. So ist Schulassistenz durch Betreuer*innen sowie Schulhelfer*innen personell abgesichert. In den folgenden beiden Abschnitten geht es darum, was diese beiden Berufsgruppen auszeichnet und wie diese jeweils installiert werden. Die Berufsgruppe der Betreuer*innen steht der Schule als eine Poolzumessung aufgrund des inklusiven Schwerpunkts zur Verfügung – im Gegensatz zur Berufsgruppe der Schulhelfer*innen, die auf Grundlage der Einzelbeantragung nach SGB VIII oder SGB IX durch die Eltern mit Unterstützung der Schule für den*die einzelne*n Schüler*in zugemessen wird.

3 Schulassistenz als Teil des multiprofessionellen Teams – gemeinsam in der Verantwortung für die autistischen Schüler*innen

3.1 Schulhelfer*innen

Bei dem Einsatz von Schulhelfer*innen handelt es sich um eine schulorganisatorische Maßnahme. »Er erfolgt vorrangig gruppenbezogen und orientiert sich am Bedarf der ergänzenden Pflege und Hilfe der Betroffenen« (SenBJW 2012, 2). Ein Antrag auf Stunden der Unterstützung durch Schulhelfer*innen muss durch die Eltern in der Regel jährlich gestellt werden. Damit sind Schulhelfer*innen nicht als

---

10 Unter weiterem pädagogischem Personal wird verwaltungstechnisch alles Personal zusammengefasst, dessen Arbeitsumfang in Arbeitszeitstunden berechnet wird. Hierzu gehören Pädagogische Unterrichtshilfen, Erzieher*innen und Betreuer*innen.

feststehende, sondern als in ihrem Umfang variierende Ressource zu betrachten. Der bewilligte Umfang hängt von der jeweiligen Bewilligungsgrundlage nach SGB und einer gemäß Schulgesetz zusätzlich vorhandenen Förderstufe des*der Schülers*Schülerin ab. Das System der Förderstufen wird zugleich als ein Kriterium der Bewilligung von Betreuer*innen herangezogen (vgl. 3.3). Eine Betreuung während der Ferien ist in der Bewilligung nicht angelegt und muss separat beantragt werden (ebd., 5).

Schulhelfer*innen werden an der Temple-Grandin-Schule über den mit der Schule eng kooperierenden freien Träger »Pfefferwerk Stadtkultur gGmbH« eingestellt. Die Schule kann seit 2015 den freien Träger für die Einstellung von Schulhelfer*innen selbst wählen, d. h. die Schulkonferenz (pädagogisches Personal, Eltern- und Schüler*innenschaft) unter dem Vorsitz der Schulleitung entscheidet, welcher freie Träger sich für diese Aufgabe qualifiziert. Der genannte Träger hat bei einer Betriebsübergabe von autismus Deutschland e. V. das qualifizierte Personal der Erzieher*innen in den Kleinklassen im Schuljahr 2014/2015 übernommen. Es bot sich somit an, diese zusätzliche Aufgabe auch in die Kooperation miteinzubinden, um die Expertise des freien Trägers und die guten Erfahrungen in der Zusammenarbeit zu nutzen.

Weitestgehend unterstützen Schulhelfer*innen an der Temple-Grandin-Schule am Schulvormittag während des Unterrichts und bei separater Beantragung während einer Klassenfahrt. Die Zuweisung von Schulhelfer*innenstunden erfolgt hier im Vergleich zum Einsatz von Betreuer*innen aufgrund der geringeren Anzahl an Schüler*innen mit anderen Förderschwerpunkten seltener.

3.2 Betreuer*innen

Betreuer*innen sind Tarifbeschäftigte an den Schulen und keine von den Eltern individuell für ihre Kinder beantragte Ressource. Sie werden in Klassen mit sonderpädagogischem Förderschwerpunkt Geistige Entwicklung, Autismus und an inklusiven Schwerpunktschulen eingesetzt. Ihr Aufgabengebiet umfasst die »Unterstützung, ergänzende Pflege und Hilfe für Schülerinnen und Schüler mit sonderpädagogischem Förderbedarf innerhalb und außerhalb des Unterrichts« (SenBJF 2021, 1). Ihre Tätigkeiten sind:

> »Unterstützung von Schülerinnen und Schülern bei der Orientierung, Mobilität und Bewegung, Nahrungsaufnahme und Lagerung, Sicherung der Grundpflege von pflegebedürftigen Schülerinnen und Schülern im Unterricht, im Freizeitbereich und bei außerschulischen Aktivitäten, Unterstützung und Umsetzung besonderer Maßnahmen zur Kommunikationsförderung, Handlungsstrukturierung sowie anderer pädagogischer Maßnahmen, Durchführung von pädagogisch wirksamen Aktivitäten, Handlungen und Gesprächen mit Schülerinnen und Schülern in enger Zusammenarbeit mit den Lehrkräften, Pädagogischen Unterrichtshilfen sowie den Erzieherinnen und Erziehern, Beaufsichtigung von Schülerinnen und Schülern im Rahmen betreuerischer Tätigkeiten, Bereitstellen und Hilfe bei der Nutzung von Arbeitsmaterialien, technischer Hilfen und medizinischer Hilfsmittel, Mitwirken bei Beratungstätigkeiten und der Erziehungs- und Förderplanung des übrigen pädagogischen und medizinisch-therapeutischen Personals« (ebd., 1 ff.).

Erwartet wird als formale Anforderung an eine*n Betreuer*in, dass eine abgeschlossene Ausbildung als Heilerziehungspfleger*in mit staatlicher Anerkennung oder eine vergleichbare medizinische/pflegerische Ausbildung nachgewiesen wird oder langjährige Erfahrung in der Arbeit mit behinderten Kindern oder Jugendlichen vorliegt.

3.3 Unterrichtsimmanente Unterstützung im Autismus-Spektrum

In Berlin besteht bei Vorliegen des Förderschwerpunkts Autismus im inklusiven Kontext ein Anspruch auf acht Lehrkraft-Stunden sonderpädagogischer Förderung pro Woche und Schüler*in. Zusätzlich legt die Sonderpädagogikverordnung Berlin im zweiten Absatz des Paragrafen 16 unabhängig vom Förderort fest:

> »Schülerinnen und Schüler mit deutlich zusätzlichem Bedarf an Assistenz bei der Körperpflege, der Nahrungsaufnahme, der Fortbewegung, der Lagerung, der Kommunikation und bei der Steuerung ihres Verhaltens erhalten die Förderstufe I oder II« (§ 16 Abs. 2 SopädVO).

Hinsichtlich folgender sechs Unterstützungsbereiche wird entweder keine Förderstufe, die Förderstufe I oder II festgelegt:

- Sprache/Kommunikation,
- Sozialverhalten,
- Zwänge, Stereotypien, Rituale, Selbststimulation, Ängste,
- Flexibilität und Selbstständigkeit,
- Wahrnehmung,
- Motorik.

Es wird nach einem Bewertungsmodus vorgegangen, der eine Bewertung je Bereich von einem Punkt bei Bedarf an leichter Unterstützung bis zu fünf Punkten bei erheblichem und ständigem Unterstützungsbedarf zulässt. Aufgrund dieser Förderstufen wird der inklusiven Schwerpunktschule für den Förderschwerpunkt Autismus eine personelle Unterstützung in Form von Betreuer*innen gewährt. Die Verteilung ist in den Zumessungsrichtlinien hinterlegt, die jährlich angepasst werden (SenBJF 2022; ▶ Tab. 3).

Tab. 3: Personalschlüssel der Betreuer*innen im Förderschwerpunkt Autismus

Personalansatz: 50 %-Stelle Betreuer*in nach Förderstufe und Schüler*innenzahl	
Keine Förderstufe (0–10 Punkte lt. Bewertungsskala) (SenBJF 2017)	8 Schüler*innen
Förderstufe I (11–20 Punkte)	6 Schüler*innen
Förderstufe II (21–30 Punkte)	5 Schüler*innen

Damit unterscheidet sich die Zuweisung von Betreuer*innen dahingehend deutlich von den Schulhelfer*innen, dass für diese autistischen Schüler*innen eine Poolzuweisung erfolgt, die keiner separaten Einzelbeantragung nach SGB VII oder IX bedarf.

Der Bedarf geht allerdings von einer möglichst konstanten Person für den gesamten Schultag aus:

> »Der Bedarf beschränkt sich nicht nur auf die Unterrichtsstunden, sondern auch auf Pausen und Wege im Schulhaus/auf dem Gelände, zur Schwimmhalle, auf Ausflügen und Klassenfahrten sowie den Ganztag« (FAG 2014, 9).

3.4 Schulassistenz – Unterstützung ohne Förderstufe

Viele autistische Schüler*innen ohne Förderstufe erscheinen »von außen« als eher unauffällig. Die Beobachtung im schulischen Kontext zeigt jedoch, dass es beispielsweise bei Veränderungen im Tagesverlauf Schwierigkeiten gibt, die rechtzeitig im Klassenteam angekündigt und mit den Schüler*innen besprochen werden müssen. Regnet es etwa plötzlich auf einer schulischen Exkursion, kann ein*e Autist*in jemanden benötigen, der*die Unterstützung bietet und Kompensationsmöglichkeiten aufzeigt, um eine für den*die Schüler*in unüberwindbare Hürde zu beseitigen. Es gilt, ein Repertoire an Unterstützungsmöglichkeiten zu kennen, sich die Zeit zu nehmen, schwierige Situationen in Ruhe und im Einzelkontext zu bearbeiten, oder auch Rituale mit Mitschüler*innen einzubeziehen. In Bezug auf das Beispiel Exkursionen ermöglicht die zusätzliche personelle Ressource der Schulassistenz dem*der Schüler*in z. B. ein früheres oder späteres Starten, eine Pause von oder einen Abbruch der Exkursion, sodass das begleitende Team und damit auch die Klassengemeinschaft Sicherheit im Umgang mit besonderen autistischen Verhaltensweisen erleben.

3.5 Schulassistenz – Unterstützung bei Förderstufe I und II

Der Unterstützungsbedarf im Kontext der Förderstufen I und II kann sich sehr verschieden darstellen. Deshalb bietet die Orientierungstafel zur Feststellung der Förderstufe beschreibende Beispiele, die auf die Schüler*innen zutreffen können (SenBJW 2013b). Exemplarisch möchte ich auf die Beschreibung aus dem Bereich Wahrnehmung zurückgreifen, welche einer mittleren Zuordnung von drei Punkten entsprechen würde (vgl. 3.3): »Deutliche Irritationen bei als störend empfundenen visuellen und auditiven Reizen, benötigt individuelle Unterstützung und Zeit, um dann Aufgaben weiterführen zu können...« (ebd., 29). Im Schulalltag könnte z.B. die Lautstärke regelmäßig zu Irritationen führen, denen begegnet werden muss. Oft benötigen autistische Schüler*innen eine Person an ihrer Seite, die Irritationsquellen im Blick behält und etwa an Kopfhörer für stille Arbeitsphasen erinnert, eine Auszeit in einem separaten Raum initiiert oder einen Perspektivwechsel auf eine Situation moderiert, bevor diese plötzlich unlösbar erscheint. Hier geht es darum, Hilfsmittel oder Ausweichmöglichkeiten früh und so zu etablieren, dass sie später selbstständig genutzt werden können. Interessanterweise hat dieses Angebot auch Auswirkungen auf die Mitschüler*innen, die bspw. ebenfalls gerne die Kopfhörer nutzen. Somit entwickeln sich einige zusätzliche Differenzierungsmaßnahmen weg von einer Ausnahmesituation für die autistischen Schüler*innen hin zu Angeboten für die gesamte Klasse.

In meiner Wahrnehmung stellt die Inklusion von Schüler*innen im Autismus-Spektrum bei Förderstufe II eine vergleichsweise große Herausforderung für den*die betreffende*n Schüler*in, die inklusive Klasse und deren multiprofessionelles Team dar. Entscheidend für die Umsetzung ist die Frage, wie es gelingt, einen möglichst gleichbleibenden Personaleinsatz zu organisieren. Einen Schwerpunkt stellt hierbei die Zuordnung eines*einer Betreuers*Betreuerin ausschließlich zu einer Klasse dar, der*die dadurch eng vertraut ist mit den Klassenritualen und Besonderheiten aller Schüler*innen, insbesondere des*der autistischen Schülers*Schülerin. Für die Temple-Grandin-Schule bedeutet der Idealfall, dass die Person dieses Kind morgens in Empfang nimmt und am Ende des Tages zum Schulbus bringt oder an die Eltern übergibt. Ein kurzes »Tür-und-Angelgespräch« mit den Abholenden kann häufig einen guten Übergang in den Nachmittag zu Hause erleichtern. Wenn die personellen Ressourcen die Betreuung durch ausschließlich eine Person nicht zulassen, finden im Laufe des Schultages Übergabegespräche mit der nächsten betreuenden Person wie bspw. Erzieher*innen[11] statt. Dies trägt auch zur Entlastung der Lehrkräfte bei, was sich förderlich auf das gesamte Team auswirkt. Lehrkräfte können sich somit stärker auf die unterrichtenden Tätigkeiten konzentrieren, bspw. den Lernfortschritt erfassen, das differenzierte Lernmaterial bereitstellen oder die nächste Arbeitsform ankündigen. Die betreuende Person kann den*die Autisten*Autistin individuell klärend unterstützen. Auch an Tagen, an denen das Lernen und Zusammensein mit den Mitschüler*innen schwieriger möglich ist, birgt eine begleitete Auszeit für den*die autistische*n Schüler*in eine Chance zur Beruhigung.

Auch ohne Zuordnung einer Förderstufe für eine*n Schüler*in ist der klassenbezogene Einsatz eines*einer Betreuer*in sinnvoll. Da an unserer Schule meistens zwei Klassen miteinander kooperieren, bspw. im Englischunterricht, kennen diese Betreuer*innen auch die Kooperationsklasse gut und können dort ebenfalls autistische Schüler*innen unterstützen. Wichtig ist, dass die vertrauten Betreuer*innen gerade dann vor Ort sind, wenn eine weniger vertraute Fachlehrkraft in die Klasse kommt. Beispielsweise im Sportunterricht werden im Klassenraum etablierte und in der Halle fehlende Rituale, Schwierigkeiten beim Umziehen oder die Lautstärke in der Sporthalle zu anspruchsvollen Situationen für autistische Schüler*innen.

Für den Schulalltag in seiner komplexen Zeit-, Personal- und Fachtaktung ist das meistens eine zeitliche Herausforderung, die in allen Planungen Berücksichtigung finden sollte. Meiner Erfahrung nach signalisiert ein multiprofessionelles Team der Schulleitung sehr schnell, oft nach den ersten Wochen im Schuljahr, wenn im Verlauf des Schulalltags Schwierigkeiten bei der Unterrichtsbegleitung des*der autistischen Schülers*Schülerin auftreten. Dann beginnt ein sehr kleinteiliger Prozess

---

11 Erzieher*innen sind im offenen oder gebundenen Ganztag anteilig in der Unterrichtsbegleitung eingesetzt. An der Temple-Grandin-Schule übernehmen sie bspw. das Vorlesen während der Frühstückspause in einigen Klassenteams.

des Planens mit dem Team, welche Zeitverschiebungen im Einsatz von Betreuer*innen, Schulhelfer*innen und Erzieher*innen zugunsten des*der Schülers*Schülerin sinnvoll sind.

4 Gestaltung von Schulassistenz an der Temple-Grandin-Schule

4.1 Einstellung und Auswahl von Betreuer*innen und Schulhelfer*innen

Wir freuen uns an der Temple-Grandin-Schule über jede*n Betreuer*in, jede*n Schulhelfer*in, der*die mit Interesse am und möglichst Vorwissen zum Autismus-Spektrum bei uns beginnt. Ein Arbeitszusammenhang zum Autismus – bspw. berufliche Vorerfahrungen im Umgang mit autistischen Menschen – ist eine wichtige Frage bei der persönlichen Vorstellung bei uns. »Uns« meint hier ein Mitglied der Schulleitung, der Koordination des freien Trägers bei Schulhelfer*innen bzw. des öffentlichen Diensts bei Betreuer*innen und im Idealfall ein Teammitglied der Klasse, die eine Unterstützung durch Schulassistenz benötigt. Ein weiterer relevanter Aspekt ist die Einstellung zur Teamarbeit. Sicher kann ein Vorstellungsgespräch nicht die Erfahrung der praktischen Arbeit im multiprofessionellen Team vorwegnehmen, aber es kann sondiert werden, inwiefern sich zwischen den zukünftig kooperierenden Personen auf der Ebene von Werten, Zielen, Arbeitsweisen und Erwartungen an die Kooperation Passungsverhältnisse andeuten (Lindmeier zu Organisationslogik in diesem Band).

Betreuer*innen werden in einem meist überbezirklichen Verfahren durch mehrere Schulleitungen ausgewählt. Erst mit dem Auswahlverfahren wird die Anzahl der Bewerber*innen bekannt. Im Vorfeld kann es durch Initiativbewerbungen schon zu Vorgesprächen zwischen der Schulleitung und den Bewerbenden gekommen sein. Die Bewerbungsgespräche sind zeitlich auf max. 15 Minuten begrenzt und bieten bei mehreren interessierten Schulen nicht die Gelegenheit, grundsätzliche Haltungen zu befragen. Seit den letzten Schuljahren ist zu beobachten, dass die Anzahl an Bewerber*innen stark sinkt und qualifizierte Bewerber*innen von mehreren Schulen angefragt werden. Wünschenswert ist ein Vorkontakt zum*zur Bewerbenden, da somit im Vorfeld in einem individuellen Bewerbungsgespräch geklärt werden kann, ob die Eignung vorliegt. Da die Einstellung von neuen Lehrkräften vor dem Schuljahresbeginn Vorrang hat, wird der Auswahlprozess meist erst kurz vor Ende des Schuljahres oder auch zu Beginn des neuen Schuljahres durchgeführt. Diese Verzögerung wirkt sich mitunter negativ auf den Startprozess zum Anfang des Schuljahres aus. Teamabsprachen, Planungsbesonderheiten, individuelle Übergaben zu Schüler*innen im Autismus-Spektrum haben dann bereits stattgefunden und lassen sich auch nicht in gleicher Weise durch eine gute schriftliche Dokumentation nachvollziehen, sondern sind oftmals an den kommunikativen Austausch im persönlichen Gespräch gebunden. Im Vergleich zur Einstellung von Betreuer*innen gestaltet sich der Prozess bei Schulhelfer*innen zwar etwas flexibler, da der freie Träger auch unterjährig individuelle Auswahlverfahren durchführen kann, bspw. bei Nachbesetzung von offenen Schulhelfer*innenstunden. Dennoch ist die wünschenswerteste Option bei der Neubesetzung von Stellen ein Start zu Beginn des Schuljahres.

Bezugnehmend auf das Rahmenkonzept für Schwerpunktschulen im inklusiven Schulsystem möchte ich auf die Besonderheit der personellen Ausstattung beim Förderschwerpunkt Autismus hinweisen. Darin heißt es: »Beim Einsatz von Pädagoginnen und Pädagogen sowie des unterstützenden Personals ist auf personale Kontinuität zu achten« (SenBJW 2018, 13). Das sich sehr verjüngende Personal (Berufseinsteiger*innen ohne oder mit nur wenig Erfahrung) und der Fachpersonalmangel stellen momentan die größten Herausforderungen für die Planung konstanter multiprofessioneller Teams dar. Eine längere Begleitdauer für die Schüler*innen durch Schulassistenz ist wünschenswert, doch nach meiner Beobachtung ist schon die Begleitung durch dieselbe Assistenzkraft während zwei bis drei Schuljahren mittlerweile ein Idealfall. Fest eingestellte Betreuer*innen könnten die gesamte Grundschulzeit (sechs bis sieben Jahre) begleiten, damit entsteht in der Regel ein lebendiges Kompendium zum Wissen um eine oder mehrere Schüler*innen im Autismus-Spektrum. Auch das persönliche Kennen der Unterstützenden im familiären Umfeld des*der autistischen Schülers*Schülerin gehört dazu. Ist der Kontakt zum außerschulischen Unterstützungssystem regelmäßig, können Probleme schnell und unkompliziert angesprochen und gemeinsam Lösungen gesucht werden (vgl. 4.3).

4.2 Multiprofessionelle Zusammenarbeit im Team

Im Idealfall hat der*die Betreuer*in oder der*die Schulhelfer*in vor der Einstellung im zukünftigen Team hospitiert. Durch die im Team arbeitenden Lehrkräfte haben die Koordinatorin und ich als Schulleitung eine Rückmeldung erhalten, ob die Zusammenarbeit grundsätzlich vorstellbar ist. Im günstigsten Fall wird hier auch im Vorfeld der Einstellung die Interaktion mit den autistischen Schüler*innen beobachtet. So haben wir für Hospitationen einen Leitfaden erstellt, der die Hospitierenden anleitet, eine angemessene Zurückhaltung und Beobachtung im Klassensetting zu zeigen. Fragen und Beobachtungshinweise können im Anschlussgespräch ohne Anwesenheit von Schüler*innen separat geklärt werden.

Für alle im Team Mitarbeitenden ist eine Teamstunde pro Woche verbindlich, die ca. 40 bis 60 Minuten dauert. Für Betreuer*innen und Schulhelfer*innen kommt diese Zeit aus ihrem Stundendeputat, in welchem Zeit für die sog. mittelbare pädagogische Arbeit veranschlagt wird. Der Stundenumfang von Schulhelfer*innen ist im Allgemeinen geringer, doch auch ihnen ist die Teilnahme möglich, da sie zum Ausgleich der langen Schulferien während der Schulzeit Stunden vorarbeiten. Schwierig wird es, wenn der*die Schulhelfer*in in verschiedenen Klassen eingesetzt ist. Hier gibt es demzufolge eine Zuordnung zu einem Kernteam. Wichtige Informationen zum autistischen Kind erfolgen dann durch Übergabegespräche.

Es ist ein wichtiger Faktor gelingender Zusammenarbeit, die etablierten Ressourcen und Verbindlichkeiten für jedes Team zu nutzen. Verbindlich sind die Teilnahme an der wöchentlichen Teamstunde sowie die Vorbereitung und Teilnahme an den Unterstützerkreisen (vgl. 4.3). Entscheidet sich ein Team für Supervision, ist auch hier die Schulassistenz dabei. Möglich sollte zukünftig auch eine Austauschrunde im Sinne einer Fachkonferenz unter den Betreuer*innen und Schulhelfer*innen werden. Diese Teamzeit wird bei beiden Berufsgruppen in ihren Plan integriert, denn ein gelungener Austausch zur pädagogischen Arbeit stärkt die Arbeit am Kind/Jugendlichen.

Für jedes Team der Schule gibt es pro Halbjahr einen Teamtag, an dem die Förderpläne besprochen und die präzise Aufgabenverteilung im Team geklärt werden. Hier gilt es, alle Teammitglieder in die täglichen Abläufe und Formen der Unterstützung zu integrieren.

Die Aufteilung der Verantwortung auf mehrere Schultern – Schulhelfer*innen, Betreuer*innen sowie aufgrund des Ganztagsangebots Erzieher*innen – schafft für die autistischen Schüler*innen eine gemeinsame Herangehensweise an die herausfordernden Situationen im Schulalltag und wirkt präventiv, wenn es zum krankheitsbedingten Ausfall eines Teammitglieds kommt. Mitunter zeigt sich eine fehlende Zusammenarbeit der unterschiedlichen Professionen dadurch, dass die Zeit für Absprachen nicht genutzt wird und Wechselwünsche von Teammitgliedern zum neuen Schuljahr geäußert werden.

Wir haben uns im Schuljahr 2021/22 erstmals für einen Studientag zum Thema »Arbeit in multiprofessionellen Teams« entschieden und dabei miteinander festgestellt, dass die Absprachezeiten (Teamzeiten) viel länger und häufiger sein könnten. Gleichermaßen sollten die Absprachezeiten sinnvoll genutzt werden, bspw. durch einen verabredeten Ablauf der Teamsitzung und des Teamtages. Viele Teams führen für jede Teamsitzung Protokolle; z. T. sogar digitalisiert verfügbar. Jedes Team hat in der Regel einen gemeinsamen Schnellaustausch mittels eines Messenger-Dienstes. So kann frühzeitig ein Ersatz gesucht werden, wenn Personal ausfällt.

Insgesamt lässt sich aus meiner Sicht für die Arbeit in multiprofessionellen Teams feststellen, dass bei den Lehrkräften hier eine besondere Führungsrolle liegt, das Team zu leiten, auf den genauen Einsatz der Betreuer*innen und Schulhelfer*innen zu achten und diese in die Arbeit mit den Schüler*innen und den professionellen Umgang bei herausfordernden Situationen einzubeziehen. Hier besteht oftmals der Wunsch der Lehrkräfte nach einer Teamkonstellation von maximal vier bis sechs Personen, damit Absprachen zielgerichtet umgesetzt werden können. Allerdings ist ein Großteil des Kollegiums der Temple-Grandin-Schule in Teilzeit beschäftigt, sodass dieser Wunsch sich nicht erfüllen lässt und die Teams in der Regel aus sechs bis acht Personen bestehen.

4.3 Teilnahme an Unterstützerkreisen

Die Beteiligung an den Unterstützerkreisen illustriert die Rolle der Betreuer*innen und Schulhelfer*innen im Team und für die Förderplanung. Im Schulprogramm ist, angelehnt an die Ausarbeitungen von Schatz und Schellbach (2009), zur Durchführung von sogenannten »Unterstützerkreisen« die hohe Relevanz der partnerschaftlichen Kooperation mit den Erziehungsberechtigten verankert. Es ist davon auszugehen, dass Familien mit Kindern im Autismus-Spektrum von Beginn an Kontakt zu verschiedenen pädagogischen und therapeutischen Fachkräften mit ihren jeweiligen Ratschlägen und Fachmeinungen haben. Daher werden die Familie des Kindes und die pädagogischen und therapeutischen Unterstützer*innen von Seiten der Schule ein- bis zweimal im Jahr zur Vernetzung im Rahmen von Unterstützerkreisen eingeladen. Dabei handelt es sich um

> »ein strukturiertes Verfahren, in dem alle Unterstützer des Kindes über den momentanen Lebenskontext des Kindes sprechen und in einen Austausch über langfristige Wünsche und Ziele treten. Hauptanliegen ist jedoch, kurzfristige Förderziele zu vereinbaren, deren Umsetzung zu koordinieren und Aufgaben zu verteilen. Das Aufzeigen konkreter Aufgaben- und Zielstellungen, verbunden mit der Absprache von Umsetzungsmöglichkeiten, verdeutlicht das gemeinsame, ganzheitliche Vorgehen und soll die Förderung intensivieren« (Schulprogramm 2014; Schatz & Schellbach 2009, 29).

Unterstützerkreise sind gleichzeitig auch ein interner Fortbildungsinhalt, den die Schule allen Kolleg*innen anbietet, soweit es zeitlich und finanziell möglich ist.

4.4 Fort- und Weiterbildungsmöglichkeiten zu Autismus

In jedem Bezirk Berlins steht ein schulpsychologisches und inklusionspädagogisches Beratungs- und Unterstützungszentrum (SIBUZ) mit Schulpsycholog*innen, Beratungs- und Diagnostikkräften, Sozialarbeiter*innen und speziellen Ambulanzlehrkräften zu verschiedenen Förderschwerpunkten wie bspw. Autismus zur Verfügung. Hier kann über die regionale Fortbildung ein Einführungs- und Aufbaumodul zu Autismus regelmäßig gebucht werden. Bei einer hohen Anzahl von Interessent*innen aus unserer Schule – auch Schulhelfer*innen und Betreuer*innen können teilnehmen – findet es gelegentlich auch in der Schule statt.

Bevor ein Schuljahr beginnt, finden in der Schule für Lehrkräfte verbindlich und das weitere pädagogische Personal freiwillig Präsenztage am Ende der Sommerferien statt. Dazu hat sich das Kollegium der Temple-Grandin-Schule selbstständig verpflichtet und es wird planerisch durch die Schulleitung und Koordination weitestgehend ermöglicht. Im Rahmen dieser Präsenztage wird durch die Schule regelmäßig ein Vortrag oder Workshop zum Thema Autismus angeboten. Wir hatten z. B. mehrfach die Künstlerin und Selbstvertreterin Gee Vero zu Gast und im Jahr 2022 referierte Dr. Mechthild Richter, wissenschaftliche Mitarbeiterin in dem von Prof. Dr. C. Lindmeier geleiteten Arbeitsbereich »Pädagogik bei kognitiven Beeinträchtigungen und Pädagogik im Autismus-Spektrum« der Martin-Luther-Universität Halle-Wittenberg. Diese Vorträge sind für das gesamte pädagogische Personal und auch die Eltern offen und bieten somit auch Betreuer*innen und Schulhelfer*innen die Möglichkeit einer freiwilligen Fortbildung.

Es ist ein wichtiger Faktor gelingender Zusammenarbeit, die etablierten Ressourcen und Verbindlichkeiten für jedes Team zu nutzen. Hinzu kommen Angebote des freien Trägers für die bei ihm angestellten Schulhelfer*innen, wie bspw. ein Abteilungstag, der zum Thema Autismus stattfinden kann. Insgesamt betrachtet wäre es hilfreich, wenn es Angebote für verbindliche Fort- und Weiterbildungen von Seiten der Senatsverwaltung für Bildung, Jugend und Familie gäbe, die in einem Zeitraum absolviert werden müssen. Im Laufe der Schulplanung bedeutete das wiederum, einen zeitlichen Ausfall der Schulassistenz in einer oder mehreren Klassen kompensieren zu müssen. Grundsätzlich unterstützt die Schulleitung der Temple-Grandin-Schule die fortbildungsbereiten Kolleg*innen. Wenn die Fortbildungen rechtzeitig mit der Schulleitung und dem Team abgesprochen sind, findet sich meist eine geeignete Person, um die Kolleg*innen zu vertreten.

Als Schulleitung begegnet uns nach den Einstellungsverfahren im täglichen Arbeitsprozess sehr unterschiedlich motiviertes Personal. Hier entstehen Chancen, besondere Fähigkeiten zu unterstützen, bspw., wenn sich ein*e Schulhelfer*in entscheidet, ein Pädagogikstudium aufzunehmen. So auch im Fall einer derzeit eingestellten Schulhelferin, die aufgrund der zeitlich eingeschränkten Beschäftigung im wöchentlichen Stundenumfang diese Tätigkeit mit einem Studium der Sonderpädagogik vereinbaren kann; dadurch verbinden sich nahezu täglich Theorie und Praxis. Im Rahmen der Betreuer*innenstellen gibt es nur eine mit persönlichen Einbußen verbundene Möglichkeit für einen Aufstieg, nämlich durch eine Reduzierung der Stelle und eine berufsbegleitende Weiterbildung zum*zur Erzieher*in. Auch diese Form der berufsbegleitenden Ausbildung zum Erzieher wurde einem an der Temple-Grandin-Schule tätigen Betreuer ermöglicht.

Ein guter Weg, wie autismusspezifische (pädagogische) Handlungsweisen innerhalb der Schule weitergegeben werden können, stellt die Hospitation von Betreuer*innen und Schulhelfer*innen in den Kleinklassen der Schule dar, in denen ausschließlich autistische Schüler*innen beschult werden. Das Erfahrungswissen der Lehrkräfte und Mitarbeitenden kann bspw. für die inklusiven Grundschulklassen adaptiert werden. Oftmals lässt der Schulalltag ein regelmäßiges Hospitieren jedoch nur zu, wenn ein*e zu betreuende*r autistische*r Schüler*in länger abwesend ist.

5 Fazit

Seit mehr als zwanzig Jahren arbeite ich bereits an Berliner Schulen und die gerade in den letzten Jahren einsetzende Personalknappheit, verbunden mit einer hohen Dynamik des Personals, führt zu immer neu zusammenzustellenden Teams. Je länger ein Team miteinander arbeitet und somit Zeit in die Aushandlung gemeinsamer Arbeitsweisen, Zuständigkeiten und Zielvorstellungen investiert, desto besser ist in der Regel auch die Schulassistenz integriert, wodurch sie die Teilhabe der Schüler*innen im Autismus-Spektrum wirksamer unterstützen kann.

Es kann wichtig sein, dass der*die einzelne Schüler*in von einer Schulassistenzkraft von der Einschulung bis zum Ende der Grundschulzeit (6. Klasse in Berlin) begleitet wird. Dann wechselt der*die Betreuer*in vom Team des jahrgangsübergreifenden Lernens in den ersten bis dritten Klassen in das weiterführende Team für die vierten bis sechsten Klassen und ist somit eine Ressource, die ein Wissen um die Bedürfnisse des*der Schüler*in mitbringt. Das gleiche gilt für den Einsatz der Schulhelfer*innen. Andererseits setzte diese langjährige Begleitung eine hohe Flexibilität bei Schulassistenzkräften voraus, denn mit der langjährigen Begleitung kann auch die Anforderung hinsichtlich unterrichtlicher Unterstützung steigen oder muss sukzessive stärker fachlich bzw. sonderpädagogisch gelöst werden. Bereits eine Begleitung über drei Schuljahre ist ein zeitlicher Rahmen, der den Aufbau einer verlässlichen Beziehung erlaubt; ein Wechsel der Bezugspersonen ist zugleich ein Schritt, eine neue Form von Begleitung oder, wie Temple Grandin sagt, eine andere Art des Denkens kennenzulernen. Hiermit ist die Hoffnung verbunden, dass der Unterstützungsbedarf durch eine Person für den*die Autist*in abnimmt und diese*r ein höheres Maß an Selbstständigkeit erreicht.

Da bei uns die Schüler*innen aus einer den ersten bis dritten Jahrgang übergreifenden Klasse in eine den vierten bis sechsten Jahrgang übergreifende Klasse wechseln, ist immer die Gruppe an Schüler*innen des gleichen Jahrgangs als konstante Größe dabei, sodass alle Schüler*innen in den nahezu gleichen Bezugsgruppen lernen. Das ist ebenfalls sehr unterstützend bei dem Wechsel der Klasse oder des*der Betreuers*Betreuerin oder Schulhelfers*Schulhelferin.

Die momentan schwierige Personalsituation macht sowohl die Suche nach geeigneten Schulhelfer*innen als auch Betreuer*innen zu einer langwierigen Herausforderung. Von einer erfolgreichen personellen Besetzung kann m. E. dann gesprochen werden, wenn eine tragfähige, professionelle Verbindung zwischen Schulhelfer*in bzw. Betreuer*in und autistischem*autistischer Schüler*in entsteht – eingebettet in ein multiprofessionelles Klassenteam. Dies gilt ebenso wie eine Identifikation mit den Leitgedanken der Schule:

> »Wir verstehen unsere Schulgemeinschaft als einen verlässlichen und vertrauensvollen Ort, an dem allen Menschen Wertschätzung entgegengebracht wird und die Rechte aller respektiert werden. Wir empfinden das Unterschiedlich Sein aller als eine Bereicherung.« (Auszug aus dem im Mai 2023 beschlossenen, bisher unveröffentlichten Leitbild der Schule)

Schulhelfer*innen und Betreuer*innen, die wir durch die beschriebene Teamarbeit und Fortbildung zu unterstützen suchen, sind ein Teil dieser Vielfältigkeit. Sie sind wichtig für die Unterstützung von Autist*innen im Schulalltag, wenn sie eingebunden sind in ein multiprofessionelles Team. Ohne eine gelungene Einbindung entsteht kein inklusives Lernsetting für die autistischen Schüler*innen.

Literatur

Booth, T. & Ainscow, M. (2019). *Index für Inklusion. Ein Leitfaden für die Schulentwicklung.* Hrsg. und adaptiert von Bruno Achermann, Sonja Amirpur, Marie-Luise Braunsteiner, Heidrun Demo, Elisabeth Platz & Andrea Platte (2. korrigierte und aktualisierte Aufl.). Beltz.

(FAG) Facharbeitsgruppe »Autismus« (Hrsg.) (2014). *Bericht der FAG »Autismus« zum Bedarf für die schulische Förderung von Schülerinnen und Schülern mit dem Förderschwerpunkt Autismus im Hinblick auf eine inklusive Schule.*

Homepage der Temple-Grandin-Schule (2019). https://www.temple-grandin-schule.de [29.12.2022]

Schatz, Y. & Schellbach, S. (2009). *Unterstützerkreise.* Kleine Wege.

Schulgesetz für das Land Berlin (Schulgesetz – SchulG) vom 26. Januar 2004. Abschnitt V Sonderpädagogische Förderung § 37a Inklusive Schwerpunktschule. Gesetz- und Verordnungsblatt für Berlin (GVBl) 2018, 710.

(SenBJF) Senatsverwaltung für Bildung, Jugend und Familie (Hrsg.) (2017). *Leitfaden zur Feststellung sonderpädagogischen Förderbedarfs an Berliner Schulen.*

(SenBJF) Senatsverwaltung für Bildung, Jugend und Familie (Hrsg.) (2021). Stellenausschreibung. Tarifbeschäftigte/r (w/m/d).

(SenBJF) Senatsverwaltung für Bildung, Jugend und Familie (Hrsg.) (2022). *Verwaltungsvorschriften für die Zumessung der Erzieherinnen und Erzieher, Sozialarbeiterinnen und Sozialarbeiter, Pädagogische Unterrichtshilfen sowie Betreuerinnen und Betreuer (weiteres pädagogisches Personal) an öffentlichen allgemein bildenden und beruflichen Schulen sowie Internaten ab Schuljahr 2022/23.* Verwaltungsvorschrift Nr. 10/2022.

(SenBJW) Senatsverwaltung für Bildung, Jugend und Wissenschaft (Hrsg.) (2012). *Verwaltungsvorschrift Schule Nr. 7/2011 (VV Schulhelfer).* https://www.berlin.de/sen/bildung/schule/rechtsvorschriften/mdb-sen-bildung-rechtsvorschriften-vv_schulhelfer.pdf [19.07.2023]

(SenBJW) Senatsverwaltung für Bildung, Jugend und Wissenschaft (Hrsg.) (2013a). *Handlungsrahmen Schulqualität in Berlin. Qualitätsbereiche und Qualitätsmerkmale.* https://www.berlin.de/sen/bildung/unterricht/schulqualitaet/mdb-sen-bildung-schulqualitaet-handlungsrahmen_schulqualitaet.pdf [12.10.2023]

(SenBJW) Senatsverwaltung für Bildung, Jugend und Wissenschaft (Hrsg.) (2013b). *Leitfaden zur Feststellung sonderpädagogischen Förderbedarfs an Berliner Schulen. Ergänzungslieferung Autismus (2014).*

(SenBJW) Senatsverwaltung für Bildung, Jugend und Wissenschaft (Hrsg.) (2018). *Rahmenkonzept für Schwerpunktschulen im inklusiven Schulsystem.* https://www.berlin.de/sen/bildung/schule/inklusion/fachinfo/2018_rahmenkonzept_schwerpunktschule.pdf?ts=1655987214 [04.01.2023]

Unterstützung von autistischen Schüler*innen durch Schulassistenz an einer Schule mit dem Förderschwerpunkt Geistige Entwicklung – Interview mit einer Lehrkraft

Johanna Langenhoff & Katja Domhof

Bei dem folgenden Beitrag handelt es sich um ein Interview mit der Sonderpädagogin Katja Domhof. Sie ist Lehrerin einer Förderschule in Niedersachsen. Die Schule besuchen Schüler*innen, die auf Grundlage von SGB IX *Rehabilitation und Teilhabe von Menschen mit Behinderungen* Schulassistenz erhalten. Im Fokus des Interviews stehen Möglichkeiten und Barrieren für die Gestaltung von Zusammenarbeit zwischen Lehrkräften und Schulassistenzen. Es werden konkrete Bereiche beschrieben, in denen Schulassistenzen die Teilhabe der (autistischen) Schüler*innen im Förderschulsetting unterstützen, sowie Rollen und Aufgaben der Akteur*innen reflektiert.

Welche Rolle spielt die Maßnahme Schulassistenz an Ihrer Schule und wie hat sich dies im Laufe der Jahre entwickelt?
Inzwischen spielt Schulassistenz eine recht große Rolle, wir haben zahlreiche Assistenzen bei uns in der Schule. Nicht nur Schüler*innen im Autismus-Spektrum erhalten zunehmend mehr Schulassistenz. In meine eigene Klasse geht ein Schüler mit Schulassistenz, es handelt sich aber nicht um den Schüler im Autismus-Spektrum. An unserer Schule haben mehr als die Hälfte der Schüler*innen mit Autismusdiagnose auch eine Schulassistenz.

Dass an der Förderschule immer mehr Schüler*innen eine Schulassistenz benötigen, fällt auf. Schüler*innen mit Assistenzbedarf können aufgrund von Personalmangel und abnehmender sonderpädagogischer Versorgung in der Inklusion immer schwieriger inklusiv beschult werden. Unsere Schule kann nicht einmal ein Drittel der benötigten Unterstützung an inklusiven Schulen abdecken. Im Zuge der Inklusion hat sich die Klassenzusammensetzung bei uns an der Förderschule so verändert, dass stärker beeinträchtigte Schüler*innen bei uns bleiben. Sie brauchen häufiger Schulassistenz. Früher wurde versucht darauf zu achten, dass maximal ein Schüler oder eine Schülerin pro Klasse Schulassistenz erhält. Das geht aber nicht mehr. Die kleinen Klassenräume unserer Schule werden immer voller.

Ich selber habe vor fünf Jahren mein Referendariat abgeschlossen und bin seitdem als fertig ausgebildete Lehrerin an der Schule tätig. In den letzten fünf Jahren wurde die beschriebene Entwicklung deutlich spürbar.

Welche Erfahrungen haben Sie in der Zusammenarbeit mit Schulassistenzen gemacht?
Ich habe unterschiedliche, aber zum Glück überwiegend positive Erfahrungen gemacht. Es gibt Schulassistenzen, die pädagogisches Fachwissen mitbringen, das sie auch einsetzen können. In meiner Klasse klappt es hervorragend. Einige Schulas-

sistenzen zeigen aber ein schwieriges pädagogisches Handeln. Wenn es einmal unterschiedliche Ansätze gibt, man aber das Gespräch sucht und erklärt, wie man es sieht, sind die meisten Assistenzkräfte in der Lage, darauf zu reagieren und ihr Handeln dahingehend zu verändern – jedoch nicht alle. Manchmal kann man viele Gespräche suchen, ohne dass sich im Handeln etwas ändert.

Inwiefern bestehen an Ihrer Schule Teamstrukturen zur Kooperation mit Schulassistenzen?
Feste Strukturen oder einen Leitfaden für die Kooperation mit Schulassistenzen gibt es bei uns offiziell nicht. Jede Lehrkraft muss das Vorgehen eigenverantwortlich entscheiden. Auch regelmäßiger Austausch ist nicht vorgegeben. Dieser ist schwierig möglich, da Schulassistenzen Gespräche mit Lehrkräften außerhalb des Unterrichts nicht vergütet bekommen. Es wäre ja schön, wenn sie bei Teambesprechungen oder Ähnlichem dabei sind, doch wegen der fehlenden Bezahlung hängt es von der jeweiligen Schulassistenz ab, ob sie in ihrer Freizeit teilnimmt oder nicht. Das, finde ich, ist ein großes Problem. Schulassistenzen kriegen über den Unterricht hinaus wenige Minuten bezahlt. In dieser kurzen Zeit lässt sich kein effektives Gespräch führen.

Auch in der Pause kann man sich selten zu einem Gespräch treffen. Offiziell haben Schulassistenzen keine Pause, weil unsere Schüler*innen eben fast zu 100 Prozent auch in dieser Zeit Begleitung brauchen. Ab und zu sprechen Lehrkräfte und Schulbegleitung draußen auf dem Schulhof, wenn die Lehrkraft Aufsicht hat. Das läuft dann allerdings stark nebenher, weil parallel ganz viele andere Interaktionen und Prozesse laufen, die man im Blick behalten muss. Es ist also sehr schwierig, Kooperationsstrukturen zu etablieren, weil die nötige Zeit vom Gesetzgeber gar nicht vorgesehen ist. Deswegen steht und fällt es mit der Schulassistenz und ihrer persönlichen Bereitschaft. In der Regel sind Schulassistenzen zum Austausch bereit oder man schafft es irgendwie, sich nebenbei abzusprechen. Aber es gibt eben auch diejenigen, die sagen: »Das ist nicht meine Aufgabe, ich bekomme das nicht bezahlt und ich bin jetzt weg.«

Die Schulassistenz in meiner Klasse – übrigens ein Mann – und ich sprechen nach dem Unterricht. Er achtet da nicht so auf jede Minute und wir geben ihm auch die Möglichkeit, zwischendurch mal den Raum zu verlassen und eine Pause zu machen. In Essenssituationen braucht der Schüler nämlich weniger Begleitung durch eine Einzelperson. Der Austausch ist notwendig, denn häufig lernen Schüler*innen auch außerhalb des Klassenraums. Als Lehrkraft bekomme ich in diesen Situationen nicht mit, was passiert oder ob es Probleme, Konflikte oder eben auch schöne Begebenheiten gibt. Das möchte ich jedoch erfahren und kann dieses Wissen ja auch nutzen, zum Beispiel, um Zeugnisse für die Schüler*innen zu schreiben. Als Lehrkraft habe ich nicht immer die Möglichkeit, alles zu beobachten. Selbst im Klassenraum bekommt die Person, die immer direkt daneben sitzt, mehr mit.

Zielvereinbarungen über die konkreten Unterstützungsbedürfnisse von Schüler*innen lassen sich über die bei uns eingesetzten Förderpläne transparent machen. Ich finde persönlich sehr wichtig, dass die Schulassistenzen wissen, was im Förderplan steht und was das kurz- oder langfristige Ziel für das von ihnen begleitete Kind ist. In Förderplangespräche beziehen Lehrkräfte Schulassistenzen so ein, wie sie es für nötig halten. Auch hier ist es personenabhängig, ob eine Schulassistenz teilnimmt und ob sie sich mit eigenen Ideen einbringt. Überwiegend laufen die Förderplangespräche aber ohne die Schulassistenzen zwischen den Lehrkräften und pädagogischen Fachkräften. Förderziele werden sehr kleinschrittig formuliert und es kommt vor, dass darin »mithilfe der Schulassistenz« steht. Die präzise Art und Weise der Umsetzung des Ziels durch eine Schulassistenz wird im Förderplan hingegen nicht festgehalten. Neben den Förderplänen gibt es Notfallpläne, in denen grundsätzlich festgehalten wird, was für ein begleitetes Kind wichtig ist und inwiefern schwieriges Verhalten besteht. Auf diese Weise kann bei Krankheit einer Assistenz jemand einspringen, ohne dass immer wieder alles erneut detailliert erzählt werden muss. Stattdessen kann man der Vertretung einfach eine Mappe aushändigen und diese sich selber einen groben Überblick verschaffen. Alles Weitere findet dann in Gesprächen statt. Das sind »Zwischen-Tür-und-Angel«-Gespräche, anders ist es nicht möglich.

Es gab auch die spannende Idee, einen Schulassistenz-Pool an der Schule zu bilden. Dann kennen die Schüler*innen die verschiedenen Kräfte ein bisschen, was in Krankheitsfällen hilfreich ist. Dazu gab es einen regen Austausch zwischen den Schulassistenzen. Die Pool-Idee wurde letztlich aber wieder verworfen, da die an ein Kind gebundene Beantragung der Maßnahme die Organisation des Pools erschwert. Strukturelle Veränderungen brauchen sehr viel Zeit. Man benötigt für die Praxis erst einmal interne Konzepte und die müssen ausgearbeitet werden. An unserer Schule herrscht jedoch chronischer Personalmangel. Ein Grund ist die unattraktive Lage unserer Schule jenseits der Innenstadt. Der Busfahrplan richtet sich nach den Regelschulen. Das führt durchaus zu dem Gefühl, als Förderschule Geistige Entwicklung systematisch benachteiligt zu werden. So kommen mitunter Lehrkräfte zu uns, die ursprünglich an anderen Schulen arbeiten wollten und womöglich weniger motiviert sind, sich aktiv an Schulentwicklung zu beteiligen.

Wie gestaltet sich der Einsatz einer neuen Schulassistenz an Ihrer Schule?
Natürlich wird den betreffenden Schüler*innen vorher Bescheid gesagt, dass bald jemand kommt, der oder die sich dann kümmert. Man beschreibt, wie es ungefähr laufen wird. Da wir aber nicht wissen, wer kommt, können wir die Schüler*innen nicht auf die Person vorbereiten. Genauso wie sie müssen wir uns überraschen lassen. Wenn die Assistenzkraft da ist, wird sie in der Klasse vorgestellt, ganz unaufgeregt. Also: »Ich bin Frau oder Herr Soundso und bin jetzt hier, um den und den zu unterstützen«. Und dann lernt man sich eben kennen und meist läuft es ganz gut.

Wenn die Chemie zwischen der Schülerin oder dem Schüler und Schulassistenz stimmt, lassen sich positive Entwicklungen im Verhalten beobachten, zum Beispiel weniger Autoaggressionen, ein längeres Aushalten im Klassenraum und die Teilnahme am gemeinsamen Unterricht. Natürlich kann nicht schon nach einer Woche festgestellt werden, ob es passt. Erst nach einer Zeit der Gewöhnung kann ich einschätzen, ob sich eine Beziehung entwickelt. Als Lehrkraft weiß ich, wie die Schüler*innen drauf sind, und merke, wenn sie unausgeglichen sind oder sich schwierige Verhaltensweisen häufen. Anfangs wollen Schüler*innen in der Unterstützungssituation meist Grenzen austesten, um herauszufinden, ob die Person verlässlich reagiert und sie ihr wirklich vertrauen können. In Vertretungssituationen eskaliert es deshalb sehr häufig. Aber es ist natürlich auch keine zufriedenstellende

Lösung, wenn der Schüler oder die Schülerin zuhause bleiben muss. Deshalb wird ausprobiert, ob es mit der Vertretung vielleicht doch klappt oder die pädagogische Fachkraft dann die Schulassistenzrolle übernehmen kann, während sich die Assistenz um die Klasse kümmert. Meiner Erfahrung nach beginnen gerade Schüler*innen im Autismus-Spektrum mit dem Austesten der Grenzen von der ersten Minute an. Sie fahren dann ihr gesamtes Repertoire an Verhaltensweisen auf. Vorrangig wird ausprobiert, was passiert, wenn sie ihrem Gegenüber mit Aggressionen begegnen. Dann liegt es an der Schulassistenz, insbesondere im Kontext Autismus mit klarer Ansprache und transparenten Konsequenzen ohne Ausnahmen zu reagieren. Es braucht eindeutige Strukturen und eine definierte Grenzsetzung. Körperliche Angriffe müssen abgewehrt werden, zum Selbstschutz notfalls auch durch Festhalten. Die Reaktionen müssen im Klassenteam abgesprochen sein und dürfen sich nicht personenabhängig unterscheiden. Wir nutzen Belohnungssysteme, an denen auch die Schulassistenzen beteiligt sind.

Telefonate finden im Vorfeld des Einsatzes neuer Schulassistenzen nur selten statt, besonders nicht, wenn es um Vertretungskräfte geht. Häufig kommen neue Assistenzen am ersten Tag erst zu Unterrichtsbeginn. Mit Glück kommen sie schon etwas früher, sodass man schon mal ein paar Worte sagen kann. Ansonsten muss alles nebenbei laufen, im Beisein der Schüler*innen. Ein Anbieter organisiert es jedoch tatsächlich so, dass die Schulassistenzen die Möglichkeit haben, die Schüler*innen unserer Schule vorab kennenzulernen. Die Assistenzkräfte können dann auch sagen, ob sie sich die Arbeit mit dem Schüler oder der Schülerin grundsätzlich vorstellen können. Auch den Schüler in meiner Klasse haben zunächst drei Personen kennengelernt und dann gesagt: »Das kann ich mir nicht vorstellen«. Wir hatten aber zu dieser Zeit schon eine Assistenz im Haus, die allerdings noch einen anderen Schüler begleitete. Es war bekannt, wann er wieder zur Verfügung stehen würde. Als Klassenteam haben wir dann ein dreiviertel Jahr darauf gewartet, weil wir es besser fanden, zu wissen, wer kommt. So haben wir dem Schüler, in dessen Fall das Verhalten ohnehin schon sehr schwierig ist, weitere Wechsel von Assistenzkräften erspart. Das Warten hat sich gelohnt, die Übergangszeit ohne Schulassistenz war jedoch sehr schwer. Die pädagogische Fachkraft und ich haben damals die altersübergreifende fünfte und sechste Klasse neu übernommen. Letztlich war ich in der Übergangszeit mit dem Schüler draußen und die Fachkraft musste den Unterricht machen, weil sie auch nicht so gut mit dem Schüler zurechtkommt. Deswegen blieb nur ich, das war schwierig. Denn meine Aufgabe besteht nicht darin, mit einem Schüler draußen zu sein, sondern im Unterrichten der Klasse.

Leider besteht diese Möglichkeit, dass eine potenzielle Assistenzkraft im Vorfeld hospitiert, selten. Meist kommt irgendwer und entweder klappt es dann oder es klappt nicht. Wenn es gar nicht klappt, müssen wir als Lehrkräfte beim Anbieter Bescheid sagen. Es ist schon vorgekommen, dass wir gesagt haben: »Das geht so nicht, wir brauchen jemand anderes«.

Welche Situationen haben dazu geführt, dass sich gegen den weiteren Einsatz einer Schulassistenzkraft entschieden wurde?
Die eingesetzte Schulassistenz hat sich nicht ausreichend um den Schüler gekümmert, im Unterricht ständig telefoniert und ist weder auf die Bedürfnisse des

Schülers eingegangen noch auf die seiner Mitschüler*innen. Man kann im Unterricht nicht telefonieren, erst recht nicht jeden Tag und stundenlang. Diese Schulassistenz hat sich einfach um ihre persönlichen Belange gekümmert und keinen Schulassistenz-Job gemacht. Das haben wir dem Anbieter gemeldet, über den sie angestellt war. Wir haben die Rückmeldung erhalten, dass dieses Problem schon öfter vorgekommen und es gut sei, Bescheid zu sagen. Diese Assistenzkraft durfte dann nicht mehr kommen. Darüber hinaus hielten wir ihren Umgang mit den Corona-Vorsichtsmaßnahmen und der Testpflicht für intransparent und wenig verantwortungsvoll. Solche Probleme kommen leider tatsächlich vor.

Inwiefern besteht darüber hinaus Kontakt zwischen Schule bzw. Lehrkräften und Anbietern oder auch Trägern von Schulassistenz?
In unserer Schule sind Assistenzen unterschiedlicher Anbieter tätig. Als Lehrkräfte haben wir eigentlich so gut wie gar keinen Kontakt zu den Anbietern, weil rechtlich gesehen die Eltern die Maßnahme beantragen. Ein Anspruch von Lehrkräften auf Austausch mit den Anbietern besteht nicht. Selbstverständlich kann man sich trotzdem kümmern und anrufen. Einige Eltern sind nicht in der Lage, einen Antrag zu stellen, trotzdem brauchen die Schüler*innen Schulassistenz. In diesen Fällen übernehmen wir Lehrkräfte die Beantragung, die Eltern unterschreiben, und dann treten wir auch in Kontakt mit den Anbietern. Wenn diese Eltern keine Unterstützung bei der Antragstellung erhalten, kommt auch keine Unterstützung für die Schüler*innen.

Nach der Beantragung der Maßnahme entstehen extrem lange Wartezeiten, meistens mindestens ein halbes Jahr. Ein Antrag wurde mit meiner Unterstützung im Dezember eingereicht, mit Schuljahresbeginn im September sollte der Schüler Begleitung erhalten. Ich dachte, alles wäre geregelt, und erfuhr erst am ersten Schultag durch ein Gespräch mit dem Anbieter, dass noch kein Bescheid über die Bewilligung vorliegt. Die Erziehungsberechtigten konnten sich nicht selber kümmern und haben mich entsprechend auch nicht informiert. Ich habe mich dann wutentbrannt beim Träger beschwert. Die Wartezeit wurde mit Corona begründet und erst zwei Wochen nach Schuljahresbeginn konnte Schulassistenz geleistet werden. Wenn die Anbieter eine Assistenz haben, schicken sie diese sofort los. Da wir aber wie gesagt eine Schule mit schlechter Anbindung an den öffentlichen Nahverkehr sind, entscheiden sich viele potenzielle Assistenzkräfte für andere Schulen. Wenige haben ein eigenes Auto oder sind bei der geringen Vergütung bereit, diesen Weg auf sich zu nehmen.

Wenn ein Antrag für Schulassistenz verlängert werden muss, schreiben die Schulassistenzen für ihren Arbeitgeber einen Bericht. Darin wird der aktuelle Stand beschrieben, sodass deutlich wird, ob die Maßnahme weiter notwendig ist oder nicht. Darauf haben wir Lehrkräfte keinen Einfluss. Ich kann nur meine Beratung zur Verfügung stellen und meine Meinung zum Unterstützungsbedarf sagen. Letztendlich entscheiden die Eltern, ob sie für ihr Kind eine Schulassistenz beantragen oder nicht. Doch wenn ein Schüler oder eine Schülerin ohne Schulassistenz aus Sicht der Lehrkräfte nicht beschult werden kann, willigen Eltern in der Regel irgendwann ein, Assistenz zu beantragen. Das wird über Klassenkonferenzen so entschieden. Es ist bereits vorgekommen, dass Schüler*innen drei Monate zuhause bleiben mussten, bevor die Eltern eingelenkt haben. Wir bestehen aber selbstverständlich nur auf eine Beschulung mit Assistenz, wenn es ohne einfach nicht geht, zum Beispiel aufgrund von Fremdaggressionen. Die Motive von Eltern, sich trotz eines deutlichen Bedarfs gegen eine Schulassistenz zu entscheiden, kann ich nicht nachvollziehen. Häufig handelt es sich um Eltern, die dem Lehrpersonal Vorwürfe machen. Man würde sich nicht vernünftig kümmern, zuhause sei das alles ganz anders. Ich vermute, manche Eltern von Kindern mit herausforderndem Verhalten haben Angst, dass es mit der Schulassistenz nicht funktioniert und es dann ewige Wechsel von Assistenzkräften gibt. Diese Unruhe könnte sich dann wiederum negativ im Verhalten ihres Kindes äußern und es wird für alle, besonders das Kind, sehr schwierig. Ob Eltern eine derartige Entscheidung gegen Schulassistenz bewusst oder unbewusst treffen, weiß ich nicht. Aber diese Befürchtung ist für mich ein Erklärungsansatz, warum sie Schulassistenz ablehnen könnten.

Wie gestaltet sich die Zusammenarbeit mit Eltern und Erziehungsberechtigten, wenn eine Schulassistenz eingesetzt wird?
Die Zusammenarbeit mit Eltern gestaltet sich sehr unterschiedlich. Einige Schüler*innen werden von Eltern zur Schule gebracht und abgeholt. Dann besteht jeden Tag Austausch mit ihnen. Auch die Schulassistenzen können dann nach der Schule mit Eltern sprechen, wenn sie diese Minuten noch zu investieren bereit sind. Einige Schulassistenzen begleiten Schüler*innen auch auf der Fahrt mit dem Beförderungsunternehmen und haben dann häufig zuhause Austausch mit den Eltern. Ansonsten werden Mitteilungshefte eingesetzt oder es wird auf den Talker, »Powerlink« oder »StepByStep« gesprochen, falls ein solches Medium genutzt wird. Wenn ein Schüler oder eine Schülerin nicht verbalsprachlich kommuniziert, übernimmt es häufig die Schulassistenz, aus Ich-Perspektive vom Schulalltag zu erzählen. Die Eltern können auf diese Weise von ihrem Kind erfahren, was in der Schule passiert ist. Darüber hinaus gibt es sicherlich Fälle, in denen Schulassistenzen mit Eltern über Messenger oder Telefon kommunizieren.

Für mich als Lehrkraft ist es hilfreich, die Assistenz als eine weitere Person um ihre Einschätzung zur Zusammenarbeit mit den Eltern bitten zu können. Ich habe noch nie festgestellt, dass der Kontakt zwischen Schulassistenz und Eltern zu eng oder störend für den Alltag in der Schule war. Auf der anderen Seite hat sehr geringer Elternkontakt auch keine Auswirkungen auf unseren Schulalltag. Mit den Eltern von Schüler*innen ohne zugewiesene Schulassistenz habe ich ja auch nicht jeden Tag Austausch.

Wie verändert sich die Unterrichtsituation für alle Beteiligten unter Einsatz einer Schulassistenz?
Es ist eine erwachsene Person mehr im Raum, die natürlich mit allen Schüler*innen der Klasse interagiert. Wenn zu viele erwachsene Personen anwesend sind, wird es anstrengend. Der Unterrichtsalltag verändert sich aber je nach Schulassistenz. Manchen Schulassistenzen reicht es gar nicht aus, sich nur um ein Kind zu kümmern. Sie sind dann eben Ansprechpartner*innen für alle und helfen auch anderen Schüler*innen, wodurch Entlastung entstehen kann. In einer Abschlussstufe hatten wir zum Beispiel einen Schüler im Autismus-Spektrum, der nicht erfahren sollte,

dass die Schulassistenz für ihn da ist. Sie hat ihn hier und da mal unterstützt, aber eben auch Mitschüler*innen. Es wurde befürchtet, dass dieser Schüler die personenbezogene Unterstützung sonst boykottiert. Daher haben wir es auf diese verdeckte Weise ausprobiert, was gut geklappt hat. Es handelte sich um eine Suche nach Lösungswegen am runden Tisch, wie dieser Schüler hier beschult werden kann, ohne dass eine Klassenkonferenz nach der anderen angesetzt werden muss. Solche schulinternen Lösungen funktionieren besonders dann, wenn die Schulassistenzkraft im Haus schon bekannt ist.

In meiner Klasse ist die Schulassistenz eine feste Größe und wird akzeptiert. Die Durchführung von Unterrichtsformen wie Gruppenarbeiten und Stationenlernen ist angesichts des Entwicklungsstandes der kognitiven Kompetenzen meiner Schüler*innen nur bedingt möglich. Mithilfe der Schulassistenz lässt sich so etwas tatsächlich umsetzen, während ohne sie die notwendige enge Anleitung in solchen Situationen fehlen würde. Ein Ziel für Schüler*innen kann schließlich auch sein: »Ich versuche, angemessen mit anderen zu interagieren«. Hier kann die Assistenz unterstützen. Dahingehend ist eine Schulassistenz auch für andere Schüler*innen eine Bereicherung, da sie an Gruppen- oder Partnerarbeiten teilnehmen können.

Die Mitschüler*innen merken sicherlich, dass es eine Einzelfallmaßnahme ist, da Schulassistenzen hauptsächlich mit den entsprechenden Schüler*innen interagieren und mit diesen zum Beispiel in Situationen der Reizüberflutung den Raum verlassen. Dennoch können es die leistungsberechtigten Schüler*innen mit Assistenz viel länger im Klassenraum aushalten und eben auch ein adäquateres Verhalten zeigen. Das wirkt sich positiv auf die Beziehung zwischen Mitschüler*innen aus. Den anderen Schüler*innen wird es leichter gemacht, auf den begleiteten Schüler oder die Schülerin zuzugehen, wenn er oder sie einen sicheren Anker neben sich hat. Von Freundschaften zwischen den Schüler*innen würde ich aber nicht unbedingt sprechen. Unsere Schüler*innen, gerade diejenigen im Autismus-Spektrum, können sich ganz schwer mitteilen. Sie äußern nicht, dass sie mit jemandem spielen möchten. Interaktionen sind herausfordernd und finden sehr interessengeleitet statt, etwa um ein bestimmtes Objekt zu erhalten. Und so etwas wie Freundschaft ist ein ziemlich komplexes, abstraktes Thema. Nicht nur für die Schüler*innen im Autismus-Spektrum, sondern auch für die anderen bei uns an der Schule ist es schwierig, zu wissen, wer ein Freund oder eine Freundin ist. Die Schüler*innen, die bei uns Assistenz erhalten, können sich bezüglich des schwer zu verstehenden Freundschaftskonstrukts häufig nicht äußern. Andererseits möchte ich aber auch niemandem Freundschaften absprechen. Es ist für mich ganz schwierig zu beurteilen. Deutlicher wahrzunehmen ist, wenn Schüler*innen nicht gut miteinander zurechtkommen.

Für mich als Lehrkraft ist selbstverständlich besonders wichtig, dass ich dank Schulassistenz überhaupt Unterricht machen kann. Jetzt bin ich wieder Lehrerin für alle Schüler*innen – und zwar den ganzen Tag, nicht nur, wenn es mal kurzfristig gut läuft und der erwähnte Schüler es schafft, in der Klasse zu sein, ohne etwas zu zerstören oder alleine draußen zu sein. Jetzt hat er eben seinen Schulassistenten, der mit ihm bei Bedarf rausgeht. Der Unterricht läuft gewissermaßen an ihnen vorbei, weil der Schüler nicht in der Lage ist, lange im Klassenverband auszuhalten. Wir sind aber froh, dass er dank Schulassistenz zur Schule kommen kann. Da ist schon mal der erste Schritt geschafft! Auf der Terrasse haben wir eine Art Werkbank, an der der Schüler häufig gemeinsam mit der Assistenz arbeitet. In diesem Fall besteht die Schwierigkeit darin, dass fremdbestimmte Aufgaben kaum möglich sind. Man muss immer im direkten Kontakt sehen, was heute klappt, und dann entwickelt es sich. Der Schulassistent ist diesbezüglich sehr selbstständig und zuverlässig. Deswegen ist es eben auch so wichtig, dass genau dieser Mann zuständig ist. Derartige spezifische Kompetenzen im Werken bringen eben nicht viele mit. Das lässt sich natürlich nicht pauschalisieren, aber es ist mittlerweile ganz schwierig, kompetente Leute zu finden. Der Markt ist einfach leergefegt und das ist unser Problem.

Welche Kompetenzen sollten Schulassistenzen autistischer Schüler*innen mitbringen?
Ich sehe da gar nicht so einen großen Unterschied, ob es jetzt Autismus oder der Bereich sozial-emotionale Entwicklung ist. In Bezug auf das Autismus-Spektrum ist es wichtig, eine gewisse Art von Fachwissen zum Umgang mit den Schüler*innen mitzubringen, ganz klar. Neben dem Fachwissen ist Empathie einer der bedeutendsten Aspekte, aber auch Gelassenheit. Man muss es etwa schaffen, schwierige, aufregende Situationen auszuhalten und auch mit Aggressionen umzugehen. Das, finde ich, sind die relevanten persönlichen Kompetenzen.

Aggressives Verhalten, wenn Schüler*innen andere schlagen, treten, kratzen, beißen, ist eine große Herausforderung. Hier kommt es darauf an, dass eine Schulassistenz ein solches Verhalten schon in der Anbahnung erkennt und deeskalierend darauf einwirkt – sei es durch einen Ortswechsel, ein Aus-der-Situation-Rausbringen, durch Beruhigung oder Ablenkung. Wenn die Entstehung der Aggressionen nicht präventiv verhindert werden konnte, sollte man versuchen, sich selbst und andere zu schützen. Eine klare, konsequente Ansprache ist gerade in Bezug auf Autismus viel sinnvoller als hektisch oder laut zu werden. Es gibt aber viele Menschen, die nicht kurz und prägnant sprechen, sondern mit vielen Worten drum herumreden. Das ist wiederum Fachwissen, das man braucht. Wenn man dieses nicht mitbringt, heißt es ja nicht, dass man es nicht während der Arbeit lernen kann. Aber man muss in der Lage sein, zu begreifen, dass so etwas essenziell ist.

Bei diesen Ausführungen hatte ich eine konkrete Situation mit einem autistischen Schüler unserer Schule im Sinn. Er zeigt schwieriges Verhalten und es war nicht leicht, eine dauerhafte Begleitung für ihn zu finden. Eine sehr gute Kraft hat nach einiger Zeit den Job gewechselt, da sie keine Schulassistenz mehr sein wollte und in der Werkstatt einen Job bekommen hat. Dann wurden verschiedene Springer*innen eingesetzt. Für Schüler*innen im Autismus-Spektrum ist es eine Katastrophe, wenn es keine zuverlässige Bezugsperson ist, sondern diese immer wieder wechselt. Zwischenzeitlich gab es eine Assistenz, die lieber mit allen geredet, aber nicht auf die Vermeidung des aggressiven Verhaltens geachtet hat. Der Schüler hat dieser Assistenz auf dem Weg zu meiner AG in unserem Klassenraum so hart in den Bauch geboxt, dass ich einen Krankenwagen für die Assistenz rufen musste. Sie war dann drei Wochen krank. Aber es ist auch möglich, so ein Verhalten zu verhindern, wenn man weiß, was man da tut, und wenn man adäquat mit diesem Schüler umgeht. Es ist wirklich nicht so, als würde er das jeden Tag bei allen machen, vielmehr hat sich das Verhalten gezielt gegen diese Person gerichtet. Der Schüler hat womöglich gemerkt: »Hier kann ich das machen, ich probiere mal aus, was passiert, wenn ich das tue«, oder »der regt mich so sehr auf, ich kann nicht anders«.

Was die Qualifikationen angeht, haben die meisten Schulassistenzen unserer Schule eine Ausbildung als Heilerziehungspfleger*in. Manche sind Sozialassistent*innen, obwohl das eher auf die Springer*innen zutrifft. Ich glaube, die Anbieter verlangen meist eine Ausbildung auf dem Level von Heilerziehungspfleger*innen. Selten sind auch mal Erzieher*innen dabei.

In welchen Bereichen können Schulassistenzen autistische Schüler*innen konkret unterstützen?

Ein ganz wichtiger Punkt ist der Bereich der emotionalen Entwicklung. Da die Schulassistenz so nah an einem Schüler oder einer Schülerin dran ist, kann sie im positiven Falle eine enge Bezugsperson werden. Das ist nicht nur für Schüler*innen im Autismus-Spektrum sehr bedeutsam, sondern ganz grundsätzlich. Trotzdem muss das restliche Personal weiterhin eine enge Beziehung zu allen Schüler*innen pflegen. Häufig fehlen zuhause adäquate und zuverlässige Bezugspersonen, dann ist es umso wichtiger, in der Schule jemanden zu haben. Da unterstützen Schulassistenzen sehr, denn sie haben die Möglichkeit, vollständig für ein Kind da zu sein und sein Bedürfnis nach Aufmerksamkeit zu stillen. Wenn auf der anderen Seite Schüler*innen aufgrund von Assistenzwechseln immer wieder eine Bezugsperson verlieren, schlägt sich das in schwierigem Verhalten nieder. Man kann den Assistenzkräften aber nicht verdenken, wenn sie einen besseren Job mit mehr Gehalt finden. Wenn hingegen Springer*innen eigesetzt werden, ist es einfach nicht möglich, eine Konstanz reinzubringen.

Einen weiteren Bereich bilden Sprache und Kommunikation. An unserer Schule sprechen die wenigsten autistischen Schüler*innen verbalsprachlich. Eine Ausnahme ist der Schüler in meiner Klasse. Die meisten anderen nutzen Hilfsmittel, um sich mitzuteilen. Es geht also um Unterstützte Kommunikation. Viele der Schüler*innen können lesen und tippen. Daher setzen wir Talker ein, meistens mit dem Programm »Metatalk«. Wir haben auch viele Tablets in der Schule, die wir anbieten können. Für Schulassistenzen ist es wichtig, sich mit diesen Geräten auszukennen. Dann können sie Unterstützung leisten, wenn jemand erst den Umgang mit diesen Hilfsmitteln lernt. Schulassistenzen wird dazu von der Lehrkraft oder auch von einer pädagogischen Fachkraft oder den Ergo- und Physiotherapeut*innen im Haus gezeigt, wie der Umgang mit den Mitteln der Unterstützten Kommunikation funktioniert – je nachdem, wer gerade Zeit hat. In der Ergotherapie lässt sich so ein Talker gut einsetzen, in der Regel finden die Therapietermine aber ohne Schulassistenz statt. Darüber hinaus gibt es auch die UK-Gruppe, dort ist ausschließlich der Umgang mit dem Talker Unterrichtsgegenstand. Einmal in der Woche können die Schüler*innen dort hingehen und Schulassistenzen dann natürlich auch mitgehen und es in diesem Setting mitlernen. Gerade mit dem Talker und dem Programm »Metatalk« muss man sich beschäftigen und das System verstehen, um eine Schülerin oder einen Schüler unterstützen zu können. Auch hier kommt es wieder auf die Schulassistenz und ihr persönliches Engagement an. Die eine Assistenz klemmt sich dahinter oder besucht vielleicht eine Fortbildung, die andere vielleicht nicht.

Zum Bereich Sprache und Kommunikation gehört natürlich auch zu lernen, sich überhaupt mitzuteilen. Oder es für notwendig zu halten, sich mitzuteilen, was bei machen Schüler*innen im Autismus-Spektrum schwierig ist: »Warum soll ich das überhaupt tun? Dazu sehe ich kein Anlass!« Ich finde, wenn jemand diese Schülerin oder diesen Schüler konsequent begleitet, kann man immer wieder Impulse setzen. Diese müssen nicht immer gleich verbal sein, es gibt viele Wege. Diese Aufgabe kann eine einzelfallzuständige Kraft einfacher übernehmen als eine Lehrkraft, die vorne für alle zuständig ist.

Was ist das Ziel des Einsatzes von Schulassistenz für Schüler*innen Ihrer Klasse?
Die Selbstständigkeit der Schüler*innen ist ja eigentlich das Ziel von Schulassistenz. Es geht darum, dass jemand mit so wenig Hilfe wie möglich im Leben klarkommt und die Schulassistenz irgendwann nicht mehr nötig ist. Doch gerade, wenn eine Assistenz selber den Bericht zur Wiederbewilligung der Maßnahme schreibt und gerne in diesem Job bleiben möchte, sehe ich eine Problematik: Die Leute sägen ja nicht an ihrem eigenen Ast. Es ist daher auf jeden Fall notwendig, darüber zu sprechen, wie man die Selbstständigkeit einer Schülerin oder eines Schülers Schritt für Schritt und je nach Möglichkeit unterstützt. Schulassistenzen kümmern sich bei uns ganz bewusst auch mal um andere Schüler*innen, um sich zurückzuziehen und die Selbstständigkeit der Leistungsberechtigten zu fördern. Wenn ein Schüler oder eine Schülerin etwas alleine hinbekommen soll, kann die Schulassistenz nicht immer neben ihm oder ihr sein. Es wird also pädagogisch eingesetzt, dass Schulassistenzen ihre Aufmerksamkeit auch anderen Schüler*innen schenken – um die Schüler*innen, die gewöhnt sind, »da ist immer jemand für mich da«, etwas zu entwöhnen.

Hierzu kann ich ein Beispiel mit zwei Schülern aus meiner Klasse nennen, die inklusive Grundschulen besucht haben. Die beiden brauchen etwa bei beim An- und Ausziehen sehr viel Unterstützung. In der Inklusion hatten sie eine Schulassistenz. Als sie zu uns an die Schule in die fünfte Klasse kamen, haben wir mit den Eltern entschieden, es erst einmal ohne Assistenz auszuprobieren. Wir sind nun einmal extra eine Schule für geistige Entwicklung und der Unterricht soll so gestaltet werden, dass er zu den Schüler*innen passt. So sehe ich zumindest die Ursprungsidee von Förderschulen. Eine Mutter war zunächst unsicher, ob die Pflege ihres Sohnes ohne Assistenz gewährleistet werden kann. Aber dafür haben wir ja bereits Personal an der Schule. Anfangs standen die beiden Schüler bei uns jedoch im Klassenraum und waren es gewöhnt, dass jeder Handschlag für sie übernommen wird. Beim Schuhanziehen haben sie einfach nur den Fuß hingehalten und ich habe gesagt: »Du nimmst bitte selber den Schuh in die Hand und machst es so weit, wie du es kannst.« Es war viel Arbeit, ihnen beizubringen, selber Verantwortung zu übernehmen, und hat eineinhalb Jahre gedauert. Mittlerweile erwarten sie nicht mehr, dass sofort jemand kommt. Aber dieser Wechsel, dass nicht mehr jemand nur für sie zuständig ist, war schwierig für sie – und für uns. Ich kann sehr gut verstehen, dass zuhause viel übernommen wird, wenn es morgens eilig ist. Das Taxi kommt, alles muss schnell gehen, man hat nicht die Nerven. Man braucht einfach viel Geduld, weil es lange dauert, bis so ein Schritt fertig ist. In der Schule üben wir das und inzwischen wissen die Schüler und wir ganz genau, was sie alles alleine können, und dann erwarten wir es auch von ihnen.

Wie unterscheiden sich die Rollen von Lehrkraft, pädagogischer Fachkraft und Schulassistenz?
Die Schüler*innen haben ein implizites Wissen über die verschiedenen Rollen, glaube ich. Bei uns an der Förderschule für geistige Entwicklung verwenden sie die unterschiedlichen Bezeichnungen nicht, für sie sind es quasi alles Lehrer*innen. Dennoch ist ihnen klar, dass eine Lehrkraft eine andere Funktion hat als eine pädagogische Fachkraft. Das merken sie allein dadurch, dass die Lehrkraft vorne steht, den Unterricht leitet und sehr präsent ist. Die pädagogische Fachkraft unterstützt in vielen Bereichen. Häufig sind die pädagogischen Fachkräfte eher für die pflegerischen Tätigkeiten zuständig. Bei uns in der Klasse mache ich es jedoch meist, weil es mit dem Schüler schwierig ist.

Auch wenn man explizit nicht mit den Schüler*innen über die unterschiedlichen Rollen spricht, wissen sie, dass Schulassistenzen für bestimmte Klassenkamerad*innen zuständig sind. Da Schulassistenzen sich bewusst auch anderen Schüler*innen zuwenden, gehen ihre Tätigkeiten dennoch eher in Richtung der Rolle der pädagogischen Fachkräfte, wobei das wieder abhängig von der Assistenzkraft ist. Die Schulassistenz eines Schülers im Autismus-Spektrum einer anderen Klasse beispielsweise ist einfach sehr raumgreifend und kümmert sich um Vieles. Da würde man keinen Unterschied zwischen Schulassistenz und pädagogischer Fachkraft wahrnehmen. Die meisten Schulassistenzen werden außerdem von Mitschüler*innen selbst mit bestimmten Belangen angesprochen und in Gespräche einbezogen. Unsere Schüler*innen erzählen ganz viel aus ihrem Leben. Wenn wir in meiner Klasse im Morgenkreis keine Runde machen, in der jeder erzählen darf, was er auf dem Herzen hat, geht es gar nicht erst mit dem Unterricht los. Sie müssen sich ihre Erlebnisse einfach von der Seele reden, häufig wiederholen sie diese und erzählen sie auch den Schulassistenzen. An der Stelle wird also kein Unterschied gemacht, ob das nun ich bin, die pädagogische Fachkraft oder die Schulassistenz.

Inwieweit resultieren aus den unterschiedlichen Rollen und der damit verbundenen Hierarchie Konflikte?
Bei uns in der Klasse sehe ich kein Konfliktpotenzial. Meine Rolle ist klar, da ich den Unterricht gestalte, vorbereite und durchführe. Wenn es um Entscheidungen geht, hole ich immer alle mit ins Boot, sowohl die pädagogische Fachkraft als auch Fachlehrkräfte und Schulassistenz. Ich frage immer nach: »Wie siehst du das, was macht am meisten Sinn?«. Genauso entscheidet auch der Schulassistent nicht alles allein, obwohl er weiß, dass er es könnte und ich einverstanden wäre. Ich gehe immer davon aus, dass er einen Grund für seine Entscheidung haben wird. Er sagt mir Bescheid, wenn wir gemeinsam etwas überlegen müssen, beispielsweise wenn in der Schule eine besondere Aktion stattfindet. Dann überlegen wir: »Ist es für den Schüler sinnvoll, einen Ortswechsel zu haben oder ist das zu schwierig für ihn?«. Das bedeutet also, sowohl ich frage den Schulassistenten nach seiner Meinung als auch er mich. Er ist näher dran an dem Schüler, weiß, wie seine Stimmung heute ist und was ihm heute zuzutrauen ist. Für mich und auch den Schulassistenten ist es sehr

wichtig, einen groben Plan über den Tagesablauf zu haben. Man muss beispielweise wissen, wo der Schüler hingebracht werden muss, welche Ziele es an dem Tag gibt oder ob es wichtig ist, dass im letzten Unterrichtsblock noch genug gute Laune vorhanden ist, etwas Bestimmtes zu schaffen. Deswegen kündige ich morgens immer allen die Pläne an und hänge sie an die Tafel.

Auch bei Kolleg*innen kann ich nicht feststellen, dass sich jemand hinstellt und sagt: »Ich entscheide alles!«. Es sei denn, das pädagogische Handeln einer Schulassistenz können wir nicht unterstützen. In den meisten Fällen ist es aber ein gemeinsames Arbeiten und Suchen nach Lösungen.

Was wünschen Sie sich für die weitere Arbeit unter Einbezug von Schulassistenz und was möchten Sie beibehalten?
Ein wirklich wichtiger Punkt wäre, dass jeder Anbieter die Möglichkeit einer Phase des Kennenlernens zwischen Schüler*in und Schulassistenz einräumt. Für die Schüler*innen ist es eine zu große Enttäuschung, wenn es nicht hinhaut und wieder eine neue Person kommt. Man kann es weder Schulassistenzen noch Schüler*innen vorwerfen, wenn die Chemie nicht stimmt. Es ist aber sehr schwierig, mitten im Schuljahr einen Wechsel durchzumachen und eine neue Assistenz zu finden. Außerdem wünsche ich mir Zeit für Kooperation und Austausch. Diese muss auf struktureller Ebene gewährt werden. Nicht zuletzt wünsche ich mir ein eigenverantwortliches Handeln der Schulassistenz. Leider muss man bei einigen Assistenzkräften jeden Schritt einzeln anleiten. Dann ist es keine Entlastung und ich könnte es auch direkt dem Schüler oder der Schülerin erklären.

In Bezug auf die Arbeit mit den Schulassistenzen an unserer Schule bin ich aber insgesamt schon recht zufrieden. Den Austausch mit Schulassistenzen über die leistungsberechtigten Schüler*innen möchte ich auf jeden Fall beibehalten. Assistenzen kriegen viel mehr mit und erweitern den Blick auf das Kind. Die Lehrkräfte können dank ihrer Anwesenheit Unterricht für alle machen und müssen nicht permanent den Fokus auf eine Schülerin oder einen Schüler richten. Das kommt allen zugute. Der größte Vorteil der Maßnahme ist die Teilhabe der Schüler*innen am Schulleben. Sie können ihrer Schulpflicht nachkommen und am Unterricht teilnehmen.

Unterstützung von autistischen Schüler*innen durch Schulassistenz an einer Integrierten Gesamtschule – Interview mit einer (sonderpädagogischen) Lehrkraft

Johanna Langenhoff & Marian Laubner

Bei dem folgenden Beitrag handelt es sich um ein Interview mit dem Sonderpädagogen Marian Laubner, der inzwischen als wissenschaftlicher Mitarbeiter am Institut für Schulpädagogik und Grundschuldidaktik an der Martin-Luther-Universität Halle-Wittenberg tätig ist. Zum Zeitpunkt des Interviews unterrichtete er an einer Integrierten Gesamtschule in Niedersachsen und teilte sich mit einer Regelschullehrkraft die Klassenleitung einer sechsten Klasse. Die Schule und auch seine Klasse besuchen Schüler*innen, die auf Grundlage von SGB IX *Rehabilitation und Teilhabe von Menschen mit Behinderungen* oder SGB VIII *Kinder- und Jugendhilfe* Schulassistenz erhalten. Im Fokus des Interviews steht die Erarbeitung eines schulinternen Konzepts für ein Poolmodell.

Welche Rolle spielt die Maßnahme Schulassistenz an Ihrer Schule und wie hat sich dies im Laufe der Jahre entwickelt?
Ich habe an der Schule angefangen zu arbeiten, als sie sich noch im Aufbau befand. Schritt für Schritt wurden mehr Schulbegleitungen beantragt und an der Schule tätig. Im nächsten Schuljahr wird zum ersten Mal ein Schüler in der Oberstufe begleitet. Für einunddreißig unserer Schüler*innen wurde die Maßnahme bewilligt, zwei Stellen sind noch unbesetzt. In vielen Klassen gibt es zwei bis maximal drei Schulbegleitungen, in einigen Klassen keine. Natürlich ist die Zusammenarbeit zwischen Schule und Schulbegleitung in einigen Situationen und Klassen schwieriger als in anderen. Es ist aber eine Maßnahme, die sich etabliert hat und insgesamt gut läuft. Gerade führen wir ein Poolmodell ein und haben dazu ein Konzept geschrieben. So wollen wir auch Schwierigkeiten in der Kommunikation mit Anbietern vorbeugen, denn die 29 Schulbegleitungen kommen momentan von fünf verschiedenen Anbietern.

Wie und unter wessen Beteiligung wurde die Arbeit an dem Konzept für das Poolmodell initiiert?
Den Ausgangspunkt bildete die Feststellung, dass die Schulbegleitungen zunehmend unzufrieden mit ihrer Position und Rolle waren. Dann haben sich die Fachbereichsleiterin für Inklusion und Sonderpädagogik, die Schulleitung und ich der Sache angenommen. Für mich ist es wirklich ein Herzensthema, da ich bisher ausschließlich positive Erfahrungen in der Zusammenarbeit mit Schulbegleitungen gemacht habe. Wir haben alle Schulbegleitungen eingeladen, ungefähr 20 sind gekommen. So hat sich eine Arbeitsgruppe aus der Fachbereichsleiterin Inklusion, der Schulleitung, fünf Schulbegleitungen und mir gebildet. Mit einer Analyse des Ist-

Standes haben wir erfasst, was in der Zusammenarbeit zwischen Schule und Schulbegleitung gut, was weniger gut läuft und welche Ziele wir erreichen wollen. Wir haben eine Vision formuliert und auf dieser Basis das Poolmodell entwickelt. Dazu haben wir für die unterschiedlichen Beteiligten, also Schulleitung, Lehrkräfte, Fachlehrkräfte, Schulbegleitungen, Anbieter, aber auch Träger und Eltern, unterschiedliche Funktionen und Aufgaben beschrieben und die Zuständigkeiten ausdifferenziert. Zur Koordinierung des Poolmodells wird eine Stelle ausgeschrieben und durch eine Schulbegleitung besetzt. Es geht um Verwaltungsaufgaben, die Regelung von Krankheitsvertretungen, aber auch Unterstützung, wenn es Schwierigkeiten gibt. Auf Seiten der Schule wird zudem eine Ansprechperson für Schulbegleitungen zur Verfügung gestellt; diese Aufgabe übernimmt evtl. die Didaktische Leitung.

Welche Aspekte wurden durch die Analyse des Ist-Standes der Kooperation mit Schulassistenz deutlich?
Wir haben festgestellt, dass das Verhältnis zwischen den Schulbegleitungen und zu begleitenden Schüler*innen meistens ziemlich gut ist und auch die Zusammenarbeit mit Eltern und Klassenlehrkräften in der Regel funktioniert. Letztere fühlen sich durchaus für Teamabsprachen zuständig und sind dankbar für die Perspektive, die Schulbegleitungen einbringen. Fachlehrkräfte verbringen hingegen nur wenige Stunden in der Klasse – je weniger, desto seltener erfolgen Absprachen. Sie schätzen die Zusammenarbeit mit Schulbegleitung als weniger notwendig ein und empfinden es als schwierig, für die Kinder und Jugendlichen mit Schulbegleitung zuständig zu sein. Wenn man z. B. zehn verschiedene Klassen in einem einstündigen Fach unterrichtet, ist es nicht einfach, sich auf zusätzliche Absprachen mit einer Schulbegleitung einzulassen. Man kann den Fachlehrkräften keinen Vorwurf machen, aber hier entstehen in der Zusammenarbeit eben Schwierigkeiten.

Wir mussten leider ebenfalls feststellen, dass es in wenigen Fällen auch zwischen Klassenlehrkraft und Schulbegleitung Kommunikationsprobleme gibt. Einige Schulbegleitungen hatten daher den Wunsch, eine konkrete Aufgabenbeschreibung in das Konzept für das Poolmodell aufzunehmen, auf die sie im Zweifelsfall verweisen können. Ich habe argumentiert, dass dies nicht das Allheilmittel sein wird. Wir haben viel darüber diskutiert, wie detailliert die Aufgaben beschrieben werden sollen und wo Freistellen bleiben müssen, um die Individualität des Kindes oder Jugendlichen zu berücksichtigen. Deswegen wollen wir jetzt die Förderpläne und Entwicklungsberichte zur Abstimmung und zum Festhalten konkreter Aufgaben nutzen. So könnte auch verbindlicher geregelt werden, ob und in welchen Situationen es zulässig ist, eine Schülerin oder einen Schüler mit der Schulbegleitung aus dem Klassenraum zu schicken. In unseren Treffen wurde viel über Konfliktsituationen gesprochen, doch in mindestens neunzig Prozent der Fälle läuft die Zusammenarbeit zwischen Lehrkräften und Schulbegleitungen gut.

An welchen Stellen herrscht in der Zusammenarbeit zwischen Lehrkräften und Schulbegleitungen Konfliktpotenzial?
Ich glaube, Konflikte entstehen meistens, wenn Schulbegleitungen in ihrer Kompetenz und ihrem Aufgabenbereich nicht wertgeschätzt werden. Zum Beispiel,

wenn sie eigentlich eine Aufgabe haben, aber eine Fachlehrkraft sagt: »In meinem Unterricht brauche ich dich nicht, du kannst rausgehen.« Andere Schulbegleitungen berichten, dass sie von Lehrkräften nicht begrüßt werden. Mich irritiert es sehr, aber solche Geschichten höre ich immer wieder. Über das Thema Kommunikation auf Augenhöhe haben wir viel diskutiert, es beschäftigt mich nach wie vor. Meiner Wahrnehmung nach ist Schulbegleitungen der Unterschied ihrer Rolle zu der Rolle der Lehrkräfte sehr bewusst. Sie sagen zum Beispiel: »Ich könnte nicht für die ganze Klasse Verantwortung übernehmen.« Deshalb denke ich, Schulbegleitungen wollen vor allem in dem, was sie können und leisten, gesehen und eingebunden werden. Vielleicht ist es heikel, das zu sagen, aber Augenhöhe kann aufgrund des unterschiedlichen Status von Lehrkräften und Schulbegleitungen gar nicht umfassend gegeben sein. Es geht vielmehr um einen angemessenen Umgang unter Kolleg*innen. Ich glaube, deshalb reicht es nicht aus, im Rahmen des Konzepts für das Poolmodell Kommunikation auf Augenhöhe zu fordern. Wir sollten keine falschen Erwartungen schüren und müssen genau bestimmen, was wir eigentlich wollen. Das ist ein respektvoller, wertschätzender Umgang untereinander – unter der Berücksichtigung der Unterschiede in der Verantwortung, Zuständigkeit, Fachlichkeit und Ausbildung.

Inwiefern findet auf Klassenebene bislang Kooperation zwischen Lehrkräften und Schulbegleitungen statt?
Seit Klasse fünf sind in meiner Klasse zwei Schulbegleitungen für einen Schüler mit den zugewiesenen Förderbedarfen Lernen und Sprache und für eine Schülerin mit einer Autismusdiagnose eingesetzt. Ich muss hier einschieben, dass ich als Sonderpädagoge Teil eines Klassenleitungsteams bin, das immer aus zwei Lehrkräften besteht. Die Zusammenarbeit mit ihnen nehme ich als positiv wahr. Vor Kurzem hat die Schulbegleitung für die Schülerin mit Autismusdiagnose gewechselt; auch da klappt es super. Einige Absprachen finden einfach im Unterricht statt, etwa, wenn ich mit der Schulbegleitung ein differenziertes Material bespreche oder wir überlegen, wer von uns den Schüler bei der Aufgabenbearbeitung unterstützt. Außerdem tauschen wir unsere Beobachtungen aus. Ich hole mir bewusst die Perspektive der Schulbegleitungen auf einen bestimmten Förderbereich ein. Oft bringe ich eine Idee mit, die dann im konkreten Unterricht durch die Schulbegleitung umgesetzt wird.

Am meisten Zeit mit der Klasse verbringen die Schulbegleitungen. In den Klassen passiert unglaublich viel, das sich beobachten ließe. Ich stelle durch den Austausch immer wieder fest, wie viele der Interaktionen ich während des Unterrichtens nicht mitbekomme, besonders in Übergangsphasen. Es würde aber wenig bringen, wenn ich als sonderpädagogische Klassenlehrkraft nur beobachte und die Regelschullehrkraft mit der Disziplinierung und dem Classroom Management allein lasse. Ich habe eben die Rolle der Klassenlehrkraft und diese mir auch vor den Schüler*innen erarbeitet. Das ist für die Klassenführung hilfreich, für Beobachtungen weniger. Schulbegleitungen nehmen bestimmte Peerinteraktionen wahr, die Schüler*innen vor Lehrkräften verstecken. Heute wollte ich zum Beispiel den Eltern eines Schülers schreiben, um zu überlegen, wie wir mit ihm an seinen Verhalten gegenüber Mitschüler*innen arbeiten können. Für mich war es schwer greifbar, wie sich der Schüler konkret verhält. Eine Schulbegleitung hat mir gesagt, sie habe dokumentiert, was abgelaufen sei. Dank ihrer Notizen war es mir möglich, Schwierigkeiten genauer und Lösungsansätze zu benennen. Mit den Beobachtungen der Schulbegleitungen entsteht ein umfassendes Bild von unterschiedlichen Schüler*innen.

Außerhalb der Unterrichtszeiten kommunizieren die Schulbegleitungen und ich über eine Messenger App. Manchmal denke ich nachmittags darüber nach, was man verändern könnte bzw. wie Aufgaben differenziert werden könnten. Dann schreibe ich schon mal eine Nachricht, um sie nach ihrer Einschätzung zu fragen. Ich bin z. B. nur die Hälfte der Zeit im Matheunterricht in der Klasse, da weiß die Schulbegleitung genauer, ob jetzt das schriftliche Addieren das Problem war oder das Verständnis der Kommazahlen. Neben der Nutzung von Messenger Apps probieren wir gerade »Splint«, eine Förderplan-App, aus. Dieses Angebot wird von vielen Ministerien unterstützt, sodass Schullizenzen angeschafft wurden und der Datenschutz geprüft ist. Man kann über »Splint« Beobachtungen verschriftlichen, Förderziele formulieren und unterschiedlichen Personen Zuständigkeiten zuweisen. Diese können jeweils selbst etwas eintragen. Das hat viel Potenzial, weil Absprachen sonst zeitlich schwierig umzusetzen sind und man mithilfe der App in kurzer Zeit Vieles erreichen kann. Ansonsten haben wir als sonderpädagogische Lehrkräfte eine Beratungsstunde, die ich ebenfalls nutze, um mich mit den Schulbegleitungen über die Förderplanung auszutauschen. Bisher haben wir noch keine konkrete Teamzeit, was sich aber im Poolmodell hoffentlich ändern wird. Dass für uns Lehrkräfte Besprechungsslots zur Absprache mit Schulbegleitungen eingeplant werden, war mir wichtig. Von einigen Schulbegleitungen habe ich das Argument gehört, dass sie zu solchen Kooperationstreffen nicht kommen könnten, um den Schüler oder die Schülerin in der Zeit nicht allein zu lassen. Meiner Erfahrung nach kommen jedoch die meisten der leistungsberechtigten Schüler*innen durchaus einige Zeit ohne Unterstützung zurecht. Viele der Dilemmata der Schulbegleitung werden erfahrungsgemäß eher verstärkt, wenn eine Schulbegleitung nicht auch einmal Abstand zum Kind gewinnt.

Was soll durch die Umsetzung eines Poolmodells erreicht werden?
Ziel ist es, dass die Schulbegleitungen sich mehr als Teil des Teams und des Kollegiums verstehen. Sie sollen stärker integriert sein und sich besser ins Schulleben einbringen können. An einer Arbeitsgruppe der Schule zum Thema Gesundheit nimmt schon jetzt eine Schulbegleitung teil. Derartige Beteiligungen sind sinnvoll, schließlich stellen die Schulbegleitungen mit 29 Leuten eine große Personalgruppe in der Schule dar. Das Poolmodell soll mehr Anerkennung für die Berufsgruppe der Schulbegleitung an unserer Schule schaffen. Vorteile bringt das Poolmodell auch in Krankheitsfällen. Die zuständige Begleitung muss bei Krankheit des Kindes nicht in eine andere Schule, sondern kann in der Klasse oder bei einem anderen Kind der Schule aushelfen. Wenn wiederum die Schulbegleitung krank ist, vertritt jemand aus dem Team, der oder die das Kind besser kennt als eine externe Vertretung. Außerdem erhoffe ich mir vom Poolmodell, dass schon während der Klassenbildung darauf geachtet wird, welche Lehrkräfte und Schulbegleitungen als Team gut zusammenpassen.

Während der Diskussionen über das Poolmodell wurde überlegt, dass Schulbegleitungen eine Arbeitsgemeinschaft (AG) für Schüler*innen anbieten könnten.

AGs entstehen meist aus den persönlichen Hobbys und Interessen der AG-Leitungen. Hier bringen Schulbegleitungen, die an unserer Schule übrigens alle eine pädagogische Ausbildung haben, viel Potenzial mit – zumal es oft schwierig ist, Personal für AGs zu finden. Warum sollte eine Schulbegleitung nicht eine AG anbieten können, wenn sie darauf Lust hat? Durch den Pool an Schulbegleitungen können flexible Lösungen gefunden werden, falls der zu begleitende Schüler oder die Schülerin in eine andere AG möchte und in dieser Zeit Unterstützung braucht. Zugleich können Räume geschaffen werden, in denen der Schüler oder die Schülerin versucht, selbstständig ohne Schulbegleitung zurechtzukommen, während diese in der Zeit anders eingesetzt wird. Im neunten Jahrgang gab es Kurse mit 15 Schüler*innen, von denen vier eine Schulbegleitung hatten. Zusätzlich befand sich natürlich die Regelschullehrkraft und manchmal sonderpädagogische Lehrkraft in dem Kursraum, während in anderen Klassen Personal fehlte. Wir wollen im Rahmen des Poolmodells erreichen, dass der Einsatz der Schulbegleitungen flexibilisiert wird. Inhaltlich ist das sinnvoll, aber rechtlich nach wie vor schwierig. Zum Glück ist der kooperierende Anbieter offen für flexible Lösungen. Eltern können jedoch sagen: »Die Stunden wurden bewilligt und stehen meinem Kind zu!« Über das Poolmodell sichern wir ihnen trotzdem Unterstützung zu. Es sind dann eben mal nur zwei statt vier Schulbegleitungen anwesend.

Auf welche Reaktionen traf die Arbeit an dem Konzept für das Poolmodell in der Schule?
Vielleicht war es strategisch etwas unklug, dass in unserer Arbeitsgruppe sehr viel Konsens bestand und wenig gegenteilige Positionen vertreten waren. Wir haben uns daher mit einer Lehrkraft ausgetauscht, die einem Poolmodell sehr kritisch gegenüberstand. Es gab die Befürchtung, das Poolmodell werde vor allem zur Entlastung der Lehrkräfte ausgenutzt, indem Schulbegleitungen stärker als Ansprechpartner*innen für alle Kinder angesehen werden, ohne dass sie jedoch eine angemessene Vergütung erhalten. Mich hat gewundert, dass die Schulbegleitungen in der Schule auf einmal viele Fürsprecher*innen fanden, obwohl ich sonst relativ wenig Interesse für diese Berufsgruppe wahrgenommen habe. Doch es war gut, Argumente gegen das Poolmodell anzuhören, weil wir daraufhin die Ziele und Vorteile des Poolmodells noch einmal deutlicher herausstellen und Rahmenvereinbarungen festhalten konnten. Hierzu gibt es zwar eine Kooperationsvereinbarung zwischen einem Anbieter von Schulbegleitung, der Schule und der regionalen Fachplanungsstelle für Eingliederungshilfe und Jugendhilfe. Diese ist aber sehr allgemein gehalten, sodass nicht deutlich wird, wie sich das Poolmodell ausgestalten lässt. Dadurch kann die Schule ausgehend von ihrem aktuellen Stand einen eigenen Weg finden.

Zum nächsten Schuljahr, also Schuljahr 2022/2023, startet nun das Projekt. Ungefähr dreizehn Schulbegleitungen kommen bereits von dem Anbieter, mit dem das Poolmodell umgesetzt wird. Die Schulbegleitungen anderer Anbieter dachten dann, sie werden rausgeschmissen. Wir haben eine relativ neutrale E-Mail geschrieben, die aber stark interpretiert wurde – es gab viel Unruhe. Wir versuchen nun alle Schulbegleitungen, die nächstes Jahr neu kommen, bei dem Kooperationsanbieter unterzubringen. Natürlich ist es nach wie vor die Entscheidung der Eltern, welchen Anbieter sie wählen. Alle neuen Kräfte dieses Anbieters und diejenigen, die schon jetzt an unserer Schule sind, werden Teil des Poolmodells. Wenn aber schon eine Schulbegleitung eines anderen Anbieters für einen Schüler oder eine Schülerin zuständig ist, kann sie ihn oder sie weiterhin bis ins zehnte Schuljahr begleiten und muss den Anbieter nicht wechseln.

Wie wurde die Auswahl für einen konkreten Anbieter zur Realisierung des Poolmodells getroffen?
Wir haben geschaut, bei welchem Anbieter die meisten Schulbegleitungen angestellt sind und gefragt, welcher Anbieter offen für ein solches Konzept ist. Nicht alle wollen ein Poolmodell umsetzen. Außerdem haben wir überlegt, mit welchem Anbieter wir gute Erfahrungen gemacht haben, wenn es mal geknirscht hat. Wo gab es eine Ansprechperson, wo gab es eine Lösung? Relativ schnell war klar, welcher Anbieter in Frage kommt. Dann haben wir mit der dortigen Leiterin des Bereichs Schulbegleitung und dem zuständigen Leistungsträger gesprochen und Vereinbarungen getroffen, um uns auf den Weg zu begeben. Eltern können ein sogenanntes Formular zur Interessensbekundung ausfüllen und so deutlich machen, ob sie mit einem Poolmodell für die Schulbegleitung ihres Kindes einverstanden sind. Als Lehrkraft kann ich den Eltern das Modell nur nahelegen und die Vorteile erläutern, sie aber natürlich nicht verpflichten. Um Missverständnissen vorzubeugen, möchte ich das Recht der Eltern, ein passendes Modell und einen Anbieter für ihr Kind zu wählen, noch einmal herausstellen.

Wie gestaltet sich die Zusammenarbeit mit den Eltern im Kontext von Schulassistenz?
Die Eltern treffen die Entscheidung für oder gegen die Beantragung der Maßnahme, meistens kommt der Wunsch nach Schulbegleitung von ihnen. Es gibt aber auch den Fall, dass wir von Seiten der Schule die Beantragung einer Schulbegleitung vorschlagen.

Die Zusammenarbeit mit der Mutter der Schülerin mit der Autismusdiagnose läuft gut, weil wir offen unsere jeweiligen Perspektiven austauschen können. Beispielsweise wird in der Klasse vor den Ferien die Sitzordnung ausgelost, damit die Kinder lernen, miteinander auszukommen. Das bedeutet für die Schülerin, sie weiß erst einmal nicht, wer ihr neuer Sitznachbar oder ihre neue Sitznachbarin wird. Die Mutter wünscht sich, dass ihre Tochter weiterhin neben demselben Mädchen bleibt, das seit Anfang der fünften Klasse neben ihr sitzt. Die beiden haben eine richtig gute Freundschaft aufgebaut. Die Mutter möchte ihrer Tochter unangenehme Veränderungen ersparen, damit sie überhaupt weiterhin zur Schule gehen kann. Als Klassenteam sind wir aber der Meinung, dass sie durch bestimmte Herausforderungen lernen kann. Ich bin mir mit der Schulbegleitung einig: Auch bei Autismus sollte man Entwicklung zutrauen. Auf mich macht es den Eindruck, dass wir den Schritt gehen können, die Schülerin zunächst an einem Dreiertisch zu platzieren, an dem zum ersten Mal ein anderes Mädchen zwischen ihr und ihrer Freundin sitzt. So kann die Sache wieder etwas aufgelockert werden. Wir können nicht davon ausgehen, dass die beiden Freundinnen bis Klasse zehn nebeneinandersitzen. Bisher sind beide zwar immer sehr glücklich nebeneinander. An der Gesamtschule gibt es aber ab dem neunten Schuljahr eine äußere Fachleistungsdifferenzierung. Es ist nicht auszuschließen, dass die beiden einmal unterschiedlichen Kurse besuchen. Ein anderes

Beispiel betrifft den Stundenplan der Schülerin: Aktuell wird sie verkürzt beschult, acht Stunden waren für sie zu viel. Wir haben deshalb im Klassenteam und mit der Mutter besprochen, dass sie zwei Mal die Woche bereits nach der sechsten Stunde nach Hause geht. Jetzt probieren wir gerade, dass sie nur noch einmal die Woche früher geht.

Eine Schulbegleitung hilft natürlich, Struktur und Sicherheit zu geben, das ist wichtig. Doch ich denke, dass in Absprache mit den Eltern immer auch geschaut werden sollte, an welchen Stellen Neues zugemutet werden kann. Aber das ist eine wirklich harte Auseinandersetzung. Ich setze mich auch unter Druck und denke, wir müssen unbedingt vermeiden, dass die Schülerin nicht in die Schule gehen kann. Aber mit Blick auf die ganze Lerngruppe denke ich manchmal, vielleicht kann ich es nicht immer ganz vermeiden. Es bleibt eine Unsicherheit.

Welche Aufgaben können Schulassistenzen – insbesondere autistischer Schüler*innen – in konkreten Schul- und Unterrichtssituationen übernehmen?
Eine entscheidende Stelle im Unterricht ist immer der Übergang von einer frontalen Erklärungsphase zu einer Arbeitsphase. Dann muss überprüft werden, ob die Schüler*innen mit Schulbegleitung die Aufgabe verstanden haben, ein Material oder Hilfe durch die Schulbegleitung oder Lehrkraft benötigen. Die Schülerin mit Autismusdiagnose aus meiner Klasse hat im Fachlichen und Inhaltlichen keinen Bedarf an Unterstützung. Bei ihr geht es eher um bestimmte Bedarfe in konkreten Situationen. In Momenten der Unsicherheit kann ihr die Schulbegleitung Sicherheit geben. In der Förderplanung ist zum Beispiel festgehalten, dass die Schülerin morgens mit dem Auto gebracht und dann von der Schulbegleitung am Parkplatz abgeholt und ins Gebäude begleitet wird. Außerdem hat die Schülerin Schwierigkeiten, mit anderen Schüler*innen in Kontakt zu treten, wodurch Pausensituationen für sie sehr herausfordernd und lang sein können. Auch wenn gewohnte Abläufe durchbrochen werden, zum Beispiel durch einen Projekttag, kann die Schulbegleitung der Schülerin Orientierung bieten. Oder sie unterstützt während Gruppenarbeiten mit zufällig gewählten Partnerinnen und Partnern. Tatsächlich kommt es an manchen Tagen aber vor allem darauf an, dass jemand da ist. Dann benötigt die Schülerin das Gefühl: »Meine Schulbegleitung ist ansprechbar, falls etwas anders läuft, als ich es antizipiert habe.«

Die vorherige Schulbegleitung der Schülerin, eine sehr kompetente Heilpädagogin, war schon im Rentenalter. Sie hat hin und wieder gefehlt. Ohne sie wollte die Schülerin jedoch nicht in die Schule kommen. Wenn sie morgens nicht wusste, wer ihre Schulbegleitung vertritt, war es ihr nicht möglich zu kommen. Während des Lockdowns hat die Schülerin ohne Schulbegleitung zuhause am Online-Unterricht teilgenommen. Als dann Unterricht in Halbgruppen stattfand, war der Schülerin ein Schulbesuch ebenfalls nicht möglich. Interessanterweise kam sie mit Rückkehr der gesamten Gruppe von Tag eins an wieder in die Schule. Das Bedürfnis nach gleichbleibenden Strukturen zeigt sich auch daran, dass sie nicht am Extraangebot für leistungsstarke Schüler*innen in Mathe teilnehmen wollte, um in der gewohnten Gruppe bleiben zu können. Insgesamt findet sie sich aber mittlerweile besser in der Schule zurecht als noch zu Beginn der fünften Klasse. Da es auch mit der neuen Schulbegleitung sehr gut läuft, habe ich das Gefühl, nicht ständig ein

Auge auf bestimmte situative Bedarfe der Schülerin haben zu müssen. Ich versuche jedoch, anstehende Veränderungen rechtzeitig in der Klasse anzukündigen, zum Beispiel den Wechsel des Naturwissenschaftenunterrichts von Online- zurück zu Präsenzunterricht. Der Mutter habe ich zusätzlich Informationen über den Sitzplatz ihrer Tochter im Fachraum gegeben und schicke ihr schon mal eine E-Mail, wenn es Vertretungsstunden gibt, damit sie es mit ihrer Tochter vorbesprechen kann. Das klingt allerdings einfacher, als es ist: Ich muss immer mitdenken, und das ist bei all den verschiedenen Abläufen und Ereignissen in der Schule nicht leicht. Diese Aufgabe kann die Schulbegleitung bislang kaum übernehmen, denn relevante Informationen über den Schulalltag erhalten in der Regel nur Lehrkräfte. Durch das Poolmodell wollen wir auch erreichen, dass Schulbegleitungen Zugang zu derartigen Informationen bekommen.

Auch der Einsatz einer neuen Schulassistenzkraft stellt eine Veränderung im Alltag dar. Wie verlief der Schulbegleitungswechsel für die autistische Schülerin Ihrer Klasse?
In diesem Fall war die Schulbegleitung schon an unserer Schule tätig. Der zuvor von ihr begleitete Schüler ist gerade nach Klasse zehn abgegangen. Sie hat die ehemalige Schulbegleitung bei Krankheit schon einmal vertreten. Daher konnten wir vorab sehen, dass es mit der Schülerin, der Klasse und uns Lehrkräften gut passt. Wir waren sehr daran interessiert, dass sie für die Schülerin eingesetzt wird. Doch zunächst stellte die verkürzte Beschulung ein Problem dar. Die neue Schulbegleitung sagte, sie brauche finanziell wieder eine volle Stelle. Da eine volle Beschulung aber langfristig unser Ziel ist, hat sie die Stelle trotzdem angenommen. Eigentlich war auch eine Schulwegbegleitung geplant, damit die Schülerin nicht mit dem Auto gebracht werden muss. Doch das schafft die Schulbegleitung zeitlich nicht. Meiner Meinung nach zeigt sich hier eine interessante Abhängigkeit. Auch vor dem Hintergrund der geringen Auswahl an Fachkräften werden teilweise Kompromisse eingegangen. In diesem Fall bin ich aber sehr froh, dass die Schulbegleitung Teil unseres Klassenteams geworden ist. Heute erst hat sie berichtet, dass sich die Schülerin ihr gegenüber öffnet und es harmoniert. Jetzt wollen wir eine Alternative für den Schulweg anbahnen. Vielleicht ist es in ein bis zwei Jahren möglich, dass die Mutter ihre Tochter zum Bus begleitet und die Schulbegleitung an der Bushaltestelle der Schule auf sie wartet.

Grundsätzlich denke ich, dass im Wechsel von Schulbegleitungen, aber auch Klassenlehrkräften die Chance liegt, zu nahe, abhängige Beziehungen zwischen Kindern und Erwachsenen aufzubrechen. Aber aus Perspektive der Eltern oder Schüler*innen kann es eben auch bedeuten, etwas Vertrautes aufzugeben.

Inwiefern wirkt sich der personenbezogene Einsatz einer Schulbegleitung auf das Klassengefüge aus?
In einer der ersten Unterrichtsstunden in meiner Klasse wurden die Konstrukte Gleichheit und Gerechtigkeit thematisiert. Ziel war es, unterschiedliche Umgangsweisen mit Bedarfen wie einem Nachteilsausgleich oder einer Brille zu besprechen. Als Gesprächsanlass habe ich Bilder genutzt, auf denen unterschiedlich große Personen zu sehen sind. Sie schauen über einen Zaun, um das dahinterliegende Football-Spiel mitzuerleben. Auf dem Bild mit dem Untertitel »Gleichheit« stehen die

Personen auf gleich hohen Kisten und sehen entsprechend ihrer Größe unterschiedlich viel. Auf dem Bild mit dem Untertitel »Gerechtigkeit« hat die kleinste Person zwei Kisten, die mittlere eine und die große keine Kiste, sodass alle ein gleich gutes Sichtfeld haben. In dieser Unterrichtsstunde hat mich die Schülerin sehr beeindruckt. Sie hat gesagt: »Eine Schulbegleitung ist auch wie eine Kiste!«. Das war wirklich eine Sternstunde. Sie hat sich getraut, sich in den Unterricht einzubringen und ihre Schulbegleitung von sich aus zu thematisieren. Der Umgang mit Verschiedenheiten in Schulklassen interessiert mich sehr. Ich unterrichte auch in einer Klasse, in der keine Schulbegleitung eingesetzt ist. Dort gestaltet sich der Umgang mit Unterschiedlichkeit schwieriger. Es werden viele Fragen gestellt wie: »Warum bekommt die eine andere Arbeit? Warum hat der mehr Zeit? Das ist ungerecht! Warum darf die rausgehen? Warum kommt da immer ein extra Lehrer?« In meiner Klasse spielt das kaum eine Rolle. Vielleicht liegt das auch an der Offensichtlichkeit von Unterschieden, denn Unterschiedlichkeit wird ja gewissermaßen durch die Schulbegleitung personalisiert. Es ist völlig akzeptiert, dass die Schülerin eher gehen darf. Klar wird auch mal nachgefragt, aber die Erklärung, dass es manchen schwerfällt, den ganzen Schultag auszuhalten, ist für die Klasse in Ordnung.

In einer anderen Klasse werden während des Begrüßungsrituals die Namen der Schulbegleitungen mitgenannt. So etwas kann dazu beitragen, dass sich Schulbegleitungen durch die Mitschüler*innen akzeptiert fühlen. Aber es ist eine wechselseitige Beziehung. Geht eine Schulbegleitung regelmäßig offen auf Mitschüler*innen zu, wird sie von ihnen eher einbezogen. Zu der Schulbegleitung des Schülers aus meiner Klasse kommen viele Mädchen, um ihr Herz auszuschütten. Es besteht viel Unsicherheit darüber, inwieweit Schulbegleitungen überhaupt mit den Mitschüler*innen interagieren dürfen. Für mich ist hier eigentlich das entscheidende Argument, dass die Schüler*innen mit Schulbegleitung langfristig und auch immer wieder situativ ihre Selbstständigkeit ausbauen. Wenn eine Schulbegleitung immer nur dasitzt und auf ihren Einsatz wartet, strahlt sie eine ständige Verfügbarkeit aus. Wenn sie hingegen mit einem anderen Kind arbeitet, lernt das leistungsberechtigte Kind, etwas selbstständig zu versuchen oder Hilfe einzufordern. Ich finde es deshalb gut, wenn Schulbegleitungen in meinem Unterricht auch andere Kinder unterstützen. Die neue Schulbegleitung hat beispielsweise einen guten Draht zu einem Mitschüler. Sie wirft noch einmal ein Auge auf diesen Schüler oder auf seine Sitznachbarinnen und -nachbarn. Sie flüstern vielleicht mal »Fang doch jetzt mal an«, oder »Guck mal, du kannst das!« Eine Schulbegleitung ist aber nie für die gesamte Klasse oder alle, die sich melden, zuständig. Sie ist eben keine Klassenassistenz, auch wenn wir gerne eine hätten. Es kann jedoch auch sehr viel Unruhe entstehen, wenn vier Personen in Arbeitsphasen durch die Klasse gehen und unterstützen. Zudem bekommen Mitschüler*innen möglicherweise ebenfalls den Eindruck, dass Hilfe jeder Zeit schnellstens verfügbar ist, wenn so viel Personal da ist. Sie sollen aber lernen, noch einmal nachzudenken und die Aufgabe genau zu lesen.

Inwiefern werden Schüler*innen in Kooperationsgespräche mit und über Schulbegleitung einbezogen?
Es finden anlassbezogene Gespräche statt. Zum Beispiel haben die Schulbegleitung und ich mit dem Schüler meiner Klasse Ideen zur Verbesserung des Schriftbildes

gemeinsam besprochen. Bei der Schülerin mit Autismusdiagnose ist es so, dass sie mit mir nicht so viel in Kontakt tritt. Bevor ich mit ihr spreche, sage ich mir wie ein Mantra: »Formuliere offene Fragen!«, sonst antwortet sie nur mit Ja und Nein. Es ist nicht einfach, ihre Perspektive einzuholen. Ich versuche, nicht nur in Kooperationsgesprächen sie darin zu bestärken, ihre Meinung zu sagen und sich mitzuteilen. Zwei bis dreimal pro Schuljahr finden bei uns außerdem Sprechtage für Schüler*innen statt. Daran nehmen je nach Bedarf auch die Schulbegleitungen teil. Ich finde es aber auch sinnvoll, den Schüler*innen die Möglichkeit zu geben, ohne Schulbegleitung zu sprechen. Ich denke, für sie ist es extrem problematisch, auftretende Schwierigkeiten mit ihrer Schulbegleitung anzusprechen. Es kann einen Loyalitätskonflikt bedeuten. Meiner Erfahrung nach war das Verhältnis zwischen Schüler oder Schülerin und Schulbegleitung jedoch meist gut. Ich habe noch nicht erlebt, dass eine Schulbegleitung übergriffig war oder zu wenig professionelle Distanz gewahrt hat. Durch Berichte und Literatur entsteht diesbezüglich womöglich ein verzerrtes, negatives Bild, wobei natürlich durch die Darstellung problematischer Fälle latente Probleme sichtbar gemacht werden können.

Welche Qualifikationen und persönlichen Kompetenzen sollte die Schulbegleitung eines*einer autistischen Schülers*Schülerin mitbringen?
Erstens finde ich das Fachkräftegebot sehr wichtig, auch wenn es keine Garantie für eine kompetente Schulbegleitung geben kann. Ich habe definitiv schon erlebt, dass eine unqualifizierte Person sehr gute Arbeit leistet. Dennoch sollte man daran festhalten und in Ausnahmefällen entscheiden, ob sich eine ungelernte Kraft nachqualifizieren kann. Ich befürworte es sehr, wenn nach Arbeitsbeginn spezifische Fortbildungen gemacht werden können, etwa zum Thema Autismus. Ich habe allerdings den Eindruck, dass hier noch zu wenig getan wird: Die Anbieter arbeiten gerade eher an der Qualifizierung und Ausbildung von Schulbegleitungen und denken noch wenig an »Training on the job«. Unsere Schulbegleitungen haben aber – und das ist nicht selbstverständlich – eine kollegiale Fallberatung. Das wollen wir im Poolmodell fortsetzen.

Zweitens finde ich eine Beobachtungsgabe wichtig oder auch ein Gefühl für die Einschätzung der Situation. Wann unterstütze ich? Wann ermögliche ich mehr Selbstständigkeit? Welche Entwicklungen nehme ich wahr? Wichtig ist vor allem, die Kompetenz, Nähe und Distanz sowie Bedürfnisse der Kinder und Jugendlichen nach Unterstützung und Freiräumen zu reflektieren. Eine Schulbegleitung muss sich außerdem an die Bedingungen und Abläufe der Schule anpassen können und trotzdem wissen, wann sie ihren eigenen Standpunkt vertritt und zum Beispiel ein Kooperationsgespräch einfordert.

Ich finde es schwierig, an dieser Stelle autismusspezifische Aussagen zu treffen. Wenn ich jetzt über den autistischen Schüler aus einer Parallelklasse spreche, könnte dieses einzelne Beispiel als allgemeingültig für alle autistischen Schüler*innen mit Schulbegleitung missverstanden werden. Er hat aber ganz andere Bedürfnisse als die Schülerin meiner Klasse. Ich frage mich schon, inwieweit mir eine Diagnose hilft, mein Handeln an Lernbedürfnisse anzupassen. In meiner pädagogischen Arbeit bietet mir die Diagnose wenig Unterstützung. Ich brauche in erster Linie eine Sensibilisierung für den einzelnen Schüler oder die einzelne Schülerin. Auch die

Schüler*innen meiner Klasse mit dem zugewiesenen Förderschwerpunkt Lernen könnten gar nicht unterschiedlicher sein. Eine Diagnose oder eine Kategorie sollte mich auch nicht davon abhalten, Entwicklung zu ermöglichen. Ich habe den Eindruck, dass das Wissen über eine Diagnose auslöst, ständig nach Bestätigungen für diese Diagnose zu suchen, also quasi die Handlungen eines Schülers oder einer Schülerin immer vor dieser Folie zu interpretieren. Aber was erfordert Autismus? Struktur geben, Klarheit in Aufgabenstellungen und in Materialien zum Beispiel oder Verlässlichkeit in Abläufen. Wie so oft helfen diese Dinge ganz vielen Kindern. Ich habe in diesem Zusammenhang überlegt, von welchen Fortbildungen die Schulbegleitungen meiner Klasse profitieren würden. Für die Schulbegleitung des Schülers wären jetzt gerade Inhalte zur Grafomotorik sinnvoll. Da geht es um keine Diagnose, sondern eine spezifische Schwierigkeit in der Entwicklung, die ein Kind haben kann. Daneben hat er Schwierigkeiten, Gesprächen zu folgen. Mit zunehmendem Alter fällt dies auch seinen Mitschüler*innen immer stärker auf. Er fällt ihnen oft ins Wort und berichtet in Unterrichtsgesprächen das, was ihm gerade in den Kopf kommt. Für die Schulbegleitung wäre also eine Fortbildung zur Unterstützung von Peerinteraktionen und Kommunikation passend, aber weniger zum Thema Lernbeeinträchtigung, die für die sonderpädagogische Arbeit den Ausgangspunkt unserer Förderung darstellt.

Im alltäglichen Austausch mit Schulbegleitungen sind Kategorien jedoch durchaus wichtig. Gerade, wenn man ein Gefühl für die Schwierigkeiten und Bedürfnisse eines Kindes bekommen möchte, können sie einen ersten Anhaltspunkt bieten. Aber was daran dann schulisch relevant ist, frage ich mich immer wieder. Kategorien und ihre Funktionen sollten in der Lehrkräftebildung, aber auch mit Schulbegleitungen thematisiert werden, um die Heterogenität innerhalb von Kategorien deutlich zu machen. Als pädagogische Fachkraft oder Lehrkraft sollte man sich fragen, wie die Kategorien die eigenen Beobachtungen strukturieren.

Was wünschen Sie sich für Ihre Schule und den zukünftigen Umgang mit der Maßnahme Schulbegleitung?
Ich wünsche mir, dass wir an unserer Schule Unterstützung bedarfs- und kindgerecht einsetzen. Schulbegleitung sollte nicht beantragt oder verlängert werden, weil das Klassenteam sich gut versteht, eine Schulbegleitung bei einem Kind bleiben möchte oder es an der Schule gerade gemütlich geworden ist. Allen in der Schule beteiligten Akteur*innen würde ich raten, Strukturen für Austausch zu schaffen. Gemeinsam und mit den Eltern sollte überlegt werden, was der Schüler oder die Schülerin gerade wirklich braucht. Dabei gilt es, kritisch zu hinterfragen, ob es vordergründig darum geht, Ressourcen aufrecht zu erhalten, und ob die Unterstützung reduziert und flexibilisiert werden kann. Zugleich sollte das System nicht überfordert werden. Es wäre sinnvoll, wenn man die Maßnahme »ausschleichen« könnte. Schulbegleitungen haben aber nun mal Arbeitsverträge und können nicht einfach so ihre Stunden reduzieren. Es könnte vielleicht einen Personenwechsel geben, damit eine Kraft eingesetzt werden kann, die weniger Stunden arbeiten möchte. Doch gerade in so einer Übergangssituation bräuchten die Schüler*innen erst einmal Konstanz – ihre vertraute Begleitung. Vielmehr müsste man die Schul-

begleitungen trotz geringerer Stundenzahl voll bezahlen und in Kauf nehmen, dass sie ohne Poolmodell dann vielleicht mal in der Pausenhalle sitzen.

Da die Entstehung und Konstruktion von einer Behinderung immer kontextabhängig ist, muss überlegt werden, ob wirklich Schulbegleitung notwendig ist oder die Lehrkraft ihren Unterricht besser differenzieren kann. Klar, nicht alle Schüler*innen können beispielsweise automatisch mit Lernplänen arbeiten. Aber der Bedarf nach Schulbegleitung entsteht auch dann, wenn man den Unterricht nicht ausreichend an seine Adressat*innen anpasst. Da gibt es sicherlich an vielen Schulen noch Potenzial für Veränderungen. Neulich habe ich versucht zu schätzen, wie viele unserer leistungsberechtigten Schüler*innen dringlich eine Schulbegleitung benötigen. Bei vielleicht etwa fünfundzwanzig Prozent der leistungsberechtigten Schüler*innen wäre ein Schulbesuch ohne Schulbegleitung tatsächlich unter den jetzigen Bedingungen nicht möglich. Doch wie viel eine Schulbegleitung wirklich abfängt, macht sich vor allem dann bemerkbar, wenn sie einmal krank ist. Aber auch das Verb »abfangen« impliziert eigentlich, dass es um das »Mitkommen« der Schüler*innen und das Aufrechterhalten eines nicht individualisierten Unterrichts geht. Eine Weiterentwicklung dieser Maßnahme erfordert aber eben auch, Unterrichtsentwicklung wieder mehr in den Blick zu nehmen. Deshalb wünsche ich mir, dass dem Poolmodell eine aufrichtige Chance gegeben und sich Zeit für Weiterentwicklung genommen wird. Langfristig gesehen bin ich auf das Modell der Klassenassistenzen sehr gespannt. In individuellen Fällen ist Schulbegleitung sicherlich auch dann noch eine passende Unterstützungsressource, beispielsweise bei Autoaggressionen oder medizinischen Bedarfen. Wichtig ist mir jedoch, dass Schul- und Unterrichtsentwicklung nicht aufgrund des Einsatzes vergleichsweise günstiger, kindbezogener Ressourcen stagniert.

III   Perspektiven von Schüler*innen und Eltern

Peerbeziehungen und Agency autistischer Schüler*innen und ihrer Mitschüler*innen in inklusionsorientierten Lerngruppen mit Schulassistenz

Katrin Ehrenberg

1 Einleitung

In einer Schulklasse finden vielfältige soziale Interaktionen statt, an denen unterschiedliche Akteur*innen in unterschiedlichen Konstellationen beteiligt sind. Dazu zählt neben der Lehrer*innen-Schüler*innen-Interaktion auch die Interaktion der Schüler*innen untereinander (Peerinteraktionen), die nicht nur in formellen Formen der Interaktion wie bspw. Gruppenarbeiten stattfindet, sondern auch in informellen Peerinteraktionen innerhalb und außerhalb des Klassenraums (z. B. dem gemeinsamen Spiel während der Pause). Die Schulassistenz wird unvermeidbar ein*e Ko-Konstrukteur*in der sozialen Interaktion in der Klasse. Sie tritt trotz ihrer Einzelfallzuordnung auch mit den Mitschüler*innen in Interaktion und wird dabei häufig mit dem Dilemma konfrontiert, ob sie trotz ihrer Einzelfallzuweisung auch den anderen Kindern helfen darf, ob sie bei Konflikten während der Pause eingreifen soll, ob sie die*den Schüler*in bei einer Gruppenarbeit begleiten soll oder ob ihre Anwesenheit eher hinderlich ist. Die Unterstützung der sozialen Interaktion und Kommunikation stellt nicht nur bei autistischen Schüler*innen eine Aufgabe von Schulassistenz dar, steht aber gerade bei dieser Zielgruppe häufig im Zentrum der Unterstützungsleistung (Kron et al. 2018). Folglich wird die Schulassistenz in vielen Fällen zu einem wichtigen Bindeglied oder »Scharnier« (Blasse 2022) zwischen dem Kind und seinen Mitschüler*innen und hat dabei unweigerlich einen Einfluss auf den Aufbau und die Gestaltung der sozialen Beziehungen zu den Mitschüler*innen.

Der Beitrag diskutiert, wie sich die Peerbeziehungen autistischer Schüler*innen mit Schulassistenz und ihrer Mitschüler*innen gestalten und welche Bedeutung der Schulassistenz dabei zukommt. Dazu werden Auszüge aus teilnehmenden Beobachtungen in zwei Grundschulklassen sowie Gruppendiskussionen mit Schüler*innen präsentiert und analysiert, wobei der Fokus auf Praktiken peerkultureller Unterstützung, der Vermittlungs- und Schutzfunktion der Schulassistenz sowie der Aushandlung von Handlungsfähigkeit (Agency) liegt.

2 Peerbeziehungen

Im alltagstheoretischen Gebrauch sowie aus der Perspektive der Psychologie und der Schulforschung wird der Begriff *Peers* mit gleichem Alter und Entwicklungsstand assoziiert, wohingegen die Kindheits- und Jugendforschung unter Peers Personen mit geteilten Praktiken, Erfahrungen, Lebensereignissen und Entwicklungsaufgaben oder Personen mit gleichen Interessen und Orientierungen versteht. Peers können jedoch auch Personen mit einer gleichartigen und häufig auch gleichrangigen institutionellen Position sein, bspw. die Schüler*innen einer Schulklasse (Köhler et al. 2016, 12). Diesen unterschiedlichen Verwendungsweisen und theoretischen Konzeptualisierungen des Peerbegriffs gemein ist die Vorstellung einer Gleichartigkeit bzw. Gleichrangigkeit, die auch als symmetrische Reziprozität bezeichnet wird (Youniss 1999) und Peerbeziehungen von hierarchisch strukturierten Beziehungen zu Erwachsenen unterscheidet. Peerbeziehungen können Sympathie- oder Antipathiebeziehungen sein. Während unter ersteren Freundschaften, Cliquen und Gruppen subsumiert werden können, an denen die Kinder in der Regel freiwillig partizipieren und die von ihnen positiv erlebt werden, können Peerbeziehungen auch mit negativen Erfahrungen einhergehen i. S. von Feindschaft, Ablehnung, Ausschluss und Mobbing.

Spezifisch für Peerbeziehungen ist der Ko-Konstruktionsprozess, d. h. die gemeinsame Produktion von Praktiken und Wissen bzw. einer sogenannten Peerkultur. Der Begriff der *Peerkultur* wird definiert als ein Zusammenspiel von Aktivitäten, Routinen, Artefakten, Werten und Anliegen, die Kinder in der Interaktion mit Peers produzieren und teilen (Corsaro 2009). Die Peerkultur ist dabei nicht gleichzusetzen mit der Peergroup, in der Kinder Mitglieder sind, sondern Peerkulturen werden kollektiv in unterschiedlichen Interaktionszusammenhängen hergestellt, wobei Kinder an verschiedenen Peerkulturen partizipieren (z. B. im Kontext von Schule oder Freizeit). Kinder sind in ihren alltäglichen Lebenszusammenhängen immer auch mit den Handlungspraktiken und Deutungsmustern von Erwachsenen konfrontiert, mit denen sie sich in der Interaktion mit Peers auseinandersetzen. Peerkultur entsteht in der Auseinandersetzung der Kinder mit der Erwachsenenkultur, wobei Kinder diese nicht einfach internalisieren, sondern zu deren Reproduktion, Erweiterung und Veränderung beitragen (ebd.). Peerkulturelle Praktiken sind somit Praktiken, die die Schüler*innen in der Interaktion mit ihren Mitschüler*innen und in Auseinandersetzung mit den Handlungspraktiken der Erwachsenen, bspw. Unterstützungspraktiken der Schulassistenz, interaktiv hervorbringen.

Die Schule bildet einen wesentlichen Kontext für die Entwicklung und Gestaltung von Peerbeziehungen, da die Schüler*innen dort den Großteil ihrer Zeit mit Gleichaltrigen verbringen (Zander et al. 2017). Neben den Möglichkeiten zum Aufbau positiver, z. T. langfristiger Beziehungen bietet der schulische Kontext zugleich auch Risiken für negativ erfahrene Peerbeziehungen und sozialen Ausschluss. Peerbeziehungen formen die soziale Position in der Klasse und sind wichtige Kontexte für informelle Bildungsprozesse, aber auch eine Kontextbedingung für schulisches Lernen (Krüger 2016). Die soziale Komponente der Inklusion, die sogenannte soziale Partizipation, wird als eine wesentliche Gelingensbedingung für schulische Inklusion angesehen, und der Kontakt zu Gleichaltrigen bildet ein häufiges Motiv von Eltern bei der Entscheidung für den Regelschulbesuch.

Die Peerbeziehungen autistischer Kinder und Jugendlicher haben empirisch bislang nur wenig Aufmerksamkeit erfahren oder werden überwiegend aus einer defizitorientierten Perspektive betrachtet. Dies ist u. a. damit zu begründen, dass soziale Interaktionen bzw. Beziehungen schon in der frühen Kindheit und im Grundschulalter einen stark normierten Entwicklungsbereich darstellen. Da »Auffälligkeiten oder Schwierigkeiten der sozialen Interaktion« ein wesentliches Diagnosekriterium für Autismus nach ICD-10/11 und DSM-V darstellen, wird autistischen Kindern häufig zugeschrieben, Schwierigkeiten beim Aufbau von Peerbeziehungen bzw. kein Interesse daran zu haben. Texte autistischer Jugendlicher und Erwachsener (z. B. Seng 2020) zeigen allerdings z. T. ein gegenteiliges Bild: Danach wünschen sie sich sehr wohl Peerbeziehungen, sind aber weniger gut als Gleichaltrige in der Lage, die sozialen Regeln zu verstehen und anzuwenden, die bspw. für die altersgemäße Beziehungsanbahnung oder das Aufrechterhalten von Gesprächen üblich sind.

Die Beziehungsgestaltung zu den Mitschüler*innen kann grundsätzlich einen Bestandteil der Arbeit von Schulassistent*innen bilden (Dworschak 2012). Wie dies geschieht, ist abhängig von den individuellen Bedürfnissen und dem Entwicklungsstand sowie Interessen des Kindes. Bei Autismus wird in der Literatur die Unterstützung der sozialen Kompetenz und der Kommunikation, die immer Teil der Beziehungsgestaltung sind, als wesentliche Aufgabe beschrieben (Großmann-Tippelt 2012; Kron et al. 2018). Die Schulassistenz übernimmt hier häufig nicht nur die Aufgabe der Förderung sozialer Kompetenz, sondern auch der Vermittlung und Konfliktlösung sowie der Kommunikation. Dies ist nicht nur bei minimal verbalen oder nonverbalen Schüler*innen bedeutsam (Ehrenberg & Markowski 2023), sondern auch bei verbalen Schüler*innen, die unter Stress mitunter ihre Sprechfähigkeit zeitweilig verlieren.

Empirisch zeigt sich ein ambivalentes Bild hinsichtlich der Bedeutung von Schulassistenz für Peerbeziehungen: Zum einen wird ein potenziell stigmatisierender und differenzerzeugender Charakter von Schulassistenz deutlich, da diese durch die Mitschüler*innen bspw. als eine Normabweichung wahrgenommen wird bzw. mit einem Ungerechtigkeitserleben einhergeht (Lindmeier & Ehrenberg 2022; Warmuth et al. 2020). Die Zuweisung einer Schulassistenz kann zudem mit einem erhöhten Risiko für eine interne Exklusion bzw. räumliche Separation der Schüler*innen einhergehen, wodurch Kontakte zu Peers reduziert werden (Ehrenberg 2021; Ehrenberg & Lindmeier 2020). Im Gegenzug zeigen Forschungsergebnisse jedoch eine bedeutsame Funktion der Schulassistenz für die Gestaltung von Peerbeziehungen im positiven Sinne: Sowohl die Schüler*innen mit Schulassistenz (Böing & Köpfer 2022) als auch die Mitschüler*innen (Ehrenberg & Lücke 2017) erleben eine Schutzfunktion der Schulassistenz in Konfliktsituationen, was sich z. T. in einer Instrumentalisierung der Schulassistenz als »Schutzschild« (Böing & Köpfer 2022) manifestiert.

3 Analyse von Peerbeziehungen im Kontext von Schulassistenz und Autismus

Im Folgenden wird analysiert, wie sich Peerbeziehungen von autistischen Schüler*innen und ihren Mitschülern gestalten und welche Bedeutung der Rolle und dem Handeln der Schulassistenz diesbezüglich zukommt. Die Sequenzen stammen aus Gruppendiskussionen mit Grundschüler*innen sowie aus teilnehmenden Beobachtungen in den Klassen dieser Schüler*innen[12].

3.1 Peerkulturelle Unterstützung

Sowohl die Beobachtungen in den Klassen als auch die Erzählungen der Schüler*innen in den Gruppendiskussionen lassen erkennen, dass Unterstützungspraktiken einen wesentlichen Bestandteil der Peerinteraktion bilden. Dabei wird deutlich, dass die Schüler*innen zuweilen Unterstützungspraktiken der Schulassistent*innen oder anderen Erwachsenen (Lehrkräften oder pädagogischen Mitarbeitenden) imitieren und zeitweise sogar von der Schulassistenz angeleitet oder mit der Unterstützung oder Beaufsichtigung der Mitschüler*innen beauftragt werden. Eine wesentliche Unterstützungspraxis stellt dabei das »Aufpassen« dar, wie es bspw. in dem folgenden Ausschnitt aus der Gruppendiskussion mit Schüler*innen einer jahrgangsübergreifenden Klasse thematisiert wird:

I:	Und wie findet ihr das, dass die Frau- äh dass die Betreuung auch in der Pause mit dabei ist,
Hf:	Ich finde es in Ordnung nur ich fän- fänd es gut wenn Leon auch ma- alleine rumlaufen darf
I:	∟ Mhm ⌐
Hf:	∟ Weil die ander=n Kinder passen ja auch mit auf (.)
I:	Achso passt ihr auch mit auf, dann
Hf:	∟ Ja wenn Leon wieder rumläuft dann gucken manche schon mal was er macht und Leon hat ja auch viele Freunde die dann auch mit Leon rumlaufen[13]

Als Reaktion auf die Frage nach dem Erleben der Anwesenheit der Schulassistenz (im Anschluss an den Wortlaut der Kinder als »Betreuung« bezeichnet) während der

---

12 Das Material wurde im Kontext des Promotionsvorhabens »›… weil das sieht manchmal so aus, als ob Leon einen Butler hat‹ – Adressierungsanalytische Rekonstruktionen von Subjektivität, Macht und Agency im Kontext von Schulassistenz an inklusionsorientierten Schulen« erhoben und analysiert. Die Auswertung erfolgt nach dem Vorgehen der Adressierungsanalyse (Rose & Ricken 2018).
13 Die Transkription der Gruppendiskussion folgt den Transkriptionsregeln des »Talk in Qualitative Research (TiQ)« (Bohnsack 2014). Dabei werden Satzzeichen entsprechend der Intonation gesetzt. Die Zeichen ∟ und ⌐ stellen Überschneidungen der Redebeiträge dar, während Pausen durch Runde Klammern verschriftlicht werden. Dies ist bedeutsam für die Auswertung, da gleichzeitiges Sprechen und ein hohes Interaktionsniveau die Bedeutsamkeit von den besprochenen Inhalten signalisieren. Die Personen werden durch den Anfangsbuchstaben des anonymisierten Vornamens und den Zusatz »f« (weiblich) oder »m« (männlich) abgekürzt.

Pause äußert Hannah[14] den Wunsch, dass Leon »auch mal alleine rumlaufen«, d. h. die Pause ohne Erwachsenenbegleitung verbringen darf. Sie begründet diesen Wunsch damit, dass die »anderen Kinder« auch »mit aufpassen« würden. Leon wird durch die Äußerungen der Schülerin als unterstützungs- und betreuungsbedürftig und damit eingeschränkt handlungsfähig adressiert – auf ihn muss aufgepasst werden, da er ansonsten vermutlich wegläuft oder sich in Gefahr begibt. Aufpassen hat jedoch nicht nur ein kontrollierendes bzw. überwachendes Moment, sondern kann auch i. S. eines Füreinander-Da-Seins bzw. Füreinander-Sorgens verstanden werden. Auf Leon aufzupassen, bedeutet somit auch zu beachten, dass es ihm gut geht und dass seine Bedürfnisse erfüllt sind.

Zugleich spricht Hannah Leon die Fähigkeit zu, »alleine« (d. h. ohne Erwachsenenbegleitung) herumzulaufen. Mit dieser Adressierung wird eine peerkulturelle und eine mit der Schüler*innenrolle assoziierte Norm aufgerufen: Die Pause ist ein sozialer Raum, in dem die Kinder allein, ohne Erwachsenenbegleitung interagieren und ungestört sein können. Erwachsene sind in diesem Kontext nur als Aufsicht anwesend und intervenieren nur dann, wenn es bspw. Konflikte gibt. Dies wird bei Leon dadurch außer Kraft gesetzt, dass die Betreuung (Frau Weber) auch während der Pause räumlich nah bei ihm ist und ihn begleitet. Hannah stellt Gemeinsamkeit zwischen Leon und seinen Mitschüler*innen her; durch die peerkulturelle Unterstützung soll Leon ermöglicht werden, die Pause ohne die Schulassistenz zu verbringen, ähnliche Erfahrungen wie seine Peers zu machen und an peerkulturellen Praktiken teilzuhaben. Die Aussage, Leon habe viele Freunde, adressiert Leon zudem als beliebten Schüler, wobei die freundschaftlichen Praktiken auf das gemeinsame Herumlaufen und Aufpassen reduziert und primär auf Leon und seine Bedürfnisse ausgerichtet werden. Das »Aufpassen« wurde durch die Schüler*innen bereits an anderer Stelle in der Gruppendiskussion als eine zentrale Aufgabe bzw. Handlungspraxis der Schulassistenz identifiziert. Folglich zeigt sich, dass die Schüler*innen Handlungspraktiken der Schulassistenz imitieren und sich damit auch den Erwachsenen gegenüber als handlungsfähig (i. S. von verantwortungsbewusst handelnd) positionieren.

Das »Aufpassen« wird auch in folgender Sequenz relevant, die in einer 2. Klasse an der anderen Grundschule während der Pause im Klassenraum beobachtet wurde:

> »Frau Gehrke schaut zu den Mädchen und sagt: ›Ihr bleibt ja eh oben. Dann könnt ihr hier bei Luca bleiben. Ich komm' dann gleich wieder‹. Im Anschluss verlässt sie ebenfalls den Klassenraum. Derya und Özlem verlassen den Klassenraum, Luca läuft hinter ihnen her. Mara ruft: ›Luca, nein!‹ und schaut zu mir. Luca befindet sich mittlerweile auf dem Flur. Mara breitet ihre Arme aus und ruft: ›Luca‹. Luca läuft daraufhin zu ihr und umarmt sie.«

In dieser Sequenz wird die Aufgabe des »Aufpassens« durch die Schulassistentin Frau Gehrke an die Schüler*innen delegiert, wobei sie ihnen keinen Entscheidungsspielraum lässt, sondern die Übernahme dieser Aufgabe voraussetzt. Durch die Delegation wird den Schüler*innen die Fähigkeit und die Verantwortung zugeschrieben, Luca zu beaufsichtigen. Luca wird zugleich als unterstützungs- und kontrollbedürftig adressiert und ihm wird die Fähigkeit abgesprochen, selbst über

---

14 Alle personenbezogenen Angaben wurden anonymisiert.

seinen Aufenthaltsort zu bestimmen (die Schüler*innen dürfen normalerweise selbst entscheiden, wo sie die Pause verbringen möchten). Auffällig erscheint hier, dass trotz der Anwesenheit einer weiteren erwachsenen Person (der Ethnographin) die Schüler*innen als Aufsichtspersonen adressiert werden, ebenso fällt der routinierte Charakter des Delegierens auf, der auf das Vertrauen der Schulassistenz in die Schüler*innen verweist.

Lucas Verlassen des Klassenraums wird durch die Schülerin Mara als Anlass gesehen, zu intervenieren und ihren Mitschüler zu reglementieren, wobei sie sich zunächst auf eine verbale Reglementierung beschränkt sowie die Ethnographin als einzige anwesende Erwachsene durch die Aufnahme von Blickkontakt nonverbal adressiert. Auf diese Weise versucht Mara, eine Intervention zu bewirken oder aber sich in Bezug auf ihr Handeln abzusichern. Ohne eine Reaktion abzuwarten, löst Mara die Situation dann jedoch selbst, jedoch nicht durch eine reglementierende Praxis. Das Ausbreiten der Arme und Herbeirufen des Schülers erinnert an eine Praxis, die im familiären Kontext (vor allem in der Eltern-Kind-Interaktion) oder auch in der spielerischen Interaktion mit jüngeren Kindern (bspw. Geschwistern) zu erwarten ist, im Schulkontext (sowohl in Unterstützungs- als auch Peerbeziehungen) jedoch nicht als der Altersnorm entsprechendes Verhalten anzusehen ist. Es manifestiert sich zum einen eine Imitation des Schulassistenzhandelns, da das Weglaufen Lucas als Indikation für eine Reglementierung des Schülers gesehen wird. Das Handeln der Schulassistenz wird somit als Referenzrahmen bzw. Bezugsnorm für das eigene Handeln gesehen. Zum anderen deutet Mara die Praxis des »Aufpassens« im weiteren Verlauf der Situation um und unterläuft auf diese Weise sowohl die Norm des Reglementierens als auch die Norm einer altersgerechteten Peerinteraktion. Die peerkulturelle Unterstützung bildet einen Gegenhorizont zu den Praktiken der Schulassistenz, welche in ähnlichen beobachteten Situationen vorrangig reglementierender Natur sind und auf einer körperlichen Ebene erfolgen (durch Zerren, an der Hand halten etc.). Reglementierende Praktiken konnten im Rahmen der Beobachtungen als ein wiederkehrendes Phänomen rekonstruiert werden. An Lucas Reaktion wird deutlich, dass die diffuse, familiäre Interaktionspraxis erfolgreicher ist als die Reglementierung.

Zusammenfassend lässt sich festhalten, dass die Kinder in der Auseinandersetzung mit den Unterstützungspraktiken der Erwachsenen diese reproduzieren und zugleich peerkulturell bespielen, indem sie sie zu Praktiken peerkultureller Unterstützung verändern. Dabei können sie sich als handlungsfähig und sozial kompetent positionieren, während das unterstützte Kind zugleich als weniger handlungsfähig und fähig zur gemeinsamen Interaktion adressiert wird.

3.2 Vermittlungs- und Schutzfunktion der Schulassistenz

Während in den vorherigen Abschnitten die Praktiken der Kinder thematisiert wurden, soll der Blick an dieser Stelle noch einmal stärker auf die Schulassistenz und ihre Funktion im Kontext der Peerinteraktion gerichtet werden. Dabei manifestiert sich sowohl eine Vermittlungs- als auch eine Schutzfunktion der Schulassistenz, die an folgender Beobachtung in einer zweiten Klasse während des Morgenkreises verdeutlicht werden kann:

> »Daraufhin geht Luca zum Sofa und legt sich hin. Alina setzt sich neben ihn und streichelt seinen Rücken. Frau Thiel fordert die Kinder auf, sich in den Kreis zu setzen. Mara nimmt Luca an der Hand und führt ihn zu einer Bank, auf der bereits Lisa sitzt. Die beiden Mädchen nehmen Luca in die Mitte und streicheln seinen Rücken. Luca lautiert und schüttelt sich. Frau Fischer geht zu ihnen und sagt: ›Ihr merkt doch, dass Luca heute nicht gut drauf ist. Tatscht mal nicht die ganze Zeit an ihm rum. Sonst rastet er noch aus. Wenn es einem nicht so gut geht, möchte man das vielleicht nicht‹. Anschließend setzt sie sich auf einen Stuhl an der gegenüberliegenden Seite des Kreises«.

Im Zentrum dieser Sequenz steht die Interaktion des autistischen Schülers Luca mit verschiedenen Mitschülerinnen, wobei die Interaktion von den Mitschülerinnen ausgehend primär auf einer körperlichen Ebene in Form des Berührens, Streichelns und An-die-Hand-Nehmens erfolgt. Während das An-die-Hand-Nehmen die Funktion einer Reglementierung Lucas zur Erfüllung der situativen Anforderung, sich in den Kreis zu setzen, erfüllt, sind die übrigen Berührungen als Ausdruck von Zuneigung zu interpretieren, hinter der möglicherweise aber auch das Motiv eines sozial erwünschten Verhaltens stehen kann. Lucas Reaktion auf diese Berührungen ist als ein Ausdruck von Unbehagen oder auch Abwehr zu interpretieren. Die Schulassistentin, Frau Fischer, reagiert daraufhin mit einer verbalen Reglementierung der Schülerinnen. Ihre Äußerung impliziert dabei sowohl eine Abwertung bzw. Degradierung Lucas als auch der Mitschülerinnen. Das Handeln der Mitschülerinnen wird als »Rumtatschen« abgewertet und ihnen wird auf diese Weise die Fähigkeit abgesprochen, Lucas Befinden einzuschätzen und entsprechend einfühlsam mit ihm umzugehen. Das Sprechen über Luca wirkt jedoch ebenfalls wenig einfühlsam. Luca wird zugeschrieben, »nicht gut drauf zu sein«, was sich sowohl auf seinen Gemütszustand (i. S. von schlechter Laune) als auch auf seinen Allgemeinzustand (i. S. von schlecht gehen) beziehen kann. Er wird dadurch als ein »schwieriger« bzw. »auffälliger« Schüler adressiert, der schulische Verhaltensregeln und -normen potenziell nicht erfüllen kann, da er sein Verhalten nicht regulieren kann (»Sonst rastet er noch aus«). Diese Zuschreibung ist vermutlich der Anlass für die reglementierende Intervention der Schulassistenz. Luca wird die Fähigkeit abgesprochen, sich selbst zu wehren bzw. normgerecht auf die Berührungen zu reagieren.

Der Schutz des Kindes vor einem Overload bzw. in Konfliktsituationen kann als eine wichtige Funktion der Schulassistenz angesehen werden (Lindmeier zu Organisationslogik in diesem Band), die auch in Peerinteraktionen bedeutsam werden kann. Dennoch birgt dies die Gefahr, das autistische Kind auf diese Weise zu stigmatisieren und die Beziehung zu den Mitschüler*innen durch direktives, reglementierendes Eingreifen negativ zu beeinflussen. Es zeigt sich die Notwendigkeit eines einfühlsamen und zugleich wertschätzenden Intervenierens. Ebenso verweist das Beispiel auf die Notwendigkeit einer Aufklärung der Mitschüler*innen über die Bedürfnisse und Wahrnehmungsbesonderheiten des*der Schülers*Schülerin und den potenziell damit einhergehenden Herausforderungen.

Im weiteren Verlauf der Situation wird die Vermittlungsfunktion der Schulassistenz deutlich:

»Als alle Anwesenden im Kreis sitzen, beginnt Frau Thiel mit dem Begrüßungsritual. Luca schreit und haut Mara an den Arm. Frau Fischer sagt laut, er solle aufhören. Als er erneut schreit, steht sie auf und geht zu ihm. Sie legt die Arme von hinten um ihn und sagt: ›Ich möchte nicht, dass du andere haust‹. Luca schreit erneut. Seine Schulassistentin zieht ihn am Arm hoch und zum Sofa, auf welches er sich legt. Frau Fischer setzt sich neben ihn. Nach kurzer Zeit sagt sie: ›Mara, komm mal her‹. Mara steht auf und geht zu ihnen. Frau Fischer äußert: ›Luca, sag: ›Entschuldigung‹‹, und legt die Hand des Schülers in Maras. Luca lautiert und die Schulassistentin nickt.«

Lucas Schreien und Hauen wird hier zum Anlass einer Reglementierung durch Frau Fischer. Es ist anzunehmen, dass sie derartige Verhaltensweisen mit dem im Vorhinein antizipierten »Ausrasten« gemeint hat. Interessant erscheint, dass sie auf das Schlagen der Mitschülerin zunächst nur verbal reagiert und erst das nicht aufhörende Schreien zum Anlass einer Intervention in Form physischer und verbaler Reglementierung sowie anschließendem Ausschluss Lucas aus der Kreissituation nimmt. Anders als in der vorherigen Sequenz ist nicht Lucas Schutz bzw. sein Wohlbefinden im Fokus des Schulassistenzhandelns (sein Schreien könnte auch als Unbehagen interpretiert werden), sondern die Aufrechterhaltung der unterrichtlichen Ordnung, die durch Lucas Schreien gestört wird. Die strukturellen Anforderungen der Unterrichtssituation stellen implizite Handlungserwartungen an die Schulassistenz, die sich als Handlungsdruck für sie manifestieren. Durch die Vermittlung einer Entschuldigung stellt sie die Ordnung schulischen Peerhandelns wieder her.

Während häufig der Schutz der Schüler*innen als Aufgabe der Schulassistenz bei Autismus (Großmann-Tippelt 2012; Kron et al. 2018) beschrieben wird, bleibt er hier implizit, in Form der Lagerung auf dem Sofa als Möglichkeit, sich auszuruhen und einen Overload zu vermeiden. Im Mittelpunkt steht hier der Schutz der Mitschülerin Mara und der schulisch-unterrichtlichen Ordnung.

3.3 Peerbeziehungen als Aushandlung von Agency (Handlungsfähigkeit)

In den rekonstruierten Praktiken peerkultureller Unterstützung sowie den vermittelnden und schützenden Praktiken der Schulassistenz wurde bereits die Relevanz des Zuschreibens und Absprechens von Handlungsfähigkeit deutlich. Im deutschsprachigen Kontext wird synonym zu den Begriffen der Handlungsfähigkeit, Handlungskompetenz, Handlungsmacht oder Handlungsmächtigkeit der Begriff der *Agency* verwendet. Agency kann verstanden werden als die Fähigkeit, zu handeln und andere bzw. die Umwelt zu beeinflussen (Deakin Crick et al. 2015, 137). Agency von Kindern hat bislang vor allem im Diskurs der Kindheitsforschung sowie der neuen Soziologie der Kindheit Aufmerksamkeit erfahren, welche Kinder als handlungsfähige, aktive soziale Akteur*innen und Ko-Konstrukteur*innen ihrer Lebenswelt verstehen. Dabei wird Agency primär im Sinne eines Eintretens für die Stimme und Partizipation der Kinder verwendet und implizit als natürlich vorhandene Fähigkeit vorausgesetzt (Bühler-Niederberger 2020). Die strukturellen Entstehungsbedingungen der Agency und die damit zusammenhängende Frage, wie sich Agency unter erschwerenden Umweltbedingungen (bspw. im Kontext von

Behinderung und Benachteiligung) gestaltet, werden dabei nicht berücksichtigt (Ehrenberg 2023).

Um zu analysieren, wie die individuellen Handlungsräume der Schüler*innen durch die strukturellen Bedingungen und das Handeln Erwachsener (bspw. der Schulassistenz) präfiguriert werden, ist eine relationale Perspektive auf Agency gewinnbringend. Diese nimmt den Zusammenhang von individuellem Handeln und den strukturellen Bedingungen in den Blick und versteht Agency als »ein sozial konstruiertes und temporal-relationales Phänomen, das durch die strukturellen Bedingungen konstruiert wird, unter denen es auftritt« (Ehrenberg 2023, 121). Agency wird durch vergangene Erfahrungen, Regeln und Handlungsmuster sowie internalisierte Normen geprägt, ist gleichzeitig auf die Zukunft gerichtet, i. S. des Imaginierens von Handlungsoptionen, und wird in der Gegenwart entsprechend den situativen Anforderungen als Handlung realisiert (Emirbayer & Mische 1998, 963). So kann die Agency von Kindern z. B. durch institutionalisierte Normen und Verhaltenserwartungen geformt werden, wie es in folgendem Ausschnitt aus einer Gruppendiskussion deutlich wird:

Lf: Ähm also ich würde es lästig finden wenn ganze Zeit jemand mir hinterherläuft ähm weil Leon ist ja auch nicht dumm. er kann auch manche Sachen schon alleine dann muss man ihm nich ganze Zeit hinterhergaukeln als ob und ähm weil das sieht manchmal so aus als ob Leon einen Butler hat der alles für ihn macht und °das is°
Nm: ⌊ °Mhm°
I: Nen Butler?
Lf: ⌊ Ja so fast weil ähm Leon also Frau Weber gibt für ihn immer den Lernbegleiter ab obwohl Leon eigentlich da hingehen kann mit ner Begleitperson dann sein Lernbegleiter selber reinpacken kann

Die Unterstützung durch die Schulassistenz wird hier auf das »Hinterherlaufen« reduziert und durch Lina als lästig bewertet und damit implizit als negativer Gegenhorizont zur Erfüllung schüler*innenspezifischer Normen (bspw. dem selbstständigen Erledigen von Aufgaben) konstruiert. Leon wird als potenziell handlungsfähig adressiert und ihm wird die Fähigkeit zugeschrieben, bestimmte Aufgaben (»manche Sachen«) »alleine« ausführen zu können. Als Beispiel nennt Lina das Abgeben eines Mitteilungshefts für alle Schüler*innen, dessen Nichtabgabe zu einem festgesetzten Zeitpunkt durch das Heruntersetzen im Belohnungssystem sanktioniert wird. Das Abgeben dieses Lernbegleiters stellt aus Sicht der Schüler*innen eine Aufgabe dar, die Leon selbstständig erledigen könnte, die ihm jedoch von der Schulassistentin Frau Weber abgenommen wird, die Lina anschließend mit einem Butler vergleicht. Ein Butler kann mit einem privilegierten Status bzw. Luxus und Wohlstand assoziiert werden, was darauf hindeuten könnte, dass die Schülerin eine Privilegierung Leons erlebt (auch Ehrenberg & Lücke 2017). In dem Kontext der Äußerung stellt der Vergleich hingegen eine negative Bewertung der Unterstützung durch die Schulassistenz dar, die Leon in seiner Agency einschränkt. Als Schüler*in handlungsfähig zu sein bedeutet dabei, bestimmte Aufgaben selbstständig auszuführen und folglich mit der Schüler*innenrolle assoziierte Normen von Selbstständigkeit zu erfüllen. Das Handeln der Schulassistenz wird somit als ein negativer Gegenhorizont zu einer schüler*innenspezifischen Agency konstruiert. Indem Lina Leon als potenziell handlungsfähig adressiert, grenzt sie sich implizit

153

von den Handlungspraktiken der Schulassistenz ab. An dieser Stelle wird – wie auch in den vorherigen Sequenzen – deutlich, inwiefern Peerinteraktionen einen Ermöglichungskontext für Agency (Priestley 2020) darstellen können.

4 Schluss

Die Analyse der ausgewählten Sequenzen aus den Beobachtungen und Gruppendiskussionen verdeutlicht, dass die rekonstruierten Peerbeziehungen bzw. peerkulturellen Interaktionspraktiken grundsätzlich erst einmal von dem abweichen, was sowohl aus wissenschaftlicher als auch aus alltagstheoretischer Perspektive als »alterstypisch« gilt bzw. den klassischen Merkmalen von Peerbeziehungen entspricht (s. o.). Die Interaktionen sind stärker hierarchisch und asymmetrisch strukturiert und bestehen z. T. vorranging aus freiwillig übernommenen oder an die Schüler*innen delegierten Unterstützungspraktiken wie dem »Aufpassen«, sodass Kriterien wie die symmetrische Reziprozität oder Gleichrangigkeit nicht erfüllt scheinen. Dies zeigt sich auch in der zeitweiligen Steuerung der Peerinteraktion durch intervenierende Praktiken der Schulassistenz, die zum Schutz der Schüler*innen oder aber zur Aufrechterhaltung der schulisch-unterrichtlichen Ordnung zuweilen notwendig wird. Deutlich wird jedoch ebenso, dass die Peerbeziehungen sowohl für die Kinder mit Schulassistenz als auch die Mitschüler*innen einen wichtigen sozialen Raum darstellen, in dem sie Agency erfahren und aushandeln können, d. h. sich selbst als handlungsfähig erleben bzw. durch andere als solches konstruiert werden. Handlungsfähig Sein bezieht sich dabei z. B. auf das selbstständige Erledigen von Aufgaben oder aber die Übernahme von Verantwortung durch die gegenseitige peerkulturelle Unterstützung, d. h. die Erfüllung spezifischer mit der Schüler*innenrolle assoziierter Normen (Selbstständigkeit, prosoziales Verhalten) oder auch die Ermöglichung schüler*innentypischer Erfahrungen (z. B. das Verbringen der Pause mit den Peers).

Daraus resultiert die Notwendigkeit, sich von normativen bzw. normierten Vorstellungen über soziale Interaktion und Peerbeziehungen zu lösen und auch Beziehungen, die nicht normgerecht wirken, eine Bedeutung zuzuschreiben, ihnen einen Raum zu geben bzw. sie sensibel zu unterstützen. Soziale Interaktion bzw. Peerbeziehungen werden in (sonder-)pädagogischen Kontexten häufig als Entwicklungsbereiche konzipiert, die durch entwicklungspsychologische Modelle stark normiert sind. Dies birgt die Gefahr einer vorschnellen Interpretation von sozialen Interaktionen als pathologisch, insbesondere bei Schüler*innen im Autismus-Spektrum. Da Beeinträchtigungen der sozialen Interaktion als einer der drei Symptombereiche nach ICD-10/11 und DSM-V gelten, liegt ein defizitorientierter Blickwinkel nahe, der durch den Fokus auf Agency um eine positive Blickrichtung ergänzt werden kann. Das Konzept der Neurodiversität impliziert hingegen, soziale Interaktion als vielfältig zu denken. Beispielsweise ist nicht die Anzahl an Kontakten oder der normgerechte Charakter der Interaktionsgestaltung relevant, sondern die subjektive Bedeutsamkeit.

Schulassistenz kann hier als eine Brücke fungieren, aber auch als Hindernis. Die analysierten Sequenzen verdeutlichen bspw. die Relevanz der vermittelnden und schützenden Funktion der Schulassistenz, um Kontakte und Interaktion anzubahnen, zu fördern und wenn notwendig zu deeskalieren. Schulassistenzkräfte können durch ihre enge Arbeitsbeziehung weniger leicht zu entschlüsselnde Interaktionen verstehen, »übersetzen« und den Aufbau neuer Interaktionsmöglichkeiten unterstützen. Die Sequenzen zeigen aber auch, wie die vermittelnde Intervention stigmatisierend wirken kann, vor allem dann, wenn sie wenig sensibel erfolgt. Daraus lässt sich die Notwendigkeit ableiten, sich situativ zurückzunehmen und den Schüler*innen den Raum zu geben, bestimmte Praktiken (z. B. Unterstützung) peerkulturell auszuhandeln, um so Handlungsfähigkeit erfahrbar zu machen – wenn notwendig mit einer zurückhaltenden Beobachtung durch die Schulassistenz, um im Ernstfall intervenieren zu können. Ebenso kann die Schulassistenz unterstützen, indem sie die Mitschüler*innen in der Peerinteraktion oder peerkulturellen Unterstützungsleistung anleitet sowie über die Bedürfnisse und Wahrnehmungs- bzw. kommunikativen Besonderheiten des*der Schülers*Schülerin aufklärt, wobei ein sensibles Handeln bedeutsam ist. Auf diese Weise kann die Schulassistenz zu einer wichtigen Ressource für die Unterstützung des Erfahrens und Aushandelns von Agency werden, indem sie derartige peerkulturelle Erfahrungsräume schafft oder begleitet.

Die Analyse verdeutlicht jedoch, dass Schulassistenz als einzelfallbezogene Unterstützungsressource eine spezifische Form von Agency vorgibt: Durch die (körperlich, räumlich und sozial) enge Beziehung zu dem*der Schüler*in, die aufgrund institutioneller Rahmenbedingungen, einer Verantwortungsabgabe der Lehrkräfte oder zum Schutz des Kindes häufig nicht zu vermeiden ist, impliziert die Ressource der Schulassistenz grundlegend schon eine Restriktion der Agency des begleiteten Kindes. Schulassistent*innen handeln in einem organisationalen und institutionellen Rahmen, der in besonderem Maße durch soziale Normen sowie Rollen- und Verhaltenserwartungen strukturiert und determiniert wird (Nohl 2018). Darin herrscht eine spezifische soziale und pädagogische Ordnung, innerhalb derer Schulassistent*innen mit spezifischen Erwartungen an ihre Rolle konfrontiert sind, die von unterschiedlichen Personen (Schüler*innen, Lehrkräfte, Eltern) an sie herangetragen werden (Lübeck 2019). Das Resultat ist nicht selten ein massiver Handlungsdruck: Die Schulassistenz soll das Kind unterstützen, die Interaktion mit Peers fördern und zugleich zum reibungslosen Ablauf des Unterrichts bzw. der Aufrechterhaltung der schulisch-unterrichtlichen Ordnung beitragen. Dass dies Auswirkungen auf die Peerbeziehungen haben kann und zur Stigmatisierung oder zuweilen sogar Exklusion führen kann, wird in den analysierten Sequenzen deutlich. Sich diese strukturellen Herausforderungen bewusst zu machen und als Ansatzpunkt für die Reflexion institutioneller und struktureller Rahmenbedingungen sowie der Professionalisierung von Schulassistenz zu machen, ist daher unumgänglich.

Literatur

Blasse, N. (2022). Vielfältige Positionen von Schulbegleitung im Unterricht. In M. Laubner, B. Lindmeier & A. Lübeck, A. (Hrsg.), *Schulbegleitung in der inklusiven Schule. Grundlagen und Praxishilfen* (3. bearbeitete Aufl., S. 107–117). Beltz.

Bühler-Niederberger, D. (2020). *Lebensphase Kindheit. Theoretische Ansätze, Akteure und Handlungsräume* (2. Aufl.). Beltz Juventa.

Corsaro, W. A. (2009). Peer Culture. In J. Qvortrup, W. A. Corsaro & M.-S. Honig (Hrsg.), *The Palgrave Handbook of Childhood Studies* (S. 301–315). Palgrave MacMillan.

Deakin Crick, R., Huang, S., Shafi, A. A. & Goldspink, C. (2015). Developing resilient agency in learning: the internal structure of learning power. *British Journal of Educational Studies*, 63(2), 121–160. https://doi.org/10.1080/00071005.2015.1006574

Dworschak, W. (2012). Schulbegleitung im Förderschwerpunkt geistige Entwicklung an der allgemeinen Schule. Ergebnisse einer bayerischen Studie im Schuljahr 2010/11. *Gemeinsam leben* 20 (2), 80–94. https://doi.org/10.3262/GL1202080

Ehrenberg, K. (2021): »…weil das sieht manchmal so aus als ob Leon einen Butler hat« – Differenzproduktion und -bearbeitung in Unterrichtssettings mit Schulassistenz aus der Perspektive von Schülerinnen und Schülern. *Gemeinsam leben* 29(1), 4–11. https://doi.org/10.3262/GL2101004

Ehrenberg, K. (2023): Das aktuelle Thema: Agency von Kindern. *Sonderpädagogische Förderung heute* 68(2), 121–122. https://doi.org/10.3262/SZ2302121

Ehrenberg, K. & Lindmeier, B. (2020). Differenzpraktiken und Otheringprozesse in inklusiven Unterrichtssettings mit Schulassistenz. In H. Leontiy & M. Schulz (Hrsg.), *Ethnographie und Diversität. Wissensproduktion an den Grenzen und die Grenzen der Wissensproduktion* (S. 139–158). Springer VS.

Ehrenberg, K. & Lücke, M. (2017). »Der hat immer 'ne zweite Mutter bei sich« – Peerkontakte bei Schulassistenz aus der Perspektive von Grundschülerinnen und Grundschülern. *Sonderpädagogische Förderung heute* 62(1), 34–45. https://doi.org/10.3262/SOF1701034

Ehrenberg, K. & Markowski, K. (2023). (Unterstützte) Kommunikation und Teilhabe von Jugendlichen im Autismus-Spektrum aus Elternperspektive – Interview mit einer Mutter. In C. Lindmeier, S. Sallat & K. Ehrenberg. (Hrsg.), *Sprache und Kommunikation bei Autismus* (S. 283–295). Kohlhammer.

Emirbayer, M. & Mische, A. (1998). What is agency? *American Journal of Sociology*, 103(4), 962–1023. https://doi.org/10.1086/231294

Großmann-Tippelt, G. (2012). Schulbegleitung in der Praxis. In H. Sautter, K. Schwarz & R. Trost (Hrsg.), *Kinder und Jugendliche mit Autismus-Spektrum-Störung. Neue Wege durch die Schule* (S. 243–248). Kohlhammer.

Kron, M., Schmidt, L. D. H. & Fischle, A. (2018). *Bildungsteilhabe durch schulische Assistenz. Netzwerkbasierte Unterstützung für Schüler und Schülerinnen im autistischen Spektrum.* Schriftenreihe des Zentrum für Planung und Evaluation Sozialer Dienste. Universitätsverlag Siegen.

Köhler, S.-M., Krüger, H.-H. & Pfaff, N. (2016). Peergroups als Forschungsgegenstand – Einleitung. In dies. (Hrsg.), *Handbuch Peerforschung* (S. 11–36). Barbara Budrich.

Krüger, H.-H. (2016). Die erziehungswissenschaftliche Perspektive: Peers, Lernen und Bildung. In S.-M. Köhler, H.-H. Krüger & N. Pfaff (Hrsg.), *Handbuch Peerforschung* (S. 37–54). Barbara Budrich.

Lindmeier, B. & Ehrenberg, K. (2022). »In manchen Momenten wünsch ich mir auch, dass sie gar nicht da sind.« – Schulassistenz aus der Perspektive von Mitschülerinnen und Mitschülern. In M. Laubner, B. Lindmeier & A. Lübeck (Hrsg.), *Schulbegleitung in der inklusiven Schule. Grundlagen und Praxishilfen* (3. bearbeitete Aufl., S. 137–149). Beltz.

Lübeck, A. (2019). *Schulbegleitung im Rollenprekariat. Zur Unmöglichkeit der »Rolle Schulbegleitung« in der inklusiven Schule.* Springer VS.

Nohl, A.-M. (2018). Inklusion in Bildungs- und Erziehungsorganisationen. In T. Sturm & M. Wagner-Willi (Hrsg.), *Handbuch schulische Inklusion* (S. 15–29). Barbara Budrich.

Priestley, A. 2020. Care-experienced young people: agency and empowerment. *Children and Society* 34(6), 521–536. https://doi.org/10.1111/chso.12383

Rose, N. & Ricken, N. (2018). Interaktionsanalyse als Adressierungsanalyse – eine Perspektive der Subjektivationsforschung. In M. Heinrich & A. Wernet (Hrsg.), *Rekonstruktive Bildungsforschung.* Springer VS. https://doi.org/10.1007/978-3-658-18007-2_11

Seng, H. (2020). Zu den Schwierigkeiten, typische soziale Interaktionen zu verstehen und mit anderen Personen zu interagieren. In G. Theunissen (Hrsg.), *Autismus verstehen. Außen- und Innensichten* (2. aktualisierte Aufl., S. 178–188). Kohlhammer.

Warmuth, A.-M., Ehrenberg, K. & Lindmeier, B. (2020). Aushandlungsprozesse im Kontext von Schulassistenz in der Adoleszenz. Ergebnisse einer rekonstruktiven Einzelfallstudie. *Sonderpädagogische Förderung heute 65*(4), 427–439. https://doi.org/10.3262/SZ2004427

Youniss, J. (1999). Children's friendships and peer culture. In M. Woodhead, D. Faulkner & K. Littleton (Hrsg.), *Making sense of social development* (S. 13–26). Routledge.

Zander, L., Kreutzmann, M. & Hannover, B. (2017). Peerbeziehungen im Klassenzimmer. *Zeitschrift für Erziehungswissenschaft 20*, 353–386. https://doi.org/10.1007/s11618-017-0768-9

»Eigentlich ein relativ guter Vorteil« – Schulassistenz aus der Perspektive adoleszenter Schüler*innen im Autismus-Spektrum

Johanna Langenhoff

1 Einleitung

Nachdem lange Zeit strukturelle Bedingungen des Einsatzes von Schulassistenz im Mittelpunkt standen, werden mittlerweile auch Schüler*innenperspektiven auf die Maßnahme und deren soziale Folgen untersucht (Ehrenberg 2021). Es zeichnet sich ab, dass Schüler*innen mit Assistenzerfahrungen die Schulassistenz als Zeichen einer Abweichung von gelingender unterrichtlicher Partizipation erleben (Böing & Köpfer 2020). Im Primarbereich deuten sich aus Sicht von Peers Fragen der Gerechtigkeit sowie Adressierungen der Leistungsempfänger*innen als unselbstständig und reglementierungsbedürftig an (Ehrenberg & Lücke 2017; Ehrenberg & Lindmeier 2020). Die Orientierungen und Haltungen adoleszenter Schüler*innen mit Assistenzerfahrungen finden im Forschungsfeld bislang wenig Berücksichtigung.

Aufgrund der besonderen Bedeutung der Adoleszenz für Prozesse der Verselbstständigung und Identitätsbildung im Verhältnis zu den Erwartungen von Peers und erwachsenen Bezugspersonen (Wischmann 2020) bearbeitet dieser Beitrag anhand der explorativen Analyse von Interviewauszügen, wie adoleszente Schüler*innen die Unterstützung durch die erwachsene Schulassistenz und die Hintergründe und Notwendigkeit des Erhalts von Schulassistenz erleben.

2 Jugend als normativ aufgeladenes Konstrukt

Die Begriffe »Jugend« und »Adoleszenz« stehen für ein soziales Konstrukt, »mit dem spezifische Erwartungen und Anforderungen in spezifischen historischen, gesellschaftlichen und kulturellen Kontexten zusammenhängen« (Wischmann 2020, 99). Mit dem alltagssprachlichen Jugendbegriff sind zahlreiche von wissenschaftlichen und öffentlichen Diskursen beeinflusste »atheoretische‹ Konnotationen« (King 2013, 38) verknüpft, wer aufgrund bestimmter Altersgrenzen oder Verhaltensweisen als Jugendliche*r gilt und adressiert wird (Brodersen & Gaupp 2020). Besonders einflussreich für die Konstruktion von Jugend ist im deutschsprachigen Raum das durch Hurrelmann und Quenzel (2016) modifizierte sozialisationstheoretische Konzept der Entwicklungsaufgaben mit der zentralen Bedeutung der Identitätsbildung sowie der Ausbildung von Autonomie. Entwicklungsaufgaben umfassen u. a.

das Qualifizieren für Tätigkeiten mit gesellschaftlichem Nutzen, die emotionale Ablösung von den Eltern und »die Fähigkeit, emotional erfüllende und stabile Freundschafts- und Sozialkontakte« (ebd., 26) auszubilden.

In soziologisch orientierten Arbeiten wird passend zum Entwicklungsschwerpunkt Qualifizieren auf gegenwärtig hohe Bildungsaspirationen von Jugendlichen und eine zunehmende Bedeutung von Bildungszertifikaten verwiesen (Reinders 2016). Die normative Kraft eines »Normallebenslaufs« einschließlich des Wunsches nach einer Erwerbstätigkeit auf dem ersten Arbeitsmarkt ist auch für behinderte Jugendliche subjektiv äußerst relevant (Lindmeier 2019; Siegert 2020). Differenzsetzungen wie durch die Zuweisung eines Förderbedarfs gehen in einer Gesellschaft, die von der Idee des Erfolgs durch individuelle Anstrengung geprägt ist, mit Verunsicherungen der Identität und Gefühlen des persönlichen Versagens einher (Lindmeier 2019).

Als jugendtypisch werden in entwicklungspsychologischer Literatur übereinstimmend eine Reduktion des elterlichen Einflusses, die aktive Hinwendung zu Gleichaltrigen und die zunehmend selbstgesteuerte Auswahl von sozialen Bezugspersonen beschrieben (exemplarisch Hannover et al. 2018). Das Entwicklungsaufgabenkonzept und sein eingewobener, »quasi-organische Abläufe suggerierende[r] Entwicklungs- und Phasenbegriff« (Mecheril & Hoffarth 2009, 240) werden jedoch aufgrund der Linearität und einseitigen Betonung der Integrationsleistung des Individuums, ungeachtet der verfügbaren Ressourcen, kritisiert. Ablösungsprozesse verlaufen bspw. dann nicht linear, wenn Heranwachsende einen Großteil ihrer Zeit mit erwachsenem Assistenzpersonal verbringen müssen und Barrieren in ihrer (sozialen) Umgebung ihre Partizipation an Peeraktivitäten verhindern (Tervooren 2016). Autistische Heranwachsende wünschen sich etwa entgegen stereotyper Annahmen Einbindung in eine Peergroup, berichten jedoch häufig von Missverständnissen mit Gleichaltrigen und Anschlussschwierigkeiten in ihrer Schulzeit (Schirmer 2016; Lindmeier 2018). Gleichzeitig schildern Eltern autistischer Jugendlicher Abhängigkeiten ihrer Kinder in der Freizeitgestaltung und deren fortbestehende Angewiesenheit auf innerfamiliäre Beziehungen und Unterstützung (Eckert & Störch-Mehring 2015). Dies widerspricht der innerhalb der Jugendforschung und in medialen Repräsentationen verbreiteten Subjektnorm des*der sich selbst sozialisierenden, an Unabhängigkeit orientierten und eigenmächtig aus einer Vielzahl aus Entscheidungs- und Partizipationsmöglichkeiten wählenden Jugendlichen (Tervooren 2016).

Mit Blick auf behinderungs- und neurodivergenzbezogene Zuschreibungen abweichender körperbezogener und kognitiver Fähigkeiten sowie sozialer Kompetenzen, bspw. einer zugeschriebenen Entscheidungsunfähigkeit (Buchner & Lindmeier 2019; Walker & Raymaker 2021), stellt sich die Frage, wie Verhaltens- und Entwicklungsnormen des Lebenszusammenhangs Jugend im Kontext von Autismus und Unterstützungsbedürftigkeit wirksam und von den Jugendlichen bearbeitet werden (Warmuth et al. 2020). Für die in diesem Beitrag beabsichtigte Analyse der Erfahrungen autistischer Jugendlicher eignet sich das durch Vera King (2013) geprägte Verständnis von Adoleszenz, wie im Folgenden verdeutlicht wird.

3 Adoleszenz als Analysekategorie

In diesem Beitrag wird in Abgrenzung zum Jugendbegriff und seinen normativ aufgeladenen Konnotationen der Begriff Adoleszenz verwendet, um die je nach gesellschaftlichen sowie psychosozialen Ressourcen ungleichen Möglichkeiten und Qualitäten dieser biographisch relevanten Phase zu fokussieren. Mit Bezug auf die Theorie Vera Kings (2013) wird die Adoleszenz als gesellschaftlich und generational gewährter und daher unterschiedlich beschaffener Möglichkeitsraum verstanden. Sie umfasst die Vorbereitung der Ablösung der älteren Generation durch eine Nachfolgegeneration. Das bedeutet zum einen, dass die Erwachsenengeneration vor dem Anspruch steht, Adoleszenten sowohl Freiräume zum Experimentieren als auch verlässliche Bindungserfahrungen zu ermöglichen. Zum anderen gehen damit Möglichkeiten und Erwartungen an die Generation der Adoleszenten einher, eigene Identitäts- und Lebensentwürfe hervorzubringen. Dies impliziert eine »intensive Auseinandersetzung mit dem Verhältnis zu sich selbst« (Mecheril & Hoffarth 2009, 240) und beinhaltet die Umgestaltung von diffusen, kindlichen Sozialbeziehungen. Die Adoleszenz stellt somit eine Bedingung für individuelle Neuorientierung und Transformation, aber auch für Orientierungsverluste und Unsicherheiten dar (King 2013).

Identifizierungen, wie sie etwa in der Zuschreibung einer Autismusdiagnose oder einer Behinderung in Verbindung mit einem Assistenzbedarf eingelagert sind, stellen eine potenzielle Herausforderung in adoleszenten Prozessen der Selbstfindung und Aushandlung einer eigenen Position gegenüber der Erwachsenengeneration dar. Zugleich ist die teils Schuljahre übergreifende und exklusive Assistenzbeziehung eine intergenerationale Konstellation, in welcher die Schulassistenz als generative Andere (Helsper et al. 2009) gedacht werden muss und Adoleszente die Aushandlung von Autonomie erproben können (Warmuth et al. 2020). Dabei unterscheidet sich diese Konstellation zu Eltern-Kind- und Lehrkraft-Schüler*in-Beziehungen insofern, als dass es sich um eine spezifische, institutionalisierte, zeitlich begrenzte und ersetzbare Beziehung handelt, welche zugleich familiäre Elemente der Individualität, Nähe und Diffusität aufweist. Anders als für eine Lehrkraft besteht für eine Schulassistenz weder ein klares Rollenbild mit eindeutigem Aufgaben- und Zuständigkeitsbereich noch ein gleichwertiger Anspruch, der Lerngruppe und einem Sach- und Vermittlungsaspekt gerecht zu werden (Lübeck 2019; Helsper et al. 2009). Die zwei Fragestellungen dieses Beitrags lassen sich daher so formulieren: Wie beschreiben adoleszente Schüler*innen die Tätigkeiten der ihnen zugewiesenen Assistenz und welche Zuständigkeitsbereiche lassen sich daraus ableiten? Wie erleben sie ihre eigene Unterstützungsbedürftigkeit und die Assistenzbeziehung? Diesen Fragen wird durch die Interpretation von Sequenzen aus Einzelinterviews und einer Gruppendiskussion mit autistischen Jugendlichen nachgegangen.[15]

---

15 Das empirische Material ist Teil der Dissertation der Autorin (Arbeitstitel: »»Das fühlt sich so an, als wäre ich noch nicht in der neunten Klasse.‹ – Schulbegleitung aus der Perspektive

4 Analyse der Perspektive autistischer Jugendlicher mit Assistenzerfahrungen

4.1 Tätigkeiten und Zuständigkeitsbereiche von Schulassistenz

Die insgesamt vier befragten autistischen Schüler der Klassen sechs bis elf beziehen sich auf Schulassistenz als eine ihnen persönlich zuteilwerdende Hilfe in einem schulischen Raum, der sie mit normativen Verhaltens- und Leistungserwartungen konfrontiert. In diesem schreiben sie der Schulassistenz verschiedene Unterstützungsaufgaben zu:

Für Konstantin[16] (11. Klasse, Gymnasium) stellt die Assistenz in außerunterrichtlichen Situationen, in denen potenziell Probleme mit Peers entstehen, eine stets *verfügbare Ansprechperson* dar:

> »Die ist natürlich auch auf Klassenfahrten dann meistens dabei oder Ausflügen; und da kann sie natürlich dann auch einschreiten falls ich Probleme hab mit Mitschülern; und die kann dann da auch immer helfen; denn das=war=jetzt=schon so äh dass ich irgendwie immer mit einer Mitschülerin ein (.) Problem=hatte, und dann bin ich zur Assistent- zu meiner Assistentin gegangen und dann ham- hab ich ihr das erzählt und dann haben wir dann zusammen mit der Betroffenen oder den Betroffenen dann besprochen«.[17]

Die Schulassistenz nimmt eine Rolle als Vermittlerin in Peerinteraktionen ein. Hinsichtlich des »Einschreitens« der Assistenz und deren Einschalten durch Konstantin ist jedoch auf die Einschätzung von Ehrenberg und Lücke (2017) zu verweisen, dass Schüler*innen keine Problemlösungsstrategien für Konflikte unter Gleichaltrigen erlernen, wenn sie sich stets auf Erwachsene verlassen. Die Aufgabe der Schulassistenzkraft, hier das situativ angemessene Maß an Unterstützung zu bieten, ist äußerst anspruchsvoll.

Positiv hervorgehoben wird in mehreren Interviews die unterrichtsbezogene Unterstützung der Schulassistenz beim *»Übersetzen« von Aufgabenstellungen*, wie hier durch Konstantin benannt:

> »Das ist eigentlich nur dass ich ähm während des Unterrichts; dass ich da Hilfe kriege. **auch wenn** wir ne Klassenarbeit schreiben und dann äh dass ich dann da Hilfe kriege, falls ich da irgendwas nicht verstehe oder so. **Natürlich** darf mir die Assistentin da nicht die Lösung sagen; das ist klar. aber sie kann mir die Aufgabenstellung nochmal etwas einfacher erklären«.

Als hilfreich wird außerdem die *Unterstützung der Selbstorganisation* und des Zurechtfindens in der weiterführenden Schule, etwa angesichts größerer Verände-

---

von jugendlichen Schüler*innen mit Assistenzerfahrungen in inklusiven Schulen«). Aus Platzgründen wird auf die Darstellung des methodischen Vorgehens verzichtet.
16 Alle Namen der befragten Schüler und von ihnen benannten Personen wurden pseudonymisiert.
17 Die Sequenzen wurden nach den Transkriptionsregeln des »Talk in Qualitative Research (TiQ)« (Bohnsack 2014) wörtlich transkribiert.

rungen im Schulalltag, erfahren. Auf die Frage der Interviewerin, was die Aufgabe seiner Schulassistenz sei, antwortet Max (7. Klasse, Integrierte Gesamtschule):

> »Sie unterstützt mich halt bei: Aufgaben, zum Beispiel auch im Test, (.) und beim Dalton; dass ich die ganzen Aufgaben halt (.) weiß was ich machen muss und so; also (.) mhm am Ende der Stunde sagt sie mir oft auch so; dass ich das Buch für die Stunde und so brauch und dann besprechen wir auch in welchen Raum wir gehen und so;«.

Ein an der Schule neu eingeführtes pädagogische Konzept (»Dalton«), bei dem die Schüler*innen nach Arbeitsplänen selbstbestimmt in ihrem eigenen Tempo lernen sollen, erfordert es, einen Überblick über Aufgaben zu bewahren, Klassenräume mit Fachlehrkräften aufzusuchen und die jeweils notwendigen Arbeitsmaterialien vorliegen zu haben. Mit Blick auf autismusspezifische Charakteristika der zeitlichen sowie räumlichen Orientierung und Handlungsplanung (Kron et al. 2018) ist nachvollziehbar, dass Max es als größten Vorteil von Schulassistenz benennt,

> »dass man nicht immer unbedingt alles selber: (.) im Kopf haben muss; was man machen muss und so;«.

Auch Luis (10. Klasse, Abschlussklasse Integrierte Gesamtschule) beschreibt die Unterstützung der Selbstorganisation als Aufgabe der Assistenz:

> »Dass ich mich organisieren kann, ich hatte ein richtiges Problem mit Organisation; in der Corona-Krise haben wir dann ähm im Lockdown hinten in dem kleinen Gebäude gesessen, und da haben wir immer Hausaufgaben gemacht, also auch im Lockdown bin ich immer in die Schule gekommen, (.) weil meine Mum hat ne Zeit lang versucht mir das zu zeigen also (.) so zu helfen und dass ich arbeite, aber das hat nicht funktioniert.«

In seinem Versuch, den erhöhten Anforderungen an die Selbstorganisation beim Erledigen von Hausaufgaben während der Corona-Pandemie gerecht zu werden, ringt Luis um Handlungsfähigkeit. Die Zusammenarbeit mit der Schulassistenz wird von ihm als Kontrast zur Bearbeitung schulischer Aufgaben mithilfe innerfamiliärer Unterstützung angeführt. Die Qualität der Unterstützung durch die Schulassistenz stellt für ihn eine relevante und flexibel nutzbare Ressource zur Aufrechterhaltung von Handlungsfähigkeit dar, zumal davon auszugehen ist, dass ein allgemeines »Begehren, der schulischen Leistungsnorm gerecht zu werden« (Fritzsche 2014, 332), durch erhöhten Selektionsdruck in der Abschlussklasse der Sekundarstufe verstärkt wird.

Die personenbezogene Zuständigkeit von Schulassistenz geht auf Seiten leistungsberechtigter Schüler*innen mit *Erwartungen der unmittelbaren Verfügbarkeit von Unterstützung* einher (Köpfer & Böing 2017). So äußert sich Adam (6. Klasse, Oberschule) über den Vorteil von Schulassistenz in einem produkt- und leistungsorientierten Unterricht:

> »Ich bekomme halt äh viel schneller Hilfe und werde äh auch viel schneller fertig mit den Aufgaben und und so; und ich bin hal- ich hab dann auch viel schneller nix mehr zu tun, und ich bekomm dann auch wenn ich viel schneller fertig bin ja auch ä:hm hab ich auch viel bessere Noten als die anderen zum Beispiel.«

Hier scheint das einleitend erwähnte Gerechtigkeitsproblem durch exklusive Unterstützung, das Mitschüler*innen im Grundschulalter im Kontext von Schulassistenz erleben (Ehrenberg & Lindmeier 2020), auch aus der Perspektive eines Schülers mit Schulassistenz selbst als Vorteil gegenüber Mitschüler*innen wahrgenommen zu werden. Max kritisiert wiederum, dass eine ehemalige Schulassistenz *keine* unmittelbare Unterstützung leistete:

> »Die eine die war halt immer so ein bisschen die- ich bin rausgegangen, weil mich irgendwas gestört hat, zum Beispiel; und dann ist die erst so zwanzig Minuten später ungefähr rausgekommen; so gefühlt. und das war halt nicht so schön.«

In den Auszügen werden Hilfen bei Rückzug in Stresssituationen, Übersetzungen wenig autismusfreundlicher Aufgabenstellungen sowie die Vermittlung in Interaktionen als sinnvolle und notwendige Tätigkeiten deutlich, die Schulassistenzen in Ergänzung zu Lehrkräften übernehmen können. Dabei zeigt sich, dass Assistenzhandeln eine sorgfältige Reflexion der Unterstützung von Selbstständigkeit erfordert (Kron et al. 2018; autismus Deutschland e. V. 2021). Unzureichende strukturelle Bedingungen wie die individuelle Zuweisung und fehlende Kooperationszeiten zwischen Lehrkräften und Assistenz erschweren eine solche Reflexion jedoch und führen mitunter zur (latenten) Ablehnung von Hilfeleistungen durch Schüler*innen, wie nachfolgend thematisiert wird.

4.2 Erleben von Unterstützungsbedürftigkeit

Anhand der bisherigen Interviewauszüge wurde sichtbar, dass Unterstützungsleistungen von Schulassistenzen zur Erfüllung schulischer Leistungs- und Verhaltensanforderungen beitragen und als solche durch die Schüler angenommen und teils erwartet werden. Zugleich enthalten die Interviews Sequenzen, in welchen die positive Haltung zur Unterstützung durch Schulassistenz relativiert wird. Im folgenden Beispiel beschreibt Konstantin direkten Widerstand gegenüber als unangemessen erlebter Hilfestellung:

> »manchmal hab ich auch die Hilfe abgelehnt, und äh eine die ich hatte die hatte dann auch sich sofort wenn da irgendwie n Text dann n Textmarker genommen und das wo- und dann da was markiert und das wollte ich immer nicht, (.) ähm äh aber inzwischen mach ich das ja jetzt«.

Die Handlung der Schulassistenz ließe sich als »Aufmerksamkeitslenkung« (Kron et al. 2018, 40) interpretieren, wird aus der Perspektive des Schülers jedoch als unerwünschter Eingriff in seinen Lernprozess erfahrbar. Die Betonung des mittlerweile eigenständigen Markierens zeugt von einer starken Orientierung auf die autonome Bearbeitung schulischer Arbeitsaufträge und von zurückgewonnener Autonomie.

Ähnlich hierzu spiegelt sich in Adams Darstellung Ablehnung gegenüber einem übereifrigen »Willen« der Schulassistenz wider, unterstützend tätig zu werden:

> »ich fands erst mal sehr blö:d; weil sie wollt mich irgendwie bei allem unterstützen was ich schon konnte. (.) ähm zum Beispiel so ne relativ einfache Matheaufgabe, und sie °dachte ich schaff die halt nicht.° (3) und äh und dann hat sies irgendwie verstanden dass ich ähm was ich dann hat sie auch mehr verstanden was ich schon kann; und was ich nicht kann, dann hat- dann wars °eigentlich relativ gut.°«

Er erfährt die auf Erfüllung von Leistungsanforderungen ausgerichtete Unterstützung seiner Schulassistenz als Rückmeldung über seine Fähigkeiten, wobei eine

Diskrepanz zu seiner Selbsteinschätzung entsteht. Erst nach einer Weile scheint die Assistenz ein Gespür für Adams Können zu entwickeln. Die Passivität in der Formulierung »irgendwie verstanden« deutet eine Angewiesenheit Adams auf die Reflexivität seiner Assistenz an. In einer weiteren Sequenz dokumentiert sich darüber hinaus eine gewisse Alternativlosigkeit der Akzeptanz zusätzlicher Unterstützung, sodass sich das Realisierungspotenzial seiner »Emanzipierungsbestrebungen« (Böing & Köpfer 2020, 271) als gering einschätzen lässt:

> »Mhm das ist eigentlich ein relativ guter Vorteil wei:l das hilft mir halt beim Abschluss und sowas, besser weiter zu kommen; °und° (.) ich hab halt (.) obwo:hl es Kinder gibt di:e nicht so nicht so gut wie ich sind, die vi:el schlechter als ich sind, hab ich halt immer noch n Vorteil gegenüber denen. (2) manchmal find ich das auch ein bisschen <u>unfair</u> aber was soll man machen, wenn ich diesen Vorteil ja habe, kann soll ich den ja nicht wegschmeißen nur weil es unfair ist.«

Der Vorteil von Schulassistenz wird durch die Einschübe »eigentlich« und »relativ« relativiert und nachfolgend als Differenz erzeugende Bevorzugung entlarvt. Adam vergleicht seine Leistungen mit denen seiner Peers und erlebt sich als leistungsstärker. Trotz der impliziten Gerechtigkeitsvorstellung, leistungsschwächeren Schüler*innen solle die größtmögliche Unterstützung zuteilwerden, nimmt der Sechstklässler die Unterstützungsressource vor dem Hintergrund eines Strebens nach einem Abschluss und nach Optimierung an. Die rhetorische Frage »was soll man machen« deutet Machtlosigkeit gegenüber der Zuweisung individueller Unterstützung an, die Korrektur von »kann« zu »soll« normative Erwartungen des Umfeldes, diese anzunehmen.

Auf die Frage, ob Adam sich vorstellen könne, eines Tages ohne Schulassistenz zur Schule zu gehen, antwortet er:

> »Weiß ich noch nicht. (2) weil <u>eigentlich</u> bin ich re- relativ gut in der Schule; und komm halt gut <u>allein</u> zurecht bis jetzt, (2) aber Frau Witzkowski [Schulassistenz] ist halt auch ne gute Unterstützung für die anderen Lehrer«.

Hierin drückt sich nicht nur die Nähe der Schulassistenz-Rolle zu derjenigen der Lehrkräfte aus, sondern auch die Herstellung eines Zusammenhangs zwischen guten Schulleistungen und dem Zurechtkommen »allein« ohne Schulassistenz. Dass er trotz guter Leistungen Schulassistenz erhält, erklärt Adam an dieser Stelle mit der Bedürftigkeit seiner *Lehrkräfte* nach zusätzlicher Unterstützung. Einschränkend beschreibt er sich jedoch nur als »eigentlich« und bisher guten Schüler, was eine beginnende Irritation seines Selbstbildes bzw. einen Reflexionsprozess andeutet. An anderer Stelle des Interviews begründet Adam den Erhalt der Ressource mit den Diagnosen Autismus und ADHS, von denen er sich auf die anschließende Nachfrage der Interviewerin, welche Rolle diese für ihn spielten, distanziert:

> »Eigentlich, ich geh halt jeden Mittwoch in so ne Autismuspraxis, da ko- da lerne ich gerade kochen, aber eigentlich mach ich da nicht so viel; das macht Spaß, aber äh außer dieser Autismuspraxis habe ich halt nicht so viel mit Autismus am Hut; oder ähm ADHS; ADHS hab ich so gut wie gar nichts«.

Zusammenhänge zwischen Schulassistenz und verhaltensbezogenen schulischen Unterstützungsbedarfen, wie sie im Kontext von Autismus und ADHS angenommen werden können, bleiben im Interview eine Leerstelle, ebenso wie Kooperationshandlungen zwischen Autismuspraxis und Schulassistenz.

Kontrastierend lässt sich die Gruppendiskussion zwischen Luis und seinem Freund Felix heranziehen, der ebenfalls über Assistenzerfahrungen verfügt. Auf Nachfrage nach den Gründen für den Erhalt von Schulassistenz zählen die beiden Zehntklässler eine Reihe vergleichsweise spezifischer Unterstützungsbedarfe auf. Dies fällt ihnen möglicherweise in der Gruppensituation leichter als Adam, der allein interviewt wird, da sie sich miteinander identifizieren und durchgehend in der »Wir«-Form von ihren Schwierigkeiten sprechen können:

Luis:	Konzentrationsschwächen
Felix:	⌊°Konzentrationsprobleme, A- Ablenkungsprobleme und° hatten öfter Stress
Luis:	⌊Organisation. ( ) ⌋
Felix:	⌊oft Stress, und dann haben die Leh- äh die Schulbegleitungen waren halt da dass die uns ähm immer helfen dass wir auf- mehr aufpassen, dass wir konzentriert uns nicht ablenken lassen; und wenn Stress ist dann auch mal geholfen haben; gesagt dass sie beiden dass wir beide nicht schuld sind, sondern davor jemand an- uns an- provoziert hat.
Luis:	ja wir waren ziemlich reizbar;
Felix:	⌊halt das war halt n:: drittes Ohr für n Lehrer. weil (.) die hat dann ja nochmal genauer hingehört und der Lehrer hört dann halt erst das was man was wir beide halt dann gemacht haben.[18]

Eine Parallele zu den Aussagen Adams scheint darin zu liegen, dass Schulassistenz als Unterstützung (»drittes Ohr«) für Lehrkräfte markiert wird. Die Tätigkeit der Schulassistenz erscheint in der Beschreibung durch Felix jedoch vielmehr als Interessenvertretung bzw. Beschützen der Schüler-Tätigkeiten, die Kron et al. (2018) als Aufgaben von Schulassistenz im Kontext Autismus definieren, weil Mobbing bzw. das gezielte Provozieren autistischer Schüler*innen bis zu deren »Austicken« eine häufige Peerpraxis darstellt (Lindmeier et al. 2022). Es lässt sich eine subjektiv erlebte Sinnhaftigkeit von Schulassistenz interpretieren, die in einer retrospektiven Bewertung der Ressource durch die kurz vorm Abschluss stehenden Schüler explizit wird:

Interviewerin:	Diese Gründe, die ihr jetzt gerade genannt habt, war euch das dann auch schon so klar, oder
Felix:	⌊°nein;° also mir war das nicht so klar,
Luis:	⌊nee mir auch nicht.
Felix:	⌊ähm weil man natürlich in dem Alter darüber noch nicht so nachgedacht hat, man ist halt ein Sturkopf, man will mit dem a- eigenen Kopf durch die Wand laufen, und wenn man älter wird, macht man sich natürlich ja dann Kopf dadrüber, (.) und dann haben wir das beide glaub ich auch gemerkt; aber=als kleines Kind

---

18 Die Transkription der Gruppendiskussion folgt den Transkriptionsregeln des »Talk in Qualitative Research (TiQ)« (Bohnsack 2014). Dabei werden Satzzeichen entsprechend der Intonation gesetzt. Die Zeichen ⌊ und ⌋ stellen Überschneidungen der Redebeiträge dar, während Pausen durch Runde Klammern verschriftlicht werden. Dies ist bedeutsam für die Auswertung mit der dokumentarischen Methode, da gleichzeitiges Sprechen und ein hohes Interaktionsniveau die Bedeutsamkeit von den besprochenen Inhalten signalisieren.

Luis:	will man das immer noch nicht so wahrhaben und so sagen [((spricht mit hoher, verstellter Stimme)) nee das will ich nicht das will ich nicht] ⌊ja.
Felix:	⌊aber am Ende des Tages ist es das Beste.
Luis:	mhm.

Interessant an dieser Passage ist die Distanzierung von der Position des Kindes, durch die Felix sich und Luis im Kollektiv der reflektierten, einsichtigen »Älteren« verortet. Anhand der Wortwahl »macht man sich natürlich ja dann Kopf dadrüber« lässt sich erahnen, dass die Auseinandersetzung mit eigenen Unterstützungsbedarfen als belastend erlebt wurde. Luis' Reaktionen auf Felix lassen sich als vorsichtige Zustimmung der positiven Bilanz zur Maßnahme lesen. Im weiteren Diskussionsverlauf zieht auch er ein positives Fazit zu Schulassistenz, indem er die Maßnahme als innerhalb von Schule und Unterricht »wichtig« bestätigt und ergänzt:

> »Und gut das Beste war halt wenn man in Arbeiten nicht weiter wusste, haben die einem immer gut geholfen«.

Während Adam Unterstützung *ausschließlich* in Bezug auf bessere schulische Leistungen und Zukunftschancen bearbeitet und dabei ein latentes Unverständnis seiner Ungleichbehandlung deutlich wird, benennen Luis und Felix konkrete individuelle Unterstützungsbedarfe, die stärker im Bereich von Verhaltens- als von Leistungsanforderungen liegen. Anders als für den Sechstklässler Adam liegt ihr Schulabschluss zum Interviewzeitpunkt in greifbarer Nähe, weshalb möglicherweise auch der mit Schulassistenz verbundene prekäre, von Exklusion bedrohte Status (Köpfer & Böing 2020) weniger bedrohlich erscheint. Für alle drei Befragten löst die Zuweisung von Schulassistenz allerdings die Auseinandersetzung mit ihrer Identität in der durch Leistungs- und Selektionsdruck sowie Autonomiestreben geprägten Adoleszenz aus. Der Erhalt der Ressource konfrontiert die Schüler*innen mit den ihnen zugewiesenen Diagnosen und geht mit Auseinandersetzungen mit den eigenen (schulischen) Fähigkeiten im Vergleich zu Peers und im Verhältnis von Schüler*innennormen einher. Ein Freund, der Assistenzerfahrungen teilt und demselben schulischen Erfahrungsraum angehört, stellt augenscheinlich eine Ressource adoleszenter Selbstreflexionen dar, die die Thematisierung und gemeinsame Bearbeitung schwieriger Erfahrungen eher ermöglicht.

4.3 Beziehung zur Schulassistenz

Mit den Rahmenbedingungen der Maßnahme Schulassistenz, insbesondere der Einzelfallorientierung, ist neben der Markierung einer Abweichung der Leistungsberechtigten eine marginalisierte Position der Schulassistenz verbunden. Dies drückt sich bspw. in dem auch für Schüler*innen spürbaren Qualifikationsgefälle zur Lehrkraft aus (Ehrenberg & Lindmeier 2020). Diese Position sorgt für Handlungsdruck der Schulassistenzen, die nur dann als Handelnde wahrgenommen werden, wenn sie »durch Verhaltensreglementierung Regelkonformität und störungsfreies Arbeiten sicherstellen« (Ehrenberg & Lindmeier 2020, 150). Eine solche, vorrangig kontrollierende und reglementierende *Auftragsdefinition* durch die Schulassistenz bzw. die Lehrkraft oder auch lediglich eine solche *Auftragswahrneh-*

mung durch den betreuten Schüler wirkt sich auf die Beziehungsgestaltung zwischen Schulassistenz und Schüler*in aus, was anhand von Luis' Beschreibung ersichtlich wird:

> »Also ich war immer sehr negativ eingestellt zu Schulbegleitungen, ähm und mich haben die alle so genervt; also (.) die waren die ganze Zeit da also ich habe <u>einmal</u> nicht gearbeitet, und dann waren die schon direkt neben mir und dann haben die mich angemeckert warum ich nicht arbeite«.

Selbst dann, wenn die Schulassistenz nicht in direkte Interaktion mit Luis tritt, geht sie einer Beobachtungstätigkeit nach, die eine Form der Kontrolle über ihn ausübt:

> »es gab dieses: **meine** Mutter und die Schulbegleiter haben halt so n- so n Heft gehabt, das hieß glaub ich <u>Kommunikationsheft</u> oder so, das reg- dieses Wort regt mich eigentlich schon auf und da hatte die immer reingeschrieben was am Tag passiert ist, (.) und sie hat eigentlich die ganze Zeit nur geschrieben, und dann kam immer so ein langer Text nach Hause, und da hat sie wirklich alles erzählt; also mit wem ich gere:det hab und so und das hat mich schon (.) das fand ich schon nicht so cool;«

Über detaillierte Verhaltensprotokolle werden ein permanenter Kommunikationskanal zwischen Schulassistenz und Elternhaus und eine fast lückenlose Aufsicht installiert, was im Widerspruch zu schulischen und jugendtypischen Verhaltenserwartungen steht, Eltern zunehmend aus schulischen Angelegenheiten herauszuhalten.

Positiv konnotiert ist das Verhältnis zur Schulassistenz hingegen dann, wenn sie sich »nett« verhält, statt sich als machtvoll gegenüber den Schüler*innen zu positionieren, wie in der Diskussion zwischen Luis und Felix deutlich wird:

Felix: bei Tanja [Schulassistenz] war es halt so, dass ähm die Klasse sich gut mit ihr verstanden=hat; es gibt ja noch ne andere Schulbegleitung, Frau Gillen, die Klasse (.) versteht sich halt mit denen *gut* weil die halt **nett** sind.

Luis: ⌊ja (.) die waren nicht so direkt; die sind in die Klasse gekommen und so [(((spricht tiefer)) ja: ich bin hier der Erwachsene; ich hab alles zu sagen und so] (.) ja die sind halt so in die Klasse gekommen; haben sich vorgestellt, haben sich halt hinten in die Ecke gesetzt, (.) und haben dann halt in den Pausen und so mit uns geredet und haben uns nett unterhalten und so;

Bei der Beurteilung von Schulassistenzkräften beziehen die Schüler die Sichtweise ihrer Peers ein. Ein autoritäres, sich der Gruppe der Erwachsenen zuordnendes Verhalten von Schulassistenzen wird einem freundlichen, zurückhaltenden Verhalten gegenübergestellt. Positiv erlebt werden Adressierungen von Schüler*innen durch Schulassistenzen »auf Augenhöhe«, während die Sequenz mit dem »Kommunikationsheft« als Negativbeispiel der Kommunikation »über den Kopf des Schülers hinweg« herangezogen werden kann.

Ein Weg, wie Schüler*innen schon während des Kennenlernens mit der Schulassistenz als kompetent für ihre eigenen schulischen Belange angesprochen werden können, lässt sich aus Konstantins Erzählung ableiten:

> »**Also** das war tatsächlich also das war jetzt nicht irgendwie so ein ganz typisches Kennenlernen; auf jeden Fall hab ich dann ein bisschen halt erzählt, (.) äh also die Schule halt gezeigt auch die äh Schulleitung (.) äh da war dann immer noch ne weitere Person mit dabei, die da äh in so nem äh Unternehmen für äh Schulassistentinnen <u>arbeitet</u>, äh die kam

dann da mit; und dann hab ich das ein bisschen erklärt wie das mit Schule ist, und das wir beispielsweise ja auch einen digitalen Vertretungsplan nutzen; das wurde dann für sie auch eingerichtet, und dann hab ich natürlich auch ein bisschen erklärt was das ganze bedeutet, wie man sich nach dem Raum orientieren kann, wo die Toiletten sind und was auch immer«.

Das Kennenlernen wird von Konstantin als ungewöhnliche Erfahrung dargestellt. Im Beisein verschiedener Erwachsener erlebt er sich in der Position desjenigen, der Abläufe des Schulalltags zu erklären vermag und der Schulassistenz hilft, sich orientieren zu können. Auf diese Weise gelingt es den beteiligten Akteur*innen, die Autonomiefähigkeit Konstantins zu betonen und damit die Etablierung eines sogenannten »Arbeitsbündnisses« (Oevermann 2002) zwischen Assistenz und Schüler in die Wege zu leiten (Lübeck 2019).

5   Fazit

In diesem Beitrag wurden die Sichtweisen adoleszenter Schüler im Autismus-Spektrum auf die Zuständigkeit von Schulassistenz, die Hintergründe und das Erleben individueller Unterstützung und die Assistenzbeziehung analysiert. Es zeigt sich, dass sich die autistischen Schüler in einem von selektiven Rahmenbedingungen geprägten schulischen Erfahrungsraum bewegen, der sie mit normativen Verhaltens- und Leistungsansprüchen konfrontiert. Schulassistenz wird daher von autistischen Schüler*innen als »Erfüllungsgehilfe« (Köpfer & Böing 2017, 31) von Leistungsanforderungen bearbeitet – eine Bearbeitungsweise, die auch Böing und Köpfer (2020) ohne Bezug auf einzelne Förderschwerpunkte herausgearbeitet haben. Mit der Schulassistenzerfahrung sind das Erleben einer Sonderbehandlung und ein Appell an die Akzeptanz der eigenen Unterstützungsbedürftigkeit verbunden. Die Beschäftigung mit den während der Adoleszenz drängenden Thematiken der Selbstreflexion und Aushandlung von Autonomie wird dementsprechend dominiert durch eine Auseinandersetzung mit dem zugeschriebenen Unterstützungsbedarf und den eigenen Fähigkeiten, die durch die Zuweisung von Schulassistenz in Frage gestellt sind. Gelingt es den Heranwachsenden, sich in der Ausgestaltung der Unterstützung und der Arbeitsbeziehung als handlungsfähig zu erleben und eigene Ziele – gute Noten, weniger Stress in der Klasse – zu entwickeln, wird die Zusammenarbeit als überwiegend gewinnbringend eingeordnet. Wie weit dies gelingt, ist auch wesentlich davon abhängig, ob das Agieren der Schulassistenz Raum für die Aushandlung der Unterstützung gewährt.

Dennoch befinden sich Schüler*innen aufgrund der zugewiesenen Assistenz in einem jugenduntypischen Abhängigkeitsverhältnis, über das sie in der Regel nicht entscheiden können, sondern das auf Wunsch von Eltern und teils Lehrkräften initiiert wird. Darin sind sie auf die Reflexionsfähigkeit der Schulassistenz und mit ihr kooperierenden Akteur*innen angewiesen, denn an ihnen liegt es, Autonomie zu gewähren. Eine Auflehnung von Schüler*innen gegen Schulassistenz sollte daher von den beteiligten Erwachsenen immer auch als legitimer und notwendiger adoleszenter Widerstand gegenüber ungewollter Abhängigkeit reflektiert werden. Er kann auf Autonomieentwicklung hindeuten; in Auseinandersetzung mit den Schüler*innen kann in der Regel erarbeitet werden, welche Form der Unterstützung für sie akzeptabel ist, denn die Interviews zeigen eine hohe Bereitschaft zu einer solchen Auseinandersetzung. Insbesondere wenn Schüler*innen sich nicht verbal mitteilen oder ihre Perspektive nicht eingeholt wird, besteht die Gefahr, dass Autonomiepotenziale unerkannt bleiben und Schüler*innen womöglich das Vertrauen in eigene Fähigkeiten verlieren. Diese Gefahr besteht auch, da es in Folge der personenbezogenen Unterstützung zu Leistungsvergleichen mit Peers und zur Beschäftigung mit zugewiesenen Diagnosen kommt, wie die Aussagen von Adam, dem jüngsten befragten Schüler, zeigen. Aus diesem Grund sollten Räume geschaffen werden, in denen autistische Schüler*innen mit Assistenzerfahrungen dabei begleitet werden, ihre Stärken und Unterstützungsbedarfe zu reflektieren und ein positives Selbstbild zu entwickeln. Dies können z. B. therapeutische Angebote von Autismuszentren leisten. Eine Ressource adoleszenter Identitätsbildung scheint darüber hinaus auch für autistische Jugendliche die Möglichkeit des Austauschs mit Peers zu sein, die ebenfalls Assistenz- und/oder Klassifizierungserfahrungen gemacht haben. Neben autonom entstehenden Freundschaften wie derjenigen zwischen Felix und Luis sind hier auch angeleitete Selbsthilfe- oder Freizeitgruppen, sowohl innerhalb der Schule als auch autismusspezifische Angebote von Autismuszentren, denkbar und können zu einem höheren Selbstbewusstsein beitragen (Richter et al. 2023).

Möglicherweise kann die besondere Stellung der Schulassistenz zwischen diffuser und rollenförmiger Sozialbeziehung sogar gezielt als Ressource adoleszenter Autonomie- und Identitätsentwicklung nutzbar werden. Eine Voraussetzung hierzu wäre jedoch ein Netzwerk aus Akteur*innen, das kooperativ an der Herstellung einer Balance zwischen Freiräumen und Verlässlichkeit für die*den zu begleitende*n Jugendliche*n arbeitet. Dazu sollten adoleszenzbezogene Überlegungen stärker in die Gestaltung von Assistenzbeziehungen einbezogen werden.[19]

Literatur

autismus Deutschland e. V. (Hrsg.) (2021). *Schulbegleitung für Schüler:innen mit Autismus* (2. überarbeitete Aufl.). Selbstverlag.
Böing, U. & Köpfer, A. (2020). Rekonstruktionen von Schüler/innenpraktiken als Beitrag zur schulischen Inklusions-/Exklusionsforschung – Erkenntnisperspektiven und Limitierungen. *Vierteljahresschrift für Heilpädagogik und ihre Nachbargebiete*, 89(4), 266–277. http://dx.doi.org/10.2378/vhn2020.art36d

---

[19] Die Ergebnisse einschränkend muss darauf verwiesen werden, dass die autistischen Schüler alle männlich (gelesen) sind, was insofern relevant ist, als das Geschlecht für die Identitätsentwicklung in der Adoleszenz ebenfalls bedeutsam ist. Während im Gesamtsample der Befragung auch Mädchen vertreten sind, gelang es nicht, in diese Teilauswertung mit dem Fokus auf autistische Heranwachsende Mädchen im Autismus-Spektrum mit Schulassistenz einzubeziehen (vgl. Band 5 der Reihe).

Brodersen, F. & Gaupp, N. (2020). Diversitätsorientierung in der Jugendforschung. Konzeptionelle Überlegungen am Beispiel von Forschung mit Jugendlichen mit Behinderungen. In C. Grunert, K. Bock, N. Pfaff & W. Schröer (Hrsg.), *Erziehungswissenschaftliche Jugendforschung* (S. 167–184). Ein Aufbruch. Springer.

Buchner, T. & Lindmeier, C. (2019). Zur Einführung: Grundzüge, Rezeptionslinien und Desiderate ableismuskritischer Forschung im deutschsprachigen Raum. *Sonderpädagogische Förderung heute, 64*(3), 233–239. https://doi.org/10.3262/SZ1903233

Eckert, A. & Störch-Mehring, S. (2015). Autismus-Spektrum-Störungen in der Adoleszenz. Herausforderungen und Handlungsbedarfe aus der Perspektive von Eltern. *Vierteljahresschrift für Heilpädagogik und ihre Nachbargebiete, 84*(2), 140–150. https://doi.org/10.2378/vhn2015.art15d

Ehrenberg, K. (2021). »...weil das sieht manchmal so aus als ob Leon einen Butler hat«. Differenzproduktion und -bearbeitung in Unterrichtssettings mit Schulassistenz aus der Perspektive von Schülerinnen und Schülern. *Gemeinsam leben, 29*(1), 4–11. https://doi.org/10.3262/GL2101004

Ehrenberg, K. & Lindmeier, B. (2020). Differenzpraktiken und Otheringprozesse in inklusiven Unterrichtssettings mit Schulassistenz. In H. Leontiy & M. Schulz (Hrsg.), *Ethnographie und Diversität. Wissensproduktion an den Grenzen und die Grenzen der Wissensproduktion* (S. 139–158). Springer.

Ehrenberg, K. & Lücke, M. (2017). »Der hat immer 'ne zweite Mutter bei sich«. Peerkontakte bei Schulassistenz aus der Perspektive von Grundschülerinnen und Grundschülern. *Sonderpädagogische Förderung heute, 62*(1), 34–45. https://doi.org/10.3262/SOF1701034

Hannover, B., Wolter, I. & Zander, L. (2018). Entwicklung von Selbst und Identität: Die besondere Bedeutung des Jugendalters. In B. Gniewosz & P. F. Titzmann (Hrsg.), *Handbuch Jugend. Psychologische Sichtweisen auf Veränderungen in der Adoleszenz* (S. 237–255). Kohlhammer.

Helsper, W., Kramer, R.-T., Hummrich, M. & Busse, S. (2009). *Jugend zwischen Familie und Schule*. VS Verlag für Sozialwissenschaften.

Hurrelmann, K. & Quenzel, G. (Hrsg.) (2016). *Lebensphase Jugend. Eine Einführung in die sozialwissenschaftliche Jugendforschung* (13. überarbeitete Aufl.). Beltz.

King, V. (2013). *Die Entstehung des Neuen in der Adoleszenz*. Springer.

Köpfer, A. & Böing, U. (2017). Die Perspektive der Schülerinnen und Schüler mit Assistenzerfahrung auf Schulassistenz. Eine komparative Sequenzanalyse unterrichtlicher Situationen. *Sonderpädagogische Förderung heute, 62*(1), 20–33. https://doi.org/10.3262/SOF1701020

Kron, M., Schmidt, L. D. H. & Fischle, A. (2018). *Bildungsteilhabe durch schulische Assistenz. Netzwerkbasierte Unterstützung für Schüler und Schülerinnen im autistischen Spektrum*. Schriftenreihe des Zentrum für Planung und Evaluation Sozialer Dienste. Universitätsverlag Siegen.

Lindmeier, B. (2019). Bildungsgerechtigkeit im Übergang. *Inklusive Berufsorientierung und berufliche Bildung – aktuelle Entwicklungen im deutschsprachigen Raum. 2. Beiheft Sonderpädagogische Förderung heute, 2,* 20–38.

Lindmeier, C. (2018). Kinder und Jugendliche aus dem Autismus-Spektrum in der Schule – Forschungsfelder und Forschungsdesiderate. *Zeitschrift für Heilpädagogik, 69*(9), 396–41.

Lindmeier, C., Grummt, M. & Semmler, R. (2022). Die Beschulungssituation autistischer Schüler:innen – Ergebnisse einer Elternumfrage. *Gemeinsam leben, 30*(2), 95–105. https://doi.org/10.3262/GL2202095

Lübeck, A. (2019). *Schulbegleitung im Rollenprekariat. Zur Unmöglichkeit der »Rolle Schulbegleitung« in der inklusiven Schule*. Springer.

Mecheril, P. & Hoffarth, B. (2009). Adoleszenz und Migration. Zur Bedeutung von Zugehörigkeitsordnungen. In V. King & C. Koller (Hrsg.), *Adoleszenz – Migration – Bildung* (S. 221–240). VS Verlag für Sozialwissenschaften.

Oevermann, U. (2002). Professionalisierungsbedürftigkeit und Professionalisiertheit pädagogischen Handelns. In M. Kraul, W. Marotzki & C. Schweppe (Hrsg.), *Biographie und Profession* (S. 19–63). Klinkhardt.

Reinders, H. (2016). Vom Bildungs- zum Optimierungsmoratorium. *Diskurs Kindheits- und Jugendforschung, 2,* 147–160. https://doi.org/10.3224/diskurs.v11i2.23652

Richter, M., Molteni, P., Ballarè, A., Zanfroni, E. & Maggolini, S. (2023). *Supporting inclusion and social coaching for teenagers on the Spectrum*. Abstract für die European Conference on Educational Research. https://eera-ecer.de/ecer-programmes/conference/28/contribution/57376 [27.09.2023]

Schirmer, B. (2016). *Schulratgeber Autismus-Spektrum* (4. überarbeitete Aufl.). Reinhardt.

Siegert, K. (2021). *Lebenswege erzählen. Rekonstruktion biographischer Bewältigungsstrategien von Adoleszenten am Übergang Schule-Beruf*. Klinkhardt. https://doi.org/10.35468/5878

Tervooren, A. (2016). Inklusion – (k)ein Thema für die Peerforschung? In S.-M. Köhler, N. Pfaff & H.-H. Krüger (Hrsg.), *Handbuch Peerforschung* (S. 561–576). Budrich.

Walker, N. & Raymaker, D. M. (2021). Toward a Neuroqueer Future: An Interview with Nick Walker. *Autism in Adulthood*, 3(1), 5–10. https://doi.org/10.1089/aut.2020.29014.njw

Warmuth, A., Ehrenberg, K. & Lindmeier, B. (2020). Aushandlungsprozesse im Kontext von Schulassistenz in der Adoleszenz. *Sonderpädagogische Förderung heute*, 65(4), 427–439. https://doi.org/10.3262/SZ2004427

Wischmann, A. (2020). Adoleszente Bildung(en). Bildungsprozesse Jugendlicher im Kontext sozialer Ungleichheit und gesellschaftlicher Transformation. In C. Grunert, K. Bock, N. Pfaff & W. Schröer (Hrsg.), *Erziehungswissenschaftliche Jugendforschung. Ein Aufbruch* (S. 97–112). Springer.

Zimmermann, P., F. Celik, Podewski, F. & Iwanski, A. (2018). Emotionen und Emotionsregulation im Jugendalter. In P. Gniewosz & P. F. Titzmann (Hrsg.), *Handbuch Jugend. Psychologische Sichtweisen auf Veränderungen in der Adoleszenz* (S. 184–199). Kohlhammer.

»Das ist halt so ein zweischneidiges Schwert« – Schulerfahrungen mit und ohne Schulbegleitung aus der Sicht von Personen im Autismus-Spektrum

Mieke Sagrauske & Morris Kunze

1 Einleitung

Viele Schulen sind unzureichend ausgestattet, um den Bedürfnissen von Schüler:innen im Autismus-Spektrum gerecht zu werden (Humphrey & Lewis 2008). Dies ist u. a. auf einen Mangel an Forschung über die Perspektiven von Schüler:innen im Autismus-Spektrum und ihre realen Erfahrungen im Kontext von inklusiver Schulentwicklung zurückzuführen (u. a. Goodall 2020).

Zur Thematik der Schulbegleitungsmaßnahme wächst zwar erfreulicherweise die Zahl der empirischen Erhebungen stetig an (u. a. Lübeck & Demmer 2022), jedoch werden auch in diesem Forschungsfeld nur selten die Perspektiven der betroffenen Schüler:innen berücksichtigt,

> »obwohl genau durch diese Perspektive der Schüler(innen) und die darin ausgedrückte Orientierung hinsichtlich Assistenz wertvolle Impulse für die Professionalisierung und Unterstützungsausrichtung der Schulassistent(innen) zu erwarten sind.« (Köpfer, o. J.; u. a. Böing & Köpfer 2022).

Etwa die Hälfte der Schüler:innen im Autismus-Spektrum an inklusiven Schulen und etwa 20 % der Schüler:innen im Autismus-Spektrum an Förderschulen haben eine Schulbegleitung (u. a. Czerwenka 2017; Demes 2011; Knorr 2012). Während es noch keine spezifischen Studien zur Perspektive von autistischen Schüler:innen mit Schulbegleitung gibt, beinhalten drei Studien über Schulerfahrungen von Kindern und Jugendlichen im Autismus-Spektrum, die in den USA bzw. Großbritannien durchgeführt wurden, u. a. Aussagen zu Unterstützungspersonal. Bezüglich der Unterstützungsmöglichkeiten in Form von Schulbegleitungen gingen die Meinungen der befragten autistischen Schüler:innen auseinander. Auf der einen Seite ergab die Befragung von Dillon, Underwood und Freemantle (2016), dass die Schüler:innen im Autismus-Spektrum mit Schulbegleitung die Unterstützung und Hilfestellungen der Schulbegleitungen sehr wertschätzen. Dies unterstreicht auch die Studie von Humphrey und Lewis (2008), nach der das Unterstützungspersonal das Risiko für Mobbing reduzieren und erste Hilfe bei Ängsten und Stress geben könne sowie darüber hinaus den vollen Zugang zur Bildung für die Betroffenen gewährleiste. Auf der anderen Seite wird in der Studie von Bottema-Beutel, Cuda, Yoon Kim, Crowley und Scanlon (2020) deutlich, dass die Schüler:innen den Einsatz von Unterstützungspersonal aufgrund der damit zusammenhängenden Beeinträchtigung in der Interaktion mit den Gleichaltrigen eher ablehnen. Außerdem führt die Sichtbarkeit dieser Unterstützung dazu, dass Differenzen zu den Mitschüler:innen noch mehr hervorgehoben werden.

Aufgrund der lückenhaften Forschung wird im folgenden Beitrag die Erlebensperspektive von schulischen Situationen mit und ohne Schulbegleitung aus der Sicht von Menschen im Autismus-Spektrum dargestellt. Dazu wurden Leitfadeninterviews mit einer Jugendlichen (Hannah[20]) und einer jungen erwachsenen Frau (Emma) im Autismus-Spektrum geführt. Deren Inhalte werden in diesem Beitrag thematisch sortiert dargestellt und mit Sequenzen aus den beiden Gesprächen veranschaulicht.

2 Erlebensperspektive

Emma war zur Zeit des Interviews in der elften Klasse eines Gymnasiums, während Hannah bereits einen Schulabschluss hat. Von der siebten bis zur zehnten Klasse hatte Emma eine Schulbegleitung und entschied sich für den Besuch der Sekundarstufe II gegen die erneute Beantragung dieser Maßnahme (durch ihre Erziehungsberechtigten). Hannah hatte während ihrer gesamten Schulzeit keine Schulbegleitung, obwohl sie sich in manchen Situationen eine solche Unterstützung gewünscht hätte.

Bevor die Ergebnisse und Inhalte der Interviews dargestellt sowie diskutiert werden, wird an dieser Stelle anhand der Beschreibung durch Emma ein Einblick in die organisatorische Gestaltung der Schulbegleitung in ihrem Fall geboten:

> »Es gab eine begrenzte Stundenzahl pro Woche und ich durfte mir dann quasi aussuchen, in welchen Fächern [die Schulbegleitung] nicht kommen muss. Dann habe ich die genommen, mit denen ich generell am besten klarkomme, die mir auch am meisten Spaß machen, wo ich vielleicht auch in anderen Gruppen arbeite, wenn es gerade wieder so, was war das zu der Zeit? Es gab einen Wahlpflichtkurs, wo ich zusammen mit anderen Klassen in der Gruppe war. Ich habe das danach gemacht, wo ich auch von dem Stoff her am besten mitkomme und am wenigsten verpasse. Und letztendlich war sie dann immer in den Stunden da, die ich mir eben ausgesucht habe, die mir schwerfallen. Und in den Pausen dazwischen eben auch.« [Emma]

2.1 Positive Aspekte

In diesem Abschnitt werden Inhalte aus den Interviews dargestellt, die die beiden Befragten als positiv in Bezug auf eine Schulbegleitung wahrnehmen. Dazu wurden von beiden autistischen Personen Wünsche und Hoffnungen bezüglich der Maßnahme genannt, die sich den thematischen Kategorien Übergänge, soziale Situationen und Unterstützung bei der (Selbst-)Organisation zuordnen lassen. Von

---

20 Die Namen wurden aus datenschutzrechtlichen Gründen anonymisiert.

Emma wurden darüber hinaus eingetretene Verbesserungen in der Schule durch die Unterstützung der Schulbegleitung beschrieben.

Übergänge

Richter, Clément und Flavier (2022) stellen heraus, dass Schüler:innen mit besonderen Bedürfnissen, zu denen auch Kinder und Jugendliche im Autismus-Spektrum gehören, mehr Schwierigkeiten bei Übergängen wie bspw. von der Grundschule in die Sekundarstufe haben können als Gleichaltrige ohne besondere Bedürfnisse. Die neuen und größeren Schulgebäude, die neuen Lehrer:innen und Mitschüler:innen sowie die veränderte erhöhte Arbeitsbelastung sind nur ein Teil der in Studien genannten, mit potenziellen Schwierigkeiten verbundenen Veränderungen, die auch von den beiden für diesen Beitrag befragten Personen genannt wurden. Außerdem äußerten sie, dass sie in Phasen des Übergangs Unterstützung durch eine Schulbegleitung benötigt hätten. Während dies bei Hannah »mit dem Wechsel zum Gymnasium« [Hannah] der Fall war, bezieht sich Emma auf den Wechsel in die Sekundarstufe II, obwohl sie in diesem Übergang auf eigenen Wunsch keine Schulbegleitung mehr in Anspruch nahm. Beide nannten diesbezüglich, dass die Begleitung ihnen das Kennenlernen der neuen schulischen Strukturen erleichtert hätte.

Soziale Situationen

Sowohl Emma als auch Hannah äußerten, dass eine Schulbegleitung zur Unterstützung in sozialen Situationen sehr hilfreich war bzw. gewesen wäre:

> »Aber wahrscheinlich ging halt nur eins von beidem. Also halt entweder so der Lernerfolg oder schulischer Erfolg oder halt so das Soziale. Und ja, ein Teil blieb halt ein bisschen auf der Strecke. Ja, so ein bisschen hätte ich halt die Hoffnung gehabt, dass es halt [mit einer Schulbegleitung] einfacher gewesen wäre.« [Hannah]

Mit der Schulassistenz verbindet Emma die Hoffnung, dass sie eine Vermittlungsfunktion einnähme und zur Verbesserung der Integration in die Klassengemeinschaft beitrage, sodass sie weniger Mobbing in Peerkontexten erfahre:

> »Also in erster Linie, weil es eben viel Mobbing in der Klasse gab und wir keine Klassengemeinschaft waren. Und weil ich mich eben durch dieses Soziale sehr unwohl in der Schule gefühlt habe. Ich habe mir dann natürlich erhofft, dass das dadurch besser wird, dass mehr Klassenintegration besteht und dass vielleicht hoffentlich das Mobbing aufhört.« [Emma]

Studien verdeutlichen, dass autistische Schüler:innen nicht selten von Mobbingerfahrungen betroffen sind, vielmehr kommen zwischen der Hälfte der Befragten bis nahezu alle in unterschiedlicher Schwere mit Mobbing in Kontakt (exemplarisch Versteeg 2019; Maïano et al. 2016; Sciutto et al. 2012). Dabei treten neben Beschimpfungen auch Formen körperlicher Gewalt auf. Der Grund für das erhöhte Risiko für Mobbing wird vor allem in den Schwierigkeiten der sozialen Interaktion und Kommunikation gesehen (Dillon et al. 2016; Humphrey & Symes 2010; Humphrey & Lewis 2008).

Der Wunsch nach Vermittlung durch die Schulbegleitung bezieht sich jedoch nicht ausschließlich auf Interaktionen mit Peers. Auch in der Kommunikation mit Lehrkräften seien laut Emma und Hannah Missverständnisse entstanden, die wiederum Nährboden für Mobbing gewesen seien.

Darüber hinaus beschrieb Hannah die Vermittlungsrolle als relevant für

> »die Kommunikation mit meinen Eltern über schulische Sachen. […] Naja, vielleicht eher so, dass ich jetzt nicht immer jeden Tag erzählen muss, wie es jetzt war, sondern halt irgendwie so eine Zusammenfassung oder so oder wie halt gerade der aktuelle Stand ist.« [Hannah]

In den Studien von Sciutto et al. (2012) und Conner (2000) nannten die befragten autistischen Schüler:innen das Peer-Mentoring-Verfahren als nützliche Unterstützung im schulischen Alltag. So konnten sie bspw. von nicht-autistischen Mitschüler:innen als Dolmetscher:innen unterstützt werden. Auch in unseren Interviews gaben beide Befragte an, dass sie gerne Unterstützung von Mitschüler:innen oder anderem Unterstützungspersonal beim »Lernen lernen« [Hannah] gehabt hätten: »Ja oder halt auch so überhaupt Ideen erst mal, wie man so seinen Weg zu lernen rausfindet oder so.« [Hannah]

Organisation des Schulalltags

Sowohl Emma als auch Hannah berichteten in den Interviews davon, dass sie sich eine Schulbegleitung bei der Organisation des schulischen Alltags gewünscht hätten: »Also halt teilweise schon das Organisatorische. Also wie organisiere ich mir überhaupt den Schulalltag.« [Hannah] Dabei bezieht sich die Organisation auch auf grundlegende strukturierende Maßnahmen, wie

> »sich Hausaufgaben aufschreiben, um die dann zu machen, irgendwelche Infos mitzubekommen, wenn es einen Treffpunkt für irgendein Event gibt oder so. All so etwas konnte ich mir, da konnte ich mich sehr schlecht organisieren. Deswegen habe ich mir auch erhofft, dass sie mir dabei hilft.« [Emma]

Hannah äußerte, dass sie sich neben Zeitkontrollen und einem Lernplan gewünscht hätte, dass eine Schulbegleitung sie bei Mitschriften während des Unterrichts unterstützt. Da sie sehr langsam schreibe und nicht zuhören und gleichzeitig mitschreiben könne, hätten ihr nach der Schule die Aufzeichnungen gefehlt, weswegen sie gar nicht oder erst nach der Aufbereitung ihrer Mitschriften mit den Hausaufgaben hätte beginnen können.

Des Weiteren berichteten die Interviewpartnerinnen von Problemen bei der Wahrnehmung und Stillung von grundlegenden körperlichen Bedürfnissen wie Essen und Trinken, die Theunissen und Sagrauske (2019) als autismusspezifische Wahrnehmungsbesonderheiten beschreiben. Im Alltag einer weiterführenden Regelschule, in der die Verantwortungsübernahme für die Befriedigung eigener essenzieller Grundbedürfnisse meist vorausgesetzt wird, kann es eine sinnvolle Aufgabe der Schulbegleitung sein, die diesbezügliche Selbstorganisation mit den Schüler:innen anzubahnen. So litt Emma bspw. aufgrund von Flüssigkeitsmangel häufig an Kopfschmerzen und blieb in der Folge dem Unterricht fern. Auch für die Einschätzung von körperlichen Leiden wurde eine Schulbegleitung gebraucht.

Eingetretene Verbesserungen

Dieser Abschnitt bezieht sich auf die Veränderungen, die aus der Perspektive von Emma während der Maßnahme der Schulbegleitung eingetreten sind. Entwicklungen, die langfristig auch nach der Maßnahme eingetreten sind, werden im Kapitel 2.3 dargestellt.

Sowohl in Bezug auf die sozialen Interaktionssituationen als auch die Unterstützung der Organisation nannte Emma positive Entwicklungen, die sie auf die Begleitung durch eine Schulassistenz zurückführe.

In Bezug auf die Mobbingerfahrungen berichtete sie:

> »Ähm, also erstmal ist das Mobbing stark zurückgegangen, weil die anderen sich eben nicht mehr so rangetraut haben. [...] Ja, es war immer noch. Es war immer noch da. Aber es ist. Es ist wirklich sichtlich zurückgegangen. [...] Und das weiß ich auch, weil nachdem ich meine Schulbegleitung hatte, habe ich gesehen, dass die anderen also bzw. einer meiner Freunde weiterhin gemobbt wurden wie vorher. Und selbst wenn ich aus dem Licht quasi rausgerückt bin von den anderen, ging das Ganze noch weiter und ich weiß, dass ich an derselben Stelle gewesen wäre, wenn ich die Schulbegleitung nicht bekommen hätte.« [Emma]

Auf die Reduktion von Mobbingerfahrungen aufgrund der Anwesenheit von Unterstützungspersonal verweist auch die Studie von Humphrey und Lewis (2008). Böing und Köpfer arbeiteten anhand von Schüler:inneninterviews heraus, dass Schüler:innen mit Schulbegleitungen »ihre Assistenz als personelles, willkommenes und einfach anzuwendendes ›Schutzschild gegenüber Bedrohungen von außen‹« (2022, 135) wahrnehmen. Die Kontrollfunktion der Schulbegleitung und Intervention in sozialen Situationen könne, so geben die Autor:innen zu Bedenken, den (Mit-)Schüler:innen aber zugleich »die Möglichkeit nehmen, adäquates, problemlösendes Verhalten in Konfliktsituationen zu lernen« (ebd., 137).

Andererseits beschreibt Emma, dass sie durch die Schulbegleitung mehr positiven Kontakt zu ihren Mitschüler:innen gehabt habe, da leichter ein Gespräch mit den Gleichaltrigen und der Schulbegleitung entstanden sei. In anderen Studien (exemplarisch Bottema-Beutel et al. 2020; Ehrenberg 2020) hingegen zeigt sich, dass der Einsatz von Unterstützungspersonal eher abgelehnt wird, da es dadurch zu einer Beeinträchtigung der Interaktion mit Gleichaltrigen kommen kann. Beispielsweise fühlen sich die Mitschüler:innen teilweise durch die Schulbegleitung beobachtet, zeigen sozial erwünschtes Verhalten und gehen so weniger ebenbürtig auf die autistischen Schüler:innen ein.

Die vermittelnden Tätigkeiten ihrer Schulassistenz erleichterten auch die Kommunikation von Emma mit ihren Lehrkräften:

> »Ich wollte nie mit Lehrern reden, sie nie ansprechen, weil ich nicht das Gefühl hatte, dass sie eine Vertrauensperson sind und mich eben nicht öffnen konnte, so dem Gegenüber. Mit der Schulbegleitung war es dann so, dass ich sie angesprochen habe und sie dann mit den Lehrern geredet hat, meistens. Manchmal hat sie zu mir gesagt: Komm, rede du mit den Lehrern, du kannst das denen mal sagen und so.« [Emma]

Im Bereich der Unterstützung bei organisatorischen Aspekten traten folgende Verbesserungen ein:

> »Und die Organisation, das hat besser, noch besser funktioniert, als ich mir erhofft hatte. Weil ich eben immer jemanden hatte, der mich daran erinnern konnte, Hausaufgaben aufzuschreiben. Oder wenn ich etwas überhört hatte, hatte ich noch eine zweite Person, die das/ Wenn einer es überhört, weiß es der andere, also das war sehr gut.« [Emma]

Ebenso bezüglich der Wahrnehmung und Befriedigung von Bedürfnissen konnte aus dem Interview mit Emma entnommen werden, dass sich positive Entwicklungen vollzogen. Neben der Regulation von Stress (z. B. in Pausen) berichtete sie im Interview:

> »Also es ist manchmal so, dass es mir einfach so nicht gut geht, dass ich mich unwohl fühle oder erschöpft fühle oder dass ich zum Beispiel Kopfschmerzen hab oder so einfach in der Schule. Und während ich das dann, während ich eine Schulbegleitung hatte, ihr gesagt habe, ähm. Und sie dann quasi entschieden hat, was jetzt als nächstes passiert.« [Emma]

Eine spezielle Situation bezüglich der alltäglichen schulischen Organisation ist die Begleitung und Assistenz bei Klassenfahrten. So berichtete Emma, dass sie die Klassenfahrten ohne Schulbegleitung nicht gut überstanden hätte, da großen Wert auf Selbstständigkeit gelegt worden sei und ungünstige Gruppenkonstellationen (z. B. Situation in den Unterkünften) eine zusätzliche belastende Wirkung hätten. Dies berichtet auch Schuster, da Klassenfahrten für Schüler:innen im Autismus-Spektrum »Änderungen ohne Ende […], [e]ine neue, gänzlich fremde Umgebung, neue Regeln, neue Essens- und Schlafenszeiten« (2012, 158) bedeuten.

2.2 Negative Aspekte

Der folgende Abschnitt stellt die Inhalte der Interviews dar, welche von den beiden interviewten Personen als negativ im Zusammenhang mit der Maßnahme der Schulbegleitung beschrieben wurden, dazu gehören die beiden Kategorien der Befürchtungen und aufgetretenen Schwierigkeiten/Probleme. Letztere bezieht sich nur auf die Erfahrungen und Erlebnisse von Emma, da sie, wie erwähnt, als einzige der beiden eine Schulbegleitung erhielt.

Befürchtungen

Beide interviewten Personen berichten von unterschiedlichen Befürchtungen, die sie vor der (hypothetischen) Umsetzung der Maßnahme der Schulbegleitung hatten.

Obwohl sich Hannah während ihrer Schulzeit eine Schulbegleitung wünschte, war sie sich bei einem Aspekt unsicher. So habe sie es bereits gestört, wenn ihre Lehrer:innen den Nachteilsausgleich in Form eines Zeitausgleichs während der Prüfungssituationen gegenüber ihren Mitschüler:innen betonten und damit eine Andersartigkeit erzeugten. Vor diesem Hintergrund äußerte sie die Sorge, dass eine Schulbegleitung diese Andersartigkeit besonders während der Adoleszenz noch weiter hervorgehoben hätte: »Also ich wollte halt eigentlich ja nie auffallen und hab halt alles versucht zu vermeiden, was auffällt. Das ist halt so ein zweischneidiges

Schwert« [Hannah]. Da sie sich trotz dieser Befürchtung dennoch eine Schulbegleitung gewünscht habe, wäre es ihr am liebsten gewesen, wenn die Schulbegleitung im Klassenzimmer nicht neben ihr gesessen hätte, um Unterstützung in einer weniger auffälligen Weise erhalten zu können. Die Studien von Williams, Gleeson und Jones (2019) sowie Bottema-Beutel et al. (2020) kommen diesbezüglich zu ähnlichen Ergebnissen: Die Autor:innen konstatieren, dass (sichtbare) Unterstützungsmaßnahmen wie Schulassistenz Unterschiede zwischen den Schüler:innen deutlich machen und somit Barrieren sozialer Teilhabe schaffen. Lindmeier und Ehrenberg stellen Vergleichbares heraus, was sie auf den Gleichheitsanspruch des Schulsystems selbst zurückführen:

> »Die kindbezogene Zuständigkeit der Schulassistenz wird als mit dem Gleichheitsanspruch des schulischen Systems nicht vereinbar erfahren und ist mit dem Erleben einer Ungerechtigkeit sowie Rollendiffusität der Schulassistenzrolle verbunden. Eng damit verbunden ist ein Differenzerleben in Bezug auf Normvorstellungen der Schüler/innenrolle« (2022, 151).

In dem Interview mit Emma wurde thematisiert, dass durch die Unterstützung einer Schulbegleitung Prozesse der erlernten Hilflosigkeit in Gang gesetzt werden können und so die Selbstständigkeit gemindert werden kann. Besonders in Stresssituationen neige Emma dazu, den leichteren Weg zu wählen und somit direkt die Hilfe der Schulbegleitung in Anspruch zu nehmen. Hierbei ist eine Abgrenzungskompetenz beider Seiten von Nöten, damit Entwicklungsschritte nicht verhindert werden, da

> »das wirklich eine schmale Gratwanderung ist, zwischen selbstständiger werden und sich aber doch immer wieder an die Schulbegleitung ranhängen« [Emma].

Die in diesen Befürchtungen beschriebene Ambivalenz fassen Böing und Köpfer wie folgt zusammen: Der Auftrag der Schulbegleitungen

> »changiert […] zwischen Unterstützung in Form einer nichtpädagogischen, für das Kind bzw. den Jugendlichen ausgerichteten Assistenzleistung und der Zielperspektive, hierdurch keine behindernde oder gar stigmatisierende Differenz zu produzieren« (2022, 137).

Aufgetretene Schwierigkeiten/Probleme

Wie im Abschnitt zu den eingetretenen Verbesserungen werden auch hier nur Aussagen von Emma thematisiert, da Hannah während ihrer Schulzeit keine Unterstützung in Form einer Schulbegleitung erhielt und somit auch nicht von eingetretenen Schwierigkeiten oder Problemen berichten kann.

Als besonders problematisch wurden Ausfälle der Schulbegleitung (bspw. durch Krankheit) bzw. ein häufiger Wechsel dieser thematisiert. So gab Emma an, dass sie dies belastet und Stress erzeugt habe:

> »Gerade das mit den mehreren Versuchen, das hat, die ganze Sache, hat ganz am Anfang, so ein bisschen ist es in die andere Richtung losgegangen, weil erst hatte ich eine Schulbegleitung für so vier Wochen ungefähr, da ging das eigentlich schon ganz, ganz gut los. Mit dem Mobbing wurde es auch gleich weniger. Das hat man eigentlich ganz gut gesehen. Dann ist die aber ausgefallen. Ich weiß nicht mehr wieso. […] Und dann habe ich eine neue bekommen. Dann nach einer Woche oder so noch eine neue, dann noch eine neue für zwei Wochen, dann wieder eine neue. Und das war eben jede Woche eine andere Person. Ich

konnte mich nicht an die gewöhnen. Ich konnte mich da nicht anvertrauen. Das hat dann eigentlich nur Stress verursacht.« [Emma]

Erst nachdem Emma eine feste Schulbegleitung hatte, die sie dauerhaft in der Schule unterstützte, habe sich der Stress reduziert, und »dann ging es auch in die bessere Richtung« [Emma].

Die befragte Schülerin berichtete, dass auch das spontane Fernbleiben der Schulbegleitung durch Krankheit ihre alltägliche schulische Struktur belastet habe. So konnte sie sich bspw. nicht frühzeitig darauf einstellen, den Schultag ohne die Schulbegleitung zu verbringen. Zusätzlich habe ihr die Unterstützung bei der Organisation sehr gefehlt, weswegen sie »dann eben auch was verpasst [habe], am ehesten, wenn sie eben nicht da war« [Emma]. Außerdem berichtete Emma davon, dass sie an den Tagen, an denen ihre Schulbegleitung nicht anwesend war, wieder vermehrt Mobbingerfahrungen gemacht habe.

2.3 Langfristige Veränderungen durch die Maßnahme

In diesem Unterkapitel werden langfristige Veränderungen aus der Sicht von Emma thematisiert, die nach dem Aussetzen der Maßnahme der Schulbegleitung vor etwa einem Jahr deutlich wurden. Dabei werden retrospektiv Verschlechterungen und Verbesserungen aus der Perspektive von Emma dargestellt.

Zu eingetretenen Veränderungen, die sich weder in negative noch in positive einsortieren lassen, berichtete Emma, dass sie sich bspw., seitdem sie keine Schulbegleitung mehr habe, aktiv dazu entscheide, in den Pausen eher »passiver« [Emma] zu sein und Einzelaktivitäten (wie Zeichnen) auszuwählen. Dabei habe die Häufigkeit der Gespräche mit ihren Mitschüler:innen abgenommen. Wie bereits erwähnt, käme Emma durch ihre Schulbegleitung besser mit den Mitschüler:innen in Kontakt. Nach Beendigung der Maßnahme würden ihr die Gesprächsanlässe fehlen, was sie für sich selbst jedoch nicht als negativ bewertete.

Wiederum seien laut Emma Verschlechterungen im Bereich der Organisation ihres schulischen Alltags eingetreten. So berichtete sie davon, dass sie sich nun selbst organisieren müsse und es ihr nicht immer leichtfalle. Hinzu komme, dass sie sich nun in der Sekundarstufe II befinde und dort viel mehr Wert auf Selbstorganisation gelegt werde, was die Problematik noch verschärfe. Aus diesem Grund unterstütze ihre Mutter sie nun aus der Ferne bei organisatorischen Dingen wie auch beim Einschätzen von Befindlichkeiten:

> »Also so wie es jetzt ist, dass Mama was auffängt und dass sie mir hilft, organisatorisch oder wenn ich Mails schreiben muss, dass sie mich gerade erinnert oder so. So wie das jetzt ist, funktioniert es in dem Punkt organisatorisch einigermaßen. Aber ich weiß, dass es für Mama anstrengend ist. Deswegen wäre es in dem Punkt wahrscheinlich besser [eine Schulbegleitung zu haben].« [Emma]

Verbesserungen seien laut Emma vor allem im Bereich der Selbstständigkeit, dem Kontakt zu den Lehrkräften und bei sozialen Belangen (im Klassengefüge) eingetreten. Bezüglich der Selbstständigkeit äußerte sie:

> »Ich habe jetzt eben das Gefühl, dadurch, dass ich keine Schulbegleitung mehr habe, komme ich voran im Punkt Selbstständigkeit gewissermaßen, sodass ich eben gezwungen

bin, manche Sachen selbst zu machen. Und ich habe das Gefühl, wenn ich jetzt wieder eine Schulbegleitung haben würde, dann würde ich quasi wieder Rückschritte machen, so ein bisschen in die Richtung, dass ich mich wieder mehr auf Hilfe verlasse.« [Emma]

Auch in Bezug auf den Kontakt mit ihren Lehrkräften schätzte sich Emma als selbstständiger ein:

»Mit der Schulbegleitung war es dann so, dass ich sie angesprochen habe und sie dann mit den Lehrern geredet hat, meistens. Manchmal hat sie zu mir gesagt: Komm, rede du mit den Lehrern, du kannst das denen mal sagen und so. Und ich glaube, das hat dann auch was gebracht. Weil jetzt, wo die Schulbegleitung nicht mehr da ist, ist es eben auch so, dass ich ja mit den Lehrern reden muss, wenn etwas ist, weil niemand anders da ist und im Vergleich zu davor, also sechste Klasse, Anfang siebte, ähm, rede ich dann auch mit den Lehrern und tu nicht so, als wär das Problem nicht da oder so. Zumindest meistens. Und ja, das hat sich verbessert, dass ich meistens, wenn da etwas ist, das gerade ansteht, auch mit den Lehrern rede. Wenn es etwas ist, das man langfristig klären kann, dann schreibe ich es eher per Mail oder so und versuche das nicht vor Ort zu machen. Aber wenn es so etwas ist wie: Ich muss was für eine Aufgabe nachfragen oder so, selbst solche Sachen funktionieren jetzt deutlich besser.« [Emma]

Außerdem stellte Emma Verbesserungen ihrer sozialen Situation fest. Jedoch sei schwierig einzuschätzen, ob es an der grundlegenden strukturellen organisatorischen Veränderung in der Sekundarstufe II liege oder ob die Verbesserungen aufgrund des neuen Kurs- und Klassengefüges eingetreten seien. Im Interview erzählte sie, dass sie sich insgesamt nun in der Klassengemeinschaft wohler fühle als vor der Schulbegleitung und es

»in dem Punkt Klassengemeinschaft […] glaube ich jetzt aber besser so [ist], wie es ist. Weil ich habe eine neue Klasse und die sind ganz anders drauf. Alle total nett und ich glaube jetzt kann ich mich so besser einfügen. Oder eher weniger auffallen, trifft es wahrscheinlich besser. Und da gibt es keine Probleme mit dem Sozialen gerade.« [Emma]

3 Fazit – Schulbegleitung als »ein zweischneidiges Schwert«

Unsere qualitative Erhebung ergab, dass die beiden Befragten im Autismus-Spektrum sowohl Vorteile als auch Nachteile der Maßnahme Schulbegleitung sehen, welche diese somit zu einer »schmale[n] Gratwanderung« [Emma] machen. Auf der positiven Seite befinden sich die Unterstützung in den Bereichen der schulischen Übergänge, die Vermittlung zwischen einzelnen Akteur:innen, die Selbstorganisation im Schulalltag, die Reduzierung von Mobbingerfahrungen, das Ausgleichen von Schwierigkeiten bei der gleichzeitigen Erledigung von mehreren Aufgaben, die Stressregulation und die Wahrnehmung bzw. Stillung von körperlichen Bedürfnissen. Das Hervorheben von einer Andersartigkeit im Vergleich zu Peers, welches wiederum zu Ausgrenzungserfahrungen führen kann, und die Entstehung einer erlernten Hilflosigkeit stehen dabei auf der negativen Seite. Darüber hinaus stellen spontane Krankheitsausfälle oder häufige Wechsel der Schulbegleitung eine zusätzliche Belastung der gewünschten Struktur und Organisation dar.

In den geführten Interviews deutete sich an, dass es für die Maßnahme unabdingbar ist, den betroffenen Personen im Autismus-Spektrum eine konstante Vertrauensperson zur Seite zu stellen. Dazu fanden z. B. Dillon et al. (2016) heraus, dass die Schüler:innen im Autismus-Spektrum ihre Schulzeit besonders positiv erlebten, wenn sie gute und vertrauensvolle Beziehungen zu Lehrkräften und anderem (pädagogischen) Unterstützungspersonal hatten. Darüber hinaus ist es auch sinnvoll, wenn gegenseitige Sympathie, Respekt und Wertschätzung zwischen Schulbegleitung und Schüler:in vorhanden sind, um die Maßnahme für alle so angenehm wie möglich zu gestalten.

Jerosenko (2019) weist auf die Wichtigkeit hin, dass die Integration der Schüler:innen in die Klassengemeinschaft nicht nur den Schulassistenzkräften überlassen werden soll, sondern dass die Förderung der sozialen Integration Aufgabe der allgemeinen Schule ist. Ebenso ist es, unabhängig von beeinträchtigten Schüler:innen, auch die Aufgabe der Schule, jegliche Art von Mobbing versuchen zu unterbinden; dies ist nicht als Aufgabe der Schulbegleitung zu deklarieren. Bei der schulischen Inklusion und der sozialen Teilhabe spielen Schulbegleitungen eine wichtige Rolle, auch wenn sie diese durch hervorgerufene Stigmata erschweren können (Henn et al. 2022). Eine mögliche Lösung, um u. a. dieses Stigma abzubauen, stellt das Poolmodell (u. a. Lindmeier & Dworschak 2022) dar. In Bezug auf den vorliegenden Beitrag gehen damit verschiedene Vorteile einher, wie beispielsweise der bedarfsorientierte Einsatz, der mit einer Ablösung von einzelnen Bezugspersonen und der Minderung der Hervorhebung von Andersartigkeit verbunden ist.

Im Interview wurde Emma abschließend gefragt, ob sie ihres Erachtens die Schule auch ohne Unterstützung durch eine Schulbegleitung geschafft hätte, woraufhin sie antwortete:

»Ich weiß nicht. Ich glaube nicht. […] Also ich hätte auf jeden Fall nicht gewollt, dass es [mit dem Mobbing] so weitergeht, wie es eben kurz davor war […]. Und das wäre es wahrscheinlich. Deswegen weiß ich nicht, ob ich das ausgehalten hätte auf die Dauer« [Emma].

Hannah, die während der Schulzeit keine Schulbegleitung hatte, sagte, dass sie die Schulzeit ohne Schulbegleitung irgendwie »überstanden« [Hannah] habe und daher diese Phase ihres Lebens eher negativ in Erinnerung behalte. Diese Aussagen heben nochmals die (subjektive) Bedeutsamkeit der Maßnahme der Schulbegleitung hervor, weshalb ein Zugang zu dieser im Bedarfsfall möglichst niedrigschwellig und zeitnah gestaltet werden sollte.

Literatur

Böing, U. & Köpfer, A. (2022). Schulassistenz aus der Sicht von Schülerinnen und Schülern mit Assistenzerfahrung. In B. Lindmeier, A. Lübeck & M. Laubner (Hrsg.), *Schulbegleitung in der inklusiven Schule. Grundlagen und Praxis* (3. bearbeitete Aufl., S. 130–139). Beltz.

Bottema-Beutel, K., Cuda, J., Yoon Kim, S., Crowley, S. & Scanlon, D. (2020). High School Experiences and Support Recommendations of Autistic Youth. *Journal of Autism and Developmental Disorders, 50,* 3397–3412. https://doi.org/10.1007/s10803-019-04261-0

Connor, M. (2000). Asperger Syndrome (Autistic Spectrum Disorder) and the Self-Reports of Comprehensive School Students. *Educational Psychology in Practice, 16*(3), 285–296. https://doi.org/10.1080/713666079

Czerwenka, S. (2017). Umfrage von autismus Deutschland e. V. zur schulischen Situation von Kindern und Jugendlichen mit Autismus. *autismus, 83*, 42–48. https://www.autismus.de/fileadmin/RECHT_UND_GESELLSCHAFT/Heft_83_Artikel_Schulumfrage.pdf [12.10.2023]

Demes, B. (2011). *Als käme ich von einem anderen Stern: Schülerinnen und Schüler mit Aspergersyndrom.* Athena.

Dillon, G., Underwood, J. & Freemantle, L. (2016). Autism and the U.K. Secondary School Experience. *Focus on Autism and Other Developmental Disabilities, 31*(3), 221–230. https://doi.org/10.1177/1088357614539833

Ehrenberg, K. & Lücke, M. (2017). »Der hat immer 'ne zweite Mutter bei sich« – Peerkontakte bei Schulassistenz aus der Perspektive von Grundschülerinnen und Grundschülern. *Sonderpädagogische Förderung heute, 62*(1), 34–45. https://doi.org/10.3262/SOF1701034

Goodall, C. (2020). Inclusion is a feeling, not a place. A qualitative study exploring autistic young people's conceptualisations of inclusion. *International Journal of Inclusive Education, 24*(12), 1285–1310. https://doi.org/10.1080/13603116.2018.1523475

Henn, K., Thurn, L., Himmel, R., Mörtl, K., Fegert, J. & Ziegenhain, U. (2022). Die Sicht von Schülerinnen und Schülern mit Schulbegleitung auf ihre soziale Situation: »Mit meiner Klasse ist es wie mit 'ner Ehe. Irgendwann funktioniert's«. *Zeitschrift für Pädagogik, 68*(3), 408–428. https://doi.org/10.3262/ZP2203408

Humphrey, N. & Lewis, S. (2008). ›Make me normal‹ The views and experiences of pupils on the autistic spectrum in mainstream secondary schools. *Autism, 12*(1), 23–46. https://doi.org/10.1111/j.1471-3802.2008.00115.x

Humphrey, N. & Symes, W. (2010). Responses to bullying and use of social support among pupils with autism spectrum disorders (ASDs) in mainstream schools: A qualitative study. *Journal of Research in Special Educational Needs, 10*, 82–90. https://doi.org/10.1111/j.1471-3802.2010.01146.x

Jerosenko, A. (2019). *Soziale Integration durch Schulbegleitung?: Effekte von Schulbegleitung auf die soziale Integration von Schülern mit seelischer Beeinträchtigung an bayerischen Regelschulen* (Dissertation, LMU München). https://doi.org/10.5282/edoc.25651

John Versteeg, A. (2019). *Wie erleben beziehungsweise erlebten Mädchen und Frauen aus dem Autismus-Spektrum (Asperger-Syndrom) ihre Schulzeit (Schwerpunkt Primarschule), welche Meinungen vertreten sie zu Unterschieden zwischen Jungen und Mädchen aus dem Autismus-Spektrum und welche Unterstützungsmaßnahmen wären aus ihrer Sicht und der Sicht einiger ihrer Mütter in der Schule hilfreich?* (Masterarbeit, Pädagogische Hochschule Luzern). https://www.autismus.ch/uploads/pdfs/arbeiten_zum_thema_ass/Masterarbeit_Antje_John.pdf [12.10.2023]

Knorr, P. (2012). *»Ich verstehe sie falsch und sie verstehen mich falsch«. Die schulische Situation von Kindern und Jugendlichen mit Autismus-Spektrum-Störungen und hoher intellektueller Begabung – Eine explorative Mixed-Method-Studie* (Dissertation, Universität Rostock).

Köpfer, A. (o. J.). *Forschungsprojekte. Abgeschlossene Forschungsprojekte.* https://www.ph-freiburg.de/hochschule/themen-im-fokus/inklusion-und-vielfalt/forschungsgruppe-inklusion-fink/forschungsprojekte.html [12.10.2023]

Lindmeier, B. & Dworschak, W. (2022). Zur Notwendigkeit einer konzeptionellen Weiterentwicklung der Maßnahme Schulbegleitung. In B. Lindmeier, A. Lübeck & M. Laubner (Hrsg.), *Schulbegleitung in der inklusiven Schule. Grundlagen und Praxis* (3. bearbeitete Aufl., S. 153–163). Beltz.

Lindmeier, B. & Ehrenberg, K. (2022). »In manchen Momenten wünsch ich mir auch, dass sie gar nicht da sind« – Schulassistenz aus der Perspektive von Mitschülerinnen und Mitschülern. In M. Lauber, B. Lindmeier & A. Lübeck (Hrsg.), *Schulbegleitung in der inklusiven Schule. Grundlagen und Praxis* (3. bearbeitete Auf., S. 140–152). Beltz.

Lübeck, A. & Demmer, C. (2022). Unüberblickbares überblicken – Ausgewählte Forschungsergebnisse zu Schulbegleitung. In M. Lauber, B. Lindmeier & A. Lübeck (Hrsg.), *Schulbegleitung in der inklusiven Schule. Grundlagen und Praxis* (3. bearbeitete Aufl., S. 12–29). Beltz.

Maïano, C., Normand, C. L., Salvas, M.-C., Moullec, G. & Aimé, A. (2016). Prevalence of School Bullying Among Youth with Autism Spectrum Disorders: A Systematic Review and Meta-Analysis. *Autism Research*, 9(6), 601–615. https://doi.org/10.1002/aur.1568

Richter, M., Clément, C. & Flavier, E. (2022). Is transition an (adult) problem? – experiences of autistic students during the transition from primary to secondary school. *Journal of Research in Special Educational Needs*. https://doi.org/10.1111/1471-3802.12574

Schuster, N. (2012). Autismus als Herausforderung für die Schule – Lösungsansätze für die Praxis. In H. Sautter, K. Schwarz & R. Trost (Hrsg.), *Kinder und Jugendliche mit Autismus-Spektrum-Störungen. Neue Wege durch die Schule* (S. 155–164). Kohlhammer.

Sciutto, M., Richwine, S., Mentrikoski, J. & Niedzwiecki, K. (2012). A Qualitative Analysis of the School Experiences of Students With Asperger Syndrome. *Focus on Autism and Other Developmental Disabilities*, 27(3), 177–188. https://doi.org/10.1177/1088357612450511

Theunissen, G. & Sagrauske, M. (2019). *Pädagogik im Autismus-Spektrum. Eine Einführung.* Kohlhammer.

Schulassistenz aus der Perspektive einer Mutter und ihres Sohnes – ein Interview

Johanna Langenhoff, Jutta Birck & Patrick Birck

Jutta Birck lebt mit ihrem Mann und den beiden jüngeren von drei Söhnen in Bremen. Ihr jüngster Sohn Patrick besucht zum Zeitpunkt des Interviews die zehnte Klasse eines Gymnasiums und hat das Recht auf Schulassistenz. Nach einer Weile stößt Patrick zum Interview dazu und erzählt von seinen Schulerfahrungen. Da Frau Birck selbst als Schulassistenz arbeitet, kann sie von der Maßnahme aus ihrer Perspektive als Mutter sowie als Assistenz berichten.

Könnten Sie zu Beginn von Ihrem Sohn und seiner schulischen Situation erzählen?
Patrick war als Regelschüler in einer Inklusionsklasse eingeschult, die Diagnose Autismus hatten wir noch nicht. Schon als er noch ein Baby war, gab es bei uns das geflügelte Wort: Patrick ist anders. Aber nicht so sehr, dass ich den Daumen drauflegen konnte, was ihn genau von seinen beiden älteren Brüdern unterscheidet. Er fiel einfach aus dem Rahmen. Bevor wir wussten, was Sache war, gab es unter den Geschwistern einige Reibungspunkte. Wenn ich die Kinder zum Tischdecken rief, warf sich Patrick auf den Boden, alle stolperten über ihn und seine Brüder schimpften. Bis ich verstanden habe, dass Patrick überfordert ist, dauerte es. Als wir dann eine erste Ahnung hatten, was die Ursache sein könnte, besorgte ich mir direkt Literatur. Die Lage zuhause entspannte sich. Beim Tischdecken durften die älteren Brüder Patrick konkrete Aufgaben geben, für die nur er zuständig war. Manchmal geht es eben um die kleinen Veränderungen. Ich habe Patrick auch oft mit einem Bruder zum Einkaufen geschickt. Dadurch hat er eine ganze Menge gelernt. Er hat sich ohnehin stark an seinen Brüdern orientiert und vieles kopiert, wenn er unsicher war. Sie spielen eine große Rolle für ihn.

Im Kindergarten und in der Grundschule kam Patrick noch ganz gut zurecht und fand so seine Nischen, hatte aber Probleme mit der Konzentration. Ich war mit den Lehrkräften viel im Gespräch. Er habe sich oft beklagt, dass er beim Bearbeiten von Arbeitsblättern abgelenkt worden sei und sich nicht konzentrieren könne. Das empfanden die Lehrkräfte als Ausrede, stellten ihm jedoch irgendwann einen Einzelplatz auf dem Flur zur Verfügung. Inklusionsklassen sind eben ein bisschen flexibler. An dem Einzelplatz machte Patrick prompt sein Arbeitsblatt. Die Lehrkräfte waren überrascht und sagten: »Okay, vielleicht ist doch was dran, dass er mit dem Lärmpegel nicht zurechtkommt.« Ab diesem Moment konnte Patrick immer an einem ruhigen Platz arbeiten und hatte dadurch weniger zuhause nachzuholen. Die Lehrkräfte und er waren mit dieser Sonderregelung zufrieden. In der Klasse war es außerdem total übersichtlich, weil der Unterricht nur bei der Regelschullehrerin und der Sonderpädagogin stattfand und es nur ein Regelwerk gab. Nachdem Patrick auch die Mitschüler*innen einigermaßen einschätzen konnte, lief es gut – bis es in die fünfte Klasse ging. Da dachte ich, was ist denn jetzt los? Er kam nach Hause, weinte, konnte keine Leistung mehr zeigen. Die Lehrerin fragte mich, ob er überhaupt ein Gymnasialkind sei. Ich sagte: »Ja, hundertprozentig!« Patrick war in der Grundschule unterfordert und entwickelte dadurch eine Depression. Wobei – jetzt im Nachhinein kann ich nicht genau sagen, ob das durch die Unterforderung oder Überforderung aufgrund des Autismus kam. Ich denke, beides zusammen, obwohl die Grundschule im Vergleich zu anderen Schulen sehr bemüht war, auf die einzelnen Schüler*innen einzugehen. Nach dem Schulübergang erkannte ich jedoch mein eigenes Kind nicht mehr.

Aufgrund eines Stellenwechsels kam ich dann an einer neuen Schule mit einer autistischen Schülerin in Kontakt. Die Lehrerin dort drückte mir Informationsmaterial in die Hand. Als ich etwas über die Symptome von Autismus las, musste ich mich erst einmal setzen. Ich konnte für Patrick innerlich fast an jedes beschriebene Symptom einen Haken setzen. Ich dachte, mich trifft der Schlag: Das ist es also! Damit ging ich zur Kinderärztin. Man sollte nie mit einer Verdachtsdiagnose zum Arzt gehen, da reagieren sie immer sehr empfindlich. Die Ärztin ließ einen Scenotest machen. Von der Testleiterin kam die Rückmeldung, Patrick habe leicht maskenhafte Gesichtszüge, er komme nicht so richtig an seine Gefühle ran und irgendwie sei da fast etwas Autistisches. Ich dachte mir nur, das habe ich ja gesagt. Für die Diagnostik suchten wir dann einen anderen Arzt auf. Dieser Arzt fragte als erstes, warum wir die Diagnose haben wollen und ob wir eine Schulassistenz beantragen möchten. Zu dem Zeitpunkt habe ich mir über Schulassistenz überhaupt noch keine Gedanken gemacht. Für mich war es wegen der massiven Probleme in der Schule und Patricks Leidensdrucks wichtig. Ich wollte wissen, was er braucht, wollte einfach etwas an der Hand haben. Ich fand die Frage dieses Arztes irritierend, auch wenn sie sicherlich berechtigt war.

Nach der Diagnostik sagte er, dass die Symptome zwar zutreffen würden. Aber im persönlichen Gespräch mit Patrick habe er das Gefühl gehabt, da könne sich noch etwas ändern und deswegen könne er die Diagnose nicht stellen. Autismus sei schließlich nicht heilbar und die Diagnose quasi ein Stoppschild. Ich dachte, es sind doch zwei völlig unterschiedliche Sachen, ob etwas nicht heilbar oder ein Stoppschild ist! Autismus und die damit verbundene Art, zu denken, kann man nicht ändern. Aber man kann ein Kind doch unterstützen, sich in einer für neurotypische Menschen geschaffenen Welt zurechtzufinden! In einer Welt, wo Patrick in einem Klassenzimmer sitzt, das ihn aufgrund der Filterschwäche total überfordert. Autistische Menschen hören sozusagen alle Geräusche auf einer Ebene. Für Patrick ist es eine unglaubliche Anstrengung, die Stimme der Lehrkraft herauszufiltern. Da ist es verständlich, dass er am Ende der Stunde mal die Hausaufgaben nicht mehr mitbekommt. Therapie kann helfen, dass sich autistische Kinder trotzdem zurechtfinden, sich nicht überfordern, genügend und angemessene Pausen machen. Patricks Pause bestand lange darin, dass er einmal um den Schulhof lief und hoffte, dass sie bald vorbei ist. Das war nicht erholsam und so türmte sich die Anstrengung im Laufe der Woche auf. Montags ging es einigermaßen, freitags war es schon richtig heftig.

Wie kam es dann doch zu der Diagnose und damit letztlich auch Bewilligung der Schulassistenz?
Vor vier Jahren, als Patrick in die siebte Klasse ging, kam die erste Assistenz. Von dem Moment, als es ihm in der Schule so schlecht ging, bis zur Stellung der Diagnose und Bewilligung der Assistenz dauerte es also zwei Jahre – ein langer Weg. Zuhause haben wir unsere Lösungen gefunden, aber ich konnte ja schlecht mit in die Schule gehen. Für mich fühlte es sich total blöd an: Ich helfe anderen Kindern in der Schule, aber meinem eigenen Kind geht es dort schlecht. Da beschloss ich, einen Termin bei einem dritten Arzt für eine erneute Diagnostik zu machen. Eingangs versicherte er mir, dass es Hilfe geben wird – egal, welche Diagnose rauskommt. Er verstand zum Glück, dass wir ihn nicht ohne Grund aufsuchten. Es handelt sich um einen Arzt, der autistische Menschen schätzt. Es wird hin und wieder über ihn gesagt, er mache noch aus jeder Person einen Autisten. Aber ich weiß, dass das nicht stimmt. Bei dem Sohn einer Freundin hatte er den Verdacht auf eine Angststörung und verwies sie daraufhin an einen spezialisierten Kollegen. Als ich mit Patrick bei ihm war, spürte ich direkt so eine Energie zwischen den beiden. Patrick erzählte ihm viel von sich aus, während er bei der anderen Ärztin immer still dasaß. Ich musste mich bei ihr richtig zurückhalten, um nicht für Patrick zu antworten. Ich steckte in der Zwickmühle: Man will seinem Kind helfen, weiß aber genau, man wird in diese Schublade gesteckt, dass man im Grunde alles für sein Kind tut. Das war bei dem neuen Arzt ganz anders.

Letztlich war für diesen Arzt eindeutig, dass Patrick autistisch ist. Er sagte, es komme häufiger vor, dass mehrere Familienmitglieder autistisch seien, es ist vererbbar. Mein mittlerer Sohn hatte mit Depressionen zu kämpfen und das ist häufig eine Komorbidität zu Autismus. Daher bin ich auch mit ihm zu diesem Arzt gegangen. In seinem Fall war es laut Arzt eine leichte Ausprägung, sodass er meinem mittleren Sohn die Wahl überließ, ob er die Diagnose ausspricht. Der hat sich dagegen entschieden und das ist völlig in Ordnung. Für mich ist es der Beweis, dass der Arzt differenziert entscheidet.

Welche Möglichkeiten bietet die Maßnahme Schulassistenz Ihrem Sohn in der Schule?
Die Schulassistenz strukturiert Patrick den Schulalltag, damit er nichts verpasst. Sie sagt ihm: »Jetzt musst du aufpassen und genau zuhören.« Wenn er Arbeitsblätter macht, achtet sie darauf, dass er sich nicht an einer Aufgabe festbeißt, die er nicht versteht. Bevor er die Assistenz bekam, sollte er in einer Aufgabe einer Klausur die Geschichte von Jakob und Esau in eigenen Worten erzählen. Zuhause meinte er, er konnte die Aufgabe nicht lösen. Ich wunderte mich: »Du kennst doch die Geschichte«. Da sagte Patrick: »Aber ich wusste nicht, wem ich sie erzählen soll.« Das wäre eine Situation, in der die Assistenz hilft. Sie sieht, wenn er etwas nicht bearbeitet, und fragt vorab, wie er eine Aufgabe verstanden hat. Das Übersetzen und Strukturieren ist wichtig.

Autistische Kinder und Jugendliche haben unterschiedliche Bedürfnisse. Ich arbeite häufig mit frühkindlichen Autistinnen und Autisten. Viele der Kinder reden nicht, ich bin in anderen Aspekten gefragt als Patricks Assistenz. Von anderen Eltern weiß ich, dass die Strukturierung, insbesondere während Klassenarbeiten, und die Vermittlung zwischen Mitschüler*innen, in Streitsituationen oder Gruppenarbeiten wichtige Aufgaben sind. Das ist etwa nötig, wenn etwas Ironisches wörtlich genommen wird oder sich Patricks Mitschüler*innen wundern, wie er auf eine Antwort gekommen ist. Wenn die Assistenz feststellt, dass er zwar am Tisch sitzt, aber nichts sagt, kann sie ihn einbinden und die Gruppenarbeit etwas moderieren: »Patrick, was ist denn deine Meinung dazu?« Gruppenarbeiten klappen bei Patrick mittlerweile gut. Anfangs wartete er immer, bis ihm eine Aufgabe zugeteilt wurde, um sie dann allein zu lösen. Als Assistenz kann man beobachten, mit welchen Klassenkamerad*innen eine Gruppenarbeit klappt und mit welchen nicht. Man kann die Lehrkräfte bitten, dies bei der Einteilung der Gruppen zu berücksichtigen.

Die Assistenz sollte auch immer nach der Körpersprache gucken. Wirkt der Schüler oder die Schülerin gerade gestresst? Wenn der Stresspegel zu hoch ist, sollte sie für Entlastung sorgen. Mit den Lehrkräften ist abgesprochen, dass Patrick und die Assistenz rausgehen können, wenn sich etwas anbahnt. Wenn erst mal ein Overload da ist, wird es schwierig. Einige autistische Schüler*innen reagieren sehr explosiv, dann können auch mal Stühle fliegen. Man muss sich vorstellen, dass sie sich einer Situation hilflos ausgeliefert fühlen. Patrick beschreibt es als Druck, der sich erhöht und irgendwann durchknallt – wie beim Dampfkochtopf, wo der Deckel abfliegt. Man kennt das vielleicht: Wenn man stark gereizt wird, kommt irgendwann Wut. Wenn man sich nicht wehren kann, kocht die Wut nach außen oder richtet sich gegen die Person. Patrick schlägt mit dem Kopf auf den Boden oder an die Wand, um der völligen Überreizung Herr zu werden. Er schreit und hat früher herzzerreißend geweint. Wir haben es heute Gott sei Dank ziemlich gut im Griff, da ich immer erreichbar bin. Aber es ist eine sehr große Aufgabe der Assistenz, solche Situationen abzumildern. Natürlich braucht es eine Kennenlernphase, bis die Schulassistenz den Schüler oder die Schülerin einschätzen kann. Es wird ein paar Mal zu so einem Overload kommen, bevor die Assistenz die Warnsignale kennt. Wird die Körperhaltung angespannt oder der Blick sehr starr? Der Schüler, den ich begleite, schlägt sich mit der Hand ans Bein. Andere wackeln mit der Hand oder nesteln am T-Shirt. Jeder hat individuelle Bewegungen, eine eigene Technik, die den Druck mindert. Deswegen ist es hilfreich, wenn die Assistenzen nicht ständig wechseln. Bei der letzten Assistenz hat das leider nicht so gut geklappt. Manchmal stimmt das Zwischenmenschliche einfach nicht. Da Patrick nicht danach gefragt hat und sie nicht an seiner Körpersprache erkannte, dass er Unterstützung braucht, bekam er zu wenig Hilfe. Sie wollte ihm nicht »reingrätschen«. Für einen anderen Schüler passt sie sicher besser.

Wie verläuft das Kennenlernen neuer Schulassistenzen?
In schwierigeren Fällen finden Gespräche zwischen Assistenz, Eltern und teils Lehrkräften vorab in der Schule statt. In der Regel wird man als Assistenz in eine Klasse zu einem bestimmten Kind geschickt und hat zunächst einmal nur den Auftrag, sich kennenzulernen. Anschließend geht es darum, Ziele zu formulieren. Mir stellten sich Patricks Assistenzen meist einfach am Telefon vor. Ich erzähle ihnen, wie Patrick tickt und was ich für zuhause brauche, damit es mit den Hausaufgaben klappt. Wenige Schulassistenzen habe ich in Person kennengelernt. Mit einer Assistenz trafen wir uns vorab im Park, so etwas können Eltern und Assistenzen unter sich ausmachen. Eine andere Assistenz war schon an der Schule für

einen autistischen Schüler eingesetzt, dessen Maßnahme auslaufen sollte. Dadurch konnte sie ihn und Patrick parallel jeweils einige Stunden begleiten und im darauffolgenden Schuljahr vollständig für Patrick zuständig sein. Das war ein fließender Übergang. Während des ersten Lockdowns 2020 fand Wechselunterricht jeweils mit der Hälfte von Patricks Klasse statt. Der Träger von Patricks Schulassistenz konnte Räumlichkeiten zur Verfügung stellen. In den Wochen, in denen Patrick eigentlich Unterricht zuhause gehabt hätte, durfte er dort mit seiner damaligen Assistenz die Aufgaben bearbeiten. Dadurch haben sie sich unglaublich gut kennengelernt. Es ist eine sehr gute Verbindung zwischen ihnen entstanden. Ob es zwischen Patrick und einer Assistenz passt, zeigt sich schnell in Gesprächen mit ihm und der Assistenz. Patrick spürt, wenn man Verständnis für seine Situation aufbringt und er sich nicht verstellen muss.

Welche Qualifikationen sind Ihnen bei einer Schulassistenz für Ihren Sohn und im Kontext von Autismus wichtig?
In Bremen wurde der Bereich Schulassistenz nach SGB VIII von der Zuständigkeit der Senatorin für Kinder und Bildung zum Amt für Soziale Dienste verschoben. Damit hat sich die verlangte Qualifikation für Assistenzkräfte geändert. An welche Behörde ich einen Antrag schicken muss, ist mir gleich. Das Problem lag in den unterschiedlichen formalen Voraussetzungen an Assistenzkräfte. Es musste auf einmal eine dreijährige pädagogische Ausbildung vorliegen, die physiotherapeutische Ausbildung Patricks ehemaliger Assistenz passte nicht – obwohl sie viele Jahre Erfahrung in der Arbeit mit autistischen Schüler*innen und entsprechende Fortbildungen hatte. Im Grunde musste sie sich entscheiden, ob sie entweder mit einer Sondergenehmigung weiterarbeitet, aber weniger Geld verdient, oder in einen anderen Bereich wechselt. Mit Sondergenehmigung trotz fehlender Formalqualifikation wird man nur als Hilfskraft eingestuft. Das finde ich nicht nachvollziehbar. Im Elterngesprächskreis haben wir festgestellt, dass mehr als Dreiviertel der Kinder auf einmal ohne Assistenz waren. Da haben die Leute in den Behörden einfach nicht nachgedacht und richtig gutes Personal gehen lassen.

Ich bin der Meinung, dass ein Therapeut oder eine Therapeutin mit entsprechenden Fortbildungen in der Arbeit mit autistischen Schüler*innen keine erzieherische oder pädagogische Qualifikation braucht. Die Pädagogin oder der Pädagoge – die Lehrkraft – steht doch vor der Klasse. Je mehr Erfahrung man in der Arbeit mit autistischen Menschen hat, desto besser. Das schärft den Blick. Es reicht nicht, wenn eine Person sich einfach überlegt, diese Arbeit mal auszuprobieren. In meiner eigenen Ausbildung zur Ergotherapeutin wurde der Bereich Autismus einmal angeschnitten. Wir haben ein paar Grundlagen gelernt und ein Therapiezentrum besucht. Davon ist wenig hängen geblieben. Ich fing also bei null an, als ich damals in die Situation kam, die Schule zu wechseln und das autistische Mädchen zu betreuen. Mittlerweile habe ich schon viele autistische Kinder begleitet, aber ich musste erst ein Gespür entwickeln, wie sich Autismus äußert. Man hat oft nicht ganz passende Schemata im Kopf, aus Filmen und Serien wie »Rainman«, »Monk« und »Big Bang Theory«. Andererseits: Wenn ich Greta Thunberg höre, muss ich manchmal über Äußerungen schmunzeln, die ich als typisch für autistische Menschen erkenne. Es macht mir Spaß, mich mit dieser anderen Denkweise und Art der Wahrnehmung zu beschäftigen.

Wie interagieren Schulassistenz und Mitschüler*innen?
Es kommt auf den zu begleitenden Schüler oder die Schülerin an, wie sehr die Schulassistenz mit den Mitschüler*innen interagiert. Einige autistische Kinder und Jugendliche können längere Phasen im Klassenraum nicht ertragen und bearbeiten die vorgegebenen Aufgaben mit der Schulassistenz in einem separierten Raum. Dann besteht natürlich weniger Kontakt zum Rest der Klasse. Patrick geht nur für die Klausuren in einen Extraraum. In Grundschulen ist es durchaus üblich, dass die Schulassistenz auch mal rumgeht und andere unterstützt, wenn das von ihr begleitete Kind gerade keine Hilfe braucht. Das nimmt mit der Höhe der Klassenstufe jedoch ab, würde ich sagen.

In Patricks Klasse wurde eine Klassenaufklärung über Autismus durchgeführt. Die Kosten werden übernommen, man hat ja Anspruch auf verschiedene Beratungsleistungen. Ich persönlich fand es wichtig, dass seine Mitschüler*innen verstehen, warum er beispielsweise mal etwas Komisches sagt und dass er manche Dinge anders wahrnimmt. Patrick hat zugestimmt, dass er das möchte. Für die Klassenaufklärung kam ein Therapeut vom Autismuszentrum. Er hat vorher mit Patrick gesprochen und nachgefragt, ob es okay ist, wenn er bestimmte Sachen sagt. Der Therapeut hat selbst Probleme beim Hören, seine Ohrmuschel ist nicht vollständig ausgebildet. Das spricht er vor der Klasse an und fragt dann die Mitschüler*innen, was bei ihnen anders ist. Es geht darum, dass jeder irgendwas hat, das bei ihm anders ist, und bei Patrick ist es halt der Autismus. Dabei wurde auch über die Schulassistenz als Unterstützung für ihn gesprochen. Der Therapeut hat das toll umgesetzt, meldeten mir die Lehrerin und Patrick zurück. Es ist bestimmt klassen- und altersabhängig, wie es ankommt. Schwierig ist das Jugendalter. Mit der Pubertät kommen Fragen: »Warum reden alle immer nur über Mädchen? Das nervt.« Die mühselig aufgebauten Bilder der einzelnen Personen werden plötzlich einfach gesprengt, alle verändern sich. Im Rahmen so einer Klassenaufklärung kann auch eine Kontaktanbahnung vorgesehen sein, je nachdem, was gerade für den Schüler oder die Schülerin im Vordergrund steht. Über seine Interessen hatte Patrick aber schon Kontakt zu einigen Mitschülern.

Inwiefern ist der Unterricht an Patricks Schule auf unterschiedliche Bedürfnisse von Schüler*innen ausgerichtet?
In der Zeit, als Patrick keine Assistenz hatte, hieß es manchmal, er habe keine Lust und verstecke sich hinter seiner Diagnose. Eine Deutschlehrerin meinte, sie könne das erkennen, was ich in diesem Fall bezweifelte. Zwischen Verweigerung, weil man keine Lust hat, oder einem Shutdown wegen Überreizung besteht ein großer Unterschied, der von außen schwer zu unterscheiden ist. Beim Thema Gedichte sollte Patrick zum Beispiel beschreiben, wie sich das lyrische Ich fühlt. Ich versuchte wirklich, ihm Brücken zu bauen, damit er die Aufgabe lösen kann. Aber das strengte ihn so an – er saß da in Tränen. Damit war klar, hier ist eine Grenze. Ich schrieb einen kurzen Text an die Deutschlehrerin und erklärte, wir hätten es versucht. Mit Deutschlehrkräften bin ich ziemlich häufig in Diskussionen. Sicherlich blockt Pa-

trick ab, wenn er schon überfordert ist. Er verschließt sich, aber das ist ja kein bockiges Verhalten, sondern ein Schutz. Das ist gut so, denn sonst würde ich wieder einen Anruf bekommen: »Mama, ich kann nicht mehr, ich muss nach Hause kommen.« Das passierte ohne Assistenz relativ häufig. Teilweise musste ich ihn auch eine Woche zuhause lassen, weil er nicht mehr konnte. Er hatte dann sogar leicht erhöhte Temperatur und Kopfschmerzen. Die Bereitschaft, sich auf die Bedürfnisse von bestimmten Schüler*innen einzustellen, ist leider nicht bei allen Lehrkräften gegeben. Ich habe den Lehrkräften eine Mail geschrieben und ein Video hinzugefügt, in dem das Maskieren autistischer Personen erklärt wird. Es sollte verdeutlichen, dass sie Patricks Schwierigkeiten nicht unbedingt bemerken, weil er sie nicht zeigt. Das werfe ich ihnen nicht vor, aber er hat nicht umsonst einen Schwerbehindertenausweis und das Recht auf Schulassistenz. Da die Assistenz gerade fehlt, bat ich darum, bestimmte Informationen über benötigte Materialien und vor allem anstehende Klausuren direkt an mich zu geben. Das klappt nicht immer besonders gut. Stattdessen wundern sich die Lehrkräfte, wenn Patrick etwas nicht dabeihat. Vielleicht ist es auch eine Überforderung der Lehrkräfte. Die Inklusionsbeauftragte der Schule sollte mehr Stunden erhalten, um das Kollegium aufklären zu können. Sie ist aber für alle Schüler*innen der Schule egal welchen Förderbedarfs zuständig. Es geht bei Inklusion zu sehr ums Sparen. Deswegen ist es auch Aufgabe der Assistenz, auf Patricks Bedürfnisse aufmerksam zu machen.

Ich finde mich recht oft in der Lage wieder, dem Umfeld zu erklären, welche Schwierigkeiten bei Autismus eine Rolle spielen können. Häufig wird die Diagnose angezweifelt und gesagt: »Der hat doch gar keine Probleme, der kriegt das doch alles super hin.« Aber das ist nur der Schein nach außen. Meine Mutter, die neulich einmal eine längere Zeit bei uns war, meinte: »Jetzt verstehe ich, wenn du sagst, mit Patrick ist es manchmal anstrengend.« Ich liebe Patrick über alles und ich find ihn toll, so wie er ist. Trotzdem ist es anstrengend, die Umgebung für ihn zu strukturieren. Ich muss vorausplanen. Alles, was spontan kommt, bedeutet immensen Stress – und den fange ich auf. Wenn ich einmal nicht kann, müssen mein Mann oder die Brüder übernehmen.

Inwiefern tauschen Sie sich mit der Schule und der Schulassistenz aus?
Elterngespräche sind wichtig, damit Informationen ankommen. Mit den Lehrkräften finden Gespräche statt, wenn sie ein Problem feststellen. Ansonsten gibt es die regulären Elternabende oder Elternsprechtage. Oder man macht mal einen Extratermin. Mit der Assistenz telefoniere ich hingegen hin und wieder. Ich gehe außerdem davon aus, dass die Assistenz mit Patrick über seine Wünsche spricht. Grundsätzlich muss ich bei jedem Antrag jedes Jahr neu ausfüllen, warum ich die Assistenz haben will und in welchen Bereichen die Unterstützung sein soll. Das wird dann an die Assistenz weitergegeben. In einem Telefonat zu Beginn der Begleitung sage ich dann einfach noch einmal, was wichtig ist. Auch mit den Lehrkräften spricht die Assistenz darüber. Wie und worüber genau sie sich austauschen, entzieht sich mir natürlich.

Von Assistenz zu Assistenz ist unterschiedlich, wie gesprächsbereit sie ist und ob es anstrengende oder lockere, nette Gespräche sind. Es gibt keine Vorgaben, wie häufig man sich austauscht. Mit der letzten Schulassistenz war der Austausch keinesfalls unangenehm, aber ein bisschen anstrengender. Ich war mir oft nicht so sicher, wie sie eine Sache aufgenommen hat. Sie hatte den Eindruck, sie hätte bei Patrick wenig zu tun. Die Lehrkräfte nannten mir jedoch Situationen, in denen die Assistenz durchaus etwas hätte machen sollen. Die Assistenz war dann wiederum sauer, dass der Lehrer ihr das nicht direkt gesagt hat. Das war alles etwas schwierig. Gegenüber der Assistenz, die nun wiederkommt, schafft Patrick es, die Dinge selbst anzusprechen. Sie verstehen sich total gut. Auch zuhause äußert er sich bei Problemen. Ansonsten braucht es dafür halt schon eine gewisse Basis. Ich versuche noch rauszufinden, was ihn manchmal so blockiert, dass er nichts sagen oder zum Beispiel die Lehrkräfte fragen kann.

Wie erleben Sie den Prozess der Beantragung von Schulassistenz?
Das erste Mal war ich überfordert. Man muss so Vieles bedenken. Zu Beginn wird man von dem Träger angerufen, um vorab zu klären, was das Kind braucht. Bevor die Zuständigkeiten der Träger gewechselt haben, konnte ich den Antrag gemeinsam mit der Schule und der dortigen Lehrkraft für Integration stellen. Seit dem Wechsel zur Sozialbehörde gibt es eine Casemanagerin. Sie war zum Beispiel meine Ansprechpartnerin, als es darum ging, die Assistenzstunden zu erhöhen. Ich hatte ein langes Gespräch mit ihr und zusätzlich war eine Stellungnahme der Schule und ein Gutachten vom Arzt nötig. Wir haben Glück mit der Casemanagerin, sie ist engagiert. Von anderen Eltern höre ich, dass das Verhältnis schwierig ist. Jedes Jahr werden mir zur Verlängerung der Maßnahme einige Seiten an Formularen zugeschickt, die ich ausfülle und wieder zurückschicke. Da frage ich mich manchmal, ob es wirklich notwendig ist, dass ich alle Informationen jedes Mal aufs Neue eintrage. Kann nicht einfach mal gespeichert werden, wo und wann Patrick zur Grundschule gegangen ist? Das Prozedere für einen Folgeantrag könnte man doch wirklich abkürzen. Es sind etliche Seiten, ein ganzer Stapel!

Nachdem ich den Antrag gestellt habe, wird mir eine Ansprechperson bei einem Anbieter von Schulassistenz genannt. Weder zum Träger noch zum Anbieter besteht regelmäßiger Kontakt, solange alles gut läuft. Im Alltag beschränkt es sich auf den kurzen Austausch mit der Schulassistenz, etwa über ein Mitteilungsheft. Als wir auf der Suche nach einer neuen Assistenz waren, standen wir häufiger mit dem Anbieter in Kontakt. Als die letzte Assistenz in den Bericht schrieb, Patrick brauche eigentlich gar keine Assistenz, konnte der Anbieter mich beruhigen: Es hänge nicht nur von der Einschätzung einer Person ab, ob Patrick weiterhin Assistenz erhält oder nicht. Zuhause stellte es sich anders dar als in der Wahrnehmung der Assistenz. Ich versuchte zwar, ihr das zurückzumelden, aber das half nicht.

So ist es eben: Manchmal passt es nicht. Auch im Elterngesprächskreis oder in den Teamtreffen von der Arbeit bekomme ich mit, dass einige sagen: »Oh, mit den Eltern oder mit der Assistenz ist es so schwierig!« Als Eltern muss man jedoch im Grunde nehmen, wer kommt, weil es zu wenig Personal gibt. Der Anbieter überlegt anhand des Gesprächs mit der Assistenzkraft, zu welcher freien Stelle sie passen könnte. Es gibt keine Auswahl für uns Eltern, man kann höchstens entscheiden, ob es diese oder keine Assistenz wird. Und dann entscheidet man sich für die Assistenz, denn selbst mit einer Assistenz, die nicht so gut passt, ist es häufig besser als komplett ohne.

Inwiefern konnten Sie den Anbieter der Schulassistenzen auswählen?
Patricks ehemalige Assistenz ist eine Freundin von mir, sie hat eine Ausbildung zur Tagespflegerin und dann Erzieherin gemacht. Wir haben sie für Patrick ausgesucht und sie hat sich für einen Arbeitgeber entschieden, der einem Anerkennungsjahr in der Schule offen gegenüberstand. Das war letztlich leider nicht möglich, da die Behörde nicht einverstanden war. Nun ist sie aber bald fertig und kann Patrick wieder unterstützen. Grundsätzlich wollen die Träger dafür sorgen, an einer Schule möglichst viele Kräfte desselben Anbieters einzusetzen, damit Vertretungen leichter zu organisieren sind. Dennoch werden freie Stellen für Schulassistenzen immer trägerübergreifend ausgeschrieben. Leider versucht die Behörde immer mehr zu sparen, etwa durch Poolbetreuungen, die meiner Meinung nach für wenige Beteiligte eine gute Lösung darstellen.

Patrick kommt aus der Schule. Nach einer kurzen Begrüßung und Vorstellung willigt er ein, Interviewfragen zu beantworten.

Wie fandest du die Unterstützung durch eine Schulassistenz im Vergleich zu jetzt, wo du ohne Schulassistenz zur Schule gehst?
Patrick: Ohne Schulassistenz ist es ein bisschen stressiger. Das merke ich allein deshalb, weil immer sehr viele Schultermine auf mich einprasseln. Mit der letzten Assistenz war es nicht so gut, weil ich die Situation mit ihr nicht so einschätzen konnte. Aber davor war es eigentlich immer entspannt. Ich warte jetzt darauf, dass meine vorherige Assistenz wiederkommt. Sie war teilweise einfach eine große Erleichterung. Sie konnte die Informationen aus der Schule weitergeben und mich an Vieles erinnern, das ich schon wieder komplett verdrängt hatte. Sie hat immer eine elektronische Tabelle geführt, in der alles drinstand, was ansteht – zum Beispiel was für welches Fach gemacht werden muss. Diese Tabelle bekommt auch meine Mutter per Mail.
Frau Birck: Das war genial und geht natürlich über den Erwartungshorizont hinaus. Durch die Informationen konnte ich für Patrick zuhause strukturieren, was er wann bearbeiten kann. Jetzt gerade braucht er beispielsweise erst einmal eine Pause, bevor Hausaufgaben möglich sind.
Patrick: Zur Zeit des Lockdowns war echt cool, dass ich mit ihr immer Unterricht in einem extra Raum gemacht habe. Das hat Spaß gemacht, weil man sich den Arbeitsplatz selbst einrichten konnte. Normalen Unterricht finde ich aber ein bisschen entspannter als Online-Unterricht, weil man dann einiges besser im Überblick hat. Der Lehrer kann einem sagen, wie das jetzt zu machen ist. Manche Lehrer haben keine Online-Konferenzen gemacht, sondern nur Aufgaben gegeben. Viele von ihnen wussten gar nicht, wie die Technik funktioniert, ständig sind Probleme aufgetaucht. Das war sehr anstrengend für mich. Der Vorteil war, ich konnte ein bisschen länger schlafen. Und man konnte sich selber einteilen, zu welcher Zeit man sich um welche Aufgaben kümmert, oder mal eine Runde in den Park gehen und Mittagspause mit der Familie machen. Nicht so wie im Klassenraum, wo man sich manchmal einfach nur langweilt.

Hattest du die Möglichkeit anzusprechen, wenn du merkst, dass es zwischen dir und einer Schulassistenz nicht so gut passt?
Patrick: Natürlich kann ich das eigentlich immer sagen. Mein persönliches Problem ist aber, dass ich es wahrscheinlich nicht sagen werde. Ich bin einfach nicht so der Typ, der dann sagt: »Das gefällt mir so nicht. Lass mal lieber.«

In welchen Fächern unterstützte dich die Schulassistenz?
Patrick: Das waren hauptsächlich die Fächer, in denen ich die meisten Probleme hatte. In bestimmten Fächern brauche ich keine Assistenz, weil es so einfach für mich ist. Da würde ich sagen, selbst wenn ich mal etwas nicht mitbekomme, könnte ich mir das allein durch das logische Kombinieren wieder erschließen. Dazu gehören Fächer wie Chemie, Physik, Informatik und Sport.
Frau Birck: Patrick wurden 25 Stunden Assistenz bewilligt. Wir versuchen es so hinzukriegen, dass die Assistenz einen Tag frei hat. An den Tagen, an denen er Sport oder Kunst hat, eignet es sich, dass sie zuhause bleibt. Ich mache mir dazu Gedanken und gebe meinen Vorschlag ab. Definitiv besprochen wird das zwischen der Assistenz und den Lehrkräften.

Unterstützten die Schulassistenzen auch deine Mitschüler*innen?
Patrick: Ja, haben sie. Wenn der Lehrer noch mal eben kopieren musste, hat er gefragt, ob die Assistenz in der Klasse aufpassen oder sich kümmern kann. Sie war jetzt nicht vollständig auf mich fokussiert, sondern die anderen konnten ihr auch mal Fragen stellen – insofern sie über das Fach überhaupt etwas weiß. Ist ja nicht unbedingt jedes Schulfach ihrs. Meine Klasse ist ein bisschen speziell. Man kann ganz klar sagen, es ist eine sehr laute und witzige Klasse. Alle machen gerne ihre Späßchen. Für die Lehrer ist es nicht besonders einfach, die Autorität zu haben. Meine Klasse hat tatsächlich geschafft, mehrere Lehrer richtig zum Verzweifeln zu bringen. Das tut mir schon fast leid. Ich glaube, ich bin aber in meiner Klasse ganz zufrieden. Jetzt in der Oberstufe lernt man in den Kursen auch die anderen Klassen kennen.

Vorhin war schon die Klassenaufklärung Thema. Wie hast du die damals erlebt?
Patrick: Das war auf jeden Fall anders, nicht der Standardunterricht. Ich fand es erstaunlich, dass es sich danach nicht ins Negative geändert hat, sondern eigentlich war es entspannt. Es ging einfach weiter, nur dass alle in meiner Klasse dann einfach Bescheid wussten. Das war tatsächlich gut. Es haben einfach alle akzeptiert. Von vielen kam zwar: »Boah, mir ist das gar nicht so aufgefallen.« Aber ich würde auch selber von mir behaupten, dass ich jetzt von der äußerlichen Erscheinung nicht der Extremfall bin. Trotzdem habe ich ziemlich starke Probleme, die mir persönlich gar nicht auffallen, weil ich gar nicht weiß, dass es für andere anders ist. Ich bin der Typ, der seine Probleme teilweise für sich behält und kein Fan davon, jemanden fertigzumachen, wenn jetzt ein Fehler aufgetreten ist.
Frau Birck: Du bist eher introvertiert.
Patrick: Das Wort passt. Marco, der Therapeut, hat bei der Klassenaufklärung mit einem Spiel angefangen. Eine Person sollte immer auf den Flur gehen und die anderen in der Klasse irgendein bestimmtes Objekt verstecken. Dann sollten sie

vermuten, wo die Person, die gerade draußen steht, als erstes hingehen und nachschauen würde. Es ging dabei um diesen sechsten Sinn, der es jemanden ermöglicht, eine Einschätzung von anderen vorzunehmen. Der ist aber bei Autisten nicht so gegeben. Dann meinte Marco, dass er zum Beispiel schwerhörig auf einem Ohr ist und das aber auch nichts Schlimmes ist. Er hat erzählt, dass er manchmal einfach sein Hörgerät ausschaltet, wenn er etwas Nerviges nicht hören will. Das hätte ich auch gerne. Am Ende wurde ein Video gezeigt, das darstellen sollte, wie sich die Geräuschansammlung für einen Autisten anhören kann. Da wurden im Prinzip tausend Geräusche übereinandergelegt. Ich denke, die Botschaft ist rübergekommen. Ich war ehrlich gesagt aufgeregt, meine Klasse dabei zu beobachten. Man sitzt da und diese gesamte Stunde geht um einen selber. Ich mag es eigentlich nicht so, im Fokus zu sein. Ich dachte, wenn während dieser Stunde irgendwelche interessanten Bemerkungen kommen, werden sie vielleicht direkt mit mir verbunden. Aber wie gesagt, hat es sich dann als recht entspannt herausgestellt. Da kamen auch nicht mehr wirklich Fragen von meiner Klasse.

Was sind die größten Vorteile und Nachteile von Schulassistenz?
Patrick: Also, einer der größten Nachteile ist definitiv, dass man im Unterricht nicht einmal dann etwas Anderes machen kann, wenn man gerade wirklich gar keine Lust mehr hat. Da sitzt halt eine Person und die will mit dir zusammenarbeiten. Da versuche ich schon irgendwie, in diesen Arbeitsmodus zu gehen – was ich wiederum vielleicht auch als positiven Aspekt sehe. Dadurch passe ich im Unterricht mehr auf und fokussiere mich doch etwas mehr. Sonst bin ich während des Unterrichts sowieso ständig in Gedanken.
Frau Birck: Also zum Nachteil wird es eigentlich nur, wenn es zwischen Patrick und der Assistenz nicht stimmig ist oder wenn sie nicht da ist. Ältere Schüler*innen sagen manchmal, dass sie nicht mehr ständig eine Assistenz neben sich sitzen haben wollen. Das ist dann aber auch ein Zeichen dafür, dass sie selbst zurechtkommen. Weitere Nachteile sehe ich nicht.
Patrick: Ich denke mal, viele Eltern werden behaupten, das Schlimmste ist es, den Antrag zu stellen.
Frau Birck: Ach ja, aber das mache ich dann eben einmal im Jahr. Das ist verschmerzbar. Viel stressiger ist es, keine Assistenz zu erhalten.

Was macht eine Assistenz während deiner Schulpausen?
Patrick: Das ist unterschiedlich. Sie schließt sich zum Beispiel den Klassenraum auf, liest ein Buch, macht was am Handy oder bastelt, halt irgendeine Zeitvertreibung. Oder sie arbeitet an einer Ausformulierung für einen Infotext an meine Mutter. Also sie beschäftigt sich dann einfach selbst. Ich kümmere mich in den Pausen in einem Prozent der Fälle um Schulaufgaben. Oder ich fange an zu programmieren. Gerade habe ich das alte Handyspiel Snake programmiert. Jetzt versuche ich, eine künstliche Intelligenz zu programmieren, die das Spiel erlernt und meistert. Das klappt leider noch nicht so gut. An der vorletzten Schulassistenz fand ich super, dass sie sich für meine Technik interessiert hat, obwohl sie gar nicht so viel davon versteht.
Frau Birck: Auch das ist ein sehr großer Vorteil der Assistenz: Patrick kann zur Pause auch mal im Klassenraum bleiben und muss nicht unbedingt auf den Schulhof.

Gibt es etwas, das Sie anderen Eltern raten würden, die darüber nachdenken, für ihr Kind Schulassistenz zu beantragen?
Frau Birck: Eltern sollten mit ihrem Kind reden! Es kann sein, dass das Kind in der Grundschule noch gut zurechtkommt, und in der weiterführenden Schule klappt es plötzlich nicht mehr. Ich denke, das muss man mit dem Kind oder mit dem Jugendlichen gemeinsam besprechen. Ich bin der Meinung, man sollte alles offen thematisieren, auch die Diagnose. In bestimmten Fällen ist es auch eindeutig, dass eine Assistenz gebraucht wird, weil die Lehrkräfte das Kind allein nicht ausreichend unterstützen können. Dann geht es eher um die Frage, welche Assistenz gut passt. Ich war vor Beantragung der Assistenz ohnehin schon mit Patricks Lehrkräften im Gespräch. Wir haben uns gefragt, woher seine Schwierigkeiten in der Schule kommen. Was könnte die Ursache sein, warum reagiert er so? Da hatten wir die Diagnose ja noch nicht.
Patrick: Das erste Mal beim Arzt war ja irgendwie ein Reinfall. Der meinte »ja, der simuliert nur«, oder »das ist typisch für ein Kind« oder etwas in diese Richtung.
Frau Birck: Wie gesagt meinte er, Patrick könne sich noch entwickeln und deshalb wolle er keine Diagnose stellen. Im Autismuszentrum wurde uns bestätigt, dass die Diagnose Autismus passe und trotzdem – wie bei jedem anderen Menschen auch – eine Entwicklung stattfinden und ein besserer Umgang mit Problemen erlernt werden könne. Dass ich bei verschiedenen Ärzten war, wird mir oft vorgeworfen. Im Bekanntenkreis fragen viele: »Wieso, der ist doch ganz normal? Man braucht doch nicht für alles eine Diagnose?« Da ist häufig Unverständnis, aber sie erleben uns ja auch nicht vierundzwanzig Stunden und bekommen die Alltagsprobleme deshalb nicht mit. Wäre der Leidensdruck nur bei mir gewesen, wäre das noch mal etwas Anderes. Aber Patrick hat gelitten und das war für mich ein ganz klares Signal, dass ich handeln muss, damit wir Hilfe bekommen. Die Hilfe, die ihm jetzt gegeben wird, wirkt ja auch. Dennoch ist immer individuell zu entscheiden, ob es der richtige Weg ist, die Diagnose einzufordern und auch Schulassistenz zu beantragen. Das sage ich anderen Eltern, die ratsuchend auf mich zukommen und zum Beispiel eine Empfehlung für eine geeignete Schule haben möchten. Hier kommt es auf viele verschiedene zwischenmenschliche Konstellationen an.

Was wünschen Sie sich noch für Patricks zukünftige schulische Situation? Was wünschst du dir für deine letzten Schuljahre?
Patrick: Also eigentlich ist mir alles recht, solange ich in die Richtung gehen kann, die ich mir erhoffe. Mir persönlich ist sehr wichtig, dass ich zuhause einfach mal in Ruhe meinen eigenen Dingen nachgehen kann. Neben dem Programmieren bastele ich gern an elektronischen Schaltkreisen. Ich habe meine eigene Werkstatt in meinem Zimmer. Das ist ein ziemliches Privileg. Ich möchte nicht ständig im Stress sein, dass ich ja noch das und das machen muss, und mich nicht ausschließlich auf die Schule fokussieren. Ich würde sagen, das geht vielen so. Ich kann mir nicht vorstellen, dass die Schule das einzige ist, das man während seiner Jugendzeit machen kann. Deswegen versuche ich, das Wochenende für mich selber zu nutzen. Manche Lehrer denken sich leider, am Wochenende haben wir ja genug Zeit, um Aufgaben zu machen. Das sind die schlimmsten Aufgaben, für die geht dann meist ein ganzes Wochenende drauf.

Frau Birck: Dann ist es im Grunde meine Aufgabe, mit ihm das Wochenende so zu strukturieren, dass er zwischendurch Pausen kriegt. In der Schule achtet die Assistenz darauf, dass er ausreichend Bearbeitungszeit bekommt und zum Beispiel nicht als erster das Referat vorstellen muss, weil die Mitschüler*innen sich schneller für die späteren Termine gemeldet haben. Wenn dann der Kommentar einer Lehrkraft kommt, ein Schüler in der zehnten Klasse sollte das irgendwie schaffen, ärgert mich das schon.

Patrick: Das Ding ist, wenn ich zum Beispiel mal krank bin, bekomme ich irgendein Referatsthema zugeteilt. Die anderen können schon anfangen zu arbeiten, während ich noch nicht mal weiß, dass da irgendwas läuft. Zurück in der Schule erfahre ich dann, ich muss schon nächste Woche vortragen und eine Leistung vorbringen.

Frau Birck: Die Schulassistenz würde dann im Grunde für ihn einstehen und auf den Nachteilsausgleich verweisen. Es ist festgeschrieben, dass Patrick mehr Zeit bekommt. Als es um diese Referate ging, musste ich dann wieder einen Brief an den Lehrer schreiben.

Patrick: Du kommst dann wie so eine Helikoptermutter rüber.

Frau Birck: Ja, das wird mir immer wieder vorgeworfen, wobei ich mir wirklich große Mühe gebe, Patrick die Dinge möglichst selbstständig regeln zu lassen. Aber in gewissen Punkten geht es eben darum, für sein Recht einzustehen. Aus dem Eltern-Gesprächs-Kreis weiß ich, dass einem Schüler im Unterricht zum Beispiel die Arbeit an einem Computer verwehrt wurde, auf den er eigentlich Anspruch hatte. Die Begründung der Lehrerin war, sie könne vor der Klasse nicht argumentieren, dass der Schüler so eine Extrawurst kriegt. Doch da machte der Leiter des Gesprächskreises deutlich: »Hey, dieser Schüler ist mit drei Würstchen zu wenig geboren. Wenn er jetzt eine Wurst extra kriegt, dann hat er immer noch zwei weniger.« Ein Schüler aus Patricks Klasse nutzt aufgrund einer Sehbehinderung ebenfalls einen Computer.

Patrick: Das akzeptiert bei uns auch jeder. Mittlerweile haben wir ja alle Tablets, vorher war er der Einzige, der mit einem Gerät rumgerannt ist. Aber das war einfach so.

Frau Birck: Man kann den Schüler*innen zutrauen, verständnisvoll zu sein. Ich denke anhand des Beispiels mit den Würstchen kann man es ihnen erklären: Es geht nicht um eine Extrawurst, sondern eine Ausgleichswurst! Insgesamt ist Schule aber eine enorme Belastung für autistische Schüler*innen und teilweise nicht aushaltbar. Ich würde mir wünschen, dass die Behörde offener für Alternativen wäre, wie z. B. die Webschule.

Gibt es etwas, dass Ihnen oder dir in Bezug auf das Thema Schulassistenz bei Autismus noch wichtig ist?

Frau Birck: Mir ist wichtig, dass Autismus nicht einfach eine Modediagnose ist. Ein gewisser Prozentsatz der Menschen war schon immer autistisch und dieser hat sich über die Jahre auch nicht bedeutend verändert. Dass es jetzt als Modediagnose gilt, liegt daran, dass viele Leute inzwischen offener mit ihrer Diagnose umgehen. Dass man offen damit umgehen darf, finde ich richtig. Und vielleicht haben auch Filme und Serien dieses Thema stärker in den Fokus gerückt. Patrick hat auf die Diagnosestellung mit großer Erleichterung reagiert und das schon, bevor irgendwelche

Hilfsmaßnahmen ins Spiel kamen. Ich glaube, man spürt, dass man anders denkt und manchmal aneckt.

Patrick: Wenn ich aber dann gefragt werde, woran ich das festmache, stehe ich erst mal ratlos da. Warum und wie komme ich jetzt darauf, dass ich das Gefühl habe, anders zu sein? Ich weiß nicht, was ich dazu sagen soll.

Frau Birck: Dadurch, dass dieses Andersfühlen einen Namen bekommt, fühlt man sich wahrscheinlich weniger alleine. Man ist nicht alleine derjenige, der anders ist, sondern es gibt andere, die mit ähnlichen Problemen kämpfen. Es entsteht eine gewisse Normalität. Anders heißt nicht schlechter!

Schulassistenz aus Elternperspektive – Interview mit einer Mutter

Johanna Langenhoff & Manal Mansour

Manal Mansour lebt mit ihren drei Kindern in Bremen. Ihr ältester Sohn Ali besucht die sechste Klasse einer Oberschule. Ihm wurden pro Woche zwanzig Stunden Schulassistenz bewilligt. Im Interview schildert Frau Mansour, wie sie für eine angemessene Unterstützung ihres Sohnes gekämpft hat. Dabei thematisiert sie auch rassistische Vorurteile, die ihr im Schulkontext begegneten und begegnen.

Mögen Sie zu Beginn einmal von Ihrem Sohn erzählen und beschreiben, wie sich die Situation in der Schule für ihn gestaltet?
Mein Sohn Ali hat einen richtig großen Wortschatz, wie ein Erwachsener. Er kann in einen Dialog gehen und über Politik und viele andere Sachen reden, die ihn interessieren. Außerdem merkt er sich Details, das Jahr, das Datum, was er da gemacht hat. Er hat eine starke Erinnerung und weiß zum Beispiel genau, was an seinem siebten Geburtstag passiert ist. Er denkt an jedes Wort, das man ihm gesagt hat. Dabei hat man oft den Eindruck, er ist anwesend, ohne zuzuhören. Ich finde das beeindruckend, aber für manche Situationen nicht so schön. Ali hat viel Schlimmes gehört, weil die Leute dachten, er bekommt das gar nicht mit. Er ist sehr liebevoll und sehr offen. Ich finde richtig gut, dass er weiter lernt, obwohl er ein Schulfach nicht mag. Er gibt nicht auf, er ist mutig. Und er ist lustig und cool. Ali mag Schwimmen, Kreuzworträtsel, Trommeln, Theaterspielen und neuerdings Kochen. Außerdem fängt er jetzt mit seinem Autismus-Therapeuten an, ein Buch zu schreiben. Es handelt von Kommunikation und Ali wird von seinen Erfahrungen erzählen.

Im Alltag braucht Ali viel Struktur. Unterstützung benötigt er vor allem bei der Orientierung und Wahrnehmung. Ich lasse Ali zum Beispiel immer zu Fuß gehen, wenn er allein unterwegs ist. Fahrradfahren finde ich für ihn noch zu gefährlich, weil ich schon oft erlebt habe, dass er neben mir ohne zu gucken über die Straße geht. Er handelt in solchen Momenten nicht bewusst. Ich habe das Gefühl, er ist dann in einer anderen Welt. Ali hat einen Behindertenausweis und ist manchmal hilflos. Deswegen mache ich mir Sorgen und bin lieber dabei, wenn er Fahrrad fährt – ich will ihn nicht verlieren.

In der Schule braucht er immer jemanden, der ihm einen kleinen Anstoß gibt, was er machen soll – oder einfach mal sagt: »Du schaffst das!« Das kann seine Schulassistenz leisten. Durch viele Situationen in der Schule hat er sein Selbstbewusstsein verloren. Besonders in der Grundschule wurde er gemobbt und war oft wehrlos. Ali ist kein aggressives Kind, aber wenn andere Kinder ihn so richtig stören oder viel auf ihn einreden, wird er es. Das ist mit der Pubertät extremer geworden. Er schlägt jetzt manchmal und kann nicht gut einschätzen, dass das richtig wehtut. In der Grundschule hatte er größere Schwierigkeiten, sich zu konzentrieren. Dort wurde er oft aus dem Unterricht genommen, sodass er in einem anderen Raum gearbeitet hat. Es gab auch viele Aufgaben in Kleingruppen, das war gut. An seiner jetzigen Oberschule verbringt Ali die meiste Zeit im Klassenraum. In den Pausen macht er gern Sport mit seinen Freunden, dann ist die Schulassistenz eher nicht dabei.

Inwiefern stellt sich die Schule Ihres Sohnes auf eine heterogene Schüler*innenschaft ein?
Anfangs dachte ich, an dieser Schule gibt es Inklusion, denn es wurde viel darüber gesprochen. Ich habe aber mittlerweile keinen so guten Eindruck mehr. Vom Autismuszentrum kam mal die Idee, einen Computer zu beantragen, den Ali in der Schule nutzt. Sein Schriftbild ist nicht leserlich und er hat mit Rechtschreibung noch Schwierigkeiten. Das Tippen auf der Tastatur wäre ein gutes Hilfsmittel für ihn. Mir wurde aber gesagt, dass Anträge auf ein solches Hilfsmittel meist abgelehnt werden und die Schule nicht offen für die Computernutzung ist. Das habe ich nicht verstanden, weil die Schule doch eigentlich inklusiv sein will. Ich bin auch darüber enttäuscht, wie manche Lehrkräfte mit Ali umgehen und mit welchen Vorurteilen sie Menschen mit Migrationserfahrungen begegnen. Ein Schulwechsel kommt dennoch nicht in Frage, da es sich um die einzige Ganztagsschule in unserer Gegend handelt. Es gibt noch ein Gymnasium, doch ich befürchte, dass Ali dort nicht genügend Unterstützung erfahren würde. Außerdem geht der Unterricht nur bis 14 Uhr und ich arbeite nachmittags. Die geringe Auswahl an wirklich inklusiv arbeitenden Schulen ist ein Problem. Alis Klassenlehrerin ist aber gut. Sie sieht die Stärken von Ali und redet auch mit ihm darüber. Sie hat bereits Erfahrungen mit autistischen Kindern, das merkt man. Leider hat Ali nicht zu allen Lehrkräften eine gute Beziehung, was sich auch direkt an den Noten zeigt. Autistische Kinder brauchen eine gute Beziehung zur Lehrkraft. Die Schulassistenz versucht zwar, Ali in diesen Fächern zu helfen. Doch sobald er eine Abneigung gegen eine Lehrkraft oder ein Fach entwickelt hat, wird es schwierig.

Warum haben Sie sich für die Beantragung einer Schulassistenz entschieden?
Am Anfang von Alis Grundschulzeit war ich mit ihm in einem Kinderzentrum. Dort können Kinder vorgestellt werden, die auffällig sind. Es haben ihn dort mehrere Therapeut*innen gesehen und am Ende die Diagnose Asperger Autismus gestellt. In Verbindung mit der Diagnose wurde empfohlen, was gut für ihn ist. Uns wurde geraten, eine pädagogische Assistenz, einen Pflegegrad und Therapie in einem Autismuszentrum zu beantragen. Die Assistenz habe ich beantragt, weil Ali in der Schule Schwierigkeiten mit der Konzentration, Struktur, Aufmerksamkeit und Orientierung hatte. Neben Autismus hat er auch ADHS und braucht deshalb immer jemanden an seiner Seite, der ihn unterstützt und begleitet. Ich habe viele Gespräche mit der Schulassistenz geführt. Ich finde sie gut, weil sie ihm den Weg zeigt, wie er selbstständig wird. Sie hilft ihm, bis er es alleine schafft. Sie fragt ihn: »Ali, findest du, das ist gut so?« Sie stellt ihm nicht nur Ja- und Nein-Fragen, sondern regt ihn an, selber nachzudenken. Ali und seine Assistenz planen zusammen auch Strukturen für Zuhause, zum Beispiel, wie er seine Schultasche vorbereiten kann. In der Klasse zeigt sie ihm den Tagesplan und visualisiert immer alles. Wenn er sie

braucht, kann sie ihm Tipps und Hilfe geben. Doch wenn Ali etwas alleine kann, hält sie sich raus.

Wie haben Sie den Prozess der Beantragung von Schulassistenz erlebt?
Die Genehmigung der Assistenz war insgesamt eine richtig komplizierte Sache. Ich habe zwar Unterstützung vom regionalen Beratungs- und Unterstützungszentrum (ReBUZ)[21] bekommen. Es wird immer gesagt, man solle sich bei Schwierigkeiten in der Schule, zum Beispiel Mobbing, ans ReBUZ wenden. Sie erstellen jedoch nur Berichte mit Empfehlungen. Die haben mir nicht weitergeholfen, sodass ich einen Rechtsanwalt eingeschaltet und selbst viel unternommen habe. Bei der Beantragung der Schulassistenz war Ali schon in der zweiten Klasse. Vom Amt wurden uns viele Fragen gestellt, zum Beispiel: »Warum braucht er jetzt auf einmal eine Assistenz und nicht schon früher? Was hat er denn in der Kindergartenzeit gemacht?« Auch früher hatte Ali Schwierigkeiten, aber alle, auch der Kinderarzt, haben immer wieder gesagt, er brauche keine extra Unterstützung. Es hieß, er habe Störungen und entwickele sich nicht wie die anderen Kinder, aber das sei kein Autismus. Mein Sohn war immer schlau, bei den Schuluntersuchungen konnte er alle Fragen gut beantworten. Aber da war er eben auch allein, das ist etwas Anderes als im Klassenraum oder in der KiTa mit den vielen Kindern. Asperger bedeutet, Ali ist schlau und kann Vieles, aber es bedeutet nicht, dass er keine pädagogische Assistenz braucht!

Um die Assistenz mit dem Rechtsanwalt zu erkämpfen, brauchte ich vor allem sehr viel Geduld. Doch ich konnte nicht einfach nichts tun, während mein Sohn hilflos in der Klasse sitzt! Das ist die Liebe zu den eigenen Kindern, man will für sie immer das Beste. Ich habe mir gesagt: »Entweder kämpfen oder Ali kommt nicht weiter.« Wenn ich wüsste, mein Sohn ist allein in der Klasse und wird von anderen Kindern geärgert oder ausgelacht, könnte ich nicht zur Ruhe kommen. Ich konnte mich eigentlich nur zwischen Kämpfen oder diesem psychischen Stress, den Ängsten um meinen Sohn entscheiden.

Wie war es für Sie, Alis Autismusdiagnose zu erhalten?
Ehrlich gesagt war es eine Erleichterung für mich. Ich wusste endlich, was hinter allem steckt. Genau wie für die Bewilligung der pädagogischen Assistenz habe ich lange für den Erhalt der richtigen Diagnose gekämpft. Ali hatte schon Ergotherapie, ohne die Diagnose fehlte jedoch ein Ziel, auf das sich die Therapie ausrichten kann. In der Therapie wurde Alis psychomotorische Entwicklung gefördert und ich war mit ihm schwimmen, in speziellen Gruppen für kleine Kinder. In der Zeit vor der Diagnose gab es auch Fortschritte, wir haben viele gute Sachen gemacht. Aber ich habe mich immer gefragt, was wirklich mit Ali los ist. Ich dachte, ich habe eine Mitschuld. Vielleicht bin ich schuld, vielleicht bin ich nicht gut. Ich hatte zu Hause Probleme mit meinem Mann, das hat mein Kind gespürt. Ich habe immer gesagt:

---

21 Hierbei handelt es sich um schulbezogene Beratungs- und Unterstützungseinrichtungen, die in der Stadt Bremen der Senatorin für Kinder und Bildung nachgeordnet und u. A. für schulergänzende Maßnahmen, Diagnostik, Präventions- und Netzwerkarbeit zuständig sind. Die Angebote richten sich an Schüler*innen, schulisches Personal, Sorgeberechtigte und Institutionen: https://www.rebuz.bremen.de/startseite-1459

»Das ist meine Schuld. Das ist meine Schuld.« Ich war noch jung, habe Ali mit 19 geboren. So war es bei mir. Deswegen war diese Diagnose für mich eine Erleichterung.

Den Weg bis zur passenden Diagnose konnte ich auch deshalb gehen, weil ich Unterstützung von einer Freundin hatte, die aus Syrien kommt. 2015 habe ich sie und ihren Sohn zu einem Aufnahmegespräch in ein Autismuszentrum begleitet, um für sie zu übersetzen. Ihr Sohn hat frühkindlichen Autismus. Die Fachkraft vom Autismuszentrum hat meiner Freundin viele Fragen gestellt. Während ich übersetzt habe, dachte ich, sehr viele dieser Fragen passen auch zu Ali. Die Frau hat mir dann gesagt, dass ich erst eine Überweisung vom Kinderarzt brauche, bevor sie auch mir weiterhelfen kann. Der Kinderarzt wollte mir keine Überweisung geben, aber ich dachte, egal, ich muss dort unbedingt hin! Ich bin zu einer anderen Kinderärztin gewechselt. Auch sie dachte, es sei kein Autismus, hat mir aber die Überweisung ausgestellt, damit ich Klarheit bekomme. Und im Autismuszentrum bekam ich dann endlich Alis Diagnose.

Wie hat Ali selbst darauf reagiert, die Diagnose Autismus zu erhalten?
Erst mal habe ich ihm nicht erzählt, dass es Autismus ist. Aber mit Beginn der Therapie hat er es erfahren. Er fing an zu fragen, was Autismus ist, und selbst zu recherchieren. Die Therapeut*innen haben ihm auch Bücher gegeben und Webseiten gezeigt, damit er sich selber anschauen kann, was Asperger bedeutet. Das war gut für ihn. Ich habe immer zu ihm gesagt: »Jeder hat irgendwas, das ihn von anderen unterscheidet. Glaub nicht, dass du nicht normal bist. Jeder ist anders und das soll keine Einschränkung für dich sein!«

Welche Möglichkeiten haben Sie, sich mit anderen Eltern über die Themen Autismus und Schulassistenz auszutauschen?
Ich habe nicht viel Zeit, Austausch kommt eher zufällig zustande. Als mein Sohn Gruppentherapie im Autismuszentrum hatte, habe ich dort mehrere Mütter getroffen, deren Kinder Asperger haben. Wir haben viel über Schwierigkeiten mit der Bewilligung von Unterstützungsleistungen gesprochen. Oft werden etwa Nachhilfe, Therapie oder Schulassistenz abgelehnt. Wir haben uns auch darüber ausgetauscht, dass Therapien für unsere Kinder immer wieder unterbrochen werden oder es lange dauert, bis eine Therapie fortgesetzt werden kann. Die Therapeut*innen denken vielleicht, für das Kind sei es gut, auch mal Pause zu machen, oder wollen auch anderen Kindern einen Therapieplatz ermöglichen. Aber wenn ein Kind zwei Jahre nicht zur Therapie gehen kann, vergisst es in dieser Zeit alles Gelernte. Das finde ich schade.

*Inwiefern besteht Zusammenarbeit zwischen dem Autismuszentrum, dortigen Therapeut*innen und der Schulassistenz?*
Ich habe eine Erklärung unterschrieben, sodass sich die Therapeut*innen und Schulassistenz austauschen dürfen. Sie haben nicht so häufig Kontakt, stimmen aber ab, was in der Schule und was in der Therapie gemacht werden muss, um einen gemeinsamen Weg zu gehen. Momentan gibt es nicht so viel Austausch, weil alle finden, Ali komme gut zurecht. Sie wollen jetzt auch die Therapie pausieren, um

andere Kinder aufnehmen zu können. Ich finde das eigentlich nicht gut, musste aber schriftlich zustimmen, dass Alis Therapie beendet wird. Ich habe gesagt, wenn ich Hilfe brauche, sollte Ali wieder einen Platz bekommen. Um seine verbleibenden Stunden noch zu verbrauchen, geht er jetzt nur noch einmal im Monat ins Autismuszentrum. Das tut mir einerseits weh, weil ich mich frage, wie es jetzt weitergeht. Da ist immer diese Angst. Andererseits denke ich auch an die anderen Kinder.

Inwiefern besteht Kontakt zum Träger der Schulassistenz – dem Jugendamt – und wie erleben Sie diesen?
Der Träger hat mir den Anbieter von Alis Schulassistenz vorgeschlagen. Ich glaube, dass er mit den Anbietern zusammenarbeitet und bestimmte Anbieter für bestimmte Schulen oder Kindergärten infrage kommen. Ich habe den Antrag auf Schulassistenz beim Amt abgeben und dann wurde ein Anbieter zugewiesen, bei der Familienhelferin war es genauso. Echte Wahlmöglichkeiten wurden mir nicht geboten. Zum Ende des Schuljahres findet jeweils ein Hilfeplangespräch mit Beteiligten vom Amt in der Schule statt. Sie wollen jährlich prüfen, wie es läuft. Erst mal – zumindest in dieser Schule – braucht Ali weiterhin Assistenz, glaube ich. Früher gab es diese Gespräche nicht, da habe ich nur den Antrag gestellt. Die Schule hatte immer einen Plan, indem angeben wurde, was Ali noch braucht und was er kann. Das habe ich gelesen, unterschrieben und mit abgegeben.

Ich habe manchmal das Gefühl, das Amt ist überfordert. Sie vergessen oder wissen nicht, dass mein Sohn schon an der Oberschule ist. Außerdem bekommt man nie die Sicherheit, dass die beantragte Hilfe auch wirklich bewilligt wird. Sie haben einmal gesagt, ich bräuchte eine Familienhilfe. Ja, ich hätte Unterstützung gebraucht, aber die Familienhelferin hat nichts für mich gemacht. Sie hat immer nur gesagt, welche Anträge ich wo schon wieder einreichen muss. Aber das kann ich auch allein machen. Wirklich helfen würde mir, wenn einmal jemand meinen Sohn oder seine Geschwister für eine kurze Zeit betreut, damit ich mich auch mal ein bisschen erholen kann. Oder wenn mir jemand Tipps für meine Kinder und mich geben würde. Das mit den Papieren kann ich. Oft wird man vom Amt abgewiesen. Sie schicken einen überall hin und wollen, dass man verschiedenste Dinge tut, obwohl sie sehen, wie allein und kaputt man ist. Dann musst du noch ein Treffen dort verabreden und sie weisen dir einfach irgendeinen Termin zu. Für eine Mutter mit drei Kindern ist das sehr stressig. Mich stört dieser Umgang mit uns Müttern. Wenn die Mutter erschöpft ist, kann sie nicht für ihre Kinder da sein.

Inwiefern haben Sie Kontakt zum Anbieter?
Eigentlich habe ich nicht so viel Kontakt zum Anbieter, nur wenn es um die Verlängerung der Maßnahme geht oder es zu Schwierigkeiten wie einem Wechsel der Assistenz kommt. Ich würde mir mehr Kontakt wünschen. Auch Treffen mit Anbieter und der Schulassistenz vor Schulbeginn und außerhalb der Schule fände ich für das Kennenlernen hilfreich.

Inwiefern hatten Sie als Mutter die Möglichkeit, eine passende Schulassistenz für Ali auszuwählen?
Ich kann für Ali keine Schulassistenz aussuchen – das kann er eigentlich nur selbst.

Ich fände es gut, wenn die Schulassistenz und er sich erst eine Zeit kennenlernen, um zu gucken, ob es harmoniert. Schade ist es, wenn die Schulassistenz krank ist, wegen Personalausfall vertreten muss oder einen neuen Vertrag an einer anderen Schule bekommt. Ali hat innerhalb von einem Schuljahr ungefähr vier Mal die Assistenz gewechselt. Sie kamen gerade gut miteinander zurecht und am Ende ist die Assistenz doch wieder weg. Dann musste er sich wieder an eine neue Person gewöhnen. So sieht die Realität leider aus. Ich stelle es mir für das Kind schrecklich vor. Es hat eine gute Beziehung mit einer Assistenz aufgebaut, doch auf einmal geht sie. So etwas ist für uns alle schwierig, aber besonders für autistische Kinder, weil sie viel Zeit brauchen, um eine richtige Bindung aufzubauen. Als Alis Assistenzen gegangen sind, haben wir Telefonnummern getauscht. So kann er ihnen zwischendurch Nachrichten schicken. Wir haben zum Abschied immer kleine Geschenke getauscht, damit eine Erinnerung bleibt und er immer, wenn er an sie denkt, etwas in der Hand hat – einen kleinen Brief zum Beispiel.

Die aktuelle Assistenz und Ali verstehen sich gut. Ali kommt eigentlich mit den meisten Leuten zurecht. Bei anderen Kindern stelle ich es mir schwieriger vor. Die Kinder haben jedoch keine Auswahl, es kommt eine Assistenz und dann ist sie eben da. Natürlich kann man etwas machen, wenn es zwischen Kind und Assistenz überhaupt nicht passt. Aber die Kinder können nicht parallel Assistenzen kennenlernen und vergleichen, mit wem sie sich gut verstehen. Es gibt ja einfach viel zu wenig Personal und dann haben die Eltern Angst, dass ihr Kind überhaupt keine Schulassistenz bekommt. Sie überreden ihr Kind dann vielleicht: »Warte ab, vielleicht klappt es ja noch, versuch es wenigstens einmal!« Das macht Druck bei den Kindern, es ist Stress.

Wie gestaltete sich das Kennenlernen zwischen Ihrem Sohn und den Schulassistenzen?
Ali ist Gott sei Dank ein offenes Kind. Er ist an allem Neuen interessiert und akzeptiert seine Mitmenschen. Man muss einfach nur ein bisschen mit ihm reden und freundlich sein. Eigentlich hat es nie lange gedauert, bis die Eingewöhnung geklappt hat. Ich höre aber, dass andere autistische Kinder mehr Schwierigkeiten haben. Das Kennenlernen hat jeweils in der Schule stattgefunden und wurde durch den Anbieter der Schulassistenz gestaltet. Ich habe mit Alis Lehrerin telefoniert, um zu fragen, wie es klappt. Ich frage natürlich auch immer Ali, aber er sagt immer das Gleiche: »Gut, okay, schön!« Das erleichtert mich nicht, lieber hole ich mir auch die Perspektive der Lehrerin und der Assistenz ein. Ich höre mir alle Seiten an und wenn sie übereinstimmen, bin ich beruhigt.

Welche Kompetenzen und persönlichen Eigenschaften sollte eine Schulassistenz für Ihren Sohn mitbringen?
Zuerst einmal muss sie Fachwissen aus der Schule mitbringen. Sie sollte wissen, dass Kinder trotz Beeinträchtigungen sehr viel können. Sie muss das Kind wertschätzen und sich Mühe geben, es kennenzulernen. Sie sollte sich fragen, welche Stärken das Kind am Anfang vielleicht noch versteckt. Diese Stärken sollte sie weiter fördern und ressourcenorientiert handeln, damit das Kind Selbstbewusstsein entwickelt. Das finde ich sehr wichtig, denn ohne Selbstbewusstsein läuft gar nichts. Außerdem muss sie offen und tolerant sein, um eine Bindung zu dem Kind aufzubauen. Dem

Kind sollte sie vermitteln, dass es nicht anders oder schlechter ist als die anderen Kinder. Sie sollte dem Kind sagen, dass alle ihre eigenen Schwierigkeiten haben und sie da ist, um es bei seinem Weg in der Schule zu unterstützen. Ich habe Ali auch immer gesagt: »Ich kann nicht schwimmen, du hast schon Silber. Ich kann nicht Fahrradfahren, du schon.« Jeder hat irgendwas, was ihn hindert, etwas Bestimmtes zu machen. Wir sind alle nicht perfekt und das möchte ich meinem Kind auch so beibringen. Er ist nicht der Einzige mit Schwierigkeiten.

Ali hat sicherlich Glück, mit der Schulassistenz jetzt in der Schule endlich jemanden an seiner Seite zu haben. Sie hat eine Ausbildung zur sozialpädagogischen Assistentin und macht eine interne Weiterbildung bei ihrem Träger, das unterstütze ich. Eltern und Schulassistenz sollten sich mit Wertschätzung begegnen. Sie wollen das Beste für das Kind, daher müssen sie zusammenarbeiten und immer in Kommunikation bleiben. Eltern sollten die Assistenz ernst nehmen, egal welche Qualifikation sie hat. Kinder merken, wenn das Verhältnis nicht stimmt.

Wie tauschen Sie sich mit der Schulassistenz aus?
Wir besprechen uns eigentlich fast immer telefonisch. Ich mache eine Ausbildung zur Erzieherin, arbeite in einer KiTa und habe nicht so viel Zeit, in Alis Schule zu sein. Die Assistenz hat mir ihre Privatnummer gegeben. Wenn ich Fragen habe, kann ich immer mit ihr in Kontakt treten. In unseren Gesprächen geht es darum, wie die Assistenz mit Ali umgeht. Welche Strategie setzt sie ein, um ihm Raum zu lassen, damit er selbstständig wird? Sie arbeiten daran, dass er sich besser konzentrieren und orientieren kann und ihm nicht immer alle Materialien vom Tisch fallen. Durch Alis ADHS entsteht manchmal Chaos um ihn herum. Zweimal im Jahr finden in der Schule Elterngespräche statt, an denen neben der Lehrerin und der Jahrgangsleiterin auch die Assistenz teilnimmt. Dort geht es darum, wie sich Ali entwickelt hat und wo bzw. in welchen Fächern er noch Hilfe braucht. Kunst mag Ali zum Beispiel überhaupt nicht, aber dafür Sport. Deutsch und Englisch mag er auch nicht, aber die Person, die ihm Nachhilfe gibt. Deshalb kommt er trotzdem weiter. Ali ist bei diesen Gesprächen ebenfalls dabei. Ihm wird immer gesagt, er solle mehr an Englisch arbeiten, um einen Abschluss zu bekommen. Manchmal ist er auch ein bisschen faul, daher sagen die Lehrkräfte und die Assistenz, er solle ein bisschen mehr Kraft reinstecken. Er könne es eigentlich schaffen.

Inwiefern haben Sie einen Einblick, wie die Lehrkräfte und Schulassistenz zusammenarbeiten?
Ich habe durchaus einen Einblick. Eigentlich soll Ali in der Klasse mehr Aufmerksamkeit bekommen, aber für die Schulassistenz in ihrer Rolle ist es leider schwierig, dies gegenüber den Lehrkräften einzufordern. Die Lehrkräfte wollen die Assistenz auch für die anderen Kinder der Klasse einsetzen, nicht nur für Ali. In der Grundschule war die Lehrkraft sehr streng. Sie hat gesagt: »Das ist eine persönliche Assistenz, keine Klassenassistenz!« Ich habe den Eindruck, dass in der Oberschule nicht wirklich darauf geachtet wird, dass sie für Ali zuständig ist.

Die Lehrkräfte haben sich beschwert, dass Alis Assistenz manchmal aufgrund einer Weiterbildung ausfällt. Ich freue mich aber, dass wir überhaupt eine Assistenz finden konnten, die nicht bald schon wieder weg ist. Ich finde es gut, dass sie eine

Weiterbildung macht. Die Lehrkräfte haben nun mit dem Anbieter der Schulassistenz gesprochen, um eine andere Assistenz zu bekommen, die weniger fehlt. Ich habe aber gesagt: »Nein, ich will diese Assistenz behalten, weil sie gut ist!« Wenn sie geht, muss Ali schon wieder eine neue Person kennenlernen. Ich nehme gern in Kauf, dass die Assistenz hin und wieder fehlt, sie macht gute Arbeit, bildet sich fort. Ich möchte nicht, dass Ali wieder auf einer Warteliste steht, lange keine Unterstützung erhält und dann womöglich eine Assistenz kommt, die nicht zu ihm passt. Darüber hinaus hat Ali die Möglichkeit, herauszufinden, was er allein schafft und an welchen Stellen er noch Hilfe braucht, wenn die Assistenz mal einen Tag nicht da ist. Ich glaube, das kann Ali auch schon erkennen. Ich bin mir ziemlich sicher, dass er vergleicht, wie er mit und ohne Schulassistenz zurechtkommt. So stellt er fest, welche Schritte er schon gegangen ist. Ich habe also entschieden, dass diese Assistenz weiterhin für meinen Sohn zuständig ist. Der Anbieter war auf meiner Seite und hat sich meinen Argumenten angeschlossen.

Wie erleben Sie die Zusammenarbeit mit den Lehrkräften und welche Rolle spielt hier Schulassistenz?
Momentan kann ich mit Alis Lehrkräften gut zusammenarbeiten. Als die Lehrkräfte die Schulassistenz für die gesamte Klasse einsetzen wollten, gab es jedoch Auseinandersetzungen. Ich habe das gar nicht von ihnen, sondern von der Assistenz erfahren. Ich finde es wichtig, über Probleme zu kommunizieren und im Gespräch zu bleiben. Daher habe ich einen Termin mit der Klassenleitung gemacht. In dem Gespräch habe ich verdeutlicht, dass die Assistenz in erster Linie für Ali da sein soll. Ich habe gesagt: »Ja, sie kann euch unterstützen, aber eben nur dann, wenn sie sich bei Ali gerade bewusst raushält.« Ich habe die Worte der Grundschullehrkraft benutzt: Die Schulassistenz ist für Ali persönlich da. Das ist mein Recht, da gibt es wenig zu diskutieren.

An Gesprächen mit Lehrkräften habe ich gemerkt, dass viele von ihnen Vorurteile haben und mich vor allem als Ausländerin wahrnehmen. Sie sagen zum Beispiel: »Du musst mit Ali mehr Englisch üben, du weißt schon, Sprachen sind nicht einfach zu lernen, wenn du erwachsen bist.« An solchen Aussagen kann ich feststellen, was durch ihren Kopf geht. Sie denken, ich sei dumm. Ich halte mich normalerweise zurück und war nie eine Person, die Streit sucht. Inzwischen habe ich mich jedoch geändert, ich will das nicht mehr. Anfangs ist man nicht so sicher, es ist nicht meine Sprache, nicht mein Land. Mittlerweile ist es das aber doch. Ich habe viel alleine geschafft, ich bin gut. Ja, ich bin Ausländerin, aber ich schaffe genauso viel und sogar mehr als manche Deutsche in meiner Berufsschulklasse. Ich kann vielleicht die Grammatik nicht richtig gut, aber trotzdem verstehen die Lehrkräfte mich. Sie geben mir gute Noten, denn für sie kommt es auf den Inhalt an. Die Lehrerinnen meiner Berufsschule haben mich richtig darin bestärkt, den Weg zur Erzieherin zu gehen. Sie sind Pädagogiklehrerinnen und sehen und unterstützen meine Stärken. Sie reden nicht mehr so mit mir wie ich es aus Alis Schulen kenne, sie reden anders. Sie sagen: »Du machst das gut für dein Kind. Du machst aber viel, Ali hat sich entwickelt.« Entwicklung kommt nicht von einem Tag auf den anderen, sie braucht Zeit. Es war nicht einfach für mich, ich bin nicht Deutsche. Aber ich bin diesen Weg gegangen und jetzt hat Ali so einen großen Wortschatz. Er hat so vieles geschafft! Und ich war immer an seiner Seite und habe mich weitergebildet und informiert.

Jeder hat Vorurteile, aber manchmal muss man sie bitte verstecken oder reflektieren! Die Elternarbeit der Lehrkräfte wird durch Vorurteile sehr beschädigt. Mir wurde auch schon vorgeworfen, dass ich Hilfe vom Staat bekomme und Arbeit habe. In solchen Momenten habe ich mich selbst sehr hinterfragt. Ich hatte ein schlechtes Gewissen, dass andere vielleicht nicht diese Möglichkeiten haben. Doch warum reden Lehrkräfte so? Ich finde, so sind sie ein schlechtes Vorbild für die Kinder. Eine Freundin hat mir von ähnlichen Erfahrungen erzählt. Die Lehrkräfte hätten gesagt, Ausländer würden immer zusammen und in schlechten Gegenden wohnen. Sie würden ihren Kindern kein gesundes Frühstück geben, nur Cola und Chips. Ich bin der Meinung, dass die Lehrkräfte dann einen Elternabend organisieren und so etwas ansprechen müssen, statt zu lästern. Die Eltern lieben ihre Kinder, sie wollen ihnen etwas Gutes tun, indem sie Cola kaufen. Nicht alle Eltern konnten lange in die Schule gehen, viele mussten in ihrem Land sofort arbeiten. Wenn Lehrkräfte nur schlecht reden, ändern sie doch nichts. Ein Land und die Bildungsmöglichkeiten, die es dort gibt, sucht man sich nicht aus. Ihr seid hier in Deutschland geboren und wir sind dort geboren. Aber wenn ihr dort geboren wärt, was hättet ihr gemacht? Meine Freundin hat sich jedoch nicht getraut, die Lehrkräfte zu kritisieren.

Ich finde, es hängt stark von den Eltern und ihren Kompetenzen ab, wie die Zusammenarbeit klappt – und davon, wie die Lehrkräfte die Eltern wahrnehmen. Es gibt in der Elternarbeit viele sprachliche und kulturelle Missverständnisse. Es gibt auch Eltern mit Behinderung oder alleinerziehende Eltern. Sie kommen schnell in Schwierigkeiten, weil ihnen Vorurteile begegnen. Für viele ist es belastend, immer wieder sprechen zu müssen, Briefe zu schreiben, Kontakt zu haben, nicht aufzugeben.

Wie gehen die Mitschüler*innen damit um, dass eine Schulassistenz für Ali zuständig ist?
Ich bin natürlich nicht dabei, aber ich habe eine Vorstellung. Es ist, wie es eben in unserer Gesellschaft mit den Menschen so ist. Viele akzeptieren und respektieren es und verstehen auch, dass er anders ist – weil wir alle unterschiedlich sind. Andere Kinder verstehen es jedoch nicht und mobben ihn vielleicht. Sie nehmen ihn nicht ernst oder versuchen, ihm die Schuld in die Schuhe zu schieben, wenn es Ärger in der Schule gibt. Ali fängt gerade erst an, sich in solchen Situationen zu äußern, zu diskutieren und auch »nein« zu sagen. Das finde ich gut. Früher hat er einfach akzeptiert, wenn die anderen gemeckert haben. Er hat inzwischen gelernt, nicht immer nur bei sich selbst Fehler zu suchen und Probleme anzusprechen.

Es gab eine Situation, in der ein Mädchen aus Alis Klasse zehn Euro verloren und Ali die Schuld gegeben hat. Nicht immer sind Lehrkräfte eine gute Unterstützung für alle Kinder. Keiner hat Ali geglaubt, dass er das Geld nicht genommen hat, bis irgendwann die Wahrheit ans Licht gekommen ist. Warum der Lehrer sich bei ihm nicht entschuldigt hat, fragt Ali sich bis heute. Als wenn Ali ihm nichts wert wäre. Für mich ist das eine schreckliche Vorstellung, dass manche Leute so abwertend auf autistische Kinder schauen.

Ich habe Angst davor, dass andere Kinder Ali vielleicht ausnutzen. Er ist so lieb. Auch zu Hause ist er immer für uns da. Wenn seine Schwester oder ich traurig sind, dann kommt er immer und fragt nach. In der Schule gibt er all sein Geld für die anderen Kinder aus. Er kann nicht so gut unterscheiden, ob sie ehrlich an ihm interessiert sind oder ihn nur zu etwas anstiften wollen. Ich weiß bis heute oft nicht, wem ich wirklich vertrauen kann. Wie soll ein Kind, wie soll Ali so etwas allein einschätzen?

Inwiefern kann eine Schulassistenz beim Aufbau von Peerbeziehungen und in sozialen Interaktionen mit Mitschüler*innen unterstützen?
Ich denke, das ist schwierig möglich. Die Assistenz hilft vor allem im Unterricht. Ali wurden nur zwanzig Stunden Begleitung in der Woche bewilligt. Weil er Asperger und keinen frühkindlichen Autismus hat, spricht und vergleichsweise Vieles selbstständig kann, stehen ihm weniger Stunden zu. Ich finde das ungerecht. Kinder wie Ali bräuchten sowohl in der Schulzeit als auch nach der Schule viel mehr Angebote, um auch das soziale Miteinander besser kennenzulernen und sich ausprobieren zu können. Kinder lernen durch Spiel, Fußball, Theater, Schach, Musik… Leider sind viele dieser Kurse aufgrund von Corona eingestellt worden. Jetzt sollten sie wieder durchgeführt werden – nicht nur immer dieses schulische Lernen, Lernen, Lernen. Das ist nur Stress für die Kinder. So können sie ihre Stärken gar nicht richtig entfalten und auch die Stärken ihrer Mitschüler*innen nicht erfahren.

Was wünschen Sie sich noch in Bezug auf den Einsatz von Schulassistenz?
Meiner Meinung nach sollten Anträge auf mehreren Sprachen gestellt werden können. Für mich waren die Formulare zur Beantragung verständlich. Wenn Eltern jedoch gerade erst aus einem anderen Land gekommen sind, etwa aus der Ukraine oder Syrien, ist es richtig schwierig. Vielleicht geben sie irgendwann auf, alles zu organisieren. Ich habe gekämpft, aber andere Eltern oder Mütter haben vielleicht nicht die Kraft dazu. Oder sie wollen zurück in ihr Herkunftsland. So ging es mir anfangs auch, als ich nach Deutschland kam. Ich wollte wieder zurück, obwohl in meinem Land Krieg war. Ich habe mich im Libanon trotzdem sicherer gefühlt, weil ich die Sprache konnte. Es würde auch helfen, wenn man Schulassistenz am Computer beantragen könnte und zum Beispiel Erklärvideos mit Gebärden bereitgestellt werden. Vielleicht sind die Eltern gehörlos und wollen nachvollziehen, wie die Beantragung läuft. Es ist gut, etwas selber schaffen zu können. Viele Personen mögen es nicht, nach Hilfe fragen zu müssen. Außerdem sollten die Bearbeitungszeiten der Anträge kürzer sein. Die Kinder brauchen unbedingt Unterstützung, damit sie in der Schule teilhaben können. Zeit ist Gold! Die Kinder verpassen ohne Hilfe viele Entwicklungschancen. Ali hätte zum Beispiel die Chance, einen guten Abschluss zu machen und einen Beruf zu ergreifen, aber das geht nur mit ausreichend Begleitung. Es kann nicht sein, dass bis zur Bewilligung einer Assistenz ein ganzes Jahr vergeht. Es geht um die Bildung unserer Kinder und um unsere Gesellschaft. Deshalb kann ich auch nicht verstehen, dass zur Rechtfertigung immer wieder auf den Personalmangel verwiesen wird, aber nichts geändert wird. Das macht mich nervös. Wie wäre es, kürzere Ausbildungen und eine bessere Bezahlung für pädagogische Berufe anzubieten? In meiner eigenen Ausbildung zur Erzieherin habe ich oft das Gefühl, einige Inhalte könnte ich auch in kürzerer Zeit lernen.

Es wäre außerdem schön, wenn eine Assistenz mit dem Kind auch ein oder zwei Stunden außerhalb der Schule verbringt. Sie könnten kleine Ausflüge organisieren, um sich unabhängig vom Schulstress kennenzulernen. In dieser Zeit könnte die Schulassistenz Ali auch mal fragen, was sie noch besser machen kann. Dann merkt Ali, dass auch die Assistenz, nicht allein er, Unterstützung braucht und dass seine Meinung wichtig ist. Mir fehlen Zeiträume, in denen sich Ali und seine Assistenz wirklich austauschen und an ihrer Beziehung arbeiten können. Insgesamt sollte an unseren Schulen mehr Wert auf soziales Lernen gelegt werden. Der Bereich der sozialen und emotionalen Entwicklung ist viel zu sehr im Hintergrund. Dabei ist es so wichtig, dass ein Kind zum Beispiel lernt, seine Gefühle und seine Meinung auszudrücken. Es sollten auch Vorurteile gegenüber autistischen Menschen abgebaut werden. Ali soll in der Schule ein gutes Gefühl haben und lernen, dass er genauso willkommen und genauso wichtig ist wie die anderen Kinder.

IV Kooperation, Netzwerkarbeit und Organisationsentwicklung unter Einbezug von Schulassistenzkräften

Netzwerke von autistischen Schüler*innen und Netzwerkunterstützung unter Beteiligung von Schulassistenz

Bettina Lindmeier

Als Kennzeichen von Autismus galt lange Zeit das Fehlen enger persönlicher Beziehungen, wie Brit Wilczek in ihrem Beitrag in diesem Band beschreibt, als ein Abgekapseltsein und ein Fehlen von Netzwerken. Wilczek fährt fort, dass eigentlich das Gegenteil der Fall sei und dass »ein natürliches und tiefes Bedürfnis nach Kontakt, vor allem aber nach vertrauensvollen, ehrlichen und verlässlichen und damit *sicheren sozialen Beziehungen*« (Wilczek in diesem Band) bestehe: Eltern und andere nahe Angehörige wie Geschwister wussten schon immer, dass sie nicht nur wichtige Beziehungspartner*innen für ihre Kinder bzw. Geschwister sind, sondern dass sie über die Vermittlung von Sicherheit und Netzwerkarbeit im Interesse ihrer Angehörigen auch den Aufbau weiterer Beziehungen unterstützen können. Ähnlich gilt auch für Schulassistenzkräfte, dass sie, die sehr viel Zeit mit einem*einer Schüler*in im Autismus-Spektrum verbringen, dessen*deren Interessen ebenso wie soziale Schwierigkeiten und Überforderungssignale kennen und wichtige Mittler*- innen für soziale Kontakte mit Peers sein können. Zugleich sind sie Teil eines professionellen sozialen Netzwerks, in dem sie im Interesse des Schülers*der Schülerin agieren können.

Was genau aber bedeutet *Netzwerk* überhaupt? Der Beitrag beginnt mit einer Definition von Netzwerken und stellt erste Forschungsergebnisse im Kontext Autismus dar. Auf dieser Basis wird im Anschluss skizziert, wie Schulassistenzkräfte im professionellen Netzwerk verortet sein können und welche Aufgaben sie in der Unterstützung des persönlichen Netzwerks der von ihnen unterstützten Schüler*- innen einnehmen könnten.

1 Definition – feldbezogenes, persönliches und soziales Netzwerk

Anders als im alltäglichen Sprachgebrauch, der mit diesem Begriff meist soziale Netzwerke wie Twitter bezeichnet, bildet ein Netzwerk in der sozialpsychologischen Forschung alle Kontakte eines Menschen (persönliches Netzwerk) oder alle Kontakte innerhalb einer sozialen Einheit (z. B. Soziogramm einer Schulklasse) ab (Keupp 1987). Außerdem gibt es Netzwerke, die zwischen Organisationen und ihren Akteur*innen bestehen. Im Kontext der Unterstützung von Menschen mit Behinderungserfahrung wird in der Regel auf diese drei unterschiedlichen Grundformen von Netzwerken Bezug genommen, die sich im Konzept der Sozialraumorientierung treffen können:

- *Feldbezogene Netzwerke* bestehen zwischen unterschiedlichen Akteur*innen, die im selben Feld (z. B. im Feld »Schule« oder im Feld »Unterstützung bei Autismus«) tätig sind, deren Ziele Überschneidungen aufweisen oder die mit denselben Klient*innen arbeiten. So verstanden ist ein Netzwerk »eine Struktur von Verbindungen unabhängiger Akteure, die gemeinsam ein Thema bearbeiten und dafür Ressourcen einsetzen. Ein solches Netzwerk ist operativ offen und weitgehend ohne klare Hierarchien. Es kann zudem ein nicht von vornherein befristeter Zusammenschluss mehrerer Akteure« (Schönig & Motzke 2016, 19) sein. Dabei können Akteur*innen sowohl Schulen, Anbieter von Schulassistenz oder Autismuszentren als auch deren Mitarbeitende sein. – Beispielsweise könnte der Zusammenschluss von Akteur*innen im Rahmen eines Poolmodells als ein feldbezogenes Netzwerk betrachtet werden. Röh und Meins sprechen in diesem Kontext von »Projektbezogene(r) Netzwerkarbeit von Organisationen« (2021, 166).
- Als *persönliche* oder *personenbezogene Netzwerke* werden die individuellen Kontakt- und Beziehungsnetze von Menschen bezeichnet, die ermittelt werden, indem von einer Person aus beschrieben wird, welche Kontakte sie pflegt. Das Prinzip der Stärkung und Nutzung persönlicher Netzwerke kommt bspw. in den Unterstützerkreisen in der persönlichen Zukunftsplanung zur Anwendung (Lindmeier 2006). Ein eher professioneller Blick auf diese Netzwerke, insbesondere in der sozialen Arbeit, spricht auch von »fallbezogenem Netzwerk« (Schönig & Motzke 2016, 39).
- Als *soziale Netzwerke* werden, ebenfalls in der Sozialpsychologie, alle Kontakte innerhalb einer sozialen Einheit bezeichnet, z. B. in einer Schulklasse oder einer Wohngruppe.

In der Praxis der sozialen Arbeit ist in den letzten Jahren zum einen das persönliche Netzwerk eines Menschen fokussiert worden, einschließlich seiner professionellen Unterstützungskontakte. Aus diesem Grund – der Einbeziehung professioneller Kontakte – wurde dies häufig als *fallspezifischer Fokus* oder *fallbezogenes Netzwerk* bezeichnet. Zum anderen wurde die Möglichkeit und Notwendigkeit in den Blick genommen, Strukturen zu verändern, u. a. durch eine bessere Abstimmung von Übergängen (wie dem Übergang Kita–Schule oder in die weiterführende Schule) oder von Systemen, mit denen Kinder und Jugendliche parallel zu tun haben (wie Hort und Schule). Diese Arbeit wurde auch als *fallübergreifend*, *fallunabhängig* bzw. *fallunspezifisch* bezeichnet. Die Netzwerkperspektive ist Teil der Sozialraumanalyse, die ausdrücklich an den Stärken und Entwicklungsperspektiven eines Individuums ansetzt, aber davon ausgeht, dass in vielen Situationen eine ergänzende Unterstützung nötig ist. Diese sollte dann nie das Individuum allein, sondern auch seine Einbindung mit betrachten, sie sollte sowohl Schulen und andere Organisationen zum Inhalt dieser Analyse machen als auch die kommunale Sozialplanung. Ein aktuell sehr bekanntes Modell ist das SONI-Modell (Früchtel et al. 2013), das

Sozialstruktur, Organisationen, Netzwerk und Individuum in ihrer Wechselwirkung analysiert.

Bezogen auf die schulische Situation eines Kindes oder Jugendlichen im Autismus-Spektrum könnte der Blick auf das Individuum, das Netzwerk und die Organisation so aussehen wie in Tabelle 4 dargestellt. Die Sozialplanung sollte die grundsätzlichen Strukturen in der Unterstützung von autistischen Menschen und ihrem Umfeld adressieren, bspw. die Frage, wie überregionale, nicht nur auf Schule bezogene Unterstützung konzipiert wird, ob sie flächendeckend vorhanden ist, welche (rechtlichen, finanziellen und personellen) Möglichkeiten der Kooperation zwischen bspw. Autismuszentren und Schulen bestehen und wie sie weiterentwickelt werden können. Da der Schwerpunkt dieses Beitrags auf den Netzwerken autistischer Schüler*innen liegt, wird in diesem Beitrag die Perspektive auf die Sozialstruktur trotz ihrer Bedeutung nicht vorrangig verfolgt.

Die *persönlichen Netzwerke* sind deshalb so wichtig, weil sie im Leben aller Menschen unterstützende Funktion haben. Keupp (1987, 31), Schumann, Schädler und Frank (1989, 96) und Lindmeier (2006, 99) nennen in Anlehnung an Walker, McBride und Vachon (1977) fünf Funktionen sozialer Netzwerke:

- emotionale Unterstützung,
- instrumentelle Unterstützung,
- kognitive Unterstützung,
- Aufrechterhaltung der sozialen Identität,
- Vermittlung sozialer Kontakte.

Wenn wir an unsere eigene Schulzeit zurückdenken, dann können wir ohne weiteres nachvollziehen, dass diese Funktionen in der Schulklasse ganz wesentlich durch Freund*innen erfüllt wurden, aber die instrumentelle Unterstützung (z. B. durch Erklärung eines nicht verstandenen Sachverhalts) und Aufrechterhaltung sozialer Identität (durch eine grundsätzliche Anerkennung unserer Lernfähigkeit und unseres Schüler*innenstatus) auch durch Lehrkräfte geschah. Außerdem waren auch diejenigen Mitschüler*innen bedeutsam, mit denen wir keinen allzu engen Kontakt hatten, aber ein wohlwollendes oder neutrales Verhältnis. Wir erinnern uns auch an Phasen, in denen unsere Anerkennung in der Klasse oder die verschiedenen Formen der Unterstützung nicht so gut funktionierten, sei es wegen Bullying (Mobbing) von/gegen uns selbst oder andere(n) Personen, extremer Gruppen- oder Cliquenbildung oder, weil wir uns mit dem Schließen von Freundschaften schwertaten.

Mit Fokus auf schulische Peerbeziehungen unterscheiden Zander et al. (2017, 356) affektive und instrumentelle Beziehungen, wie gegenseitige Hilfe bei der Bewältigung schulischer Anforderungen. Bezüglich der affektiven Beziehungen ist darauf hinzuweisen, dass die affektiven Peerbeziehungen sowohl positive als auch negative Ausrichtung haben können (Ehrenberg in diesem Band.). Dies ist wichtig, um der Tendenz zu einer Idealisierung von Schulfreundschaften und Peerkultur durch Erwachsene zu entgehen und einen »*Harmoniemythos*« (Fuhs 2007, 18; Herv.

Tab. 4: Netzwerkanalyse, eigene Darstellung

Fokus	Leitfragen	Beispiele	Was soll geschehen?
Fallspezifisch (nach dem SONI-Modell: Individuum)	Welche Unterstützung benötigt *dieses Kind* im Autismus-Spektrum, um in diese Schule, in diese Klasse gehen zu können, dort erfolgreich zu lernen, sich wohl zu fühlen und Freund*innen zu finden?	Z. B. eine Schulassistenzkraft als (partielle) Unterstützung des Schülers*der Schülerin; die Erlaubnis zu individuellen Arbeitsrhythmen und Reizabschirmung; Unterstützung sozialer Kontakte durch gezielte Partnerarbeit	Für eine*n konkrete*n autistische*n Schüler*Schülerin • Schulalltag gestalten • Lernen unterstützen • Kontakte unterstützen • Orientierung in Bezug auf Raum, Zeit, Strukturen, Personen fördern • Kommunikationsfähigkeit fördern • Herausforderndes Verhalten/Schwierigkeiten im sozialen Umgang verstehen und Alternativen entwickeln
Fall-übergreifend/ Persönliches Netzwerk (nach dem SONI-Modell: Netzwerk)	Welche Unterstützung braucht das direkte soziale Umfeld, um zu diesen Zielen beitragen zu können (also Lehrkräfte, Mitschüler*innen, Eltern und evtl. Geschwister)?	Z. B. Schulassistenzkraft als Unterstützung der Lehrkraft und der Mitschüler*innen; Wissensvermittlung zu Neurodiversität für alle; Austausch über Erfahrungen mit dem*der Schüler*in; Aufbau gegenseitigen Verständnisses ...	Im Umfeld eines*einer konkreten autistischen Schülers*Schülerin • Vorurteile abbauen • Wissen vermitteln • Ohnmachtsgefühle, Ängste, Hilflosigkeit wahrnehmen und respektieren • Gemeinsamkeiten statt Unterschiede betonen • bei den gleichen Interessen ansetzen • Beratung und Unterstützung anbieten
Fall-unspezifisch/ Feldbezogenes Netzwerk, abgelöst vom Einzelfall (nach dem SONI-	Wie können Bildungslandschaften entstehen, die es allen Schüler*innen/Schüler*innen im Autismus-Spektrum (und mit herausforderndem Verhalten) ermöglichen, (inklusive) Schulen zu besu-	Z. B. Entwicklung von Unterrichtsstrukturen, die (partielle) Unterstützung und individuelle Arbeitsrhythmen sowie Unterstützung sozialer Kontakte für alle Schüler*innen bieten;	Losgelöst vom Einzelfall Entscheidungsträger gewinnen, z. B. für • Inklusive Schulentwicklungsprozesse entsprechend dem Twin track-Approach (systemische Schulentwick-

Tab. 4: Netzwerkanalyse, eigene Darstellung – Fortsetzung

Fokus	Leitfragen	Beispiele	Was soll geschehen?
Modell: Organisation, evtl. auch Sozialstruktur	chen und maßgeblich an Unterricht und sozialer Interaktion beteiligt zu sein?	Entwicklung (über-)regionaler Beratungs- und Unterstützungsstrukturen durch Autismusberatung, Einbindung von Horten und Familienunterstützenden Diensten (FUDs), Freizeitangeboten …	lung für alle und autismussensible räumliche und zeitliche Gestaltung) • Netzwerke Offener Angebote (Horte, Jugendhilfe, FUDs, Vereine)

i. O.)²² zu konstruieren, der dem Erleben von Schüler*innen nicht gerecht wird. Insbesondere autistische Schüler*innen erleben häufiger Bullying und das Fehlen positiver sozialer Beziehungen in ihrer Schulzeit (Sagrauske & Kunze in diesem Band).

Persönliche Netzwerke sind also sehr bedeutsam. In Bezug auf Schüler*innen mit besonderem Lernunterstützungsbedarf und/oder Behinderung ist lediglich untersucht, wie ihre soziale Partizipation in der Schulklasse aussieht; diese Studien bilden entsprechend weder die familiären noch freizeitbezogenen Netzwerkkontakte ab. Obwohl die überwiegend quantitativen Untersuchungen nicht im deutschsprachigen Raum durchgeführt wurden, ist davon auszugehen, dass die Ergebnisse in Deutschland bzw. dem deutschsprachigen Raum ähnlich wären: Danach ist die soziale Partizipation unterdurchschnittlich. Im Schulalter, insbesondere in der Adoleszenz, gewinnen soziale Beziehungen zu Gleichaltrigen für die soziale, psychische und gesundheitliche Entwicklung an Bedeutung (Ehrenberg; Langenhoff in diesem Band). Das Fehlen von Freund*innen ist ein gravierendes Entwicklungsrisiko, weil sie nicht nur »neue Erfahrungen von Getrennt-Sein und Geborgenheit ermöglichen, sondern auch Raum für die Erprobung neuer Rollen und Identitätsentwürfe« (Lindmeier 2004, 27) bieten. Die soziale Einbindung in die Peerkultur ist für Jugendliche, aber bereits für Grundschulkinder wichtig, um Entwicklungsaufgaben – wie bspw. die Entwicklung einer Persönlichkeit und einer eigenen Identität – zu bewältigen (Lindmeier & Bickes 2015) und ein positives Selbstbild zu entwickeln.

Professionelle Netzwerke sind dort besonders wichtig, wo spezifische Beeinträchtigungen im Zusammenspiel mit Barrieren dazu führen, dass Kinder und Jugendliche von (institutionellen) Ausschlusserfahrungen bedroht oder betroffen sind. Sie können das persönliche Netzwerk um bedeutsame Akteur*innen ergänzen, beispielsweise in Form einer Schulassistenz. Auch hier hilft die Erinnerung an die eigene Schulzeit, denn auch die Verweigerung von Unterstützung und Anerkennung durch Lehrkräfte wurde von den meisten Menschen erlebt. Sie ist besonders problematisch, weil sie für sich wirksam ist, zugleich aber auch den Status in der Schüler*innengruppe unterminiert. Auf der anderen Seite erinnern auch die meisten von uns Lehrkräfte, die für uns und unseren Bildungsweg wichtig waren, die »an mich geglaubt« haben, wie es viele Studierende rückwirkend formulieren, wenn sie nach pädagogischen Vorbildern gefragt werden. Schulassistenz kann dazu beitragen, das Verständnis von Lehrkräften für Bedarfe von Schüler*innen im Autismus-Spektrum zu erhöhen, die Bedeutung von Stimming²³ erläutern und möglicherweise wenig störende Formen des Stimmings zu finden helfen und weiteres.

---

22 Fuhs nutzt den Begriff im Kontext von Familie.
23 Als »Stimming« werden – für neurotypische Menschen mitunter stereotyp anmutende – Verhaltensweisen bezeichnet, die bei Reizüberflutung und Stress zur Beruhigung und Selbstregulation dienen (Theunissen 2015, 358; Lindmeier in diesem Band).

2 Netzwerke autistischer Schüler*innen

Die einzige deutschsprachige Studie zu den professionellen Anteilen der persönlichen Netzwerke von Schüler*innen im Autismus-Spektrum unter Beteiligung von Schulassistenz wurde in Nordrhein-Westfalen durch Kron, Schmidt und Fischle (2018; außerdem Schmidt, Fischle & Kron 2018) durchgeführt. Obwohl sie sich mit »Bildungsteilhabe durch schulische Assistenz« beschäftigt, also eine weitaus allgemeinere Fragestellung bearbeitet, ergab die Interviewstudie eine herausragende Bedeutung der »unterstützenden Netzwerke« (Kron et al. 2018, 231).

Die Datenerhebung und ein Teil der Datenauswertung erfolgte fallbezogen, indem mit Eltern, Lehrkräften, schulischen Assistenzkräften (so der Sprachgebrauch der Studie) und therapeutischen Fachkräften von zwölf Schülern und acht Schülerinnen Interviews geführt wurden. Von den 20 Schüler*innen, die die Primar- und Sekundarstufe an Förderschulen sowie Regelschulen besuchten, wurden 15 interviewt. Mitschüler*innen, Geschwister, Kontakte aus Vereinen oder Nachmittagsbetreuung wurden nicht einbezogen, sodass – abgesehen von den Eltern – der schulische und professionelle Teil der persönlichen Netzwerke überwiegt. Insgesamt liegen 85 Interviews vor (für eine Übersicht Kron et al. 2018, 56), da nicht alle angefragten Personen einem Interview zustimmten; sie wurden mit der qualitativen Inhaltsanalyse nach Mayring (2015) ausgewertet.

Die kategorienbezogene Auswertung nach Akteur*innengruppen ergibt ein heterogenes Bild in Bezug auf die Qualität der schulischen Assistenz und ihre Passung gegenüber den Erwartungen der Lehrkräfte, Eltern und Schüler*innen im Autismus-Spektrum. Deutlich wird allerdings, dass Leitlinien zur Vorgehensweise nur ein Element zur Herstellung einer guten Passung sind, da die individuelle Situation eines Kindes sowie die konkrete Klassensituation immer berücksichtigt und die jeweiligen Ansprüche der Beteiligten ausgehandelt werden müssen. Dies wird konkretisiert in sechs Fallbeispielen, in denen die Einschätzungen der beteiligten Akteur*innen einzelfallbezogen dargestellt werden. Hier ergeben sich interessante, vielschichtige Bilder, die erfolgreiche Abstimmungsprozesse, Reibungspunkte in der Kooperation sowie Diskrepanzen in der Wahrnehmung zeigen. Dies kann bspw. so aussehen, dass Aufgabenklärungen unterschiedlich beurteilt werden (Kron et al. 2018, 200, 215) oder mehrere Personen – schulische Assistenz, therapeutische Fachkraft, Eltern – sich in die Rolle der Fallmanager*in gedrängt fühlen (ebd., 215). Als interessant ist hervorzuheben, insbesondere gegenüber schulischer Assistenz bei anderen Bedarfen als Autismus, dass therapeutische Fachkräfte in dem Akteur*-innennetzwerk eine große Rolle spielen. Es scheinen Fachkräfte aus Autismuszentren zu sein, was sich daraus schließen lässt, dass sie sowohl einen engen Familienkontakt als auch einen engen Kontakt zur Schule pflegen. Dies wird allerdings nicht näher ausgeführt und könnte sich in anderen Bundesländern anders darstellen, da die Unterstützungsstrukturen sowohl unterschiedlich organisiert als auch unterschiedlich stark ausgebaut sind. Ebenfalls interessant ist die geringe Bedeutung, die die schulische Bildung in den Aussagen aller Beteiligten sowie der Darstellung der Autor*innen einnimmt – wenn überhaupt, ist fast ausschließlich von Förderung die

Rede –, sowie die Frage, ob und in welcher Weise therapeutische Ziele Eingang in die schulische Arbeit finden sollen und dürfen.

Das Kooperationsverständnis der Studie unterscheidet unter Rückgriff auf Gräsel, Fussangel und Pröbstel (2006) für die multidisziplinäre Kooperation Austausch, arbeitsteilige Kooperation und Ko-Konstruktion (ebd., 46), die anhand der Kategorien Zielinterdependenz, Vertrauen und Autonomie unterschieden werden. Ein Anschluss an Literatur zu Organisationsformen von Kooperation, wie sie für die Zusammenarbeit mit Schulassistenzkräften typisch sind (Leitung der Gesamtklasse – Assistenz für einzelne; Lindmeier zu Organisationsogik in diesem Band) erfolgt nicht.

3 Position der Schulassistenzkräfte im professionellen Netzwerk

Beck, Dworschak und Eibner (2010) beschreiben Unterstützung bei lebenspraktischen Anforderungen, bei Lernvorhaben in der Gruppe, in der Einzelförderung nach Anleitung sowie sonstige Aufgaben als abgrenzbare Tätigkeitsfelder, während Meyer, Nonte und Willems (2022) ebenfalls die Unterstützung bei lebenspraktischen Anforderungen benennen, außerdem aber Unterstützung bei der Emotions- und Verhaltenskontrolle sowie didaktische Unterstützung. Kron et al. (2018, 32f.) nennen unter Bezugnahme auf Autismus pflegerische Leistungen, die Erweiterung von sozialen und emotionalen Kompetenzen, auch im Umgang mit Mitschüler*innen, die Unterstützung des Lernverhaltens und der Kommunikation, die Beaufsichtigung und Hilfe bei Alltagsaktivitäten, auch außerhalb des Klassenraums, sowie indirekte Tätigkeiten wie Dokumentation und kooperationsbezogene Aufgaben. Diese Aufzählungen weisen zwar Überschneidungen, aber auch Unterschiede auf, und zudem zeigt jede der Aufzählungen eine mangelnde Trennschärfe gegenüber den Aufgaben von (sonderpädagogischen) Lehrkräften (Frese; Gier-Dufern & Selter in diesem Band).

Unter Bezugnahme auf Schmidt et al. (2018, 18f.), die die Untersuchung von Kron et al. zu einer Praxisanleitung zusammenfassen, werden im Folgenden die Aufgaben in ihrer netzwerkbezogenen Ausrichtung dargestellt. Da die Perspektive mitunter noch störungsorientiert und individualisierend ist, werden einzelne Punkte aus einer neurodiversitätsbezogenen und netzwerkorientierten Perspektive ergänzt; dies wird durch kursiven Druck markiert.

Tab. 5: Aufgaben von Schulassistenzkräften in der schulischen Unterstützung autistischer Schüler*innen und ihres Umfeldes (eigene Darstellung)

Fallspezifisch	
Alltagspraktische und grundpflegerische Leistungen	z. B. Unterstützung beim Essen, Körperpflege, Orientierung
Orientierungshilfe im Schulkontext	Räumliche und zeitliche Orientierung, Strukturierung des Lernumfeldes
Interessenvertretung	Hilfe bei Schwierigkeiten, die eigenen Bedürfnisse und Wünsche zu klären und zu verbalisieren
Coach beim unterrichtlichen Lernen	Aufmerksamkeitslenkung, Ermutigung, Motivation, Erläuterung von Aufgabenstellungen, Modifikation von Arbeitsmaterialien
Coach in der Verselbständigung	Förderung von Alltagskompetenzen und sozialen Kompetenzen, Unterstützung eines positiven Selbstwertgefühls
Coach bei Emotions- und Verhaltensregulierung	Situationen besprechen, Auszeiten ansagen, intervenierende Steuerung bei unangemessenem Verhalten, Einüben von Selbstkontrolle, Förderung der Regelakzeptanz (*aus einer Neurodivergenz-Perspektive (vgl. Band 1 der Reihe sowie Vorwort zu diesem Band) sollten Schulassistenzkräfte über Masking informiert sein und die Forderung nach Regelakzeptanz immer mit einer mittelfristigen Bearbeitung der Frage verbinden: Wie können Regeln einhaltbar werden, ohne dass dies zu anstrengend wird, Lernen erschwert, Zusammenbrüche verursacht? Welche leichten Anpassungen sind möglich – ev. für die ganze Klasse?*)
Fallspezifisch und fallübergreifend (Persönliches Netzwerk)	
Erweiterung von sozial-emotionalen Kompetenzen	z. B. Unterstützung bei der Beziehungsanbahnung und -gestaltung, Rückmeldung über (un-)angemessenes Verhalten und Unterstützung beim Erwerb sozialer Kompetenzen, Umgang mit Ängsten und Aggression, Begleitung in Krisen
Förderung des Lernverhaltens in Einzel- und Gruppenarbeitsphasen	Förderung der Konzentration, Unterstützung der Beteiligung am Unterrichtsgespräch, *gemeinsame Suche nach alternativen Beteiligungsformen und Lernstrategien (mit Schüler*in und Lehrkraft)*
Ermöglichung differenzierter Kommunikation	*Einübung und Nutzung alternativer Kommunikationsmöglichkeiten (UK, Bildkarten) und Vermittlung an Peers und Lehrkräfte unter Anleitung durch Sonderpädagog*in oder Autismusberater*in (bei minimal sprachlichen Autist*innen) bzw.* *Einübung und Nutzung alternativer Kommunikationsmöglichkeiten (UK, Bildkarten) bei Stress und Vermittlung von Verständnis für die Notwendigkeit bei sprachlich kompetenten Autist*innen*
Beaufsichtigung und Unterstützung außerhalb des Unterrichts	Pause, Schulweg, Veranstaltung, Ausflüge *Unter Bezug auf Ehrenberg in diesem Band: regelmäßige Prüfung der Notwendigkeit, Einbindung der Peers und Peeraktivitäten damit verbinden*

Tab. 5: Aufgaben von Schulassistenzkräften in der schulischen Unterstützung autistischer Schüler*innen und ihres Umfeldes (eigene Darstellung) – Fortsetzung

Schutz, Umgang mit Krisen	Schutz vor physischer und psychischer Verletzung, vor Reizüberflutung, Hilfe im Umgang mit Stress, in akuten Krisensituationen (*muss manchmal situativ personenbezogen erfolgen, z. B. Herausnahme, mittelfristig aber auch durch Umgestaltung von Lernumfeld und Interaktion, z. B. durch die Erlaubnis, selbstbestimmt mit Ohrenschutz zu arbeiten, von der viele Lehrkräfte überzeugt werden müssen*)
Vermittlung/Dolmetschen	Dem*der Schüler*in die Reaktionen anderer verständlich machen und umgekehrt
Coach bei sozialem Lernen	Soziale Regeln vermitteln und verstehen helfen, Interaktion und Kommunikation sowie angemessene Verhaltensweisen einüben, auch unter Einbezug anderer Kinder, Reflexion von Situationen
Fallübergreifend (Persönliches Netzwerk)	
Unterstützung zum Einbezug in den Klassenverband	Herstellen von Kontakt zu Mitschüler*innen, Förderung der Regelakzeptanz, *Unterstützung des Verständnisses für autistische Verhaltensweisen durch Aufklärung der Klasse, Verhinderung von Bullying (Mobbing)*
Konfliktmediation	Vorbeugung von und Hilfe in Konflikten
Fallunspezifisch (Feldbezogenes Netzwerk, abgelöst vom Einzelfall)	
Nicht benannt. Mögliche Aufgaben könnten die Beteiligung an der Gestaltung einer autismussensiblen Schulstruktur und Lernumgebung unabhängig vom Einzelfall und zur Vermittlung praxisbezogenen Grundlagenwissen innerhalb der Schule sein.	

Auffällig ist, dass viele Aufgaben sowohl eine fallspezifische als auch fallübergreifende Perspektive erfordern, die Schulassistenz sich also in einer Position zwischen Einzelfallunterstützung und Tätigkeit im Interesse der betreuten Schüler*innen befindet, die anspruchsvoll umzusetzen ist. Innerhalb des »unterstützenden Netzwerks« der Schüler*innen befinden sich die Schulassistenzkräfte in einer Position nahe bei dem*der Schüler*in und räumlich sowie zeitlich in der Klasse, im Fachunterricht sogar mit einem höheren Zeitbudget als die Lehrkräfte. Organisatorisch sind sie allerdings nicht in der Schule verankert, sondern dem Anbieter als ihrem Arbeitgeber und auch den Eltern gegenüber verantwortlich, da diese stellvertretend für ihr Kind den Leistungsantrag für die Schulassistenz stellen. Eines der interessantesten Ergebnisse in der Studie von Kron, Fischle und Schmidt sind daher die exemplarisch dargestellten unterstützenden Netzwerke (▶ Abb. 4), die verdeutlichen, wie unterschiedlich die Wahrnehmung, Einschätzung und Bewertung von Situationen, die Selbst- und Fremdzuschreibung und auch die Zufriedenheit mit der Situation sein können.

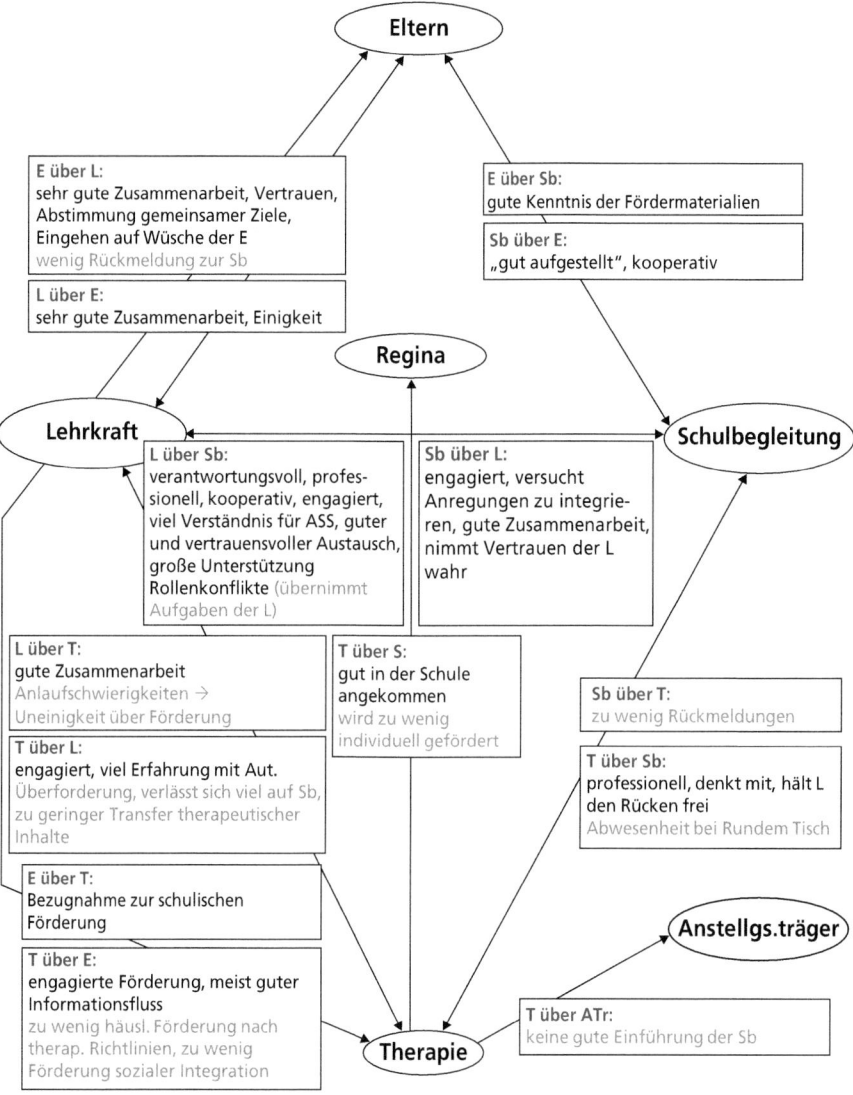

S: Schülerin, E: Eltern, L: Lehrkraft, Sb: Schulbegleitung, T: Therapeut/in, ATr: Anstellungsträger, KTr: Kostenträger,

Abb. 4: Unterstützendes Professionelles Netzwerk (Kron, Schmidt & Fischle 2018. Bildungsteilhabe durch schulische Assistenz. Netzwerkbasierte Unterstützung für Schüler und Schülerinnen im autistischen Spektrum. Universitätsverlag Siegen, S. 212)

4 Schluss

Das für neurotypische Menschen oft merkwürdig erscheinende autistische Verhalten lenkte den Blick lange darauf, Verhaltensveränderungen herbeizuführen und eine bessere Anpassung zu erzielen. Auch Schulassistenzkräfte sehen sich – nicht nur in der Unterstützung autistischer Schüler*innen – mit der Erwartung konfrontiert, vorrangig Lern- und Leistungsschwierigkeiten zu vermindern sowie einen störungsfreien Ablauf des Schultages zu garantieren (Lindmeier & Ehrenberg 2022). Verstehen wir aber die Schwierigkeiten autistischer Schüler*innen als ein Passungsproblem zwischen unterrichtlicher Situation und ihrer Wahrnehmung und Kommunikation, dann wird deutlich, dass netzwerkbezogene Tätigkeit geeignet ist, eine grundsätzlich bessere Passung zu erreichen. Selbst wenn Lilley Schulen die Diagnose »Autism inclusion disorder« (2015, zit. n. Richter 2022, 102) ausstellt, also in Umkehrung der »Autismus-Störungs-Diagnose« eine autismusspezifische inklusionsbezogene Störung, scheint es doch möglich, durch kleine netzwerkbezogene Veränderungen bereits eine etwas stärker autismussensible Schulstruktur zu ermöglichen. Die persönlichen Netzwerke wurden durch die Studie von Kron et al. (2018) erstmals im deutschsprachigen Raum differenziert untersucht, soweit sie unterstützende Erwachsene betreffen. Eine Einbeziehung der Position von Mitschüler*innen in Form einer Netzwerkanalyse steht dagegen noch aus. Die Arbeiten von Katrin Ehrenberg (z. B. in diesem Band) zeigen, dass bereits Primarschüler*innen sehr differenzierte Positionen zu diesem Thema entwickeln können. Eine flexiblere Gestaltung von Unterricht, die nicht dieselbe Regel für alle Schüler*innen fordert, sondern fragt »Wie kannst du hier gut lernen und dich wohl fühlen?«, ermöglicht es, schon mit Primarschüler*innen dazu ins Gespräch zu kommen, dass Regeln wichtig sind, Ausnahmen aber nicht immer ungerecht. Dass bspw. manche Kinder gern und gut lernen, wenn sie bei der Freiarbeit oder Einzelarbeit miteinander sprechen dürfen, andere das aber nicht aushalten können, weil es ihnen zu laut ist, und dass eine Lösung so aussehen könnte, dass die einen sprechen dürfen, während die anderen in dieser Zeit einen Lärmschutz nutzen dürfen. Eine allgemeine Regel könnte lauten: »Wir dürfen Sonderregeln absprechen, wenn wir sie wirklich dringend benötigen. Und wir können besprechen, ob Regeln noch gut sind oder ob sie für alle geändert werden sollten.« Dies metakommunikativ zu bearbeiten, scheint notwendig, da Mitschüler*innen im Kontext von Schulassistenz tatsächlich mitunter das Gefühl von ungerechter Bevorzugung entwickeln (Lindmeier & Ehrenberg 2022). Gelingt es aber in einer Klasse, ist dies für die Selbstreflexion aller Schüler*innen in Bezug auf ihr Lernen und ihre Bedürfnisse ebenso förderlich wie für die Akzeptanz von Schüler*innen im Autismus-Spektrum und möglicherweise auch anderen Schüler*innen, die als »anders« oder merkwürdig wahrgenommen werden. Für Lehrkräfte liegt der Gewinn u. a. darin, sehr viel über die Wahrnehmungen und Beobachtungen ihrer Schüler*innen zu erfahren, über Peerbeziehungen, Konflikte, Lerninteressen und anderes.

Literatur

Beck, C., Dworschak, W. & Eibner, S. (2010). Schulbegleitung am Förderzentrum mit dem Förderschwerpunkt geistige Entwicklung. *Zeitschrift für Heilpädagogik, 61*(7), 244–254.

Früchtel, F., Cyprian, G. & Budde, W. (2013). Handlungsfeld »Netzwerk«. In F. Früchtel, G. Cyprian & W. Budde (Hrsg.), *Sozialer Raum und Soziale Arbeit* (S. 85–115). Springer VS. https://doi.org/10.1007/978-3-531-19046-4_4

Fuhs, B. (2007). Zur Geschichte der Familie. In J. Ecarius (Hrsg.), *Handbuch Familie* (S. 17–35). Springer VS.

Keupp, H. (1987). Soziale Netzwerke – Eine Metapher des gesellschaftlichen Umbruchs? In H. Keupp & B. Röhrle (Hrsg.), *Soziale Netzwerke* (S. 11–53). Campus.

Kron, M., Schmidt, L. D. H. & Fischle, A. (2018). *Bildungsteilhabe durch schulische Assistenz. Netzwerkbasierte Unterstützung für Schüler und Schülerinnen im autistischen Spektrum.* Schriftenreihe des Zentrum für Planung und Evaluation Sozialer Dienste. Universitätsverlag Siegen.

Lindmeier, B. (2004). Empowerment-Prozesse im Übergang von der Schule ins Erwachsenenalter. In Bundesvereinigung Lebenshilfe (Hrsg.), *Dokumentation der Fachtagung der Lebenshilfe: Menschen in Bewegung* (S. 23–39). Bundesvereinigung Lebenshilfe.

Lindmeier, B. (2006). Soziale Netzwerke: ihre Bedeutung für ein differenziertes Verständnis von Unterstützerkreisen in der persönlichen Zukunftsplanung. *Geistige Behinderung: Fachzeitschrift der Bundesvereinigung Lebenshilfe für Menschen mit Geistiger Behinderung e. V., 45*(2), 99–111.

Lindmeier, B. & Bickes, L. (2015). Freundschaften und Freizeitsituation von Jugendlichen mit einer Sehbeeinträchtigung. *Zeitschrift für Heilpädagogik, 66*(6), 276–288.

Lindmeier, B. & Ehrenberg, K. (2022). »In manchen Momenten wünsch ich mir auch, dass sie gar nicht da sind.« – Schulassistenz aus der Perspektive von Mitschülerinnen und Mitschülern. In M. Laubner, B. Lindmeier & A. Lübeck (Hrsg.), *Schulbegleitung in der inklusiven Schule. Grundlagen und Praxis* (3. bearbeitete Aufl., S. 140–153). Beltz.

Mayring, P. (2015). *Qualitative Inhaltsanalyse: Grundlagen und Techniken* (12. Aufl.). Beltz.

Meyer, K., Nonte, S. & Willems, A. (2022). Mittendrin und doch außen vor? Eine empirische Studie zur multiprofessionellen Kooperation aus der Sicht von Schulbegleiter/innen. In M. Laubner, B. Lindmeier & A. Lübeck (Hrsg.), *Schulbegleitung in der inklusiven Schule. Grundlagen und Praxis* (3. bearbeitete Aufl., S. 77–92). Beltz.

Richter, M. (2023). Neurodiversität als pädagogische Grundhaltung. In C. Lindmeier, M. Grummt & M. Richter (Hrsg.), *Neurodiversität und Autismus* (S. 102–112). Kohlhammer.

Röh, D. & Meins, A. (2021). *Sozialraumorientierung in der Eingliederungshilfe.* Reinhardt.

Schmidt, L., Fischle, A. & Kron, M. (2018). *Teilhabe an Bildung für Kinder im autistischen Spektrum.* Universitätsverlag Siegen.

Schönig, W. & Motzke, K. (2016). *Netzwerkorientierung in der sozialen Arbeit.* Kohlhammer.

Theunissen, G. (2015). Stimming. In G. Theunissen, W. Kulig, V. Leuchte & H. Paetz (Hrsg.), *Handlexikon Autismus-Spektrum. Schlüsselbegriffe aus Forschung, Theorie, Praxis und Betroffenen-Sicht* (S. 358–359). Kohlhammer.

Zander, L., Kreutzmann, M. & Hannover, B. (2017). Peerbeziehungen im Klassenzimmer. *Zeitschrift für Erziehungswissenschaft, 20*, 353–386. https://doi.org/10.1007/s11618-017-0768-9

»Also ich glaube, abseits von Hilfeplangesprächen haben die meisten miteinander überhaupt nicht gesprochen« – Kooperation und Netzwerkunterstützung aus der Perspektive junger autistischer Menschen

Carina Schipp

1 Einleitung

In diesem Beitrag geht es um die Relevanz der Partizipation und Teilhabe am Hilfeplanungsprozess im Bereich der Eingliederungshilfe in Form von Schulassistenz. Es wird sowohl die Perspektive der jungen autistischen Menschen in den Blick genommen als auch die Gestaltung der Unterstützung durch alle am Hilfeprozess beteiligten Personen. Dabei liegen die Schwerpunkte auf den Entscheidungsprozessen und der Kooperation und Netzwerkunterstützung aller Beteiligten bzw. der Durchführung der Eingliederungshilfe durch Schulassistenzkräfte.

Der Begriff *Partizipation* und die Beteiligung von Adressat*innen werden im Kontext der Kinder- und Jugendhilfe seit den 1980er Jahren vor allem bezüglich der Heimerziehung diskutiert (Pluto 2007, 25). Im Zuge der gesetzlichen Verankerung von *Beteiligung* im Kinder- und Jugendhilfegesetz sind Kinder und Jugendliche nach § 8 Kinder- und Jugendhilfegesetz (KJHG) »entsprechend ihrem Entwicklungsstand an allen Entscheidungen, die sie betreffen, zu beteiligen« (ebd., 35). Darüber hinaus ist die Notwendigkeit einer engen Zusammenarbeit, regelmäßigen Kommunikation und Transparenz des gesamten Hilfenetzwerkes hervorzuheben. Die Organisation aller Akteur*innen kann dabei immer auch ein Spannungsfeld zwischen leistungsberechtigten Schüler*innen, Erziehungsberechtigten, Schule, Schulassistenzkraft und dem öffentlichen Träger bedeuten. Jedes einzelne System hat dabei sowohl unterschiedliche Aufgaben als auch Herangehens- und Arbeitsweisen, die einer professionellen und einer interdisziplinären Kooperation und Netzwerkarbeit bedürfen (Transparenz Jugendhilfe GmbH 2022, o. S.).

> »Netzwerkarbeit ist in der Regel erfolgreich, wenn die vorhandenen Rahmenbedingungen berücksichtigt und günstige Bedingungen für die beteiligten Akteure geschaffen werden. Da jedes Netzwerk spezifische Besonderheiten aufweist, sollte jedoch in jedem Einzelfall geprüft werden, welchen Faktoren besondere Bedeutung zukommt und wie sich dies in der konkreten Ausgestaltung des Netzwerks niederschlägt« (Büttner & Voigt 2015, 6).

Ob die Kooperation und Netzwerkarbeit erfolgreich verläuft, hängt also stark vom Zusammenspiel aller Beteiligten als Grundlage für den gesamten Hilfeprozess ab. Vor der Beschreibung des Erlebens der leistungsberechtigten autistischen Schüler*innen anhand von Interviewauszügen wird im Folgenden zunächst ein Überblick über die in der Praxis gängigen Hilfeplanungsprozesse und die damit verbundenen Kooperationsnotwendigkeiten und die Netzwerkarbeit am Beispiel der Vorgehensweise eines Autismuszentrums geboten.

2 Kooperation und Netzwerkunterstützung in der gängigen Praxis am Beispiel eines Autismuszentrums[24]

Wenn aufgrund von Empfehlungen des Kindergartens oder des in der Regel involvierten Sozialpädiatrischen Zentrums (SPZ) das Thema *Schulassistenz* im Raum steht, setzen sich die Eltern oder Erziehungsberechtigten mit dem zuständigen Leistungsträger (Jugendamt oder Sozialamt) in Verbindung und beantragen in Form von Eingliederungshilfe Schulassistenz für ihr autistisches Kind. Ist das Autismuszentrum zu dem Zeitpunkt bereits durch z. B. Frühförderung Teil des Hilfenetzwerks, erfolgt ebenfalls eine Stellungnahme und vor allem Unterstützung der Eltern bei der Beantragung der Hilfe. Bei positiver Bescheidung durch den entsprechenden Leistungsträger werden von diesem verschiedene Träger angefragt, die Schulassistenz anbieten. In der gängigen Praxis sieht es allerdings so aus, dass die Eltern oder Erziehungsberechtigten oftmals nach geeigneten Trägern suchen müssen, da es einerseits einen Mangel an pädagogischen Fachkräften gibt und andererseits auch die Leistungsträger personell überlastet sind. Es kommt nicht selten zu Situationen, die sich für alle Beteiligten und besonders für die hilfeempfangende Person als sehr herausfordernd darstellen. Wenn z. B. nicht rechtzeitig zu Schulbeginn eine Schulassistenzkraft gefunden wird, kommt es nicht selten vor, dass trotz gesetzlicher Schulpflicht der Schulbesuch des autistischen Kindes nicht ermöglicht wird. Sind Trägerfrage und personelle Besetzungen geklärt, folgt in der Regel eine Hilfeplanungskonferenz (§ 36 SGB VIII), an der möglichst alle am Hilfeprozess Beteiligten teilnehmen sollen.

Wird Eingliederungshilfe beantragt, wenn das autistische Kind bereits einige Jahre die Schule besucht hat, unterscheidet sich die Antragsprozedur nicht wesentlich von der hier beschriebenen Praxis. In diesem Fall wird allerdings eine Teilhabe an Hilfeplanungsprozessen des*der Hilfeempfangenden im Sinne von Selbstbestimmung und Partizipation aufgrund des höheren Lebensalters deutlich stärker relevant. Grundsätzlich sind zwei Hilfeplankonferenzen im Jahr vorgesehen, welche vom Leistungsträger initiiert werden müssen. Aus unterschiedlichen Gründen können die Leistungsträger diesen Turnus jedoch nicht immer einhalten. Um dennoch im Austausch zu bleiben, veranlassen in einigen Fällen die Schulen selbst

---

24 Die Inhalte stammen aus einem kurzen Interview mit einer Fachkraft eines Autismuszentrums, die im Rahmen ihrer Tätigkeit sowohl am Aufbau von Hilfenetzwerken als auch am gesamten Hilfeprozess beteiligt ist.

sogenannte Helfer*innenrunden, in denen alle am Hilfeprozess Beteiligten regelmäßig zusammenkommen. Denn besonders der Austausch zwischen den unmittelbar beteiligten Personen ist unerlässlich, um die Bedürfnisse und notwendigen Hilfestellungen für das autistische Kind im Blick zu behalten, zu aktualisieren und zu optimieren. Eine Anleitung der Schulassistenzkräfte oder auch anderer am Hilfeprozess beteiligter Personen durch Fachkräfte des Autismuszentrums muss explizit im Rahmen der Hilfeplankonferenz mit dem Leistungsträger in Form von Extrastunden verhandelt werden. Dasselbe gilt für etwaige Netzwerkarbeit der Schulassistenzkräfte mit weiteren Beteiligten, denn in der Regel werden lediglich Unterrichtsstunden als zu begleitende Zeit angerechnet. Aber besonders die Netzwerkarbeit und Kooperation außerhalb des Unterrichts mit allen am Hilfeprozess Beteiligten ist essenziell, um das Kind oder den*die Jugendliche*n erfolgreich beim Schulbesuch zu unterstützen.

3 Interviewaussagen zum Erleben der Netzwerkarbeit und Kooperation zweier autistischer Personen

Um sich dem Erleben von Netzwerkarbeit und Kooperation aus der Perspektive der Hilfeempfänger*innen anzunähern, wurden zwei junge Menschen im Autismus-Spektrum befragt. Rapha[25] hat ihr Erleben dabei aus der Retrospektive erzählt und Felis berichtet aus jetziger Sichtweise. Beide wurden von der Autorin dieses Beitrags mittels eines Interviewleitfadens interviwt, der biographische Frageimpulse zur Anregung selbstläufiger Erzählungen enthielt.

Rapha ist 21 Jahre alt, erhielt mit ca. sechs Jahren ihre Autismusdiagnose und absolvierte den Hauptschulabschluss vor vier Jahren. Nach der Grundschule wurde eine Schulassistenz installiert und ab ca. der siebten Klassenstufe auf eine Ganztagsschulbegleitung ausgeweitet. Nach einem kurzen Wechsel auf eine Schule für Menschen mit Sehbehinderungen in der achten Klassenstufe wurde Rapha zu Hause in Form von Webunterricht[26] beschult. In den letzten beiden Schuljahren war keine Schulbegleitung mehr notwendig, da die Beschulung im Elternhaus erfolgte. Seit der Grundschule erhält Rapha darüber hinaus Unterstützungsleistungen nach § 35a SGB VIII, die von einer pädagogischen Fachkraft des Autismuszentrums ausgeführt werden.

---

25 Alle Namen wurden anonymisiert.
26 »Eine weitere und immer häufiger angewendete Form der Ersatzbeschulung ist eine Fern- oder Webbeschulung. Schülerinnen und Schüler mit Autismus erhalten die Möglichkeit, von zuhause aus an einem der Regelschule vergleichbaren Unterrichtsangebot teilzunehmen und die entsprechenden Klassenziele zu erreichen. Bei entsprechender Notwendigkeit haben die Träger der Eingliederungshilfe auch in diesen Fällen die Verpflichtung, die Kosten zu übernehmen« (Frese 2017, 19).

Felis ist 18 Jahre alt, besuchte zum Zeitpunkt des Interviews die elfte Klasse an einem Gymnasium und möchte das Abitur erreichen. Die Autismusdiagnose wurde im Alter von vier Jahren gestellt und es erfolgte durchgehend eine Beschulung an Regelschulen. An der aktuellen Schule sind eine Inklusionslehrerin und zwei Inklusionsassistentinnen tätig. Letztere kommen von einem externen Träger und unterstützen in Fragen zum Thema Inklusion zusätzlich zu den regulär an der Schule eingesetzten Schulsozialarbeiter*innen und Beratungslehrkräften. Laut Felis erleichtert dies den Schulalltag vieler Schüler*innen enorm, da die Inklusionsassistenzkräfte u. a. Ausfälle von Schulassistenzkräften kompensieren. Eingliederungshilfe in Form einer Schulassistenzkraft erhält Felis seit der 1. Klassenstufe bis heute durchgängig in Vollzeit. Zusätzlich erhält er Eingliederungshilfe nach SGB VIII in Form von Sozialkompetenztraining und gleichzeitig leitet die pädagogische Fachkraft (Autismuszentrum) bei Bedarf die Schulassistenzkräfte autismusspezifisch an.

Beide Befragte erhielten in der Regel von zwei Schulassistenzkräften Unterstützung, um den benötigten hohen Stundenumfang zu gewährleisten. Bis auf wenige Unterrichtsfächer wurde die gesamte Unterrichtszeit durch Schulassistenzkräfte begleitet. Die Interviewaussagen sind nachfolgend in Themenbereiche untergliedert, die sich aus den Fragen im Leitfaden ergaben.

3.1 Einbezug in Entscheidungsprozesse im Vorfeld, Ablauf der Hilfeplankonferenzen und Organisation der Schulassistenzkräfte

Bezugnehmend auf den ersten Impuls, die Unterstützung einer Schulassistenzkraft in Betracht zu ziehen, hat Rapha keinerlei Erinnerungen, fühlt sich aber in den Hilfeplanungsprozess ausreichend einbezogen.

> »Ja, offen wurde mit mir darüber geredet und ich habe mich dann auch drauf eingelassen, ob ich eine Entscheidung hatte, weiß ich gar nicht, aber das spielt im Grunde keine Rolle, weil ich wurde darüber informiert und es war auch so, dass ich ja vorher auch mal die Schulbegleitung kennenlernen durfte, bevor es in die Praxis ging, was ich ganz gut fand. […] ich glaube, das ist ausreichend einbezogen für mich als betroffene Person«.

Auf die Nachfrage hin, von wem sie darüber informiert wurde, benennt sie ihre Mutter und eine Ärztin, die die Autismusdiagnose stellte. Die Frage, ob sie sich selbst eine Schulassistenzkraft gewünscht hätte, verneint Rapha:

> »Nee, aber ich wusste wahrscheinlich auch nicht, was Schulbegleitung damals war und dass es so etwas gibt, weil, habe ich ja noch nie gesehen, kenne ich also folglich nicht. […] Niemand anderes an [der Grundschule] hatte Schulbegleitung. […] Und im Fernsehen und so wird ja sowas auch nicht wirklich gezeigt und demnach habe ich sowas noch nie gesehen oder davon gehört und natürlich kann ich da selbst nicht den Wunsch dafür äußern, weil ich es als Kind gar nicht wissen kann […]«.

Demzufolge kann sie auch nicht einordnen, inwiefern sie mitentscheiden konnte: »Das weiß ich ja nicht, ob ich Entscheidungsfreiheit hatte«.

Die Entscheidung, eine Schulassistenz zu installieren, ging laut Felis von den Eltern aus. Felis hat noch in Erinnerung, dass das Thema Schulassistenz bereits im

IV Kooperation, Netzwerkarbeit und Organisationsentwicklung

Kindergarten durch die beiden pädagogischen Fachkräfte des Autismuszentrums, die Frühförderung im Kindergarten durchgeführt haben, angesprochen wurde. Somit wurde er im Vorfeld über das Vorhaben informiert und fühlt sich dementsprechend auch einbezogen:

> »Bevor ich in der Schule war, [...] hatten wir darüber geredet gehabt, deshalb wusste ich es im Zweifel schon und ich denke, ich habe das auch immer so akzeptiert gehabt, also ich glaube, ich wurde jetzt nicht konkret gefragt, ob ich das haben möchte, weil ich glaube, das kann man definitiv nicht entscheiden in dem Alter und man kennt es ja auch nicht anders, da ich Schule ja noch nie erlebt habe und nicht weiß, ob ich lieber mit oder lieber ohne, das kann man nicht sagen, weil man das nicht erlebt hat, aber ich würde erst mal schon sagen, dass ich mit einbezogen wurde«.

Damals wurden die Schulassistenzkräfte für Felis noch direkt vom Autismuszentrum gestellt und dadurch, dass beide bereits in die Frühförderung involviert waren, waren ihm beide vertraut. Die Vertrautheit mit den zukünftigen Schulassistenzkräften gestaltete den Einstieg in den ohnehin neuen und herausfordernden Lebensabschnitt für Felis deutlich leichter.

Nach der Klärung der Notwendigkeit einer Schulassistenz für beide Befragte wurden die Ziele und der Hilfeumfang im Rahmen der Hilfeplankonferenzen festgelegt. Die Anfangszeit der Hilfeplanung beschreibt Rapha folgendermaßen:

> »Das weiß ich wirklich gar nicht, [...] also wann das erste Hilfeplangespräch war, ob ich seit Anfang an [...] dabei war [...]. Als alles in Gang war, war ich bei jedem dabei«.

Den Ablauf solcher Hilfeplankonferenzen behielt sie dagegen gut in Erinnerung:

> »[...] es haben sich alle getroffen und versammelt, in irgendeinem Raum, der gerade frei war, das, der Ort, an dem das stattfand, war meistens das Schulgebäude oder auch einmal [...] das Hortgebäude und dann haben sich alles versammelt, wichtige Lehrer, ich, meine Mama, [...] meine Sozialpädagogin, ich glaube ein zwei Mal waren auch Hortner [...] und Frau Dr. [R.] war auch oft mit dabei und [der] ASD«.

Weiterhin berichtet Rapha, dass sachliche Diskussionen stattfanden, Ziele ausgearbeitet und von alle Beteiligten festgelegt wurden. Auf die Nachfrage hin, ob sie sich verstanden fühlte, antwortet sie: »Nicht immer, aber das ist nicht nur bei Hilfeplangesprächen so, das ist ein generelles Problem aus meinem Leben«. Größtenteils saß Rapha in den Hilfeplangesprächen still dabei und hörte sich alles an. Wenn es darum ging, die Ziele zu formulieren, beteiligte sie sich nicht. Als es in Bezug auf die Wahl eines Anbieters darum ging, wer die Schulassistenz übernehmen solle, äußert Rapha:

> »[...] Ich glaube es [ging] vom ASD aus, die dann irgendeinen Träger kontaktiert haben und die haben dann eine Person von sich dann bereitgestellt, die frei war«.

In diesem Fall wurden zwei Schulassistenzkräfte verschiedener Einrichtungen eingesetzt – eine am Vormittag, die andere am Nachmittag. Eine Anleitung durch das Autismuszentrum fand nicht statt, aber

> »[w]enn, angenommen es [hätte] [...] stattgefunden [...], hätte ich es als sinnvoll empfunden. [I]ch [...] empfinde es grundsätzlich als sinnvoll, weil jetzt ich ja inzwischen älter bin, kann ich ja auch etwas aus der Gegenwart sprechen, dass es eigentlich egal wer und wo es sinnvoll ist, wenn jemand der sich auskennt, Anleitung für autistische Menschen vergibt«.

Zur anfänglichen Hilfeplanung berichtet Felis sehr umfassend und fühlte sich im gesamten Prozess definitiv einbezogen. Ferner offenbart er, froh über die Möglichkeit einer Unterstützung durch Schulassistenzkräfte zu sein. Wenn zu dem Zeitpunkt die Möglichkeit bestanden hätte, diesen Wunsch eigenständig zu äußern, hätte Felis das in jedem Falle getan.

> »Ich denke schon [...], dass [...] auch in der Schule alles fremd ist und ich ja mit Fremden erst mal immer Probleme habe und ich ja beide Personen kannte und deshalb war es mir immer wirklich wichtig, einfach immer jemand dabei zu haben, den ich kenne [...]. [W]enn ich davon gewusst hätte, hätte ich das definitiv mir gewünscht [...]. Aber mit dem Hintergrund, da ist jemand [...] [der] für mich spricht, wenn ich ein Bedürfnis habe«.

Laut Felis ist es auch heute noch so, dass Schultage ohne Schulassistenzkräfte sehr kräftezehrend sind und es zwar möglich ist, diese zu bewältigen, aber erst zu Hause deutlich wird, wie viel Kraft ein solcher Schultag kostet.

An den Hilfeplankonferenzen hat Felis bisher nicht teilgenommen: »Weil ich noch nie beim Hilfeplangespräch mit dabei war, kann ich dazu auch nichts [sagen]«. Die diesbezügliche Nachfrage, »[h]abe ich abgelehnt, wurde aber vom Amt versucht zu überreden, da habe ich aber gesagt, ›das mache ich nicht‹ [...]«. Seitens des Leistungsträgers wurde seit der neunten oder zehnten Klassenstufe eine Teilnahme angeregt, denn sie ist zwar nicht verpflichtend, aber erwünscht, um auch die Interessen der Hilfeempfangenden einbeziehen zu können:

> »Nee, ich hätte das nie gewollt, weil ich es schon immer gehasst habe, wenn eigentlich andere über mich reden, [...] ich finde es immer wichtig, was beredet wurde, aber [...] ich habe immer Beurteilungen durch Dritte gehasst, weil ich eigentlich immer so sein wollte, wie ich bin, und das nicht von anderen Leuten beurteilt und gewertet haben wollte. [...] Dass da über mich geredet wird, [...] finde [ich] auch sehr wichtig, [...] die Hilfeplangespräche, die sind ja Gespräch[e], um die Hilfe zu planen, die ich ja als sehr notwendig ansehe. [Aber es] war mir schon immer wichtig, dass ich da selbst darüber entscheiden kann und mir das nicht eben auferlegt wird [...]«.

Die Frage nach Partizipation und Beteiligung der Adressat*innen kann im Zuge der hier von Felis ausdrücklich geforderten *Nichtbeteiligung* zu einem Spannungsfeld zwischen allen Beteiligten führen. Grundsätzlich wird davon ausgegangen, dass Kinder und Jugendliche Entscheidungen noch nicht in dem Maße abschätzen und treffen können, wie Erwachsene. Vor allem wenn sich Vorstellungen und Ziele Erwachsener stark von denen der Kinder und Jugendlichen unterscheiden, kann das zu Konflikten führen. Deshalb ist es hier besonders wichtig und herausfordernd, herauszufinden, welche Wünsche und Bedürfnisse Kinder und Jugendliche haben. Gleichzeitig müssen die Schüler*innen zu Selbstbestimmung befähigt werden (Pluto 2007, 50f.). In der Aussage von Felis wird deutlich, dass eine Teilnahme an einem Hilfeplangespräch nicht in Frage kommt, weil Bewertungssituationen durch Dritte entstehen, die schwer auszuhalten sind. Es ist Felis wichtig, selbstbestimmt zu entscheiden, ob eine Teilnahme in Frage kommt oder nicht. Um solche negativen Erfahrungen zu vermeiden und eine Beteiligung an Hilfeplanprozessen zu ermöglichen, sollte der Umgang mit Hilfeverfahren von Anfang an in den Blick genommen werden (siehe dazu Pluto 2007).

3.2 Erleben der Zusammenarbeit aller am Hilfeprozess Beteiligten

Zur Zusammenarbeit äußert Rapha:

> »Das fand ich schlecht. Und finde ich auch nachträglich bis heute […], an sich war das alles gut organisiert und es waren auch wirklich eigentlich alle, die mit mir zu tun hatten da, aber irgendwie nur während des Hilfeplangespräches, danach war halt jeder, das ist mein Arbeitsplatz, meine Position und es hat sich glaube sonst auch niemand unterhalten«.

Felis beschreibt die Zusammenarbeit dagegen als wohlwollend und positiv:

> »[Zum] Jugendamt kann ich nichts zu sagen, aber Schule und Schulbegleitung habe ich, so wie ich das erlebt habe, man erlebt das natürlich als Kind anders als […] vielleicht heute und ich bekomme ja auch nicht alles mit, da […] das Meiste ohne mich abgelaufen [ist], […] war eigentlich da immer eine gute Kommunikation da, weil ähm da immer mit den Lehrern gesprochen wurde […]«.

Als Beteiligte in der täglichen Zusammenarbeit benennt Felis das Autismuszentrum, die Schulassistenzkräfte, die Schule und, in diesem Kontext als besonders wichtig, die Inklusionslehrerin. Darüber hinaus äußert Felis, dass sich die Beteiligten über anstehende Änderungen per Telefon oder SMS austauschten und informierten. Eine gute Kommunikation bestand laut Felis von Anfang an, wobei er deutlich macht, dass das Handeln der Beteiligten für ihn im Alter von sieben Jahren kaum zu überblicken gewesen sei. Unter schlechter Kommunikation würde Felis verstehen, »[…] wenn halt nie einer wüsste, was hat denn jetzt der gemacht, und immer Fragen aufkämen, was war denn da […]«.

Rapha sieht die Kommunikation aller Beteiligten im Gegensatz zu Felis eher kritisch:

> »Also es ist so gewesen, [zum] Hilfeplan […] haben sich ja alle getroffen, zusammengesetzt, gemeinsam auf die Ziele geeinigt und so, aber wenn kein Hilfeplan war, dann war das so, ja ich bin jetzt in der Schule, da sind meine Lehrer, die sprechen […] mit meinen Erziehern aus dem Hort nicht, meine Eltern sehen die teilweise auch überhaupt nicht, meine Mama in diesem Fall [und] […] auch nicht […] meine Sozialpädagogin. Es kam auch nicht so vor, als ob da irgendwelche Absprachen einfach so im Hintergrund sind, wurde mir auch nie was gesagt. Also ich glaube, abseits von Hilfeplangesprächen haben die meisten miteinander überhaupt nicht gesprochen«.

Außer zwischen der Mutter und der sozialpädagogischen Fachkraft des Autismuszentrums, die regelmäßig ins Elternhaus kam, fand somit kein beständiger Austausch zwischen den Beteiligten statt. An Gespräche oder einen kurzen Austausch zwischen den Lehrkräften und den Schulassistenzkräften kann sich Rapha ebenfalls nicht erinnern: »Das ist so gut wie nie passiert«. Zwischen den Schulassistenzkräften und der Mutter habe vereinzelt Kommunikation stattgefunden, sie wisse jedoch nicht, »ob das so selten war, wie ich es mitbekommen habe«.

> »Ich glaube, da fanden einzelne Austausche statt. Und ansonsten war es ab und zu ein paar Mal hin und wieder so, […] ich wurde ja vor der Schule abgegeben von Mama an die Schulbegleitung, da waren auch manchmal zwei Minuten drin«.

An einen kommunikativen Austausch mit der Schulleitung kann sich Rapha nicht erinnern.

Die eigene Zusammenarbeit mit den Schulassistenzkräften auf einer zwischenmenschlichen Ebene erinnert Rapha so: »Ja, also die, die vom anderen Träger war, [...] die war ganz toll und wir haben uns oft auch über Alltagssituationen unterhalten in der Pause«. Zur Netzwerkarbeit der beiden Schulassistenzkräfte untereinander positioniert sie sich folgendermaßen:

> »Ja, die beiden zusammen haben glaube nicht so oft kommuniziert und auch nicht viel [...], weil das ja so war, [...] zwischen der zweiten Stunde und der ersten Pause dieser Übergang war [und] auch die Abgabe zwischen den beiden Schulbegleitungen und da haben die manchmal kurz vor der Tür zwei Minuten gesprochen«.

Rapha hat diesen kurzen Gesprächen allerdings nie beigewohnt: »Nee, ich habe mich aber auch nie dafür interessiert«. Durch die Schulassistenzkräfte hat sie sich insgesamt »so semi« unterstützt gefühlt, durch die Lehrkräfte hingegen etwas mehr:

> »[...] viele Lehrer haben mich da berücksichtigt und waren meines Erachtens [...], bis [auf] wenige Vertretungslehrer [...] alle verständnisvoll«. [...] Und da habe ich mich auch verstanden gefühlt. [...] Unterstützt im weitesten Sinne, also viele Unterstützungen kann ja auch nicht direkt vom Lehrer kommen, aber weil dafür [...] war ja meine Schulbegleitung da, [...] an meinen Lehrern habe ich da nichts auszusetzen«.

Die erlebte Unterstützung durch die eigene Mutter empfindet Rapha als sehr wichtig: »Gut, Mama ist immer für mich da, bis heute, und das gefällt mir«. Ebenso beschreibt sie die Unterstützung, die sie durch die Fachkraft des Autismuszentrums erhalten hat: »Ja, [...] auch sehr gut, so wie Mama gleichgestellt«.

Den Austausch der beiden Schulassistenzkräfte beschreibt Felis hingegen als sehr intensiv. Ferner kommunizieren die Schulassistenzkräfte in Absprache untereinander mit dem Autismuszentrum, z. B. bezüglich Nachteilsausgleichen. Dazu merkt Felis an:

> »[...] von beiden Schulbegleiterinnen [habe ich] [...] zurückgemeldet bekommen, dass die das sehr dankend annehmen und [...] sehr froh über diese Kommunikation [...] sind, da das [...] eine wichtigere Anlaufstelle ist, um noch bessere und tiefgründigere Informationen zu bekommen«.

Interessant zu erwähnen ist laut Felis noch,

> »[...] dass die dann auch mit einspringen, was meistens sehr gut klappt, also, wenn jetzt eine der beiden Schulbegleiterinnen plötzlich krank wird oder mal eine Weiterbildung an dem Tag hat, [...] dass dann meistens die andere es wirklich geschafft hat, einzuspringen, oder auch eine Vertretung organisiert wird, [...] dass [...] eine andere Schulbegleiterin aus einem anderen Fall kommt, das ist eher selten [...]«.

Die Zusammenarbeit zwischen den beiden Schulassistenzkräften und den Lehrkräften stellt Felis im Gegensatz zu Rapha als »sehr sehr gut« dar. Darüber hinaus schildert Felis, dass die Schulassistenzkräfte z. B. bei längerer Krankheit in die Schule fahren und mit den Fachlehrkräften absprechen und klären,

> [...] was für mich ähm wichtig wäre, was jetzt reduziert wird, weil es wird, wenn man krank ist, in der Regel erwartet, dass man alles nachholt und das hätte dann bedeutet, dass ich vier Vorträge in einer Woche halten muss, noch drei Arbeiten nachschreiben muss und das ist [...] in meinem Fall natürlich [...] besonders schwer und dann sind sie ja wirklich mit den Lehrern immer im regen Kontakt und die Lehrer waren [...] alle sehr offen [...]«.

Zudem berichtet Felis dankbar davon, dass die Schulassistenzkräfte die Lehrkräfte auf Wunsch per E-Mail kontaktieren. Die Schulleitung selbst wird je nach Bedarf kontaktiert, in der Regel dann, wenn es um die Bewilligung des Nachteilsausgleiches geht. Diese Gespräche finden aber überwiegend über das Fachpersonal der Schule, in dem Fall mit der Inklusionslehrerin, statt. Meistens sind hier auch die beiden Schulassistenzkräfte und die pädagogische Fachkraft vom Autismuszentrum zugegen. Die Inklusionslehrerin hält alles schriftlich fest, legt es dem Tutor in der Oberstufe, dem Schuldirektor und ggf. noch dem Oberstufenberater vor und diese genehmigen sodann den Nachteilsausgleich. Felis stellt die Inklusionsassistenzkräfte als sehr vorteilhafte Instanzen heraus, die besonders die Schüler*innen unterstützen, die keine Schulassistenzkraft haben, aber dennoch auf Hilfe angewiesen sind.

Die Kooperation der Schulassistenzkräfte mit dem Elternhaus schätzt Felis ebenfalls als sehr gut ein. Dies kommt besonders zum Tragen, wenn er selbst und zusätzlich weitere Familienmitglieder krank sind, dann wird die Unterstützung als »[…] eine sehr große Bereicherung« empfunden. Hier ist die Netzwerkarbeit zwischen Schule und Schulassistenzkräften eine große Entlastung für die gesamte Familie, da so keine Informationen bezüglich nachzuholender Aufgaben verloren gehen und immer ein enger Austausch stattfindet. Da die Schulassistenzkräfte nicht beim Autismuszentrum angestellt sind, finden bei Bedarf Anleitungsgespräche oder autismusspezifische Austauschrunden statt. Diese Zusammenarbeit erlebt Felis als sehr harmonisch und bewertet durchweg positiv, dass die Fachkraft des Autismuszentrums als anleitende Person

> »dann auch zur Seite stand und [sich] auch […] persönlich noch engagiert hat, auch mit den Schulbegleitungen […], dass sie da […] auch als vermittelnde Person teilweise dazwischenstand«.

Die eigene Zusammenarbeit mit den Schulassistenzkräften betreffend äußert Felis:

> »Da muss natürlich auch die Chemie zwischen Schulbegleitung und Person stimmen, was […] eigentlich bisher immer der Fall war, natürlich gibt es immer Leute, mit denen kommt man besonders gut klar, und Leute wo man sagt, ›ah mit denen kommt man zwar grundsätzlich klar‹, aber da gibt es vielleicht ein paar Sachen […], aber was ja vollkommen normal ist in der Kommunikation und in der Zusammenarbeit […]«.

Felis fühlt sich definitiv einbezogen und hat nicht das Gefühl, dass hinter seinem Rücken etwas ausgehandelt wird, was er überhaupt nicht nachvollziehen kann. So wie Rapha spricht auch Felis die Komponente der persönlichen Ebene an, die er als sehr wichtig erachtet.

> »[…] dass […] es immer trotzdem wichtig ist, dass man mit der Person gut klarkommt und man sich unterhalten kann, auch mal sich einfach über Dinge, die vielleicht nichts mit der Schule zu tun haben, einfach mal was Privates […] erzählen [kann] [oder auch mal] was im Vertrauen […]«.

Besonders gut unterstützt fühlt sich Felis von der Fachkraft des Autismuszentrums:

> »Ja, […] das war halt immer mir wichtig […] eine etwas externe Person […] zu haben, die nicht direkt in der Schule […] involviert ist, […] die dritte Person, mit der man sich unterhalten kann«.

Dabei schätzt Felis sehr, dass er die Fachkraft des Autismuszentrums bereits sehr lange kennt und sie bereits als Schulassistenzkraft tätig war. So kann sie sich laut Felis ein differenzierteres Bild über die Schule machen als die Eltern. Als bereichernd stellt Felis zudem heraus, dass die Beratung und die fachspezifischen Tipps durch das Autismuszentrum für alle Beteiligten sehr hilfreich seien.

Die Schule betreffend berichtet Felis, er fühle sich

> »[…] sehr gut unterstützt, also die meisten Lehrer, die das mit dem Nachteilsausgleich sofort akzeptiert haben, also auch mit dem Licht habe ich immer Probleme, da ist mir zu helles Licht in der Schule, das da ausgemacht wird, das ist natürlich nicht immer möglich […]. […] es gab natürlich auch Lehrer, die hinter meinem Rücken gesagt haben, ›ach für EINEN Schüler‹, aber ich glaube, die meisten Lehrer waren da wirklich sehr verständnisvoll […]«.

In vielen Fällen wurden laut Felis Unterstützungsmaßnahmen nicht von den Schulassistenzkräften, sondern von der Schule und besonders den Inklusionsassistenzkräften initiiert, sodass er resümiert; »Die Unterstützung der Schule könnte besser eigentlich nicht laufen«. Durch das Elternhaus fühlt er sich gleichermaßen unterstützt.

3.3 Was war besonders hilfreich an der Netzwerkzusammenarbeit?

Resümierend ist Rapha Folgendes in Erinnerung geblieben:

> »Also was ich grundsätzlich gut fand […], dass wirklich alle, die was damit zu tun hatten, in irgendeiner Art zusammengesessen haben, also alle möglichen wichtigen Lehrer […], die Schulbegleitung […], ich […], meine Mutter […], meine Sozialpädagogin […] und manchmal auch Frau Dr. [R.] vom Gesundheitsamt, die meine Diagnose gestellt hat«.

Bezugnehmend darauf äußert sie, dass auf diese Weise abgesprochen wurde, welche Schritte bis zur nächsten Hilfeplankonferenz notwendig sind. So wussten alle Beteiligten über Zielvereinbarungen und Verantwortungsverteilung Bescheid.

Als besonders positiv stellt Felis heraus,

> »[…] dass es […] eine enorme Entlastung war, dass man einfach Dinge nicht unbedingt selber machen muss, das sind Dinge, die mich vielleicht persönlich belasten, […] die einfach anstrengend sind, die unnötige Kapazität fressen würden und wo man einfach sagt, […] ›das ist wirklich gut, wenn jetzt vielleicht die Frau [C.] da noch mal das/den Schulbegleiterinnen einfach auch zurückmeldet‹, dass der Schule das zurückgemeldet wird, das war jetzt auch noch in Bezug […] auf Nachteilsausgleich auch während des Lockdowns und […] dass da auch viel Kommunikation […] von der Frau [C.], von den Schulbegleiterinnen, aber auch mit der Schule eben im Hintergrund abgelaufen ist und das ähm ist natürlich schon sehr hilfreich«.

Besonders der Wechsel von zuständigen Personen stellt eine große Belastung für Felis dar. So erlebte er es als große Erleichterung und als sehr wertvoll, dass eine ehemalige Schulassistenzkraft vom Autismuszentrum später das Sozialkompetenztraining übernahm und die nachfolgenden Schulassistenzkräfte anleitete.

3.4 Was hätte bei der Netzwerkzusammenarbeit besser laufen sollen?

Hierzu nennt Rapha folgende konkrete Situation:

> »[…] vielleicht an Tagen, wo es so schlimm war, dass ich ja dann zum Schluss ausgerissen bin, da wäre es vielleicht nötig gewesen. […] weil ich bin ja keine Person, die kommunikativ ist, wenn es um bedrückende Dinge geht, aber […] manche Leute erzählen ja über mich, […] dass man es mir manchmal anmerkt, […] dass irgendwas in mir ist und da wäre es vielleicht gut gewesen, […] wenn da irgendwie eine Absprache bei einer Übergabe gewesen wäre, wenn ich von hier nach da gereicht werde […]«.

In dem genannten Beispiel wurden bestimmte Verhaltenssignale von Rapha und die sich für sie zuspitzende Belastungssituation von den beteiligten Personen nicht erkannt. Hier wäre ein enger Austausch untereinander und grundsätzlich eine funktionierende Netzwerkarbeit dringend notwendig gewesen, um stark belastende Situationen abmildern zu können bzw. Eskalationen wie z. B. Weglaufen von der Schule zu verhindern. Solche Erlebnisse wurden von Rapha im Laufe des Interviews mehrmals aufgegriffen, da sie diese bis heute so massiv prägen, dass es das Erlebte nach wie vor aufzuarbeiten gilt. Das äußert sich vor allem darin, dass Rapha erst heute über das Erlebte sprechen kann. Zur damaligen Zeit fühlte sie sich unverstanden, war jedoch nicht in der Lage, dies so auszudrücken bzw. ihre Probleme zu kommunizieren.

Für eine bessere Verständigung und Vernetzung untereinander schlägt Rapha damit einhergehend vor:

> »Mehr Austausch z. B. […] so was wie WhatsApp war ja damals nicht […]. Man muss es ja auf die damalige Zeit übertragen, dass z. B. […] einer schickt eine Rundmail an alle mit der Statusmeldung, ›darauf hinarbeiten klappt gerade gut, darauf hinarbeiten klappt gerade nicht so gut, mehr Unterstützung bitte von der und der Seite und so‹, das hätte es regelmäßiger geben sollen«.

Aus heutiger Sicht wäre die Installation eines E-Mailverteilers sehr sinnvoll gewesen. Das aktuelle Hilfenetzwerk um Rapha verständigt sich über eine Gruppe in einem der gängigen Messenger sehr intensiv. Kommunikation im Netzwerk kann auf diese Weise ein präventives Mittel sein, um frühzeitig unterstützend tätig zu werden.

Felis formuliert zusammenfassend zu der Frage, was besser hätte laufen können: »Also jetzt konkret Negatives fällt mir eigentlich gar nichts ein«.

3.5 Wünsche für einen optimalen Hilfeprozess

Auf die Frage, welche Wünsche sie bezüglich eines optimalen Hilfeplanungsprozesses habe, reagiert Rapha wie folgt:

> »Nee, eigentlich war alles an sich ganz gut, nur halt hätte ich mir gewünscht, dass abseits vom Hilfeplan hin und wieder mal, wenn man sich über den Weg läuft […], wenn ich von der Schule in den Hort komme, dass wenigstens mal gesagt wird, ›ja alles in Ordnung oder alles wie geplant oder es ist gerade das und das los‹«.

Aus heutiger Sicht hätte sie sich gewünscht:

> »Ja also, ich weiß nicht, ob das dazu beigetragen hätte, aber […] als meine Schulbegleitung auf ganztags umgestellt wurde, […] wenn es von einem Träger her nicht klappt, dann sagt, man nimmt gleich eine Person von einem komplett neuen Träger, damit nicht dieser Wechsel zwischen zwei Schulbegleitungen von zwei komplett unterschiedlichen Trägern ist«.

Dazu ergänzt Rapha, dass es schwierig war, mit zwei Schulassistenzkräften zusammenzuarbeiten, und dass sie sich gewünscht hätte, es hätte die Möglichkeit gegeben, eine Schulassistenz bei Unzufriedenheit ablehnen bzw. selbst auswählen zu können. Oftmals verbringe man den ganzen Schultag mit dieser Person, werde aber nicht gefragt, ob man zufrieden mit der personellen Besetzung sei. Ob das genannte Kooperationsproblem die Entscheidung für die Beschulung in Form einer Webschule ab der achten Klasse begünstigt habe, kann sie nicht einschätzen.

Felis bezieht seine Antwort erneut auf die Problematik der häufigen Personenwechsel, welche für einen optimalen Hilfeprozess nicht förderlich seien. Neben einem angemessenen Nachteilsausgleich während der Abiturprüfungen im nächsten Jahr benennt er die mentale Unterstützung durch die Schulassistenzkräfte als essenziell.

> »[…] Das Persönliche [spielt] eben trotzdem immer eine wichtige Rolle, weshalb es mir auch wirklich lieb gewesen wäre, wenn es beim Abitur jetzt zwei Personen gewesen wären, die ich […] lange kenne und mit denen man möglichst gut klarkommt«.

Für eine optimale Vorbereitung auf das Abitur wünscht er sich, dass personelle Wechsel nicht mehr vorkommen, wenngleich er die Entscheidungen der Personen nachvollziehen kann. Dennoch stellen die ständigen Wechsel laut Felis eine psychische Belastung dar, gerade weil es jedes Mal erneut einer gewissen Einarbeitungszeit bedarf:

> »[…] Gerade nach dem Lockdown damals war die Schule in einem sehr eingeschränkten Zustand mit Hygienekonzepten, das war selbst alles neu für mich und dann musste ich gleich noch zwei neue Schulbegleiter damals einarbeiten und […] es war letztlich immer schon jeder Wechsel […] mit einer sehr starken psychischen Belastung verbunden und das ist vielleicht rückblickend auch das, […] [was mich in meiner] Schulbegleitungsgeschichte immer am meisten belastet hat […]«.

In der Vergangenheit sprach Felis in vielen Situationen nicht an, wenn etwas belastend war, inzwischen »[…] rede ich doch offen darüber, […] weil ich […] mehr auf meine eigenen Bedürfnisse trotzdem wieder mehr gucke […]«. Abschließend benennt er, dass er sich wünscht, im Rahmen der Netzwerk- und Zusammenarbeit aller Beteiligten

> »[…] möglichst immer […] eigene Entscheidungen [treffen zu können], ich hatte immer Angst, […] durch andere beeinflusst [zu] werden […]. Also ich finde auch immer, dass man die individuelle Freiheit […] immer so weit mitgehen sollte, solange sie halt nicht die Freiheit anderer jetzt einschränkt«.

4 Fazit

Kooperation und Netzwerkarbeit benötigen einen verlässlichen Rahmen, ebenso wie die Anerkennung eines nicht auflösbaren Spannungsfelds zwischen den verschiedenen Systemen Schule, Elternhaus und Kinder- und Jugend- bzw. Eingliederungshilfe (entwicklungswerk 2016, 9 f.). In den Aussagen der beiden autistischen jungen Erwachsenen wird insgesamt deutlich, wie wichtig eine enge Zusammenarbeit aller am Hilfeprozess Beteiligten ist. Wie die Befragten betonen, sind hier als besonders entscheidend die Selbst- und Mitbestimmung der Schüler*innen sowie Verständnis und Akzeptanz der autistischen Besonderheiten durch ihre Interaktionspartner*innen zu nennen. Die Hilfeform der Schulassistenz umfasst an sich schon sehr viele unterschiedliche Aufgaben und Anforderungen, sodass zeitliche, finanzielle und soziale Ressourcen für eine allumfassende Netzwerkarbeit in der gängigen Praxis oftmals nicht im zu bewilligenden Stundenumfang abgebildet sind. Denn maßgeblich findet diese Zusammenarbeit mit der Schule, dem Leistungsträger, den Eltern und anderen am Hilfenetzwerk beteiligten Institutionen außerhalb der Unterrichtszeiten statt. Vor allem im Fall von Rapha wurde deutlich, dass außerhalb der Hilfeplankonferenzen kaum Absprachen zwischen den beteiligten Systemen stattfanden. Theunissen (2019, 130) schlägt hier das Planungsinstrument des Unterstützer*innenkreises vor, der alle am Hilfeprozess beteiligten Personen umfasst und auch über die Hilfeplangespräche hinaus stattfinden sollte. Um die Zusammenarbeit und Vernetzung der Lehrkräfte, der Schulassistenzkraft, der Eltern, ggf. des Leistungsträgers, der Schulleitung und der anderen am Hilfenetzwerk Beteiligten unter Beteiligung autistischer Schüler*innen sicherzustellen, müssen Zeitkontingente außerhalb der Unterrichtszeiten für die Schulassistenzkraft durch den Leistungsträger refinanziert werden, was derzeit nur durch manche Leistungsträger geschieht (Wald in diesem Band). Besonders in der kooperativen Arbeit mit autistischen Schüler*innen sind ein umfangreicher Austausch und intensive Reflexionsmöglichkeiten notwendig. Eine klare Aufgabenverteilung, das eigene Rollenverständnis und das Anerkennen der Kompetenzen und Grenzen aller Beteiligten sind dabei essenziell (Fischle 2018, 230 f.).

Die Kooperation muss aber darüber hinaus von den Beteiligten institutionalisiert und gelebt werden. Dass eine solche Vernetzung gelingen kann und dass sie dazu beiträgt, die Bedürfnisse der hilfeempfangenden Person umfassend zu berücksichtigen, lässt sich aus den Erzählungen von Felis schließen. Resümierend kann festgestellt werden, dass Netzwerkarbeit das aktive Zusammenwirken aller relevanten Akteur*innen verlangt, um das gemeinsame Ziel, eine gelingende Umsetzung der Hilfeform erreichen zu können. Das Entscheidende dabei ist, dass es nicht nur darum geht zu kooperieren, sondern tatsächlich auf die Interessen jedes Beteiligten einzugehen, in einen ständigen Austausch miteinander zu kommen, das gemeinsame Ziel zu jeder Zeit im Blick zu behalten und die dafür notwendigen zeitlichen, finanziellen und sozialen Ressourcen sicherzustellen (Quilling et al. 2013, 12 ff.).

Literatur

Aufenanger, S. (2022). Hybride Lernumgebungen – ein Zukunftsmodell für Schulen. In L. Fuhrmann & Y. Akbaba (Hrsg.), *Schule zwischen Wandel und Stagnation* (S. 347–360). Springer VS.

Büttner, M. & Voigt, J. (2015). *Theoretische Grundlagen für eine erfolgreiche Netzwerkarbeit.* F. C. Flick Stiftung gegen Fremdenfeindlichkeit, Rassismus und Intoleranz. https://www.stiftung-toleranz.de/wp-content/uploads/2016/08/Flick-Stiftung-Netzwerke-end.pdf [29.09.2022]

entwicklungswerk gGmbH (2016). *Konzept Schulbegleitung an Regel- und Förderschulen nach § 35a SGB VIII* (2. überarbeitete Aufl.). entwicklungswerk. https://www.entwicklungs-werk.de/wp-content/uploads/2017/10/20170112_2.%C3%BCberarb_Fassung_Konzept_Schulbegleitung.pdf [29.09.2022]

Fischle, A. (2018). Kooperation in fallbezogenen Netzwerken. Bildungsteilhabe von Schüler*innen im autistischen Spektrum durch schulische Assistenz. In J. Schädler & M. F. Reichstein (Hrsg.), *Sektoralisierung als Planungsherausforderung im inklusiven Gemeinwesen* (S. 211–234). UniPrint.

Frese, C. (2017). *Rechte von Menschen mit Autismus. Ratgeber zu den Rechtsansprüchen von Menschen mit Autismus und ihrer Angehörigen* (2. Aufl.). autismus Deutschland e. V. Bundesverband zur Förderung von Menschen mit Autismus.

Pluto, L. (2007). *Partizipation in den Hilfen zur Erziehung. Eine empirische Studie.* Verlag Deutsches Jugendinstitut.

Quilling, E., Nicolini, H., Starke, D. & Graf, C. (Hrsg.) (2013). *Praxiswissen Netzwerkarbeit. Gemeinnützige Netzwerke erfolgreich gestalten.* Springer.

Theunissen, G. & Sagrauske, M. (2019). *Pädagogik bei Autismus. Eine Einführung.* Kohlhammer.

Thiel, S. (2022). Die Beantragung und Bewilligung von Schulassistenz. In M. Laubner, B. Lindmeier & A. Lübeck (Hrsg.), *Schulbegleitung in der inklusiven Schule. Grundlagen und Praxis*, (3. bearbeitete Aufl., S. 30–39). Beltz.

Transparenz Jugendhilfe GmbH (2022). *Infos & Erklärungen zum Bereich Schulbegleitung.* https://transparenz-jugendhilfe.de/ambulante-hilfeangebote/integrationshilfe-igh-schulbegleitung/infos-schulbegleitung/ [30.09.2022]

Kooperation im Präsenz- und Distanzunterricht: Perspektiven von Lehrkräften und Schulbegleitungen von Schüler*innen mit Autismusdiagnose

Isabelle Fröhlich, Karina Meyer & Ariane S. Willems

1 Einleitung

Obwohl vermehrt Schulbegleitungen zur Unterstützung von Schüler*innen mit Behinderung im schulischen Alltag eingesetzt werden, mangelt es nach wie vor an einer übergreifenden und verbindlichen konzeptuellen Einbettung dieser Maßnahme in das System Schule. Der konkreten Praxis der individuellen Zusammenarbeit zwischen Schulbegleitungen und Lehrkräften kommt deshalb eine besondere Bedeutung für die Gestaltung der spezifischen Unterstützungsleistung zu (Meyer 2017). Dabei besteht eine besondere Herausforderung in der Klärung und Abgrenzung von Zuständigkeiten und Aufgabenfeldern dort, wo der Unterstützungsbedarf sich nicht auf Fragen wie etwa die Hilfe bei der Mobilität oder den Umgang mit Hilfsmitteln beschränkt, sondern auch emotional-soziale Aspekte betrifft, wie z. B. bei komplexen Behinderungsbildern wie Autismus. Weitreichende neue Anforderungen ergaben sich für die Umsetzung von Schulbegleitung durch die massiven Veränderungen des Schulalltags im Zuge der COVID-19-Pandemie. Sowohl die Phasen des Distanzlernens als auch die wechselnden pandemiebedingten Regulierungsmaßnahmen während des Präsenzlernens verlangten ein hohes Maß an kurzfristigen Anpassungen des schulischen Lernens. Empirisch zeigt sich für diese Zeit ein erhöhtes Belastungserleben von Lehrkräften und Schüler*innen (z. B. Bujard et al. 2021; Robert Bosch Stiftung 2020), wobei der Wegfall von gewohnten Routinen gerade für Lernende im Autismus-Spektrum besondere Schwierigkeiten bedeutete (Bešić & Holzinger 2020). Erste Befragungen von Schulbegleitungen zeigen auf, dass diese während der Zeit der Pandemie häufig als Bindeglied zwischen Schule und Eltern bzw. Schüler*in fungierten, was stärker auf eigener Initiative basierte denn auf systematischer Klärung der veränderten Anforderungen an die Maßnahme durch die zuständigen Ämter, Träger und Schulen (Henn et al. 2020). Entsprechend kann angenommen werden, dass in diesem Zusammenhang der individuelle Kontakt zwischen Schulbegleitungen und Lehrkräften eine wichtige Rolle für die effektive Begleitung des veränderten schulischen Lernens spielte. Dem geht der folgende Beitrag nach und fokussiert dabei mit Schüler*innen im Autismus-Spektrum eine Gruppe von Minderjährigen, für die die Gewährung einer gewissen Kontinuität angesichts einschneidender äußerer Veränderungen von besonderer Bedeutung ist. Konkret wird gefragt, (1) wie Schulbegleitungen für

Schüler*innen im Autismus-Spektrum ihre Tätigkeit vor und während der COVID-19-Pandemie ausüben und (2) wie sie vor und während der Pandemie mit den Lehrkräften zusammenarbeiten. Im Folgenden beleuchten wir zunächst allgemeine Aspekte der Kooperation von Lehrkräften und Schulbegleitungen und stellen die Veränderungen des schulischen Lernens und Erlebens während der COVID-19-Pandemie dar. Daraufhin wird die eigene Studie vorgestellt, deren Ergebnisse abschließend in Hinblick auf die Herausforderungen von Schulbegleitung bei Autismus im regulären und im außergewöhnlichen Schulalltag diskutiert werden.

2 Theoretischer und empirischer Hintergrund

2.1 Kooperation von Lehrkräften und Schulbegleitungen

Die konzeptuelle und strukturelle Einbindung von Schulbegleitungen in das System Schule gestaltet sich aufgrund der (rechtlichen) Rahmenbedingungen der Maßnahme nicht leicht. Als Einzelfallhilfen für Schüler*innen mit Behinderung entscheiden die Jugend- und Sozialämter über Umfang, Inhalt und Dauer der Maßnahme; zudem ist eine Fachqualifikation nicht regelhaft vorausgesetzt und es sind keine pädagogisch-didaktischen Tätigkeiten vorgesehen (Lindmeier zu Organisationslogik; Frese in diesem Band). Zahlreiche Studien verweisen darauf, dass diese Vorgabe wenig praxistauglich ist und Schulbegleitungen neben genuinen Hilfstätigkeiten, etwa bei Mobilitätseinschränkungen, oftmals auch bei konkreten unterrichtlichen Lernanforderungen sowie bei der Verhaltens- und Emotionsregulation unterstützen (z.B. Czempiel & Kracke 2019; Meyer 2017). Damit kommt gemeinsam im Unterricht tätigen Lehrkräften und Schulbegleitungen häufig die Aufgabe zu, Zuständigkeitsbereiche bilateral abzustimmen. Nach dem Stufenmodell (multi-)professioneller Kooperation von Gräsel et al. (2006) stellt *Austausch* (z.B. von Informationen) die einfachste Form von Kooperation dar, gefolgt von *Arbeitsteilung* (z.B. Aufteilung konkreter Aufgaben in einer Unterrichtsstunde). Da sich die Perspektiven von Schulbegleitungen und Lehrkräften auf die betreffenden Schüler*innen durchaus unterscheiden können, kann im Kontext von Schulbegleitung darüber hinaus auch eine intensivere Zusammenarbeit hilfreich oder notwendig sein, die als *Ko-konstruktion* (ebd.) bezeichnet wird: Hierbei werden gemeinsam Problemlösungen erarbeitet und reflektiert, z.B. hinsichtlich der Entwicklung und der entsprechend angemessenen Form von Unterstützung der Schüler*innen (Meyer et al. 2017). Klärende Gespräche, bei denen dazu auch die Erwartungen der Ämter bzw. der Träger von Schulbegleitung einbezogen werden, könnten auch der Überforderung von Schulbegleitungen, die Ziel- und Rollenkonflikte erleben, entgegenwirken (Schindler & Schindler 2021). Nicht zuletzt reduziert eine explizite Klärung der Arbeitsprozesse das Risiko von Verantwortungsdiffusion oder gar der Abgabe der Verantwortung für den Lernprozess einzelner Schüler*innen an die Schulbegleitungen (siehe hierzu Demmer et al. 2017).

Empirisch zeigt sich, dass die Gestaltung der Kooperation mit Schulbegleitung im Einzelfall stark variiert (Meyer 2017) und in hohem Maße von den jeweils beteiligten Akteur*innen abhängt, für die z. B. die Planung gemeinsamer Besprechungszeiten mit einem Mehraufwand einhergeht (Lindemann & Schlarmann 2016). Aus der Wahrnehmung von Schulbegleitungen scheint sich der Mehraufwand zu lohnen: Gerade dort, wo häufig und auf anspruchsvolle Weise zusammengearbeitet wird, indem im Sinne von Ko-konstruktion das professionelle Handeln gemeinsam reflektiert wird, erleben Schulbegleitungen weniger arbeitsbezogene emotionale Belastung, fühlen sich sicherer in ihrer Rolle als Schulbegleitung, nehmen eine stärkere Wertschätzung ihrer Tätigkeit wahr und sind insgesamt zufriedener mit ihrer Arbeit (Meyer 2017). Umgekehrt deuten die Resultate der Interviewstudie von Schindler und Schindler (2021) darauf hin, dass sich ein Mangel an Kooperation belastend auswirken kann: Als arbeitsbezogene Belastungsfaktoren wurden eine ablehnende Haltung vonseiten der Lehrkräfte, das Fehlen von Wertschätzung sowie ein Mangel an Unterstützung genannt.

2.2 Schule im Distanz- und Wechselmodell

Infolge des weltweiten Ausbruchs des COVID-19-Virus kam es in Deutschland erstmals am 13. März 2020 bundesweit zu Schulschließungen (für Übersichten siehe Bujard et al. 2021; KMK 2022). In der Konsequenz sollte den Schüler*innen ein Unterrichts- und Lernangebot unterbreitet werden, an dem sie digital von zu Hause teilnehmen können bzw. das sie in Form von Aufgaben selbstständig zuhause bearbeiten können. Ende April 2020 wurde der Präsenzunterricht in den meisten Bundesländern schrittweise und unter Vorgabe von Präventionsmaßnahmen wie u. a. der Einhaltung von Abstandsregeln und der sog. Maskenpflicht wieder aufgenommen. Nach erneuten flächendeckenden Schulschließungen im Dezember 2020 wurden Mitte Februar 2021 zunächst die Grundschulen und schrittweise auch die weiterführenden Schulen wieder geöffnet. Als zusätzliche Infektionsschutzmaßnahme wurde zunächst jeweils nur eine Hälfte der Klasse vor Ort unterrichtet (sog. Wechselmodell). Ab Mitte April 2021 bestand zudem eine Pflicht zu regelmäßigen Corona-Selbsttests, die auch nach der Rückkehr zum Präsenzunterricht in voller Klassenstärke im Juni 2021 weitgehend beibehalten wurde.

Die zur Eindämmung der COVID-19-Pandemie erlassenen Maßnahmen haben den Schulalltag über lange Zeiträume gravierend verändert. Während der Phase des ausschließlichen Distanzunterrichts mussten die Schüler*innen besonders dann, wenn kein durchgängiger, interaktiver Online-Unterricht stattfand, ihre Lernaktivitäten in hohem Maße selbst organisieren, was – neben einem geeigneten räumlichen und technisch ausgestatteten Lernumfeld – entsprechende kognitive, motivationale und selbstregulatorische Ressourcen voraussetzt. Der Präsenzunterricht unter Infektionsschutzvorgaben erforderte demgegenüber stärker das Erlernen und Einüben neuer Routinen und Verhaltensweisen. Die gesamte Zeitspanne war dabei von anhaltender Unsicherheit über mögliche erneute Änderungen der schulischen Maßnahmen geprägt. Auch über rein schul- oder lernbezogene Faktoren hinaus waren Kinder und Jugendliche vor Herausforderungen gestellt, zu denen die Sorge um die eigene Gesundheit oder die Gesundheit nahestehender Personen, die Kontakteinschränkungen im Freizeitbereich und die häufige Kumulation familiärer Belastungen, insbesondere durch die pandemiebedingten Auswirkungen auf die Arbeitswelt, zählen (siehe hierzu Baumann 2021).

Erste Studien liefern empirische Evidenz für die Beanspruchungen, die Schüler*innen während der COVID-19-Pandemie erlebten. In der COPSY-Studie (Ravens-Sieberer et al. 2021) gaben zwei Drittel der 1.040 befragten Schüler*innen an, sich von den Folgen der Pandemie belastet zu fühlen. Die Lernzeit von Schüler*innen lag in Phasen von (teilweisem) Distanzunterricht deutlich unter der Zeit der eigentlich vorgesehenen Schulstunden und die Lernfortschritte insbesondere von leistungsschwächeren Schüler*innen und bei weniger familiären Ressourcen sind geringer ausgefallen als unter den üblichen schulischen Bedingungen zu erwarten (Bujard et al. 2021). Auch Kinder und Jugendliche mit Behinderung bzw. Sonderpädagogischem Förderbedarf waren von den pandemiebedingten Veränderungen in besonderer Weise betroffen (für einen Überblick siehe Feschin et al. 2022), wobei das Distanzlernen für einen Teil der Schüler*innen, insbesondere solchen im Autismus-Spektrum, auch Vorteile bedeutete: So berichten Eckert und Kamm Jehli (2021), dass nach Einschätzung ihrer Eltern 63 % dieser Kinder und Jugendlichen im Distanzlernen weniger Stress- und Überforderungsreaktionen zeigten; teilweise sei auch die Lernkonzentration und -motivation gestiegen. Bei einem Teil dieser Schüler*innengruppe wurden jedoch auch überwiegend negative Reaktionen beobachtet (Prosetzky et al. 2021; siehe auch Bešić & Holzinger 2020).

Befragungen von Lehrkräften verweisen darauf, dass diese sich u. a. durch ein gesteigertes Arbeitspensum, fehlende Planungssicherheit sowie den Mangel an geeigneter technischer Ausstattung belastet fühlten (Robert Bosch Stiftung 2020). Für Schulbegleitungen brachten die Phasen des Distanzlernens in vielen Fällen erhebliche Unsicherheiten hinsichtlich der Umsetzung ihres Unterstützungsauftrags und ihrer konkreten Beschäftigungssituation mit sich (Henn et al. 2020). Obwohl keine systematische, gar amtlich verantwortete oder rechtlich abgesicherte Anpassung von Schulbegleitung an die neue Situation erfolgte, hielten nach Angaben der von Henn et al. befragten Träger und Schulbegleitungen dennoch 84 % der Schulbegleitungen (oft eigeninitiativ) durchgängig Kontakt zu ihrem*ihrer Schüler*in. Viele wurden zum Bindeglied zwischen Schule und Eltern bzw. Schüler*in und leisteten konkrete didaktisch-pädagogische Unterstützung im Distanzlernen.

2.3 Forschungsfragen

Die pandemiebedingten Veränderungen des Schulalltags gingen speziell für Schüler*innen mit bestimmten Behinderungsformen mit besonderen Schwierigkeiten einher, wobei für Lernende mit einer Autismusdiagnose einerseits bereits die häufigen Veränderungen an sich mit Belastung verbunden waren (Bešić & Holzinger 2020), andererseits der Wegfall von Stressfaktoren des Präsenzunterrichts (wie Lärm, große Lerngruppe, hohe Dichte sozialer Interaktionen) auch eine Entlastung bedeuten konnte (Eckert & Kamm Jehli 2021). Schulbegleitungen als kontinuierlicher Unterstützung kam in dieser Zeit möglicherweise eine noch größere Bedeutung zu, als dies bereits im regulären Schulalltag der Fall ist, z. B. durch die Aufrechterhaltung des persönlichen Kontakts oder durch die Hilfe bei der Organisation des selbstständigen Lernens. Dabei ist anzunehmen, dass die Möglichkeit effektiver Unterstützung durch Schulbegleitung gerade während der Zeit des Distanzlernens und des Lernens im Wechselmodell maßgeblich von der Kooperation mit den Lehrkräften der begleiteten Schüler*innen abhing, da Schulbegleitungen in dieser Zeit nicht die Möglichkeit hatten, wichtige schulbezogene Informationen (z. B. zu Unterrichtsinhalten oder organisatorischen Aspekten) quasi nebenbei durch ihre Anwesenheit im (Präsenz-)Unterricht zu erhalten. Vor diesem Hintergrund ist Ziel des vorliegenden Beitrags, auf Basis von Interviewdaten zu untersuchen, (1) wie die Schulbegleitung von Schüler*innen mit einer Autismusdiagnose vor und während der COVID-19-Pandemie umgesetzt wurde und (2) wie in diesen Fällen die Kooperation von Lehrkräften und Schulbegleitungen vor und während der COVID-19-Pandemie gestaltet wurde.

3 Interviewstudie

3.1 Methodik

Im Zeitraum von Mai bis November des Jahres 2021 wurden leitfadengestützte Interviews mit Schulbegleitungen und Regelschullehrkräften aus Niedersachsen und Hessen, die sich nach Anfragen bei Schulen und Trägern von Schulbegleitung zur Teilnahme bereit erklärt hatten, durchgeführt (Fröhlich 2022). Die Befragten wurden dabei als Expert*innen für die Gestaltung der Maßnahme Schulbegleitung und der mit ihr in Zusammenhang stehenden Kooperationsprozesse während der COVID-19-Pandemie adressiert (Gläser & Laudel 2010). Die Interviews fanden per Telefon, per Videokonferenz oder in Präsenz statt und dauerten im Schnitt rund 40 Minuten. Aus der Gesamtstichprobe von $n = 10$ berichteten drei Schulbegleitungen und vier Lehrkräfte, Lernende mit einer Autismusdiagnose zu begleiten bzw. Klassenleitung von schulbegleiteten Lernenden im Autismus-Spektrum zu sein (▶ Tab. 6), wobei in einem Fall (L1) der Diagnoseprozess noch nicht abgeschlossen war. Von den Schulbegleitungen verfügt dabei nur eine über eine fachspezifische formale Qualifikation (S3).

Die Audioaufnahmen der Interviews wurden nach den inhaltlich-semantischen Transkriptionsregeln von Dresing und Pehl (2018) wörtlich transkribiert und anonymisiert. Die Auswertung des Textmaterials erfolgte anhand der qualitativen Inhaltsanalyse nach Mayring (2015) mithilfe von Kodierleitfäden für die Schulbegleitungs- und die Lehrkräfteinterviews. Die Kodierleitfäden wurden in einer Kombination aus deduktivem und induktivem Vorgehen entwickelt, indem im Vorhinein auf Basis des bisherigen Theorie- und Forschungsstands Kategorien gebildet wurden, die im Auswertungsprozess um weitere Kategorien ergänzt wurden, die aus dem Interviewmaterial heraus entwickelt wurden und vorrangig Inhalte

Tab. 6: Übersicht über die Stichprobe

	Interview/ Fall	Interviewte Person				Schulbegleitete Schüler*innen		
		Alter (Jahre)	Geschlecht	Qualifikation	Erfahrung als Schulbeglei- tung bzw. Lehrkraft	Schulform	Jahrgangs- stufe	Geschlecht
Schulbeglei- tungen	S1	50	w	Medizinische Fach- angestellte	4 Jahre	IGS	9	m
	S2	22	m	keine Ausbildung	2 Jahre	IGS	6 und 12	m
	S3	64	m	Erzieher	5 Jahre	IGS	9	m
Klassenlei- tungen	L1	43	m	Gymnasiallehramt	15 Jahre	Gymnasium	7	m
	L2	33	w	Haupt- und Real- schullehramt	8 Jahre	IGS	10	m
	L3	58	w	Gymnasiallehramt	20 Jahre	Gymnasium	7	m
	L4	41	w	Gymnasiallehramt	16 Jahre	Gymnasium	6	m

Anmerkung: Mit Ausnahme von S2 (zwei schulbegleitete Schüler) sind die Schulbegleitungen bzw. Klassenleitung jeweils nur für einen schul- begleiteten Schüler zuständig.

betreffen, die sich auf pandemiebedingte Veränderungen beziehen. Eine ausführliche Darstellung der Studie sowie eine Beschreibung der Interviewleitfäden findet sich bei Fröhlich (2022).

3.2 Ergebnisse

Umsetzung von Schulbegleitung

Aus den Interviews wird deutlich, dass Schulbegleitungen vor der Pandemie vielfältige Aufgaben übernahmen, die sich grob vier übergeordneten Tätigkeitsbereichen zuordnen lassen: (i) Unterstützung im emotionalen und sozialen Bereich, (ii) Unterstützung bei der Bewältigung von Unterrichtsanforderungen, (iii) Kooperation mit Eltern, Lehrkräften und weiteren an der Schule beschäftigten Tätigkeitsgruppen sowie (iv) Begleitung der Lernenden außerhalb der Unterrichtszeit.

Die Unterstützung im emotional-sozialen Bereich wurde von allen Interviewten als Aufgabenbereich von Schulbegleitung benannt. Angeführt wurde diesbezüglich u. a. das Unterstützen der Lernenden bei der Konfliktklärung (S3, L3), das Vermitteln von Sicherheit im Unterrichtsalltag (S1, S3, L1, L2) sowie das Ermöglichen von Auszeiten außerhalb des Klassenraumes (S1, L1, L3, L4). In drei Fällen (S2, S3, L3) nahmen die Schulbegleitungen zusätzlich eine Vermittlungsfunktion zwischen den schulbegleiteten Lernenden und ihren Mitschüler*innen ein, indem sie dort unterstützen, »wo soziale Prozesse und Interaktion zu verstehen und umzusetzen sind« (S3).

Dass Schulbegleitungen im engeren Sinne unterrichtsbezogene Tätigkeiten wahrnehmen, wurde ebenfalls von allen Interviewten angegeben. Hierzu gehören bspw. die Unterstützung bei der Organisation des Arbeitsplatzes und der Schulmaterialien (S1, S2, S3, L1), die Förderung der Konzentration (S3, L3), das Erklären von Arbeitsaufträgen (S1, L4) sowie die Reduktion von Unterrichtsstörungen (L1). Auch das Unterstützen der Lehrkräfte beim Unterrichten wurde von einem Schulbegleiter (S2) als Aufgabe benannt. Dieser führt an, »als Gesprächspartner für den Unterricht« (S2) zur Verfügung zu stehen oder aber Übungen im Sportunterricht vorzuführen, »damit die Schüler einen gewissen Anreiz haben […] besser mitzumachen« (S2).

Ein weiterer wichtiger Aufgabenbereich von Schulbegleitung, der von allen Interviewten benannt wurde, ist die Kooperation mit Lehrkräften, Eltern und anderen an der Schule beschäftigten Tätigkeitsgruppen. In diesen Bereich fallen u. a. der Informationsaustausch über die schulbegleiteten Lernenden (S1, S3, L1, L2, L3, L4), problembezogene Absprachen (S2, S3, L1), das Erstellen von Förderplänen oder auch Rückmeldungen an die Eltern (S3). Schließlich begleiteten einige Schulbegleitungen die Lernenden außerhalb des Unterrichts, wie bspw. auf dem Schulweg (S1, L4) oder in den Hofpausen (S1, L1, L2).

Die pandemiebedingten Maßnahmen im Schulalltag führten in allen Fällen zu einer erheblichen Veränderung und teilweise zu deutlichen Einschränkungen von

Schulbegleitung.[27] Während der Schulschließungen im März 2020 und Dezember 2020 war der häufigste Fall in der befragten Stichprobe der vollständige Entfall von Schulbegleitung (S1, S2, S3, L1, L2). Nach der Einschätzung von zwei Befragten (L1, L2) war die Begleitung der Lernenden während des Distanzlernens nicht notwendig, wohingegen einer der Schulbegleiter angibt, dass die Möglichkeit weiterer Begleitung »nicht kommuniziert [wurde], [...] sodass wir erst hinterher darauf gekommen sind« (S3). In drei Fällen (S2, L3, L4) waren die Schulbegleitungen in veränderter Form tätig: Eine Schulbegleitung (S2) berichtet, dem Schüler zeitweise bei der digitalen Kommunikation mit den Lehrkräften geholfen zu haben, ansonsten aber keine Möglichkeit der Begleitung gehabt zu haben, da der Schüler sich »komplett verweigert hat (.) überhaupt am Unterricht teilzunehmen«. Eine Lehrkraft (L3) erzählt darüber hinaus, dass die Schulbegleitung dem Schüler (7. Jahrgang) via Telefon und Videokonferenz bei der Bearbeitung der Schulaufgaben half und Spaziergänge mit ihm unternahm, um »diesen menschlichen Kontakt zu halten« (L3). Dabei sei der Schulbegleitung auch die Aufgabe zugekommen, den Kontakt zu den Erziehungsberechtigten sowie den Lehrkräften des Schülers aufrechtzuerhalten (L3). Eine weitere Lehrperson führt an, dass die Maßnahme weitergeführt wurde, hatte jedoch keine Kenntnis darüber, auf welche Weise und in welchem Umfang dies erfolgte (L4).

Mit der Wiederaufnahme des Präsenzunterrichts wurde die Schulbegleitung in allen Fällen wieder aufgenommen. Vor Ort wurden neben den Aufgaben, die bereits vor der Pandemie anfielen, Unterstützung bei der Gewöhnung an die pandemiebedingten Abstands- und Hygienebestimmungen (S2, S3) und bei der Wieder- bzw. Umgewöhnung an die verschiedenen Unterrichtsmodelle (S2, S3, L1, L2, L3, L4) geleistet. Für die Lernenden sei es schwierig gewesen, Maßnahmen wie das Tragen von Masken, die Durchführung von Corona-Tests, die Abgrenzung der Schulwege und die Einteilung in feste Klassenkohorten nachzuvollziehen und diese Regelungen zu befolgen. Ein Schulbegleiter stellt die Schwierigkeiten des von ihm begleiteten Kindes dabei in einen direkten Zusammenhang mit dessen Autismusdiagnose: »Die testen ja dreimal in der Woche und [...] die Pausenhöfe sind markiert, aber das ist natürlich, wenn sie so einen Autisten haben, der nur [...] so langwierig eingeübte Rituale nachvollziehen kann /. [...] Das schafft der alleine gar nicht« (S3). Bezüglich der Schwierigkeit des Übergangs von kleineren Lerngruppen im Wechselmodell zum Unterricht in voller Klassenstärke im eingeschränkten Regelbetrieb erläutert eine Lehrerin:

> »Ja, der Schritt zurück war schon eine große Veränderung nach den vielen Wochen. Also ich hatte als Klassenlehrerin den Eindruck gehabt und ich glaube, das würde die Schulbegleiterin [...] auch so sehen, dass er /. dass ihm vieles zu viel war und dass die Konflikte auf dem Schulhof zugenommen haben (.), dass er sehr unruhig war, dass ihm alles zu laut, zu viel war (..) und dass er sich erst mal wieder an diese riesige Gruppe gewöhnen musste.« (L3)

Hinsichtlich der Phasen des Wechselunterrichts wurde von den Befragten ausschließlich von Schulbegleitung während des schulischen Lernens vor Ort berichtet.

---

27 Da sich keine nennenswerten Unterschiede zwischen der ersten und zweiten Phase von Schulschließungen sowie der ersten und zweiten Wiederaufnahme des eingeschränkten Regelbetriebs fanden, werden die Ergebnisse hierzu jeweils zusammengefasst berichtet.

Lediglich in einem Fall gibt eine Schulbegleiterin an, einen der Schüler (6. Jahrgang) jeweils eine Woche lang in der Schule begleitet zu haben und eine Woche zuhause: »Dort habe ich ihn dann besucht und bei den Aufgaben unterstützt« (S2).

Insgesamt lässt sich festhalten, dass die pandemiebedingten Änderungen der Rahmenbedingungen für schulisches Lernen erheblichen Einfluss auf die Unterstützung durch Schulbegleitung hatten. In den meisten Fällen waren die Schulbegleitungen dabei nur dann tätig, wenn der Schüler vor Ort beschult wurde, und übernahmen dann zusätzliche Aufgaben, die mit der Wieder-Eingewöhnung an den Präsenzbetrieb und der Umsetzung der Hygienemaßnahmen zu tun hatten. Nur in einigen Fällen wurde Schulbegleitung auch während des Distanzlernens geleistet, wobei die Aufgaben sich von Fall zu Fall unterschieden und insbesondere Kontakthalten, Vermitteln zwischen Schüler*innen und Lehrkräften und Unterrichten umfassten.

Kooperation von Lehrkräften und Schulbegleitungen

Die Interviewergebnisse zeigen, dass die Organisation von Kooperation zwischen Lehrkräften und Schulbegleitungen vor der COVID-19-Pandemie überwiegend anlassbezogen und wenig systematisch erfolgte. Nur ein Schulbegleiter – im Übrigen derjenige, der über eine pädagogische Ausbildung verfügt – berichtet von Einbindung in übergeordnete Kooperationsstrukturen, in deren Rahmen er an im Vorfeld geplanten Teammeetings, in denen die Förderpläne für schulbegleitete Kinder und Jugendliche abgestimmt werden, partizipiert (S3). Alle anderen Befragten führen an, keine festen oder regelmäßigen Termine mit ihren Kooperationspartner*innen zu haben, sondern ausschließlich spontan arbeitsbezogene Gespräche zu führen, etwa wenn Probleme bei oder mit dem schulbegleiteten Schüler auftreten (S2, L1) bzw. der Schüler »irgendwo auffällig geworden ist« (S3). Die Häufigkeit solcher Gespräche variierte mit Angaben von *täglich* (S2, S3) bis zu *zwei bis drei Mal wöchentlich* (S1) und *ein bis vier Mal im Monat* (L1, L2, L4) bzw. *nur bei Bedarf* (L3). Alle Beteiligten tauschten dabei schüler*innenbezogene und organisatorische Informationen aus, in zwei Fällen (S2, S3) wurden darüber hinaus auch didaktische Vorgehensweisen, z. B. bezüglich bestimmter Unterrichtsinhalte besprochen, wie etwa die Realisierung von Unterrichtsinhalten.

Hinsichtlich des Niveaus der Kooperation lassen sich die Angaben der Befragten dahingehend einordnen, dass sich die Zusammenarbeit in drei Fällen (S1, L2, L4) auf den Austausch von Informationen und das Treffen von Absprachen beschränkte und in vier Fällen (S2, S3, L1, L3) auch intensivere Formen von Zusammenarbeit praktiziert wurden, bei der die Kooperationspartner ihre jeweiligen Perspektiven auf eine Situation einbringen. So schildert ein Lehrer:

> »Also wir können gut miteinander und insofern ist da auch eine Offenheit da und (.) keine Distanz und keine Schwelle irgendwie, das ›Ich bin der Lehrer und Sie sind doch nur die Schulbegleiterin‹, sondern ›Hey, wie siehst du das?‹ und ›Gib doch mal deine Meinung‹.« (L1)

Über den Mehrwert, den eine solche Form von Zusammenarbeit seiner Einschätzung nach hat, berichtet der Schulbegleiter, der gelernter Erzieher ist (S3):

»Kooperationen sind immer wichtig, weil ja jeder eine andere Ausbildung hat im Prinzip. Also [der] Schulbegleiter hat im Prinzip seine Aufgabe, dass er sozial-emotional unterstützt. Eine Lehrkraft muss also fachlich in der Form unterstützen [...]. Man lernt da voneinander und auch das Bild auf den Schüler oder auf den Klienten ist von jeder Gruppe etwas unterschiedlich. [...] Um da zu einer realistischen Einschätzung zu kommen, braucht es immer mehrere Leute aus unterschiedlichen Bereichen.« (S3)

Während diese Aussage exemplarisch für eine Form von Kooperation steht, bei der im Sinne von Ko-konstruktion eine gemeinsame Perspektive – in diesem Fall offenbar auf den betreffenden Schüler – entwickelt wird, beschreibt eine andere Lehrkraft eher eine arbeitsteilige Zusammenarbeit, innerhalb derer die Schulbegleitung für die Probleme des Schülers zuständig ist: »Mich entlastet das einfach zu wissen, dass ein Schüler, der doch einfach Probleme hat, so in der Bewältigung des Schulalltags und im Unterricht, dass ich einfach weiß, da ist jemand, der sich kümmert« (L4). Ähnlich nahmen auch zwei weitere Lehrkräfte (L1, L3) Schulbegleitung als Entlastung für sich und als Gewinn für die begleiteten Schüler wahr, während eine Lehrkraft (L2) die Unterstützung durch eine Schulbegleitung für nicht notwendig hielt.

Gefragt nach ihrer Bewertung der Zusammenarbeit bezeichneten sich die meisten Interviewteilnehmer*innen als (weitgehend) zufrieden (S1, S2, L2, L3, L4), führten aber gleichzeitig auch Herausforderungen an, welche die Kooperation aus ihrer Perspektive erschweren. Dazu gehören Schwierigkeiten in der zwischenmenschlichen Kommunikation, wie die Wahrnehmung eines zu geringen Verständnisses für die Tätigkeit der Schulbegleitung (S2) oder die fehlende Eingebundenheit in das Lehrkräftekollegium (S1). Darüber hinaus wurden strukturelle Hindernisse wie das Fehlen von zeitlichen Ressourcen benannt (L3). Auch die tendenziell kooperationshemmenden Rahmenbedingungen des Lehrkräfteberufs bezeichneten die Interviewteilnehmer*innen (S2, L1) als herausfordernd. Eine Lehrkraft berichtet in diesem Zusammenhang, dass einige Kolleg*innen die Anwesenheit von Schulbegleiter*innen in ihrem Unterricht nicht gewohnt seien und diese deshalb »auch da gar nicht mit einbezogen werden« (L1).

Die Veränderungen des Schulalltags während der COVID-19-Pandemie spiegeln sich auch in der Kooperationspraxis der Befragten wider. In allen Fällen erfolgte Kooperation nun ausschließlich situationsbezogen und spontan, wobei vier Befragte (S1, S3, L1, L4) angaben, dass sich die Häufigkeit solcher arbeitsbezogenen Gespräche während der Pandemie verringerte, während zwei weitere Interviewteilnehmer*innen (S2, L2) sie als etwa gleich einschätzten. Der einzige Schulbegleiter, der zuvor an regelmäßigen Teammeetings teilgenommen hatte, erklärt, dass die geplanten Teammeetings an seiner Schule aufgrund der geltenden Corona-Schutzbestimmungen entfallen mussten. Er beschreibt das Ausweichen auf unstrukturierte Zusammenarbeit, die bei den anderen Befragten schon vor der Pandemie der Regelfall war, als risikoreich: »So ist das dann also eher eine informelle Sache und ja dann kann schon mal was schiefgehen, sage ich ganz einfach« (S3).

Tatsächlich fand während der Phasen der Schulschließungen in den Fällen, in denen Schulbegleitung entfiel (S1, S2, S3, L1, L2), kaum Zusammenarbeit statt, was sich auch in den Angaben einer Lehrkraft zu Schulbegleitung im Wechselmodell zeigt: »Also ich weiß, dass immer, wenn er in der Schule war, dass die Schulbegleitung dann auch dabei war. Inwieweit das zuhause abgesprochen war, was die Schulbegleiterin gemacht hat, was das Elternhaus geleistet hat, das kann ich nicht sagen« (L4).

Insgesamt zeigt sich also, dass die COVID-19-Pandemie eher zu einer Abnahme von Kooperation geführt hat. Soweit weitere Aspekte in Bezug auf die Veränderungen von Kooperation während der Pandemie genannt wurden, bezogen sich diese auf besondere Herausforderungen: Ein Schulbegleiter (S2) beschreibt, dass die Kommunikation über die digitalen Medien die Zusammenarbeit mit den Lehrkräften erschwerte; ein Lehrer (L1) berichtet, dass der veränderte Schulalltag dazu führte, dass schon vor der Pandemie bestehende Unstimmigkeiten hinsichtlich der Rolle und Aufgaben der Schulbegleitung nicht zeitnah geklärt wurden und die Schulbegleitung deshalb schließlich erwogen habe, ihre Tätigkeit zu beenden. Des Weiteren kritisiert eine Schulbegleiterin (S1) mangelnde Eingebundenheit in schulische Informationskanäle, was zur Folge hatte, dass sie sich jeweils eigenständig über die aktuell geltenden Corona-Schutzbestimmungen für den Schulbetrieb informieren musste.

4 Diskussion

Die Interviews zu Schulbegleitung für Schüler mit Autismusdiagnose geben Einblick in die Umsetzung von Schulbegleitung und die Kooperation von Lehrkräften und Schulbegleitungen vor und während der COVID-19-Pandemie. Die Ergebnisse lassen sich wie folgt zusammenfassen:

(i) Die Angaben der Befragten zu Schulbegleitung und Kooperation vor der Pandemie entsprechen in ihren zentralen Aspekten den Befunden anderer Studien aus dem Feld (z. B. Czempiel & Kracke 2019; Meyer 2017) und zeigen damit auf, dass auch Schulbegleitung bei Autismus mit Herausforderungen konfrontiert ist, die aus der mangelnden konzeptuellen Einbettung von Schulbegleitung in das System Schule resultieren. Zum einen verfügen zwei der drei Schulbegleitungen unserer Stichprobe über keine pädagogische Fachqualifikation; dennoch wurde in allen Fällen berichtet, dass die Schulbegleitungen auch emotional-soziale Unterstützung leisten und unterrichtsbezogen teilweise didaktische Tätigkeiten übernehmen. Zum anderen wird deutlich, dass die Kooperation vor der Pandemie überwiegend situationsbezogen und ohne feste oder regelmäßige terminliche Absprachen verlief und Inhalte sowie wahrgenommene Qualität der Zusammenarbeit zwischen den Befragten stark variierten. Als Erschwernisse bei der Kooperation wurden u. a. die fehlende Eingebundenheit in das Lehrkräftekollegium und fehlendes Verständnis für die Tätigkeit von Schulbegleitung genannt.

(ii) Aus den Angaben zur pandemischen Phase wird noch deutlicher, wie stark die Umsetzung von Schulbegleitung und die Kooperation mit Schulbegleitungen vom individuellen Engagement der Akteur*innen abhängt. Bemerkenswert ist dabei insbesondere, dass Schulbegleitung in der hier vorliegenden Stichprobe während der Phase von (ausschließlichem) Distanzunterricht in den meisten Fällen komplett entfiel. Nur in Einzelfällen waren Schulbegleitungen im sogenannten Homeschooling tätig, wobei neben Vermittlungsaufgaben zwischen Schule und Schüler*in insbesondere didaktische Unterstützung geleistet wurde, was auch in der Befragung von Henn et al. (2021) berichtet wird. Die Kooperation zwischen Lehrkräften und Schulbegleitungen, die bereits vor der Pandemie wenig systematisch erfolgte, wurde während des Distanzunterrichts teilweise vollständig eingestellt, sodass Schulbegleitungen in diesen Fällen keine vermittelnde Funktion einnahmen oder einnehmen konnten, was sich auch an dem kritisch zu bewertenden Befund zeigt, dass nicht alle Lehrkräfte überhaupt genauere Aussagen zu Schulbegleitung während dieser Zeit machen konnten. Von der Möglichkeit, durch die Weiterführung von Schulbegleitung die Belastungen, die die pandemiebedingten Veränderungen insbesondere für Schüler*innen mit besonderen (Lern-)Herausforderungen bedeuteten (Feschin et al. 2022), zu reduzieren, wurde also nicht systematisch Gebrauch gemacht. Hierfür hätte es gemeinsame Gespräche – zwischen Schulbegleitung, Lehrkräften sowie Eltern und Trägern/Ämtern – zur Anpassung von Schulbegleitung an die veränderten Unterstützungsbedarfe gebraucht. Von derartigen Gesprächen berichtete keine*r der Befragten, sodass davon ausgegangen werden muss, dass die wenigen Schulbegleitungen, die auch während des Distanzunterrichts tätig waren, ebenso wie die von Henn et al. (2021) befragten, weitgehend eigeninitiativ handelten. Festzuhalten ist also: Den speziellen Bedarfen von Schüler*innen im Autismus-Spektrum während der Pandemie – z. B. das Aufrechterhalten von Routinen – wurde von institutioneller Seite her nicht strukturiert Rechnung getragen. Weitergehend verweisen die Erfahrungen, die in den Interviews berichtet wurden, ähnlich wie die Befunde von Eckert und Kamm Jehli (2021) sowie Prosetzky et al. (2021) auf Schwierigkeiten, die der (wieder) reguläre Schulalltag für Schüler*innen im Autismus-Spektrum mit sich bringt (»vieles zu viel«, »zu laut«; L3). Die geänderten Lernbedingungen während der Pandemie zeigen also auch auf, an welchen Stellen die Regelsituation nicht den Bedürfnissen von (bestimmten) Schüler*innen entspricht.

Zu beachten ist, dass die Generalisierbarkeit unserer Interviewergebnisse aufgrund der kleinen Stichprobe limitiert ist. Durch den Beitrag von Daten zur konkreten Umsetzung von Schulbegleitung während des Distanz- und Wechselunterrichts liefert sie jedoch Erkenntnisse, die nicht nur Einblicke in den pandemischen Schulalltag von Schüler*innen mit Autismus geben, sondern darüber hinaus auch einmal mehr auf grundsätzliche Fragen zu Schulbegleitung als inklusiver Unterstützungsmaßnahme in ihrer jetzigen Form verweist (siehe hierzu auch Henn et al. 2020): Die Schwierigkeiten, die mit der mangelnden Einbettung in schulische Strukturen verbunden sind, werden in der Ausnahmesituation der COVID-19-Pandemie besonders deutlich. Ohne verbindliche Kooperationsstrukturen und Konzepte zur Einbindung von Schulbegleitungen ist nicht sichergestellt, dass schulbegleitete Schüler*innen unter veränderten schulischen Rahmenbedingungen entsprechende Unterstützung erhalten. Wenn inklusive Schule gelingen soll, muss in Situationen, in denen äußere Umstände das schulische Lernen verändern oder erschweren, Verantwortung auch und gerade für Schüler*innen mit besonderen Bedarfen mitgedacht werden.

Literatur

Baumann, M. (2021). COVID-19 and mental health in children and adolescents: A diagnostic panel to map psycho-social consequences in the pandemic context. *Discover Mental Health*, *1*(1). https://doi.org/10.1007/s44192-021-00002-x

Bešić, E. & Holzinger, A. (2020). Fernunterricht für Schüler*innen mit Behinderungen: Perspektiven von Lehrpersonen. *Zeitschrift für Inklusion*, 3.

Bujard, M., von den Driesch, E., Ruckdeschel, K., Laß, I., Thönnissen, C., Schumann, A. & Schneider, N. F. (2021). *Belastungen von Kindern, Jugendlichen und Eltern in der Corona-Pandemie*. Bundesinstitut für Bevölkerungsforschung. https://doi.org/10.12765/bro-2021-02

Czempiel, S. & Kracke, B. (2019). Kann das jeder? Welche Rolle spielt die Qualifikation von Schulbegleiter/innen für die Tätigkeiten und die Zusammenarbeit mit Lehrer/innen? Eine explorative Studie. *Qualifizierung für Inklusion*, *1*(1). https://doi.org/10.21248/qfi.16

Demmer, C., Heinrich, M. & Lübeck, A. (2017). Professionalisierungsherausforderung im Berufsfeld Schule angesichts von Inklusion. Zur gegenstandsorientierten Konzeption einer Lehrerfortbildung am Beispiel von Schulbegleitungen. *Die Deutsche Schule*, *109*(1), 28–42.

Dresing, T. & Pehl, T. (2018). *Praxisbuch Interview, Transkription & Analyse. Anleitungen und Regelsysteme für qualitativ Forschende* (8. Aufl.). Eigenverlag.

Eckert, A. & Kamm Jehli, S. (2021). Schule und Autismus: Was können wir aus der Corona-Krise lernen? *Schweizer Zeitschrift für Heilpädagogik*, *27*(5), 26–32.

Feschin, C., Sagrauske, M., Semmler, R., Kunze, M. & Lindmeier, C. (2022). *Sonder- und Inklusionspädagogische Studien zu den Folgen der COVID-19-pandemiebedingten Schulschließungen. Ein systematisches Review*. Martin-Luther-Universität Halle-Wittenberg.

Fröhlich, I. (2022). *Multiprofessionelle Kooperation unter erschwerten Bedingungen: Wie kooperieren Schulbegleiter*innen und Lehrkräfte während der COVID-19-Pandemie?* [Unveröffentlichte Masterarbeit]. Georg-August-Universität Göttingen.

Gläser, J. & Laudel, G. (2010). *Experteninterviews und qualitative Inhaltsanalyse als Instrumente rekonstruierender Untersuchungen* (4. Aufl.). VS Verlag für Sozialwissenschaften.

Gräsel, C., Fussangel, K. & Pröbstel, C. (2006). Lehrkräfte zur Kooperation anregen – eine Aufgabe für Sisyphos? *Zeitschrift für Pädagogik*, *52*(2), 205–219. https://doi.org/10.25656/01:4453

Henn, K., Schönecker, L., Lange, S., Fegert, J. M. & Ziegenhain, U. (2020). Unterstützung durch Schulbegleiterinnen (m/w/d**) trotz corona-bedingten Schulschließungen. *Das Jugendamt*, *10*, 482–488.

KMK (2022). *Entscheidungen der KMK in der Corona-Krise*. https://www.kmk.org/aktuelles/entscheidungen-der-kmk-in-der-corona-krise.html [15.09.2022]

Lindemann, H. & Schlarmann, A. (2016). Schulbegleitung: Eine deskriptive Analyse der Rahmenbedingungen. *Zeitschrift für Heilpädagogik*, *67*(6), 264–279.

Mayring, P. (2015). *Qualitative Inhaltsanalyse. Grundlagen und Techniken* (12., überarb. Aufl.). Beltz.

Meyer, K. (2017). *Multiprofessionalität in der inklusiven Schule: Eine empirische Studie zur Kooperation von Lehrkräften und Schulbegleiter/innen (Göttinger Schulbegleitungsstudie GötS)* (Göttinger Beiträge zur erziehungswissenschaftlichen Forschung, Band 37). Universitätsverlag. https://doi.org/10.17875/gup2017-1029

Meyer, K., Nonte, S. & Willems, A. S. (2018). Multiprofessionalität in der inklusiven Schule: Kooperation mit Schulbegleitungen aus Schulentwicklungsperspektive. In M. Walm, Th. Häcker, F. Radisch & A. Krüger. (Hrsg.), *Empirisch-pädagogische Forschung in inklusiven Zeiten – Konzeptualisierung, Professionalisierung, Systementwicklung* (S. 146–158). Klinkhardt.

Prosetzky, I., Poustka, L., Dukes, D. & Samson, A. C. (2021). Eine internationale Studie zu Auswirkungen der COVID-19-Pandemie auf Familien mit einem behinderten Kind. Wie ging es den Familien in Deutschland? Ein Bericht. *Teilhabe*, *60*(2), 88–89.

Ravens-Sieberer, U., Kaman, A., Otto, C., Adedeji, A., Devine, J., Erhart, M., Napp, A.-K., Becker, M., Blanck-Stellmacher, U., Löffler, C., Schlack, R. & Hurrelmann, K. (2021). Psychische Gesundheit und Lebensqualität von Kindern und Jugendlichen während der COVID-19-Pandemie. In D. Dohmen & K. Hurrelmann (Hrsg.), *Generation Corona? Wie Jugendliche durch die Pandemie benachteiligt werden* (S. 248–260). Beltz Juventa.

Robert Bosch Stiftung (2020). *Das Deutsche Schulbarometer Spezial Corona-Krise. Ergebnisse einer Befragung von Lehrerinnen und Lehrern an allgemeinbildenden Schulen im Auftrag der Robert Bosch Stiftung in Kooperation mit der ZEIT.* Robert Bosch Stiftung.

Schindler, F. & Schindler, M. (2021). Ressourcen und Belastungen im Arbeitsfeld Schulassistenz: Eine explorative Interviewstudie mit Schulassistent*innen verschiedener Schulformen in NRW. *Qualifizierung für Inklusion*, *3*(1). https://doi.org/10.21248/qfi.50

Schulbegleitung im Autismus-Spektrum – Einfluss auf die soziale Integration der Schüler:innen

Anna Zuleger

1 Einleitung

Schüler:innen im Autismus-Spektrum sind aufgrund ihrer als herausfordernd wahrgenommenen Kommunikations- und Verhaltensmuster verstärkt von sozialem Ausschluss betroffen, was sich auch negativ auf die schulische Leistung, das Wohlbefinden sowie auf den Verbleib an einer Regelschule auswirken kann. Besuchen sie eine inklusive Regelschule in Bayern, erhalten sie oftmals eine Schulbegleitung. Die Schulbegleitungen haben den Auftrag, die Schüler:innen im Schulalltag beim Lernen, aber auch bei der sozialen Integration in die Klasse und das Schulleben zu unterstützen. Dabei sind diese in einem Klassenkontext tätig, in dem die Lehrkraft sowie die Rahmenbedingungen der Tätigkeit eine Rolle spielen. Der Beitrag nimmt eine Neu-Analyse von Studiendaten (Jerosenko 2019) vor und befasst sich mit dem Einfluss personaler, interaktioneller und systemischer Merkmale der Schulbegleitung auf die soziale Integration der begleiteten Kinder im Autismus-Spektrum in die Klasse.

2 Die Schulbegleitung

Schulbegleitungen befinden sich permanent in Dilemmata zwischen formalen Vorgaben und kindgerechtem Arbeiten, zwischen den Erwartungen der Lehrkräfte und der Eltern und auch zwischen den Rahmenbedingungen der Schule und der arbeitgebenden Einrichtung des Trägers der Kinder- und Jugendhilfe. Je nachdem, unter welchen Bedingungen der Schule und der Einrichtung des Trägers der Kinder- und Jugendhilfe die Schulbegleitung tätig ist, welche Aufgaben sie übernimmt und übernehmen darf, welchen Unterstützungsbedarf die begleiteten Schüler:innen aufweisen und welche Qualifikationen die Schulbegleitung mitbringt, kann sich dies im Ausmaß der sozialen Integration des Kindes widerspiegeln.

Zahlreiche Faktoren der Schulbegleitung können in bestimmten Situationen für die soziale Integration des Kindes förderlich sein, wurden aber noch nicht systematisch untersucht. Dazu möchte die vorliegende Neu-Analyse einen Beitrag leisten. Es werden ausgewählte Merkmale von Schulbegleitung im Hinblick auf soziale Integration untersucht, die anhand der standardisierten Befragung von Schulbegleitungen erhoben wurden. Von Interesse ist, ob die Ausgestaltung der Schulbegleitungstätigkeit im Hinblick auf diese Merkmale in Zusammenhang mit der sozialen Integration des Kindes steht (▶ Tab. 7).

Tab. 7: Ausgewählte Merkmale einer Schulbegleitung (SB), die die soziale Integration des Kindes beeinflussen können

Personale Faktoren einer SB	Qualifikation & Berufserfahrung
	Förderung der Selbstständigkeit
	Empathiefähigkeit
Interaktionelle Faktoren einer SB	Beziehung zum begleiteten Kind
	Zusammenarbeit mit der Lehrkraft
Systemische Faktoren einer SB	Gruppenbezug
	Zeitlicher Umfang der Begleitung
	Aufgabentyp

2.1 Personale Faktoren

Qualifikation und Berufserfahrung

Formal müssen Schulbegleitungen in Bayern bei Einstellung keine pädagogischen Mindestqualifikationen vorweisen (Verband der bayerischen Bezirke VdbB 2012), da hier das sonst in der Jugendhilfe übliche Fachkräftegebot nach § 72 des Kinder- und Jugendhilfegesetzes nicht gilt. Begründet wird dies damit, dass eine teilnehmende Begleitung eines Kindes oder Jugendlichen keiner pädagogischen, erzieherischen oder pflegerischen Qualifikation bedarf (Britze 2012, 3), außer dies wird im speziellen Einzelfall in der Hilfeplanung verlangt (VdbB 2012).

Dennoch achten Einrichtungen, die Schulbegleitungen der Kinder- und Jugendhilfe einstellen, sowie die Eltern so weit wie möglich auf eine gute Passung zwischen den kindlichen Bedarfen und den Fach- und pädagogischen Kompetenzen der Schulbegleitung (Jerosenko & Markowetz 2018). Studien zur Erhebung der Qualifikation von Schulbegleitungen kommen zu dem Schluss, dass die Hälfte der Schulbegleitungen eine Berufsausbildung oder ein Studium im pädagogischen oder pflegerischen Bereich aufweisen (z. B. Meyer 2017, 19).

Der Faktor Qualifikation und Berufserfahrung ist ein wichtiger Faktor, der die Qualität von Schulbegleitung beeinflussen kann. Dies wird durch die bisherigen Studien zu Effekten von Schulbegleitung bestätigt (Zauner & Zwosta 2014; Groom & Rose 2005). Qualifizierte Schulbegleitungen weisen idealerweise fachliche sowie soziale und Selbstkompetenzen, aber auch persönliche Kompetenzen wie bspw. Haltungen durch den Besuch von Weiterbildungen und Trainings auf und können auf ein breites fachliches Wissen sowie Strategierepertoire zurückgreifen. Dies ermöglicht es ihnen auch, passende Rollen gegenüber dem:der begleiteten Schüler:in in der Klasse einzunehmen.

Eine vorhandene pädagogische Ausbildung bedingt die Art der Arbeit einer Schulbegleitung stark, da qualifizierte Kräfte bezogen auf den Unterricht ganz andere Aufgaben übernehmen und bewältigen könnten als nicht qualifizierte. Sie haben bspw. mehr Handlungsoptionen, reflektieren ihre Arbeit eher und könnten sich aufgrund ihrer Ausbildung in einem pädagogischen Team leichter zurechtfinden. Zudem bedingt die pädagogische Ausbildung auf Seiten der Schulbegleitung häufig einen gewissen Anspruch im Umgang mit den Schüler:innen, z. B. im Hinblick auf die soziale Integration oder mit Kolleg:innen sowie Lehrkräften. Die Arbeit mit qualifizierten Schulbegleitungen wird größtenteils als qualitativ höherwertig beschrieben als die mit nicht-qualifizierten Kräften (Geist 2017, 57).

Förderung der Selbstständigkeit

Eine der genannten fachlichen Kompetenzen ist die Fähigkeit, die Selbstständigkeit der begleiteten Schüler:innen zu fördern. Auf diesen essenziellen Faktor wird vor allem in den Studien, die nachteilige Effekte einer Schulbegleitung identifizieren, Bezug genommen (Giangreco 2010; Lübeck 2016). Es handelt sich um einen kritischen Faktor für erfolgreiche soziale Integration, da das Finden einer Balance zwischen angemessener Unterstützung und Gewährung von Autonomie sich häufig als schwierig gestaltet. Zudem kann soziale Integration nicht gelingen, wenn der Hilfebedarf des Kindes vollständig erfüllt wird, das Kind gleichzeitig aber keine Möglichkeit erhält, selbst zu Aktivitäten befähigt zu werden. Die Ausrichtung der Tätigkeit der Schulbegleitung auf die Selbstständigkeit des Kindes kann dazu führen, eine passende Rolle im Unterricht einzunehmen, um bspw. Abschirmung oder Störung von Interaktionen zu vermeiden. Außerdem bewirkt sie – wobei Überforderung vermieden werden muss – eine soziale Kompetenzförderung des Kindes. Qualifizierte Schulbegleitungen bringen tendenziell eher diese Kompetenz mit, da sie den Unterstützungs- und Autonomiebedarf in der jeweiligen Situation besser einschätzen können.

Empathiefähigkeit

Die Empathiefähigkeit der Schulbegleitung beeinflusst als eine der persönlichen Kompetenzen die Qualität der Begleitung und kann positive Effekte auf soziale Integration hervorrufen (z. B. Groom & Rose 2005).
  Empathie bezeichnet die Fähigkeit und Bereitschaft, Empfindungen, Emotionen, Gedanken, Motive und Persönlichkeitsmerkmale einer anderen Person zu erkennen, zu verstehen und nachzuempfinden (Schmitt 1982). Dabei bleiben das Gefühl bzw. die Intention aber der anderen Person zugehörig und werden nicht als eigene Gefühle wahrgenommen (Bischoff-Köhler 2011, 261). Der Begriff Einfühlungsvermögen wird häufig synonym zu Empathie verwendet.
  In der Erziehungsstilforschung, Bindungsforschung sowie in der Selbstbestimmungstheorie wird Empathie neben emotionaler Wärme, Wertschätzung und Fürsorge für den Aufbau von Beziehungen hervorgehoben. Im schulischen Kontext ist der Beitrag einer Lehrperson zur sozialen Eingebundenheit der einzelnen Schü-

ler:innen in erster Linie ein sozial-emotionaler, indem sie Wertschätzung, Respekt und Fürsorge für die Lernenden zeigt. Auch aus der Perspektive der Lernenden ist die Fähigkeit der Lehrperson, fürsorgliche Beziehungen aufzubauen, eine der wichtigsten Eigenschaften einer guten Lehrkraft (Knierim, Raufelder & Wettstein 2017, 42 f.). Zahlreiche Studien über Lehrkräfte untermauern die positiven Effekte von empathischem Verhalten auf Schülerleistung, Unterrichtsverhalten, Klassenzusammenhalt und Klassenklima (z. B. Tausch 2008, 160 ff.). Da diese Variablen mittelbar oder unmittelbar mit sozialer Integration zusammenhängen, kann daraus ein positiver Effekt hoher Empathiefähigkeit auf die soziale Integration von Schüler:innen in die Klasse erwartet werden.

2.2 Interaktionelle Faktoren

Beziehung zum begleiteten Kind

Der Einfluss der Schulbegleitung im Hinblick auf die soziale Integration lässt sich ebenfalls an der Beziehung zum begleiteten Kind erkennen (z. B. Herz et al. 2018). Dieser Interaktions- und Beziehungsaspekt ist seit jeher ein zentraler Bestandteil der Unterrichtsforschung (z. B. Ittel & Raufelder 2008) und wurde bisher vor allem im Hinblick auf die Lehrer:in-Schüler:in-Beziehung (LSB) untersucht.

Der Entwicklungspsychologe Robert C. Pianta (1999) beschreibt LSB anhand der Merkmale »conflict«, »closeness« und »dependency«. Auf den Achsen »conflict« und »closeness« variieren die Erfahrungen der Lehrkräfte. »Dependency« bringt zum Ausdruck, inwieweit Lehrkräfte die Autonomie der Schüler:innen verhandeln und unterstützen.

Die LSB wird von zahlreichen Wissenschaftler:innen als die wichtigste Variable für die Bewertung der gesamten Schule durch die Schüler:innen identifiziert (z. B. Ditton & Merz 2000). Zum einen beeinflussen LSB zahlreiche schulleistungsbezogene Outcomes. Zum anderen beeinflussen sie die Kompetenzen des Kindes im Umgang mit ihren Peers in der Klasse und somit die soziale Integration sowie weiterhin deren Auswirkungen auf Schulerfolg oder Schulversagen (Pianta 1999, 45). Diese Zusammenhänge können uneingeschränkt auf die Schulbegleitung übertragen werden und verstärken sich möglicherweise, da die Schulbegleitung und das Kind in einer quantitativ und qualitativ intensiven Interaktion stehen (z. B. Wohlgemuth 2009).

Zusammenarbeit mit der Lehrkraft

Die Möglichkeiten für die Schulbegleitung, ihre fachlichen und persönlichen Kompetenzen zu nutzen sowie eine förderliche Beziehung zum begleiteten Kind aufzubauen, hängt maßgeblich auch von der Beziehung der Schulbegleitung zur Lehrkraft ab. Nicht nur die pädagogische Kompetenz, sondern auch die Zusammenarbeit mit Vorgesetzten und Kolleg:innen ist für die bestmögliche soziale Integration des Kindes notwendig (z. B. Markowetz & Jerosenko 2016).

Die Lehrkraft ist für die pädagogische Förderung der Gesamtklasse sowie für die Ausgestaltung ihres Unterrichts verantwortlich (Zumwald 2015, 46). Die Schulbegleitung dagegen ist nach derzeitigem Recht nur für eine:n Schüler:in verantwortlich. Sie ist formal eine schulfremde Person und unterstützt den:die Schüler:in dabei, die von der Lehrkraft vorgegebenen fachlichen Inhalte zu erlernen sowie in dem von der Lehrkraft ausgestalteten sozialen Klassenraum zurechtzukommen.

Eine wichtige Voraussetzung für die Zusammenarbeit zwischen einer nichtprofessionellen Schulbegleitung und der Lehrkraft ist das Kooperationsverhalten der Lehrkraft (ebd., 49ff.). Die Lehrperson erhält durch den Einsatz einer Schulbegleitung eine Kooperationsaufgabe, deren Ziel es ist, die Entwicklung des begleiteten Kindes zu fördern. Dabei soll die Lehrkraft die Schulbegleitung im Schulalltag unterstützen, beraten, mit ihr Ziele setzen und diese verfolgen (ebd.).

Eine positive Kooperationsbeziehung ist eine wichtige Grundlage für die Schulbegleitung, zuallererst für die Arbeitszufriedenheit, und dann, um auch selbst eine positive Beziehung zum begleiteten Kind aufzubauen und in seinem Interesse unterstützend tätig zu werden (Mayer et al. 2017). Eine positive Beziehung zur Lehrkraft kann im Sinne des Lernens am Modell auch von den Schüler:innen in ihren gegenseitigen Beziehungen imitiert werden und somit zu einem besseren Klassenklima und erfolgreicher sozialer Integration der beeinträchtigten Schüler:innen beitragen (Huber et al. 2018, 270f.).

2.3 Systemische Faktoren

Gruppenbezug

Formal sind Schulbegleitungen ausschließlich für diejenigen Schüler:innen zuständig, für die sie beantragt wurden, und dürfen keinen Mitschüler:innen helfen, wenn das begleitete Kind gerade keine Hilfe braucht (Dworschak 2013, 67). Dieser Einzelfallbezug wird in seiner praktischen Umsetzung an Schulen aus organisatorischen sowie pädagogischen Gründen kritisch gesehen. Dadurch hat die Schulbegleitung häufig Leerlaufzeiten, die sie nicht sinnvoll nutzen darf.

Schulen sind in Absprache mit den betroffenen Schüler:innen und Eltern mittlerweile teilweise dazu übergegangen, Schulbegleitungen vermehrt gruppenbezogen einzusetzen, d.h. die Unterstützung anderer Schüler:innen zu erlauben, um die Gefahr einer Über-Unterstützung des:der begleiteten Schülers:Schülerin zum Nachteil seiner:ihrer emotionalen und sozialen Entwicklung zu reduzieren. Außerdem soll dadurch die Selbstständigkeit des begleiteten Kindes weiter gefördert werden.

Zeitlicher Umfang der Schulbegleitung

Ein weiterer systemischer Faktor ist der zeitliche Umfang der Maßnahme. Zwar hängt der Umfang pro Woche vom Hilfebedarf des Kindes ab. Dennoch stellen Markowetz und Jerosenko im Rahmen der wissenschaftlichen Begleitung eines Projekts zum Einsatz von Schulbegleitungen im Landkreis München fest, dass

Schulen Schulbegleitungen teilweise in höherem Umfang beantragen, um ggf. fehlende Kolleg:innen zu kompensieren und um Unterstützung im normalen Schulbetrieb zu erhalten (Jerosenko & Markowetz 2018). Ist eine Schulbegleitung häufiger und länger anwesend als der Hilfebedarf des Kindes es erfordert, kann die Selbstständigkeitsförderung verlangsamt werden. Somit kann ein geringerer zeitlicher Umfang einer Begleitung tendenziell zu weniger negativen Effekten wie Abhängigkeit und Isolation führen. Gleichzeitig ist allerdings denkbar, dass ein größerer zeitlicher Umfang aufgrund der Stabilität und Kontinuität der Schulbegleitung positive Auswirkungen auf die soziale Integration des Kindes haben kann. Jedoch gab es bisher noch keine empirische Studie, die sich mit dem Zusammenhang des zeitlichen Umfangs einer Schulbegleitung und sozialer Integration beschäftigt hat.

Aufgabentyp

Die Aufgaben einer Schulbegleitung ergeben sich aus dem individuellen Unterstützungs- und Betreuungsbedarf des:der Lernenden und aus dem Ziel der Schulbegleitung, den Schulbesuch im Rahmen der allgemeinen Schulpflicht zu ermöglichen oder zu erleichtern sowie die soziale Integration des Kindes zu fördern (§ 54 Abs. 1 Satz 1 Nr. 1 des SGB XII). Aus diesem Grund existiert im Bereich der Kinder- und Jugendhilfe kein einheitliches Aufgabenprofil für Schulbegleiter:innen (Britze 2012, 3). Trotzdem hat das bayerische Staatsministerium für Unterricht und Kultus mit dem Bayerischen Landkreistag sowie dem Bayerischen Städtetag für die Eingliederungshilfe die Aufgaben von Schulbegleitungen ausgearbeitet (Bay. StMUK, BL & BS 2013). Bei diesen Empfehlungen steht die Bemühung im Vordergrund, die Tätigkeit der Schulbegleitung von einer (heil-)pädagogischen Tätigkeit abzugrenzen sowie die Vermittlung von Unterrichtsinhalten in die alleinigen Hände der Lehrkraft zu legen (Dworschak 2013, 67). Laut ihrem Aufgabenprofil sollen Schulbegleitungen demnach ausschließlich nicht-pädagogische Tätigkeiten im Unterricht übernehmen (Weidenhiller et al. 2018, 3). Diese nicht-pädagogischen Tätigkeiten umfassen den Umgang mit Aggressionen und Ängsten, Stärkung des positiven Sozialverhaltens, der Sozialkontakte, der Selbstkontrolle und der Teilnahmefähigkeit am Unterricht, disziplinierendes Einwirken, unterrichtspraktische Hilfestellungen, Hilfestellung in der Kommunikation mit Mitschüler:innen sowie weitere Aufgaben in Absprache von Schule und Jugendamt (Bay. StMUK, BL & BS 2013, 6f.).

Studien zu tatsächlich übernommenen Aufgaben (z. B. Weidenhiller et al. 2018) ergeben jedoch, dass pädagogische Tätigkeiten vor allem bei der Förderung sozialer Integration durch die Schulbegleitung übernommen werden, da die Grenze zwischen begleitenden und pädagogischen Aufgaben fließend ist. Demnach sollte auch die Häufigkeit pädagogischer Aufgaben der Schulbegleitung theoretisch mit einer erhöhten sozialen Integration einhergehen.

3 Soziale Integration

Soziale Integration ist ein Gefühl der Zugehörigkeit, das durch die Akzeptanz und gleichberechtigte Teilhabe an Aktivitäten erzielt wird. Sie ist umso höher, je besser die Beziehungen zu den Mitschüler:innen eingeschätzt werden (Schwab 2014, 39). Zahlreiche nationale Befunde (z. B. Singer et al. 2016) sowie internationale Studien (z. B. Schwab 2014) bescheinigen Schüler:innen mit Verhaltensauffälligkeiten und im autistischen Spektrum vor allem bei externalisierendem Verhalten die höchste Ablehnungsrate und den geringsten sozialen Status in der Klasse. Das Risiko, abgelehnt zu werden, ist 3- bis 5,5-mal höher als das ihrer Mitschüler:innen ohne Beeinträchtigung (Stein & Ellinger 2018, 98). Außerdem fühlen sich diese Kinder häufiger als Opfer von Aggressionen und Bullying (Schwab 2014, 42 ff.).

Schüler:innen im autistischen Spektrum nehmen ebenfalls häufig eine Außenseiterposition in der Klasse ein (Moosecker 2009, 440). Symes und Humphrey (2012) zeigen durch systematische Beobachtungen während Unterrichtseinheiten, dass autistische Schüler:innen im Vergleich zu Schüler:innen mit Legasthenie und zu Schüler:innen ohne sonderpädagogischen Förderbedarf schlechter inkludiert sind. Zusammenfassend werden Schüler:innen im Autismus-Spektrum häufig als verhaltensauffällig wahrgenommen, was zu einer initial schlechteren sozialen Ausgangslage in der Schulklasse führen kann.

4 Fragestellung der Neu-Analyse

Da das Berufsbild Schulbegleitung keine formale Qualifikation voraussetzt und die Tätigkeitsbereiche einer Schulbegleitung von den individuellen Bedürfnissen des zu begleitenden Kindes abhängig sind, bringen Schulbegleitungen unterschiedliche fachliche und persönliche Kompetenzen mit und arbeiten unter unterschiedlichen zeitlichen und strukturellen Rahmenbedingungen. Daraus resultieren verschiedene Qualitäten von Beziehungen zum:zur begleiteten Schüler:in sowie zur vorgesetzten Lehrkraft. Von Interesse ist, ob die Ausgestaltung der Schulbegleitungstätigkeit im Hinblick auf diese Faktoren im Zusammenhang mit der sozialen Integration des Kindes steht. Im Folgenden werden dazu eine Fragestellung sowie drei Hypothesen formuliert, die im Anschluss beantwortet werden.

Fragestellung: Wie ist der Zusammenhang von personalen, systemischen und interaktionellen Variablen der Schulbegleitung mit der sozialen Integration des begleiteten Kindes im Autismus-Spektrum beschaffen?

Hypothese (1): Es besteht ein positiver Zusammenhang zwischen personalen Faktoren (Qualifikation, Empathiefähigkeit, Förderung der Selbstständigkeit) einer Schulbegleitung und sozialer Integration der:des begleiteten Schülers:Schülerin.

Hypothese (2): Es besteht ein positiver Zusammenhang zwischen einzelnen systemischen Faktoren einer Schulbegleitung (Gruppenbezug, pädagogischer Aufgabentyp) und sozialer Integration sowie ein negativer Zusammenhang zwischen einzelnen systemischen Faktoren der Schulbegleitung (Umfang der Begleitung, begleitender und didaktischer Aufgabentyp) und sozialer Integration.

Hypothese (3): Es besteht ein positiver Zusammenhang zwischen interaktionellen Faktoren einer Schulbegleitung (Beziehung zum begleiteten Kind, Beziehung zur Lehrkraft) und sozialer Integration.

5 Methode

Zur Beantwortung dieser Fragestellung wurde eine einmalige Befragung von Schulbegleitungen durchgeführt. Die Befragung erfolgte zwischen Mai und August 2018. Zur Untersuchung der Effekte von Schulbegleitungen auf Schüler:innen im autistischen Spektrum wurden die Daten von n = 49 Fällen neu ausgewertet.

Bei dem eingesetzten Forschungsinstrument handelt es sich um einen standardisierten Online-Fragebogen, dessen theoretische Konzepte hauptsächlich über Einzelindikatoren sowie über psychometrische Skalen operationalisiert und gemessen werden (Döring & Bortz 2016, 222).

Die Einschlusskriterien für die Schulbegleitungen stellen eine Einstellung bei einer Einrichtung eines Trägers der Kinder- und Jugendhilfe nach SGB VIII sowie die Tätigkeit an einer bayerischen staatlichen oder privaten Regelschule dar. Die befragten Schulbegleitungen sind zu 94 Prozent weiblich und sind im Mittel 42 Jahre alt. Durchschnittlich begleiten sie eine:n Schüler:in 24 Stunden pro Woche.

Die begleiteten Kinder sind zu 79 Prozent männlich und im Mittel 11,1 Jahre alt. Durchschnittlich befinden sich die Schüler:innen im vierten Schulbesuchsjahr. 30 Schüler:innen besuchen die Grundschule. Elf Kinder befinden sich in der dritten Klasse und sieben in der zweiten Klasse der Grundschule. Von den übrigen 17 Schüler:innen besuchen die meisten die achte Klasse einer weiterführenden Schule.

Am häufigsten weisen die begleiteten Kinder ein Asperger-Syndrom auf (45 Prozent). Ein bedeutsamer Anteil der Kinder weist zudem kein näher spezifiziertes autistisches Spektrum auf (32,6 Prozent). Ein geringerer Teil der Kinder weist schließlich einen frühkindlichen Autismus auf (22,5 Prozent).

6 Ergebnisse

Eine Korrelationsanalyse mit sozialer Integration ergab einen signifikanten positiven Zusammenhang der Variable »Empathiefähigkeit« (r = .321, $p < .05$). Dieser Zusammenhang lässt sich als Erhöhung sozialer Integration bei höheren Empathiefähigkeiten der Schulbegleitungen beschreiben. Die Alternativhypothese H_1 des

Hypothesenset (1), die einen Zusammenhang zwischen einzelnen personalen Merkmalen und sozialer Integration annimmt, kann demnach in Bezug auf »Empathiefähigkeit« jedoch nicht auf die Merkmale »Qualifikation« und »Förderung der Selbstständigkeit« angenommen werden. Weiterhin weisen weder systemische oder interaktionelle Merkmale der Schulbegleitung einen bedeutsamen Zusammenhang mit sozialer Integration auf.

7 Diskussion

Die Befunde zeigen, dass eine hohe Empathiefähigkeit der Schulbegleitung mit einer stärkeren sozialen Integration des begleiteten Kindes einhergeht. Dieses Ergebnis untermauert die Relevanz der Empathiefähigkeit der Schulbegleitung für soziale Integration, die andere Autor:innen meist theoretisch, aber auch teilweise empirisch bereits als eins von zahlreichen förderlichen Merkmalen von Schulbegleitung herausgearbeitet haben (Groom & Rose 2005; Geist 2017, 58). Somit stellt eine hohe Empathiefähigkeit, die sowohl eine stark ausgeprägte affektive, aber auch kognitive Komponente beinhaltet, eine wichtige Voraussetzung für die Förderung sozialer Integration dar und sollte in künftig implementierte Ausbildungscurricula von Schulbegleitungen, die bspw. Dworschak und Markowetz (2019) in ihrem Beitrag vorschlagen, einbezogen werden.

Empathiefähigkeit bedeutet, eigene sowie die Gefühle des Gegenübers wahrnehmen und beschreiben zu können. Dies ist insbesondere bei Schüler:innen im Autismus-Spektrum wichtig, da diese sich häufig überfordert fühlen und in bekannte Stereotypien verfallen, um sich vor zu vielen Umwelteindrücken zu schützen. Auch fällt es einer empathischen Schulbegleitung leichter, ihre eigenen Gefühle, z. B. der Frustration, zu erkennen und konstruktiv mit ihnen umzugehen, ohne sie zu verdrängen. So kann die Schulbegleitung eine geeignete Lernumwelt für das Kind schaffen, während sie die eigenen Gefühle und Strategien im Umgang mit dem:der Schüler:in reflektiert. Für die Einübung von empathischer Kompetenz bedarf es Supervisionen und Fallbesprechungen sowie der Vermittlung von Strategien in Aus- und Fortbildungen.

Zwar bieten Einrichtungen der Träger und Fortbildungsinstitute mittlerweile Fortbildungen für Schulbegleitungen vor und während der Tätigkeit an, allerdings existiert noch kein einheitliches Qualifizierungscurriculum für die Tätigkeit als Schulbegleitung (Weidenhiller et al. 2018; Dworschak & Markowetz 2019; Henn & Himmel in diesem Band). Eine einheitliche Qualifikation im Hinblick auf basale Beziehungsgestaltungs- und Kommunikationskompetenz würde jedoch eine Zusammenarbeit zwischen Schulbegleitung und Lehrkraft fördern und das Risiko einer Deprofessionalisierung der Schulbegleitungstätigkeit senken. Zudem laufen unqualifizierte Schulbegleitungen eher Gefahr, sich im Spannungsfeld von Nähe und Distanz zum Kind zu verlieren, indem sie z. B. eine zu enge, quasi-elterliche Beziehung zum begleiteten Kind aufbauen (Schulze 2022).

Interessant ist zudem, dass sich keines der anderen in der vorliegenden Studie untersuchten Merkmale der Schulbegleitung als bedeutsam für soziale Integration herausstellte. Es konnte kein bedeutsamer Zusammenhang der Merkmale »Qualifikation«, »Förderung der Selbstständigkeit«, »Bezugsform«, »Dauer der Begleitung«, »Aufgabentyp« sowie »Beziehungsqualität zum Kind« und »Beziehung zur Lehrkraft« mit sozialer Integration ermittelt werden. Dieses Ergebnis widerspricht den Ergebnissen der in Kapitel 2 genannten Befunde, die größtenteils positive Zusammenhänge zwischen diesen Merkmalen und sozialer Integration postulieren. Allerdings sind aufgrund der erst beginnenden Forschungsaktivitäten im Bereich Schulbegleitung einige der bisherigen Studien hypothesengenerierend oder es handelt sich um konzeptionelle Beiträge.

8 Schluss

Mit dem Beginn der Umsetzung schulischer Inklusion in Deutschland wurden Schulbegleitungen zu einem wichtigen Instrument schulischer Förderung, jedoch ohne dass die Effekte ausreichend empirisch überprüft wurden. Im Rahmen dieser Studie wurde versucht, dies nachzuholen. Die Herausarbeitung der Empathiefähigkeit als wichtigen Faktor, der die soziale Integration der begleiteten Schüler:innen beeinflusst, spricht gegen den Einsatz unqualifizierter Schulbegleitungen und benötigt entsprechende Neuregelungen auf gesetzlicher Ebene.

Auch hatte die Studie zum Ziel, den bisher wenig beachteten Aspekt der sozialen Integration an Schulen zu beleuchten. Hier gilt es auf verschiedenen Ebenen, soziale Integration als einen gleichberechtigten Bestandteil von schulischem Erfolg, auch wenn dieser weniger eindeutig messbar ist, in den Fokus der empirischen Bildungsforschung im Dialog zwischen allgemeiner Pädagogik und Sonderpädagogik sowie in das Bewusstsein von Schulen und Schulverwaltungen in der Praxis zu rücken.

Insgesamt soll diese Studie dazu anregen, sich mit den Grundbedürfnissen eines jeden Menschen nach Autonomie, Kompetenzerleben und – wie hier im Mittelpunkt – sozialer Eingebundenheit zu befassen und dabei auch diejenigen Personen in den Blick zu nehmen, die unter der stärksten sozialen Ausgrenzung leiden. Professionelle Schulbegleitungen sind dabei ein wichtiger Bestandteil für erfolgreiche soziale Integration von Schüler:innen im Autismus-Spektrum in die Klasse.

Literatur

Bischof-Köhler, D. (2011). *Soziale Entwicklung in Kindheit und Jugend. Bindung, Empathie, Theory of Mind. Entwicklungspsychologie.* Kohlhammer.

Britze, H. (2012). Schulbegleitung als Leistung der Kinder- und Jugendhilfe. *Bayerisches Landesjugendamt Mitteilungsblatt, 12*(3–4), 1–15.

Ditton, H. & Merz, D. (2000). *Qualität von Schule und Unterricht. Kurzbericht über erste Ergebnisse einer Untersuchung an bayerischen Schulen*. Katholische Universität Eichstätt & Universität Osnabrück.

Doubt, L. & McColl, M. A. (2003). A secondary guy: physically disabled teenagers in secondary schools. Canadian Journal of Occupational Therapy. *Revue Canadienne D'ergotherapie, 70*(3), 139–151. https://doi.org/10.1177/000841740307000303

Dworschak, W. (2013). Stellungnahme zur Anhörung der Ausschüsse für Soziales, Familie und Arbeit sowie Bildung, Jugend und Sport zum Thema ›Schulbegleitung in Bayern‹ am 31. Januar 2013. In Bayerischer Landtag (Hrsg.), *Wortprotokoll der Anhörung zum Thema »Schulbegleitung in Bayern«* (S. 66–71). https://inklusion-bayern.de/upload/130131_Protokoll_93.pdf [03.08.2022]

Dworschak, W. & Markowetz, R. (2019). Professionalisierung von Schulbegleitung in der inklusiven Schule. Ausgangsbedingungen und Qualifizierungscurriculum. In M. Syring & S. Weiß (Hrsg.), *Lehrer(in) sein – Lehrer(in) werden – die Profession professionalisieren* (S. 195–212). Klinkhardt.

Giangreco, M. F. (2010). One-to-One Paraprofessionals for Students With Disabilities in Inclusive Classrooms: Is Conventional Wisdom Wrong? *Intellectual and developmental disabilities, 48*(1), 1–13. https://doi.org/10.1352/1934-9556-48.1.1

Groom, B. & Rose, R. (2005). Supporting the inclusion of pupils with social, emotional and behavioural difficulties in the primary school. The role of teaching assistants. *Journal of Research in Special Educational Needs, 5*(1), 20–30. https://doi.org/10.1111/j.1471-3802.2005.00035.x

Herz, B., Meyer, M. & Liesebach, J. (2018). Integrationshelferinnen und Integrationshelfer in der schulischen Erziehungshilfe. *Vierteljahresschrift für Heilpädagogik und ihre Nachbargebiete, 87*, 1–20. http://dx.doi.org/10.2378/vhn2018.art18d

Huber, C., Gerullis, A., Gebhardt, M. & Schwab, S. (2018). The impact of social referencing on social acceptance of children with disabilities and migrant background. An experimental study in primary school settings. *European Journal of Special Needs Education, 33*(2), 269–285. https://doi.org/10.1080/08856257.2018.1424557

Ittel, A. & Raufelder, D. (2008). *Lehrer und Schüler als Bildungspartner. Theoretische Ansätze zwischen Tradition und Moderne*. Vandenhoeck & Ruprecht.

Jerosenko, A. & Markowetz, R. (2018). *»Integrationshelfer in der inklusiven Schule«. Evaluationsbericht der wissenschaftlichen Begleitung* [Unveröffentlichter Evaluationsbericht]. Ludwig-Maximilians-Universität.

Jerosenko, A. (2019). *Soziale Integration durch Schulbegleitung? Effekte von Schulbegleitung auf die soziale Integration von Schülern mit seelischer Beeinträchtigung an bayerischen Regelschulen* [Dissertation]. München. https://edoc.ub.uni-muenchen.de/25651/ [09.03.2023]

Knierim, B., Raufelder, D. & Wettstein, A. (2017). Die Lehrer-Schüler-Beziehung im Spannungsfeld verschiedener Theorieansätze. *Psychologie in Erziehung und Unterricht*, (1), 35–48. https://doi.org/10.2378/peu2017.art04d

Laubner, M., Lindmeier, B. & Lübeck, A. (Hrsg.) (2022). *Schulbegleitung in der inklusiven Schule. Grundlagen und Praxishilfen* (3. bearbeitete. Aufl.). Beltz Juventa.

Lübeck, A. (2016). Schulbegleitungen bewusst gestalten. *Lernchancen*, 110/111, 40–43.

Markowetz, R. & Jerosenko, A. (2016). *Modellprojekt »Integrationshelfer in der inklusiven Schule«. Abschlussbericht der wissenschaftlichen Begleitung*. http://bildungspakt-bayern.de/wp-content/uploads/2016/09/Abschlussbericht_wissenschaftliche_Begleitung.pdf [01.08.2022]

Meyer, K. (2017). *Multiprofessionalität in der inklusiven Schule: Eine empirische Studie zur Kooperation von Lehrkräften und Schulbegleiter/innen* (Göttinger Schulbegleitungsstudie GötS). Göttingen University Press.

Moosecker, J. (2009). Schüler mit Asperger Autismus – Pädagogisch-didaktische Strategien und das Sprechen über Autismus in der Klasse. *Zeitschrift für Heilpädagogik, 11*, 434–441.

Pianta, R. C. (1999). *Enhancing relationships between children and teachers*. American Psychological Association.

Schmitt, M. (1982). *Empathie: Konzepte, Entwicklung, Quantifizierung* (Berichte aus der Arbeitsgruppe »Verantwortung, Gerechtigkeit, Moral«; 009). http://psydok.psycharchives.de/jspui/handle/20.500.11780/281 [03.08.2022]

Schulze, K. C. (2022). Schulbegleitung im Spannungsfeld von Nähe und Distanz – eine Einzelfallanalyse zum Umgang mit paradoxen Strukturen pädagogischen Handelns. In M. Laubner, B. Lindmeier & A. Lübeck (Hrsg.), *Schulbegleitung in der inklusiven Schule. Grundlagen und Praxishilfen* (3. bearbeitete Aufl., S. 100–109). Beltz.

Schwab, S. (2014). *Schulische Integration, soziale Partizipation und emotionales Wohlbefinden in der Schule. Ergebnisse einer empirischen Längsschnittstudie* (Integrations- und Heilpädagogik, Bd. 4). Lit-Verlag.

Singer, P., Walter-Klose, C. & Lelgemann, R. (2016). Entwicklungsstand und Perspektiven inklusiver Schulentwicklung in Bayern – Darstellung der fünf Einzelstudien. In U. Heimlich, J. Kahlert, R. Lelgemann & E. Fischer (Hrsg.), *Inklusives Schulsystem. Analysen, Befunde, Empfehlungen zum bayerischen Weg* (S. 13–36). Klinkhardt.

Sozialgesetzbuch (SGB VIII), Achtes Buch, *Kinder- und Jugendhilfe*, § 35a Eingliederungshilfe für Kinder und Jugendliche mit seelischer Behinderung oder drohender seelischer Behinderung.

Sozialgesetzbuch (SGB XII), Zwölftes Buch, *Sozialhilfe*, Stand: 23.5.2022, § 54 SGB XII Leistungen der Eingliederungshilfe.

Stein, R. & Ellinger, S. (2018). Zwischen Separation und Inklusion: zum Forschungsstand im Förderschwerpunkt emotionale und soziale Entwicklung. In R. Stein & T. Müller (Hrsg.), *Inklusion im Förderschwerpunkt emotionale und soziale Entwicklung* (2. erweiterte und überarbeitete Aufl., S. 80–114). Kohlhammer.

Symes, W. & Humphrey, N. (2012). Including pupils with autistic spectrum disorders in the classroom: the role of teaching assistants. *European Journal of Special Needs Education*, 27(4), 517–532. https://doi.org/10.1080/08856257.2012.726019

Tausch, R. (2008). Personzentriertes Verhalten von Lehrern in Unterricht und Erziehung. In M. K. W. Schweer (Hrsg.), *Lehrer-Schüler-Interaktion. Inhaltsfelder, Forschungsperspektiven und methodische Zugänge* (2., vollständig überarbeitete Aufl., S. 155–176). VS Verlag für Sozialwissenschaften.

VdbB Verband der bayerischen Bezirke (2012). *Einsatz von Schulbegleitern an allgemeinen Schulen (Regelschulen) bei der Beschulung von Schülern/innen mit Behinderung. Überarbeitete Gemeinsame Empfehlungen des Verbandes der bayerischen Bezirke und des Bayerischen Staatsministeriums für Unterricht und Kultus.* https://www.km.bayern.de/download/13989_anlage_1_empfehlungen_einsatz_von_schulbegleitern_nach_sgb_xii_an_allg._schulen.pdf [01.08.2022]

Weidenhiller, P., Gebhardt, M. & Gegenfurtner, A. (2018). Der Schulbegleiter muss vom Typ her offen sein. Eine Interviewstudie zur Kooperation zwischen Lehrkräften und Schulbegleitern im Gymnasium. *Spuren – Sonderpädagogik in Bayern*, 61(1), 34–40.

Wohlgemuth, K. (2009). *Schulbegleitung in Thüringen. Rahmenbedingungen, Aufgaben und Belastungen* [Diplomarbeit]. Friedrich-Schiller-Universität Jena.

Zauner, M. & Zwosta, M. (2014). *Effektestudie zu Schulbegleitungen.* https://www.oth-regensburg.de/fileadmin/media/professoren/s/zauner/pdf/Effektestudie_zu_Schulbegleitungen.pdf [01.08.22]

Zumwald, B. (2015). Professionalisierung von Lehrpersonen und Fachpersonen Sonderpädagogik für den Einsatz von Assistenzpersonal in inklusiven Schulmodellen. In L. Schäfer, G. Wachtel, K. Zehbe, V. Moser & H. Redlich (Hrsg.), *Veränderung und Beständigkeit in Zeiten der Inklusion. Perspektiven Sonderpädagogischer Professionalisierung* (S. 44–54). Klinkhardt.

Gestaltung von schulischen Übergängen autistischer Schüler*innen unter Beteiligung von Schulassistenz

Mechthild Richter

Übergänge bei Menschen mit zugeschriebener Behinderung gelten als risikobehaftet (Muche 2013). Bei autistischen Menschen ist dieses Thema besonders zentral, da Übergänge Veränderungen mit sich bringen und so dem autismustypischen Bedarf an Routine und Beständigkeit anscheinend widersprechen. Inwiefern schulische Übergänge autismussensibel gestaltet werden können und welche Rolle Schulbegleitung bei schulischen Übergängen spielen kann, wird im folgenden Beitrag diskutiert.

1 Schulische Übergänge

»Transitionen werden als komplexe, ineinander übergehende und sich überblendende Wandlungsprozesse definiert, wenn Lebenszusammenhänge eine massive Umstrukturierung erfahren« (Griebel 2006, zitiert nach Hanke 2011, 13). Generell gehören Übergänge zum Leben und sind ständig mehr oder weniger präsent, allerdings nicht immer so einschneidend wie die als Transition benannten Übergänge[28].

Man kann zwischen verschiedenen Arten von Übergängen unterscheiden. Das Konzept der mehrfach verschränkten Übergänge (Denner & Schumacher 2014) geht ebenso wie die Multiple and Multi-dimensional Transitions Theory (Jindal-Snape et al. 2021) davon aus, dass neben offensichtlichen Übergängen (z. B. von der Grundschule zur weiterführenden Schule) weitere Übergangsprozesse stattfinden. Diese Übergänge beeinflussen sich gegenseitig und können auch Übergänge bei anderen Personen auslösen, so werden z. B. beim Schulübertritt eines Kindes an die weiterführende Schule Eltern eines Grundschulkindes zu Eltern eines*einer Sekundarschülers*Sekundarschülerin/Gymnasiasten*Gymnasiastin.

Die schulischen Übergänge, die in diesem Beitrag im Zentrum stehen, gehören zu den normativen Übergängen, da sie von Gesetzen wie der Schulpflicht geregelt sind. Kinder beginnen in einem festgelegten Alter ihre Schullaufbahn und in den meisten Fällen wechseln sie nach der Grundschulzeit mindestens einmal die Insti-

---

28 Denner und Schumacher bezeichnen Übergänge als Transitionen, »die sich auf Lebensereignisse beziehen, die eine Bewältigung von Veränderungen in mehreren definierten Lebensweltkontexten erfordert« (2014, 14).

tution[29]. Wann und zu welcher Schulform der Wechsel stattfindet, ist ebenfalls in jedem Bundesland Deutschlands geregelt. Kramer und Helsper (2013, 596) weisen darauf hin, dass dieser mittlere Schulübergang weniger ritualisiert und zelebriert wird als die Einschulung oder der Schulabschluss, aber zumindest in Deutschland die »größte Bedeutung in Bezug auf die Zuweisung von Status, sozialer Zugehörigkeit und Positionen des sozialen Raums« hat.

Neben diesen Übergängen im Lebenslauf gibt es auch die horizontalen Übergänge, die alltägliche Wechsel zwischen verschiedenen Arbeits- und Lebensbereichen beschreiben (Denner & Schumacher 2014; Porsch 2018). Damit sind z. B. die Übergänge vom Familienleben ins Schulleben gemeint oder von der Schule in den Hort. Auch intrapersonelle Entwicklungsübergänge, die bspw. die Pubertät im Sinne psychologisch-biologischer Reifungsprozesse in diesem Kontext mit sich bringt, finden womöglich parallel zum Schulwechsel statt.

Im Zentrum dieses Beitrags sollen aber die Schulübergänge selbst stehen. Diese bringen diverse Veränderungen mit sich und bieten wenig Möglichkeit für das Festhalten an Routinen. An der weiterführenden Schule sind die vormals ältesten Schüler*innen plötzlich wieder die jüngsten. Das Kind hat wahrscheinlich einen neuen Schulweg, muss sich in neuen, meist größeren Gebäuden zurechtfinden. Es hat neue und auch zahlenmäßig mehr Lehrer*innen, ebenso wie neue Mitschüler*innen. Neue Schulfächer stehen auf dem Stundenplan und die fachlichen, sozialen und persönlichen Anforderungen an Schüler*innen steigen.

All das gilt auch für nicht-autistische Schüler*innen als Herausforderung. In den meisten internationalen Studien wird der Übergang als Problem charakterisiert, selten als Chance; das trifft umso mehr in Bezug auf Schüler*innen mit sonderpädagogischem Unterstützungsbedarf oder Autismus zu (Jindal-Snape et al. 2021; Mays et al. 2018). Im deutschsprachigen Raum beobachtet van Ophuysen (2018) eine Entwicklung hin zu einem positiven Bild des Übergangs.

Der Wechsel von der Grundschule zur weiterführenden Schule wird in diesem Beitrag zum einen deshalb fokussiert, da er gerade in Bezug auf Differenzmerkmale bedeutsam ist. Zum anderen ist in beiden Settings Schulbegleitung für autistische Schüler*innen üblich, sodass sich die Relevanz dieser für den Übergangsprozess diskutieren lässt.

Dieser Schulwechsel steht exemplarisch für andere Schulwechsel, die normativ nicht vorgegeben sind, aber dennoch von vielen autistischen Schüler*innen erlebt werden. In einer nicht-repräsentativen Elternumfrage des Bundesverband autismus »gaben 42 % der Eltern an, dass ihr Kind mindestens einmal die Schule aufgrund seiner Beeinträchtigung wechseln musste, wobei 36 Schüler*innen sogar vier- oder fünfmal die Bildungsinstitution wechselten« (Grummt et al. 2021, 15). Das können Wechsel zwischen Regelinstitutionen sein, ebenso wie hin zu oder weg von Förderschulsettings oder in private Schulformen. Für das australische Schulsystem berichten Lilley (2015) und Mitchelson et al. (2021) von häufigen Schulwechseln und

---

[29] Manche Schulformen oder Schularten wie z. B. manche Förderschulen, Gemeinschaftsschulen (in einigen Bundesländern), freie Schulen u. ä. bieten häufig die Möglichkeit, von der 1. Klasse bis zum Abschluss in derselben Schule zu bleiben, es findet dann kein Schulübergang statt.

sehen die Gründe in eskalierenden Problemlagen, Unzufriedenheit der Eltern und Unfähigkeit der Schulen, mit als autistisch diagnostizierten Schüler*innen umzugehen.

2 Übergänge im Kontext von Autismus

In den medizinischen Klassifikationen sowie anderen Beschreibungen des Autismus-Spektrums wird darauf hingewiesen, dass viele autistische Menschen ein ausgeprägtes Bedürfnis nach Routinen haben (APA 2013; Theunissen & Sagrauske 2019). Das kann z.B. bedeuten, dass sie nur bestimmte Lebensmittel essen oder immer exakt zur selben Uhrzeit denselben Arbeitsweg gehen. Abweichungen von diesen Routinen können bei einzelnen autistischen Personen z.T. starke Unsicherheit oder Ängste hervorrufen (Dziobek & Stoll 2019). Gerade autistische Kinder haben häufig noch keine Strategien entwickelt, um mit solchen Situationen umzugehen, und reagieren u.U. mit Flucht oder Meltdowns.

Routinen sparen Energie, deshalb haben auch viele nicht-autistische Menschen z.B. Morgenroutinen, die sich eingespielt haben, kein Nachdenken erfordern und weitgehend automatisiert ablaufen. Für viele Autist*innen ist der Tagesablauf in einer autismusunsensiblen Welt sehr anstrengend und kostet viel Energie, insofern kann das Beharren auf Routinen als sinnvolle Strategie verstanden werden, um mit knappen Energieressourcen gut zu haushalten und Kontrollverlust oder Stress vorzubeugen (Theunissen & Sagrauske 2019).

Gleichzeitig gehören Veränderungen und Abweichungen von der Ordnung ebenso zum Alltagsgeschehen und lassen sich nicht immer verhindern, gerade in der Schule, wo z.B. Lehrkräfte oder Mitschüler*innen krank werden können, die Regenpause nicht auf dem Schulhof stattfindet oder Exkursionen oder Schulfeste anstehen. Es ist daher sinnvoll, sowohl Strategien als auch Unterstützungsmöglichkeiten für diese alltäglichen Situationen zu entwickeln, ebenso wie für große Veränderungsprozesse wie Schulwechsel.

Studien zum Übergang von der Grundschule zur weiterführenden Schule bei autistischen Schüler*innen zeigen, dass der Übergang häufig mehr Zeit und Planung erfordert, aber durchaus positiv erlebt werden kann (Neal & Frederickson 2016). Die Veränderungsprozesse, die ablaufen, unterscheiden sich nicht wesentlich von denen nicht-autistischer Schüler*innen, werden aber häufig als intensiver und bedeutender (sowohl im positiven als auch im negativen Sinne) beschrieben (Richter et al. 2019). Des Weiteren zeigen Studien, dass die schulischen Ergebnisse autistischer Schüler*innen häufig hinter ihren kognitiven Fähigkeiten zurückbleiben und sie häufiger Opfer von sozialem Ausschluss oder Mobbing werden (Keen et al. 2016; Maïano et al. 2016). Aus den Studien lässt sich ableiten, dass der Übergang verschiedene Dimensionen hat, auf die Schulassistenz mehr oder weniger Einfluss haben kann.

Richter et al. (2019) haben Kriterien für einen gut geplanten, kindzentrierten Übergangsprozess autistischer Schüler*innen von der Grundschule zur weiterführenden Schule aus der Literatur herausgearbeitet. Ein solcher hat demnach stattgefunden, wenn

1. der*die Schüler*in ein respektiertes Mitglied der Klassengemeinschaft ist,
2. die schulischen Leistungen auf dem gleichen Niveau oder leicht darunter konstant gehalten werden,
3. es eine positive Schüler*in-Lehrer*in-Beziehung gibt,
4. der*die Schüler*in das neue Schulgebäude sowie Ansprechpartner*innen gut kennt,
5. Kooperation und Teamwork die Kontinuität im Lernen gewährleisten,
6. Lehrkräfte Selbstwirksamkeit erleben und mit ihrer täglichen Arbeit zufrieden sind,
7. Eltern die Schule und das Schulpersonal gut kennen und die Schule für einen guten Ort für ihr Kind halten.

3 Schulassistenz im Übergangsprozess

Vor der Diskussion, inwiefern Schulassistenz an der Gestaltung der oben beschriebenen Übergangsdimensionen beteiligt ist bzw. potenziell beteiligt sein könnte und sollte, um einen Schulwechsel zu begleiten und mitzugestalten, soll es eine kurze Bestandsaufnahme zur Situation der Schulassistenz im Übergang geben.

In den nicht-repräsentativen Elternumfragen von autismus Deutschland e. V. haben knapp 60 % der autistischen Schüler*innen eine Schulbegleitung, mehr als die Hälfte davon in Teilzeit. Die Schulassistenz, vor allem im 1:1-Setting, wird von den Eltern als sehr bedeutsam angesehen, gerade auch weil sie in einzelnen Fällen die Bedingung darstellt, damit das Kind zur Schule kommen darf. Immer wieder wird berichtet, dass Kinder vom Unterricht ausgeschlossen werden, wenn die Schulassistenz abwesend ist (Czerwenka 2017; Grummt et al. 2021). Hier entsteht ein Abhängigkeitsverhältnis für die Eltern, die darauf angewiesen sind, dass ihre Kinder tagsüber nicht nur betreut, sondern auch beschult werden. Genauere Zahlen lassen sich aktuell nicht finden, weil Autismus in den meisten Bundesländern kein sonderpädagogischer Förderschwerpunkt ist und die Schüler*innen dann unter verschiedenen anderen Förderschwerpunkten oder auch ohne Förderbedarf statistisch nicht erfasst werden können (Fischle 2018; Lindmeier et al. 2020; Schmidt 2017). Auch wenn deutlich wird, dass die Zahl der Schulassistenzen in Deutschland seit der Ratifizierung der UN-BRK steigt, ist die Datenlage zu Schulassistenz dennoch ähnlich lückenhaft (Dworschak 2012; Lübeck & Demmer 2017; Schmidt 2017).

Ein Anteil von ca. 10–25 % der Assistenzkräfte führt den Beruf im Rahmen eines Freiwilligendienstes aus, d. h. nur über einen kurzen Zeitraum (Schmidt 2017; Lübeck & Demmer 2022). Verträge werden oft für ein Schuljahr geschlossen

(Dworschak 2012). Im Kontext von Übergängen ist das problematisch, weil es bedeutet, dass die Schulbegleitung in diesem Fall maximal an der Vorbereitung oder der Fortführung des Übergangs beteiligt sein kann, aber nicht den ganzen Übergangsprozess begleitet. Gerade bei autistischen Schüler*innen kann der Übergang sehr lange dauern, manchmal geht er direkt in den nächsten Übergang (nächsthöhere Klassenstufe) über (Richter et al. 2020). Diese Verkettung von Übergängen, die eine langfristige Begleitung erfordert, steht in Diskrepanz zu kurzfristigen Beschäftigungsverhältnissen von Schulassistenz. Dazu kommen bürokratische Hürden, lange Wartezeiten u. ä., die dazu führen können, dass zum Schuljahresbeginn noch gar keine Schulassistenz da ist, die den Übergangsprozess weiterführen könnte (Hebron 2017; Richter 2019).

Insofern sind die folgenden Überlegungen zur Beteiligung der Schulassistenz an der Gestaltung schulischer Übergänge eher hypothetischer Natur und nur bedingt umsetzbar unter den aktuellen Bedingungen des Sozial- und Schulsystems.

3.1 Übergangsplanung

Die Übergangsplanung ist für viele Eltern autistischer Schüler*innen mit großen Sorgen und Stress verbunden. Es stellt sich die Frage, welche Schulform für die weiterführende Schule in Frage kommt, ob es ein inklusives oder ein Fördersetting sein soll und welche Schule ganz konkret ausgewählt werden soll, falls es eine Auswahl gibt (McNerney et al. 2015). Dabei suchen Erziehungsberechtigte häufig den Rat von Lehrkräften oder anderen pädagogischen Fachkräften; Schulassistenzkräfte spielen eher keine Rolle, ebenso wenig wie die Kinder selbst (Makin et al. 2017; Stack et al. 2021).

Als sehr hilfreich erachtet werden Übergangsaktivitäten wie der Besuch der neuen Schule, Tage der offenen Tür, Treffen mit der Schulleitung etc. Neben diesen formellen Übergangsvorbereitungen unterstützen auch Gespräche, das Üben des Schulwegs u. ä. die Schüler*innen, sich den Herausforderungen zu stellen (Neal & Frederickson 2016; Richter et al. 2020). Wenn Schulassistenzkräfte die Schüler*innen beim Schulwechsel begleiten würden, könnten sie eine Konstante darstellen in der Zeit, in der sich vieles andere verändert, und informelle sowie formelle Übergangsaktivitäten initiieren und/oder begleiten.

3.2 Klassengemeinschaft

Für viele Schüler*innen (auch nicht-autistische) sind vor allem die sozialen Aspekte, genauer gesagt die Beziehungen zu Mitschüler*innen und Lehrkräften, von Bedeutung, wenn es um den Übergang an eine neue Schule geht (Coffey 2013; Pratt & George 2005; Richter et al. 2020). Gleichzeitig sind Besonderheiten in der sozialen Interaktion ein Merkmal in der Beschreibung autistischer Menschen (Theunissen & Sagrauske 2019) und können erheblichen Einfluss auf den Übergangsprozess haben. Viele autistische Kinder brauchen länger, um Freundschaften zu schließen und zu erhalten. Im Schnitt haben sie zahlenmäßig weniger Freund*innen als nicht-autistische Peers (Symes & Humphrey 2012). Auch die Qualität der Freundschaften wird von Erwachsenen häufig eher als Kameradschaft und wenig reziprok beschrieben (Calder et al. 2013; Kasari et al. 2011), was aber häufig in Kontrast zu den Aussagen der Schüler*innen selbst steht, die ihre Freundschaften anders wahrnehmen (Richter et al. 2020).

Im Übergangsprozess besteht die Herausforderung, neue freundschaftliche Beziehungen zu entwickeln, während Freundschaften aus der Grundschulzeit u. U. verloren gehen (Coffey 2013; Jindal-Snape et al. 2020). Inwiefern Schulassistenz bei dieser Aufgabe unterstützen kann, ist umstritten. Während Studien zu den Effekten von Schulassistenz positive Tendenzen in Bezug auf das Lern- und Arbeitsverhalten sehen, wird dennoch angemahnt, dass die ständige Präsenz einer erwachsenen Person die sozialen Interaktionen unter den Kindern eher verhindert (Sharma & Salend 2016; Symes & Humphrey 2012).

In Mobbingsituationen, in denen sich autistische Kinder häufiger wiederzufinden scheinen als ihre nicht-autistischen Peers (Maïano et al. 2016), kann eine Vermittlung durch Schulassistenzkräfte hilfreich sein. Freundschaften können ein Schutz vor Mobbing sein, ebenso wie ein besseres Verständnis von Autismus (Dillon & Underwood 2012). Gerade in der sensiblen Phase am Beginn des Schuljahres an einer neuen Schule, wenn sich neue Freundschaftsbeziehungen aufbauen und die Mitschüler*innen noch nichts über Autismus wissen, kann eine Begleitung durch die Schulassistenz wertvolle Anbahnungs- und Informationsarbeit leisten, wenn das autistische Kind sich Unterstützung wünscht (Fischle 2018).

Des Weiteren können Schulassistenzkräfte autistische Schüler*innen im Schulalltag in Situationen wie Overloads oder Meltdowns begleiten. Durch ihre Präsenz ist es möglich, dass die Schüler*innen den Klassenraum unter Aufsicht verlassen können, wenn sie überreizt sind oder die Energiereserven zu Neige gehen. Damit trägt die Schulbegleitung sowohl zur Unterstützung der Schüler*innen bei, nimmt aber auch potenzielle Störungen und Auseinandersetzungen aus dem Klassengefüge und kann zwischen den Schüler*innen vermitteln. Werden diese Situationen ausgeweitet, leisten sie damit aber u. U. gleichzeitig exklusiver Betreuung Vorschub und bringen eine räumliche sowie soziale Distanz zwischen Schüler*in und Klasse (Köpfer 2022; Lübeck & Demmer 2017).

3.3 Unterricht

Die schulischen Leistungen sacken zu Beginn der Zeit an der weiterführenden Schule oft erst einmal ab, gleichzeitig weisen die Schüler*innen eine hohe Motivation in Bezug auf ihre schulische Arbeit an der neuen Schule auf (Hebron 2017; Jindal-Snape et al. 2020). Für autistische Schüler*innen kann der strukturiertere Tagesablauf (klare Trennung der Schulfächer, eine Lehrkraft pro Fach) sehr entlastend und Fachunterricht, sofern er die Interessen der Schüler*innen trifft, sehr bereichernd sein (Jindal-Snape et al. 2020; Neal & Frederickson 2016).

Im Unterricht umfassen die Aufgaben der Schulassistenz individuell festgelegte Tätigkeiten. Häufig geht es um die Arbeitsplanung, das Klären von Aufgabenstellungen, das Erhalten oder Wiederherstellen der Aufmerksamkeit und Konzentration sowie die Unterstützung bei Schreibaufgaben u. a. (Hebron 2017; Richter 2019). Die

Trennung zwischen unterstützenden (Schulassistenz) und pädagogischen Aufgaben (Verantwortung der Lehrkräfte), die wegen der oft geringen Qualifizierung von Schulassistenzkräften gefordert wird, lässt sich in der Praxis kaum durchsetzen (Lübeck & Demmer 2017; Schmidt 2017).

3.4 Beziehungen zwischen Lehrkräften und Schüler*in

Positive Beziehungen zwischen den autistischen Schüler*innen und ihren neuen Lehrkräften werden als förderlich für den Übergangsprozess gesehen (Dann 2011; Dillon & Underwood 2012; Jindal-Snape et al. 2020; Makin et al. 2017). Wenn Schulassistenzkräfte viele pädagogische Aufgaben übernehmen, besteht das Risiko, dass Lehrkräfte ihre Verantwortung für die autistischen Schüler*innen an die Schulassistenz abgeben (Giangreco & Doyle 2007; Symes & Humphrey 2012). Lehrkräfte an weiterführenden Schulen sehen die einzelnen Schüler*innen nur wenige Stunden pro Woche (Fortuna 2014). Wenn sie sich dann zusätzlich weniger mit der Art der autistischen Schüler*innen zu lernen, denken und handeln auseinandersetzen, gestalten sich eine inklusive Unterrichtsplanung sowie der Aufbau einer positiven Beziehung schwierig.

3.5 Schulgebäude und Ansprechpartner*innen

Die Angst, sich in der neuen Schule zu verlaufen und sich nicht zurechtzufinden, wird häufig von autistischen Schüler*innen vor dem Übergang geäußert (Jindal-Snape et al. 2020). Während die meisten sich schnell an die neue Situation gewöhnen, brauchen andere mehr Zeit und Unterstützung (Makin et al. 2017). Hier kann Unterstützung durch Schulassistenz sinnvoll sein: in der Begleitung der Schüler*innen bei Klassenraumwechseln, beim Üben von Wegen und Abläufen und bei der Entwicklung von Materialien wie Übersichtskarten, Fotos der Schule oder der Visualisierung von Tagesabläufen (Hebron 2017; Neal & Frederickson 2016; Stoner et al. 2007).

Autistische Schüler*innen der Sekundarstufe verbringen häufig deutlich mehr Zeit mit der Schulassistenz als mit den Fachlehrkräften. Dementsprechend fungieren Assistenzkräfte als wichtige Ansprechpartner*innen für die Schüler*innen, sowohl in schulischen als auch sozialen, organisatorischen und persönlichen Belangen (Richter et al. 2019). Das betrifft vor allem auch die unstrukturierten Zeiten (Pausen, Mittagessen in der Kantine, Klassenraumwechsel). Diese Zeiträume können mit Überreizung verbunden sein (Lärm, Nähe durch Gedränge, Essensgeruch etc.) und bieten potenziellen Raum für Mobbing. Hier können Schulassistenzkräfte, wenn es von den Schüler*innen gewünscht ist, Möglichkeiten der Unterstützung finden, z. B. frühere/spätere Essenszeit in der Kantine, ruhige Pausen in der Bibliothek statt auf dem Schulhof etc. (Richter 2019).

Gleichzeitig werden diese unstrukturierten Zeiten auch von den meisten autistischen Schüler*innen als Möglichkeiten zur sozialen Interaktion, zum gemeinsamen Spiel und zur Anbahnung von Freundschaften gesehen, in denen eine Schulassistenz auch im Weg sein kann (Ehrenberg & Lücke 2017; Köpfer & Böing 2017; Richter, Clément & Flavier 2022; Symes & Humphrey 2012).

3.6 Kooperation und Teamwork

Positive Übergangserfahrungen autistischer Schüler*innen sind meistens das Ergebnis einer langfristigen konstruktiven Zusammenarbeit verschiedener Akteur*innen (Richter 2019).

> »Transitionen oder Übergänge werden als Prozesse verstanden, in denen das Kind, die Familie, die beteiligten Institutionen (KiTa, Grundschule, weiterführende Schulen, Universitäten und Berufsschulen) und die Gemeinschaft über einen begrenzten Zeitraum hinweg in einer bestimmten Verbindung stehen: Sie alle sind Akteure, um diesen Übergangsprozess gemeinsam zu gestalten« (Griebel & Niesel 2004, zitiert nach Hanke 2011, 13).

In internationalen Studien zum Schulübergang autistischer Schüler*innen wird vorgeschlagen, eine Art Übergangsteam mit koordinierender Leitung zu bilden, das aus Fachkräften der Schule, Eltern, den Schüler*innen selbst und ggf. außerschulischen Fachleuten besteht (Hebron 2017; Richter 2019).

Laut Fischle (2018, 218) zeichnet sich ein Team durch eine Struktur aus, »die durch eine gegebene Arbeitssituation innerhalb einer Organisation bestimmt ist und hierarchisch geprägt sein kann. Die Mitglieder des Teams stehen in der Regel durch vorgegebene Funktionszuschreibungen [...] fest.«. Zusammenschlüsse von Eltern mit schulischen sowie außerschulischen Partner*innen werden von den Autorinnen als Netzwerke (zeitlich nicht befristeter Zusammenschluss unabhängiger Akteur*innen zur Bearbeitung eines Themas (Schönig & Motzke 2016, zitiert nach Fischle 2018, 219)) charakterisiert, allerdings erfordert die individuelle Planung des Übergangs eher den oben beschriebenen Charakter von Teamarbeit. Die im Zitat erwähnten Funktionsbeschreibungen fehlen aber bei vielen Schulassistenzkräften generell (Fischle 2018; Schmidt 2017) und im Übergangsprozess auch für viele andere potenziell beteiligte Akteur*innen, was einer Kooperation im Wege stehen kann. Die Funktionen der einzelnen Partner*innen im Übergang müssen dementsprechend erst fallbezogen ausgehandelt werden. Es gibt bisher in den meisten Fällen keine Routinen und Strukturen, die die Zusammenarbeit erleichtern würden.

Wenn Schulbegleitkräfte Teil des Übergangsteams wären, würden sie vor allem von der Kooperation mit außerschulischen, z. B. therapeutischen Fachkräften bzw. deren Expertise und Erfahrung profitieren (Fischle 2018), was wiederum die Kooperation mit den Lehrkräften im Unterricht erleichtern könnte.

Ein Schulwechsel wird häufig als Neustart gesehen und genutzt, gerade wenn es Schwierigkeiten, eskalierende Konflikte oder Mobbingerfahrungen an der vorigen Schule gegeben hat (Hebron 2017). Dieser Wunsch, nochmal ganz neu anzufangen, beinhaltet in manchen Fällen, dass Informationen nicht von Schule zu Schule weitergegeben werden, um die Schüler*innen vor Vorverurteilungen zu schützen. Gleichzeitig gilt die Weitergabe von Informationen als essenziell für die individuelle Anpassung des Übergangsprozesses, da so eine größtmögliche Kontinuität gewährleistet werden kann (Nuske et al. 2019). Auch hier könnte die Begleitung durch

Schulassistenz während des Übergangsprozesses ein Kompromiss sein, wenn die Schüler*innen dies befürworten und als förderlich für einen Neustart sehen; dem stehen aber Jahresverträge sowie unterschiedliche Zuständigkeiten im Wege.

3.7 Zufriedenheit der Lehrkräfte

Damit auch die Lehrkräfte selbst sich bei der Arbeit mit autistischen Schüler*innen wohlfühlen, scheinen Wissen über Autismus, Erfahrung mit autistischen Schüler*innen und eine generelle Offenheit gegenüber Inklusion hilfreich zu sein (Hebron 2017; Jindal-Snape et al. 2006; Tobin et al. 2012). Die Beteiligung der Lehrkräfte der weiterführenden Schulen an den Übergangsplanungen könnten zu einer besseren Vorbereitung beitragen.

Obwohl Schulassistenzkräfte mit der individuellen Unterstützung einzelner Schüler*innen Lehrkräfte entlasten könnten, werden sie von manchen Lehrkräften als zusätzliche Belastung empfunden. Das kann gerade an Regelschulen daran liegen, dass diese es nicht gewohnt sind, sich mit anderen abstimmen zu müssen (Fischle 2018). Eine klare Tätigkeitsbeschreibung für die Arbeit der Schulassistenz sowie Zeit zur Vorbereitung der gemeinsamen Arbeit könnten hier vermutlich zu einer entspannteren Situation beitragen.

Manche Lehrkräfte empfinden die Eltern autistischer Schüler*innen als sehr fordernd, was zu Konflikten führen kann (Fischle 2018; Lilley 2015; Tobin et al. 2012). Schulbegleiter*innen sind häufig sowohl für Eltern als auch Lehrkräfte direkte Ansprechpartner*innen, was sie zu potenziellen Vermittler*innen zwischen beiden Parteien macht (Fischle 2018). Wenn sie die Möglichkeit haben, diese verantwortungsreiche Rolle auszufüllen, können sie potenziell zu einer Entlastung der Lehrkräfte beitragen. Dafür sollten sie eine feste und klare Rolle im pädagogischen Team haben, in dem ihr Wissen über und ihre Alltagsbeobachtungen und -erfahrungen mit den Schüler*innen anerkannt wird.

3.8 Zufriedenheit der Eltern

Viele Eltern autistischer Kinder empfinden Schulassistenzkräfte als essenziell für die Beschulung ihrer Kinder, in manchen Fällen wird ihre Präsenz von Seiten der Schule als Bedingung für die Teilnahme am Unterricht formuliert (Grummt et al. 2021). Eltern suchen den »*right fit*« (McNerney et al. 2015, 1103) für ihr Kind, eine Umgebung, in der es lernt und gefördert wird, wo aber auch auf seine Besonderheiten Rücksicht genommen wird: »*specialist provision in a mainstream environment*« (Tobin et al. 2012, 83).

Dementsprechend hoch können die elterlichen Ansprüche an Schulassistenzkräfte sein, die mit Blick auf die Qualifizierung oder Erfahrung der Schulassistenzen oft im Widerspruch zur Realität stehen (Fischle 2018). Eine klare Aufgabenbeschreibung sowie Mindestanforderungen an die Qualifikation von Schulbegleiter*innen könnte zu realistischen Anforderungen beitragen.

Eine gute Kommunikation mit der neuen Schule scheint essenziell zu sein, damit Eltern ein gutes Gefühl in Bezug auf die Schule haben (Hebron 2017). Der Schulwechsel ist für viele Eltern autistischer Kinder mit großer Sorge, Ängsten und Stress verknüpft, häufig aufgrund negativer Erfahrungen in der Vergangenheit (Richter et al. 2019). Hier kann eine langfristig angelegte Übergangsplanung, bei der Schulbegleiter*innen eine wichtige Rolle spielen, zu einer Reduzierung der angespannten Lage beitragen. Gleichzeitig warnt Fischle (2018), dass Schulassistenzkräfte drohen, in Konflikten oder spannungsreichen Situationen zwischen die Fronten zu geraten.

4 Ausblick – Potenziale von Schulbegleitung im Übergang

Schulische Übergänge bedeuten Veränderungen auf ganz verschiedenen Ebenen, was für autistische Schüler*innen eine große Herausforderung sein kann. Autistische wie nicht-autistische Schüler*innen blicken mit gemischten Gefühlen auf den Schulwechsel: Sorgen, Ängste, Vorfreude und Stolz mischen sich.

Die oben beschriebenen Dimensionen zeigen, wie komplex Übergangsprozesse sein können, da sie mehrteilig und parallel ablaufen und ganz verschiedene Akteur*innen miteinbeziehen. Schulassistenzkräfte sind an der Planung und Begleitung des Übergangs selten als Schlüsselakteur*innen beteiligt, obwohl sie durch ihre Nähe zu den Schüler*innen sowie ihre Kommunikationsposition zwischen Schule und Familie eine zentrale Rolle spielen könnten.

Dem im Wege steht die kurze, an Schuljahren orientierte Beschäftigungsdauer der Schulassistenzkräfte, die häufig geringe Qualifikation (gerade in Bezug auf Autismus), die fehlende Klärung ihrer Aufgaben, mangelnde Zeit für Absprachen mit Lehrkräften, Familien oder außerschulischen Partner*innen sowie strukturelle Barrieren, die zu einer marginalisierten Position der Schulassistenzkräfte beitragen (Dworschak 2012; Ehrenberg & Lindmeier 2020; Fischle 2018; Schmidt 2017). Es bedarf weitgehender Veränderungen in den Strukturen, damit der vorhandenen Bereitschaft zur Kooperation (Fischle 2018) Rechnung getragen werden kann und Schulassistenzkräfte einen konstruktiven Beitrag zu schulischen Übergängen autistischer Schüler*innen leisten können. Sie bedienen eine Schnittstelle zwischen diversen Akteur*innen und könnten hier die Interessen der Schüler*innen vertreten sowie eine zentrale und wertvolle Rolle im Austausch zwischen Schulen, Familien, Schüler*innen und möglichen anderen Akteur*innen einnehmen.

Literatur

Akos, P. (2004). Advice and Student Agency in the Transition to Middle School. *RMLE Online*, 27(2), 1–11. https://doi.org/10.1080/19404476.2004.11658169

APA (2013). *Autism Spectrum Disorder.* http://www.dsm5.org/Documents/Autism%20Spectrum%20Disorder%20Fact%20Sheet.pdf [06.01.2023]

Böing, U. & Köpfer, A. (2022). Schulassistenz aus der Sicht von Schülerinnen und Schülern mit Assistenzerfahrung. In M. Laubner, B. Lindmeier & A. Lübeck (Hrsg.), *Schulbegleitung in der inklusiven Schule* (3. bearbeitete Aufl., S. 130–139). Beltz.

Calder, L., Hill, V. & Pellicano, E. (2013). ›Sometimes I want to play by myself‹: Understanding what friendship means to children with autism in mainstream primary schools. *Autism*, 17(3), 296–316. https://doi.org/10.1177/1362361312467866

Coffey, A. (2013). Relationships: The key to successful transition from primary to secondary school? *Improving Schools*, 16(3), 261–271. https://doi.org/10.1177/1365480213505181

Czerwenka, S. (2017). Umfrage von autismus Deutschland e. V. zur schulischen Situation von Kindern und Jugendlichen mit Autismus. *autismus*, 83, 42–48. https://www.autismus.de/fileadmin/RECHT_UND_GESELLSCHAFT/Heft_83_Artikel_Schulumfrage.pdf [06.01.2023]

Dann, R. (2011). Secondary transition experiences for pupils with Autistic Spectrum Conditions (ASCs). *Educational Psychology in Practice*, 27(3), 293–312. https://doi.org/10.1080/02667363.2011.603534

Denner, L. & Schumacher, E. (2014). *Übergänge in Schule und Lehrerbildung*. Kohlhammer.

Dillon, G. V. & Underwood, J. D. M. (2012). Parental Perspectives of Students With Autism Spectrum Disorders Transitioning From Primary to Secondary School in the United Kingdom. *Focus on Autism and Other Developmental Disabilities*, 27(2), 111–121. https://doi.org/10.1177/1088357612441827

Dworschak, W. (2012). *Schulbegleitung/Integrationshilfe: Ergebnisse einer Studie des Lebenshilfe-Landesverbandes Bayern.* https://www.google.com/url?sa=t&rct=j&q=&esrc=s&source=web&cd=&ved=2ahUKEwiW5a3m4pOBAxVp1wIHHYd0Bx8QFnoECA4QAQ&url=https%3A%2F%2Fepub.ub.uni-muenchen.de%2F13105%2F1%2FDworschak_13105.pdf&usg=AOvVaw2txmyu8prFogn0IC0G-5f6&opi=89978449 [06.01.2023]

Dziobek, I. & Stoll, S. (2019). *Hochfunktionaler Autismus bei Erwachsenen*. Kohlhammer.

Ehrenberg, K. & Lindmeier, B. (2020). Differenzpraktiken und Otheringprozesse in inklusiven Unterrichtssettings mit Schulassistenz. In H. Leonity & M. Schulz (Hrsg.), *Ethnographie und Diversität – Wissensproduktion an den Grenzen und die Grenzen der Wissensproduktion*. Springer VS.

Ehrenberg, K. & Lücke, M. (2017). ›Der hat immer 'ne zweite Mutter bei sich‹ – Peerkontakte bei Schulassistenz aus der Perspektive von Grundschülerinnen und Grundschülern. *Sonderpädagogische Förderung heute*, 1, 34–45. https://doi.org/10.3262/SOF1701034

Fischle, A. (2018). Kooperation in fallbezogenen Netzwerken. Bildungsteilhabe von Schüler*innen im autistischen Spektrum durch schulische Assistenz. In J. Schädler & M. F. Reichstein (Hrsg.), *Sektoralisierung als Planungsherausforderung im inklusiven Gemeinwesen* (S. 211–233). https://dspace.ub.uni-siegen.de/handle/ubsi/1423 [01.06.2023]

Fortuna, R. (2014). The social and emotional functioning of students with an autistic spectrum disorder during the transition between primary and secondary schools: Autism and Transition. *Support for Learning*, 29(2), 177–191. https://doi.org/10.1111/1467-9604.12056

Giangreco, M. F. & Doyle, M. B. (2007). Teacher assistants in inclusive schools. In Floran, L. (Hrsg.), *The SAGE handbook of special education* (S. 429–439). SAGE Publications.

Grummt, M., Lindmeier, C. & Semmler, K. (2021). Die Beschulungssituation autistischer SchülerInnen vor der Pandemie. *autismus*, 92, 5–17.

Hanke, P. (2011). Gestaltung von Übergängen-Konzepte, Forschungsbefunde und Perspektiven. In C. Koop & O. Steenbuck (Hrsg.), *Herausforderung Übergänge – Bildung für hochbegabte Kinder und Jugendliche gestalten* (S. 12–22). Karg-Stiftung.

Hebron, J. (2017). The Transition from Primary to Secondary School for Students with Autism Spectrum Conditions. In C. Little (Hrsg.), *Supporting Social Inclusion for Students with Autism Spectrum Disorders: Insights from Research and Practice* (S. 84–99). Routledge.

Jindal-Snape, D., Douglas, W., Topping, K. J., Kerr, C. & Smith, E. F. (2006). Autistic Spectrum Disorders and Primary-Secondary Transition. *International Journal of Special Education*, 21(2), 18–31.

Jindal-Snape, D., Symonds, J. E., Hannah, E. F. S. & Barlow, W. (2021). Conceptualising Primary-Secondary School Transitions: A Systematic Mapping Review of Worldviews,

Theories and Frameworks. *Frontiers in Education, 6*, 540027. https://doi.org/10.3389/feduc.2021.540027

Jindal-Snape, D., Hannah, E. F. S., Cantali, D., Barlow, W. & MacGillivray, S. (2020). Systematic literature review of primary-secondary transitions: International research: Systematic review: primary-secondary transitions. *Review of Education*. https://doi.org/10.1002/rev3.3197

Kasari, C., Locke, J., Gulsrud, A. & Rotheram-Fuller, E. (2011). Social Networks and Friendships at School: Comparing Children With and Without ASD. *Journal of Autism and Developmental Disorders, 41*(5), 533–544. https://doi.org/10.1007/s10803-010-1076-x

Keen, D., Webster, A. & Ridley, G. (2016). How well are children with autism spectrum disorder doing academically at school? An overview of the literature. *Autism, 20*(3), 276–294. https://doi.org/10.1177/1362361315580962

Köpfer, A. (2022). »Raum kommt von räumen« – Raumhandeln als Schulassistenz. In M. Laubner, B. Lindmeier & A. Lübeck (Hrsg.), *Schulbegleitung in der inklusiven Schule* (3. bearbeitete Aufl., S. 93–99). Beltz.

Kramer, R.-T. & Helsper, W. (2013). Schulische Übergänge und Schülerbiografien. In W. Schröer, B. Stauber, A. Walther, L. Böhnisch & K. Lenz (Hrsg.), *Handbuch Übergänge* (S. 589–613). Beltz Juventa.

Lilley, R. (2015). Trading places: Autism Inclusion Disorder and school change. *International Journal of Inclusive Education, 19*(4), 379–396. https://doi.org/10.1080/13603116.2014.935813

Lindmeier, C., Drescher, I., Sagrauske, M. & Feschin, C. (2020). Überblick über die Zuordnung des Autismus-Spektrums (AS) zu den sonderpädagogischen Förderschwerpunkten in den 16 Bundesländern. *Zeitschrift für Heilpädagogik, 71*(10), 488–502.

Lübeck, A. & Demmer, C. (2022). Unüberblickbares überblicken–Ausgewählte Forschungsergebnisse zu Schulbegleitung. In M. Laubner, B. Lindmeier, A. Lübeck (Hrsg.), *Schulbegleitung in der inklusiven Schule* (3. bearbeitete Aufl., S. 12–29). Beltz.

Maïano, C., Normand, C. L., Salvas, M.-C., Moullec, G. & Aimé, A. (2016). Prevalence of School Bullying Among Youth with Autism Spectrum Disorders: A Systematic Review and Meta-Analysis: School bullying and autism spectrum disorders. *Autism Research, 9*(6), 601–615. https://doi.org/10.1002/aur.1568

Makin, C., Hill, V. & Pellicano, E. (2017). The primary-to-secondary school transition for children on the autism spectrum: A multi-informant mixed-methods study. *Autism & Developmental Language Impairments, 2*, 239694151668483. https://doi.org/10.1177/2396941516684834

Mays, D., Zielemanns, H., Franke, S., Wichmann, M. & Metzner, F. (2018). Der Übergang von der Grundschule auf die weiterführende Schule im Kontext inklusiver Bildung. In R. Porsch (Hrsg.), *Der Übergang von der Grundschule auf weiterführende Schulen* (S. 140–164). Waxmann Verlag.

McNerney, C., Hill, V. & Pellicano, E. (2015). Choosing a secondary school for young people on the autism spectrum: A multi-informant study. *International Journal of Inclusive Education, 19*(10), 1096–1116. https://doi.org/10.1080/13603116.2015.1037869

Mitchelson, H., Simpson, K. & Adams, D. (2021). Should we stay or should we go? Parent experiences of moving or considering moving their autistic child between mainstream schools. *International Journal of Inclusive Education*, 1–18. https://doi.org/10.1080/13603116.2021.1968515

Muche, C. (2013). Übergänge und Behinderung. In W. Schröer, B. Stauber, A. Walther, L. Böhnisch, K. Lenz (Hrsg.), *Handbuch Übergänge* (S. 158–175). Beltz Juventa.

Neal, S. & Frederickson, N. (2016). ASD transition to mainstream secondary: A positive experience? *Educational Psychology in Practice, 32*(4), 355–373. https://doi.org/10.1080/02667363.2016.1193478

Nuske, H. J., McGhee Hassrick, E., Bronstein, B., Hauptman, L., Aponte, C., Levato, L., Stahmer, A., Mandell, D. S., Mundy, P., Kasari, C. & Smith, T. (2019). Broken bridges–new school transitions for students with autism spectrum disorder: A systematic review on difficulties and strategies for success. *Autism, 23*(2), 306–325. https://doi.org/10.1177/1362361318754529

Porsch, K. (Hrsg.) (2018). *Der Übergang von der Grundschule auf weiterführende Schulen*. Waxmann.

Pratt, S. & George, R. (2005). Transferring friendship: Girls' and boys' friendships in the transition from primary to secondary school. *Children & Society, 19*(1), 16–26. https://doi.org/10.1002/chi.830

Richter, M. (2019). »*Now he's a secondary school student*«: Successful transition from primary to secondary school for students with autism spectrum disorder. HAL Archives-ouvertes.fr. https://tel.archives-ouvertes.fr/tel-02926715/document [01.06.2023]

Richter, M., Clément, C. & Flavier, E. (2022). Is transition an (adult) problem? – Experiences of autistic students during the transition from primary to secondary school. *Journal of Research in Special Educational Needs, 22*(4), 368–379. https://doi.org/10.1111/1471-3802.12574

Richter, M., Flavier, E., Popa-Roch, M. & Clément, C. (2020). Perceptions on the primary-secondary school transition from French students with Autism Spectrum Disorder and their parents. *European Journal of Special Needs Education, 35*(2), 171–187. https://doi.org/10.1080/08856257.2019.1643145

Richter, M., Popa-Roch, M. & Clément, C. (2019). Successful Transition From Primary to Secondary School for Students With Autism Spectrum Disorder: A Systematic Literature Review. *Journal of Research in Childhood Education, 33*(3), 382–398. https://doi.org/10.1080/02568543.2019.1630870

Schmidt, L. D. H. (2017). Schulische Assistenz–Ein Überblick über den Forschungsstand in Deutschland. *Zeitschrift für Inklusion-online.net, 4*. https://www.inklusion-online.net/index.php/inklusion-online/article/view/372 [01.06.2023]

Sharma, U. & Salend, S. (2016). Teaching Assistants in Inclusive Classrooms: A Systematic Analysis of the International Research. *Australian Journal of Teacher Education, 41*(8), 118–134. https://doi.org/10.14221/ajte.2016v41n8.7

Stack, K., Symonds, J. E. & Kinsella, W. (2021). The perspectives of students with Autism Spectrum Disorder on the transition from primary to secondary school: A systematic literature review. *Research in Autism Spectrum Disorders, 12*. https://doi.org/10.1016/j.rasd.2021.101782

Stoner, J. B., Angell, M. E., House, J. J. & Bock, S. J. (2007). Transitions: Perspectives from Parents of Young Children with Autism Spectrum Disorder (ASD). *Journal of Developmental and Physical Disabilities, 19*(1), 23–39. https://doi.org/10.1007/s10882-007-9034-z

Symes, W. & Humphrey, N. (2012). Including pupils with autistic spectrum disorders in the classroom: The role of teaching assistants. *European Journal of Special Needs Education, 27*(4), 517–532. https://doi.org/10.1080/08856257.2012.726019

Theunissen, G. & Sagrauske, M. (2019). *Pädagogik bei Autismus. Eine Einführung*. Kohlhammer.

Tobin, H., Staunton, S., Mandy, W., Skuse, D., Helligreil, J., Baykaner, O., Anderson, S. & Murin, M. (2012). A qualitative examination of parental experiences of the transition to mainstream secondary school for children with an autism spectrum disorder. *Educational and Child Psychology, 29*(1), 75.

van Ophuysen, S. (2018). Der Übergang von der Grundschule auf die weiterführende Schule: Erleben und Entwicklung der Kinder. In R. Porsch (Hrsg.), *Der Übergang von der Grundschule auf weiterführende Schulen* (S. 115–137). Waxmann.

V Verzeichnisse

Autor:innenverzeichnis

Stephanie Ahl ist Schulleiterin der Temple-Grandin-Schule in Berlin seit 2015. In der Tätigkeit als Sonderpädagogin für die sonderpädagogischen Fachrichtungen Lernen und Sprache an verschiedenen Schulen in Berlin sind ihr immer wieder Schüler:innen im Autismus-Spektrum begegnet. Die Arbeit an der Temple-Grandin-Schule bedeutet für sie, mit vielen Fachkräften zum Autismus im Austausch zu sein und von den gegenseitigen Impulsen zu lernen. Die Vielfalt der Schüler:innen an der Schule und diese so lange wie möglich zu begleiten, ist für sie ein besonderes Glück dieses Berufes.
E-Mail: s.ahl@gmx.net

Jutta Birck ist Ergotherapeutin und begleitet seit fast sieben Jahren Schüler:innen mit Beeinträchtigungen in der Schule. Seit sechs Jahren begleitet sie fast ausschließlich autistische Schüler:innen, vornehmlich mit starken kognitiven Beeinträchtigungen. Da der jüngste ihrer drei Söhne auch eine Autismusdiagnose (Asperger) hat, setzte sie sich sehr intensiv mit dem Thema auseinander und erwarb eine hohe Fachkompetenz. Aufgrund dessen wird sie inzwischen vornehmlich in besonders komplexen und herausfordernden Unterstützungssituationen eingesetzt.
E-Mail: J.birck@gmx.de

Patrick Birck ist Schüler der 12. Klasse eines Gymnasiums und Autist und somit Experte in eigener Sache. Er hat eine Assistenz, die ihn in der Schule begleitet und die ihn auch während des Studiums begleiten wird.

Katja Domhof, M. Ed., arbeitet als Sonderpädagogin an einer Förderschule mit dem Schwerpunkt Geistige Entwicklung. Zu ihren Arbeitsschwerpunkten gehören u. a. Autismus-Spektrum und Unterstützte Kommunikation.
E-Mail: katja.domhof@gmail.com

Katrin Ehrenberg ist wissenschaftliche Mitarbeiterin im Arbeitsbereich »Allgemeine Behindertenpädagogik und -soziologie« am Institut für Sonderpädagogik der Leibniz Universität Hannover. Sie studierte das Lehramt für Sonderpädagogik (M. Ed.) mit den Fachrichtungen Geistige Entwicklung und Sprache sowie dem Unterrichtsfach Deutsch. Zu ihren Arbeitsschwerpunkten zählen neben Autismus und Schulassistenz auch Unterstützte Kommunikation, Peerbeziehungen, Differenz und Subjektivierung. Sie promoviert zu dem Thema »Adressierungsanalytische Rekonstruktionen von Subjektivität, Macht und Agency im Kontext von Schulas-

sistenz an inklusionsorientierten Schulen«.
E-Mail: katrin.ehrenberg@ifs.uni-hannover.de

Christian Frese ist seit 2004 Geschäftsführer und Justiziar von autismus Deutschland e. V. in Hamburg. Von 1999 bis 2004 war er als Rechtsanwalt in Karlsruhe tätig, unter anderem mit dem Schwerpunkt Sozialrecht.
E-Mail: christian.frese@autismus.de

Isabelle Fröhlich, M. Ed., studierte gymnasiales Lehramt an der Georg-August-Universität Göttingen und führte im Rahmen ihrer Masterabschlussarbeit eine Interviewstudie zu Schulbegleitung während der Corona-Pandemie durch. Aktuell ist sie Lehrkraft im Vorbereitungsdienst in Schleswig-Holstein.
E-Mail: isabelle-froehlich@schule.sh.de

Andrea Gier-Dufern ist Diplom-Heilpädagogin und arbeitet im Leitungsteam von Kängu Freiburg gGmbH als Geschäftsführerin und pädagogische Leitung. Die Kängu Freiburg gGmbH ist ein ambulanter Träger der freien Jugendhilfe, der sich auf die Unterstützung von autistischen Menschen zu einer gelingenden Teilhabe an der Gesellschaft spezialisiert hat. Zu ihren Arbeitsschwerpunkten gehören unter anderem Personalakquise, Anleitung der Mitarbeitenden und die Beratung von Lehrkräften, Eltern und Interessierten. Sie ist überdies als Heilpädagogin in der therapeutischen Arbeit mit autistischen Menschen im Zentrum Insel GmbH sowie als Vorstandsmitglied im Bundesfachverband Schulbegleitung e. V. und als Referentin für Autismus-Fort- und Weiterbildungen bei der Imago gGmbH tätig.
E-Mail: andrea.gier-dufern@kaengu-freiburg.de

Dr. Katharina Henn ist Diplom-Sozialpädagogin (FH) und Leitungsverantwortliche im Zentrum für Kinder-, Jugend- und Familienhilfe ›guterhirte‹ Ulm. Zuvor war sie als wissenschaftliche Mitarbeiterin an der Klinik für Kinder- und Jugendpsychiatrie/Psychotherapie des Universitätsklinikums Ulm tätig. Schwerpunkte ihrer praxisorientierten Forschung sind Schulbegleitung, Traumapädagogik und Kinder psychisch kranker Eltern.
E-Mail: katharina.henn@googlemail.com

Dr. Ruth Himmel, M. A., ist wissenschaftliche Mitarbeiterin an der Klinik für Kinder- und Jugendpsychiatrie/Psychotherapie des Universitätsklinikums Ulm. Ihre Arbeitsschwerpunkte sind interdisziplinäre Zusammenarbeit sowie Forschungs-Praxis-Transfer im Kinderschutz, in den Frühen Hilfen und im Bereich der Schulbegleitung.
E-Mail: Ruth.Himmel@uniklinik-ulm.de

Morris Kunze studierte an der Martin-Luther-Universität Halle-Wittenberg Förderpädagogik und war in den Arbeitsbereichen Pädagogik bei kognitiver Beeinträchtigung und Pädagogik im Autismus-Spektrum als studentische Hilfskraft angestellt. Nach seiner universitären Laufbahn arbeitete er als Schulbegleitung mit Schüler:innen im Autismus-Spektrum. Momentan absolviert er seinen Vorberei-

tungsdienst an einer freien Förderschule mit dem Förderschwerpunkt Geistige Entwicklung.
E-Mail: morris.kunze@outlook.de

Johanna Langenhoff ist wissenschaftliche Mitarbeiterin im Arbeitsbereich »Allgemeine Behindertenpädagogik und -soziologie« am Institut für Sonderpädagogik der Leibniz Universität Hannover und Promotionsstipendiatin der Friedrich-Ebert-Stiftung. Sie studierte das Lehramt für Sonderpädagogik (M. Ed.) mit den Fachrichtungen Geistige Entwicklung und Lernen sowie dem Unterrichtsfach Sachunterricht. Zu ihren Arbeitsschwerpunkten gehören Schulassistenz, Schüler:innenperspektiven, Übergänge von der Schule ins nachschulische Leben und Adoleszenzforschung.
E-Mail: johanna.langenhoff@ifs.uni-hannover.de

Dr. Marian Laubner ist wissenschaftlicher Mitarbeiter an der Martin-Luther-Universität Halle-Wittenberg im Institut für Schulpädagogik und Grundschuldidaktik, Arbeitsbereich Grundschulpädagogik. Zuvor arbeitete er insgesamt 5,5 Jahre als Förderschullehrer an einer Integrierten Gesamtschule in Niedersachsen. 2023 promovierte er zum Thema »Differenzierungen, Normalität und Positionierungen. Analyse studentischer Äußerungen über Inklusion und Schüler*innen«. Seine Arbeits- und Forschungsschwerpunkte sind Studierendenforschung, inklusive Lehrer:innenbildung sowie diskursanalytische Perspektiven zu Inklusion und Schulbegleitung.
E-Mail: marian.laubner@paedagogik.uni-halle.de

Prof. Dr. Bettina Lindmeier ist Universitätsprofessorin und Leiterin des Arbeitsbereichs »Allgemeine Behindertenpädagogik und -soziologie« am Institut für Sonderpädagogik der Leibniz Universität Hannover. Zu ihren Arbeitsschwerpunkten zählen u. a. Differenz und Inklusion, Lehrer:innenbildung und Professionalisierung von Fachkräften (z. B. Schulassistenz), diversitätssensible Hochschule und die Partizipation behinderter und benachteiligter Menschen über die gesamte Lebensspanne und in unterschiedlichen Feldern.
E-Mail: bettina.lindmeier@ifs.uni-hannover.de

Prof. Dr. Christian Lindmeier ist Universitätsprofessor und Leiter des Arbeitsbereichs »Pädagogik bei kognitiver Beeinträchtigung« und den Arbeitsbereich »Pädagogik im Autismus-Spektrum« an der Martin-Luther-Universität Halle-Wittenberg. Seine Forschungsschwerpunkte liegen im Bereich der theoretischen Forschung zur Pädagogik der Nicht_Behinderung, der Biographieforschung bei behinderten und benachteiligten Menschen, der Schul- und Professionsforschung zur schulischen Inklusion (insb. Übergang Schule – Beruf), der erziehungswissenschaftlichen Autismusforschung sowie der Berufsbildungs- und Erwachsenenbildungsforschung.
E-Mail: christian.lindmeier@paedagogik.uni-halle.de

Manal Mansour ist pädagogische Fachkraft in einer Kindertagesstätte in Bremen, kommt aus dem Libanon und ist Mutter von drei Kindern. Ihr ältester Sohn hat eine Autismusdiagnose (Asperger). Aktuell beschäftigt sie sich mit dem Thema Resilienz und der Frage, wie sie diese bei sich und ihren Kindern fördern kann.
E-Mail: mansourmanal111089@gmail.com

Karina Meyer, M. Ed., ist Promovendin der Göttinger Graduiertenschule Gesellschaftswissenschaften (GGG) der Georg-August-Universität Göttingen. Im Rahmen ihrer Tätigkeit als wissenschaftliche Mitarbeiterin am dortigen Institut für Erziehungswissenschaft beschäftigte sie sich schwerpunktmäßig mit dem Thema Inklusion und forschte u. a. zu (multiprofessioneller) Kooperation im Kontext von Schulbegleitung.
E-Mail: karina.meyer@mail.de

Dr. Mechthild Richter ist wissenschaftliche Mitarbeiterin an der Martin-Luther-Universität Halle-Wittenberg und seit 2020 maßgeblich am Auf- und Ausbau der Forschungs- und Vernetzungsstelle für Pädagogik im Autismus-Spektrum beteiligt. Ihre Forschungsthemen sind u. a. Autismus/Neurodiversität, schulische Übergänge, inklusive Lehrer:innenbildung sowie internationale und vergleichende Forschung.
E-Mail: mechthild.richter@paedagogik.uni-halle.de

Mieke Sagrauske ist wissenschaftliche Mitarbeiterin im Arbeitsbereich Pädagogik bei kognitiver Beeinträchtigung und Pädagogik im Autismus-Spektrum am Institut für Rehabilitationspädagogik der Martin-Luther-Universität Halle-Wittenberg. Zu ihren Arbeitsschwerpunkten gehören u. a. das Autismus-Spektrum, Autismus und Schule, auch aus der Perspektive autistischer Jugendlicher, Partizipation von autistischen Menschen. Außerdem ist sie Stipendiatin der Graduiertenförderung des Landes Sachsen-Anhalt.
E-Mail: mieke.sagrauske@paedagogik.uni-halle.de

Carina Schipp ist wissenschaftliche Mitarbeiterin und Doktorandin der Rehabilitationspädagogik der Martin-Luther-Universität Halle-Wittenberg. Zu ihren Arbeitsschwerpunkten gehören u. a. Autismus & Beruf (Übergang Schule – Beruf), Übergangsforschung, Biographieforschung, Partizipative Autismusforschung und partizipativ-rekonstruktive Ansätze. Außerdem ist sie die Geschäftsführerin der Forschungs- und Vernetzungsstelle für Pädagogik im Autismus-Spektrum (FuV-PAS).
E-Mail: carina.schipp@paedagogik.uni-halle.de

Anja Selter ist Diplom-Pädagogin und arbeitet im Leitungsteam von Kängu Freiburg gGmbH als Geschäftsführerin und pädagogische Leitung. Die Kängu Freiburg gGmbH ist ein ambulanter Träger der freien Jugendhilfe, der sich auf die Unterstützung von autistischen Menschen zu einer gelingenden Teilhabe an der Gesellschaft spezialisiert hat. Zu ihren Arbeitsschwerpunkten gehören u. a. die konzeptionelle und curriculare Ausgestaltung des Arbeitsfeldes der Schulbegleitung, der Erziehungsbeistandschaft für autistische Kinder und Jugendliche sowie die Ent-

wicklung nachschulischer Bildungsangebote für junge Erwachsene im Autismus-Spektrum, die pädagogische Anleitung von Mitarbeitenden und die Schulung von Lehrkräften zu Themen rund um die Schulbegleitung. Sie ist überdies Vorstandsmitglied im Bundesfachverband Schulbegleitung e. V. und als Referentin für Autismus-Fort- und Weiterbildungen bei der Imago gGmbH tätig.
E-Mail: Anja.Selter@kaengu-freiburg.de

Sophia Wald, Sonderpädagogin, M. Ed., war als Koordinatorin im Bereich Schulassistenz bei der Lebenshilfe Langenhagen-Wedemark tätig und wirkte am Auf- und Ausbau des seit 2020 bestehenden Unternehmensbereichs mit. Seit einigen Jahren befindet sie sich außerdem in der Weiterbildung zur Kinder- und Jugendlichenpsychotherapeutin am Winnicott Institut Hannover und arbeitet zudem mit Schüler:innen der Primarstufe mit dem Schwerpunkt emotional-soziale Entwicklung im intensivpädagogischen Setting.
E-Mail: s.wald@ambulanz-kjp.winnicott-institut.de

Brit Wilczek, Dipl.-Psych., ist psychologische Psychotherapeutin. Seit 1989 arbeitet sie mit Menschen im Autismus-Spektrum, seit 2009 in eigener Praxis. Dort bietet sie Psychotherapie für Erwachsene im Autismus-Spektrum an, berät Angehörige und Bezugspersonen und gibt Supervision für Fachkräfte. Darüber hinaus teilt sie seit vielen Jahren ihre Erfahrungen in Fortbildungen, Vorträgen und Publikationen mit allen, die sich für das Thema Autismus interessieren.
E-Mail: wilczek.autism@web.de

Prof. Dr. Ariane S. Willems ist Universitätsprofessorin und Leiterin des Arbeitsbereichs »Empirische Bildungsforschung« am Institut für Erziehungswissenschaft der Georg-August-Universität Göttingen. Ihre Arbeitsschwerpunkte liegen in der quantitativen empirischen Schul- und Unterrichtsforschung und der Lehrkräfteprofessionalisierung. Aktuelle Themen ihrer Forschung sind die Erfassung und Modellierung von Schüler:innenwahrnehmung der Unterrichts- und Feedbackqualität, die motivationale und kognitive Wirkung von *Flipped Classrooms* in der Lehrkräftebildung, motivational-affektive Schüler:innenprofile und ihre Wirkungen, die Kompetenz- und Motivationsentwicklung von Schüler:innen durch außerunterrichtliche Ganztagsangebote sowie Einstellungen zu Inklusion und Behinderung in formalen und non-formalen Bildungskontexten.
E-Mail: ariane.willems@uni-goettingen.de

Dr. Anna Zuleger ist Erziehungswissenschaftlerin und Sonderpädagogin und ist als wissenschaftliche Projektleiterin bei der Stiftung Leben pur in München tätig. In ihrer Doktorarbeit beschäftigte sie sich mit dem Einfluss der Schulbegleitung auf die soziale Integration von Schüler:innen im Autismus-Spektrum und mit ADHS.
E-Mail: anna.jerosenko@web.de